BÜCHER DES BETRIEBS-BERATERS

Der Vertragshändlervertrag

unter Einschluß des EG-Kartellrechts

von

Rechtsanwalt Dr. Herbert Stumpf

Frankfurt am Main

unter Mitwirkung von

Rudolf Zimmermann

Frankfurt am Main

2., neubearbeitete und erweiterte Auflage 1979

VERLAGSGESELLSCHAFT RECHT UND WIRTSCHAFT MBH

HEIDELBERG

Die 1. Auflage erschien im Maschinenbau-Verlag GmbH, Frankfurt a. M., unter dem Titel »Verträge mit Vertragshändlern (Eigenhändler)« und wurde zusammengefaßt mit der Schrift »Stumpf/Lösch: Vertragshändler-(Alleinvertriebs-)Verträge und EWG-Kartellrecht.«

CIP-Kurztitelaufnahme der Deutschen Bibliothek

Stumpf, Herbert:
Der Vertragshändlervertrag : unter Einschluß d. EG-Kartellrechts / von Herbert Stumpf. Unter Mitw. von Rudolf Zimmermann. – 2., neubearb. u. erw. Aufl. – Heidelberg : Verlagsgesellschaft Recht u. Wirtschaft, 1979.
(Bücher des Betriebs-Beraters)
1. Aufl. im Maschinenbau-Verl., Frankfurt/M.
1. Aufl. u.d.T.: Stumpf, Herbert: Verträge mit Vertragshändlern.
ISBN 3-8005-6912-4

ISBN 3-8005-6912-4

Gesamtherstellung: Buch- und Offsetdruckerei Decker & Wilhelm, 6056 Heusenstamm

Printed in Germany

Vorwort

Die Abfassung von Vertragshändler-Verträgen bereitet in der Praxis häufig Schwierigkeiten. Dies ist vor allem darauf zurückzuführen, daß das Vertragshändler-Recht im Gesetz keine Regelung gefunden hat. Die vorliegende Schrift ist dazu bestimmt, den Abschluß derartiger Verträge zu erleichtern. Außerdem soll sie die Möglichkeit geben, sich über Rechtsfragen, die im Zusammenhang mit Vertragshändler-Verträgen stehen, zu informieren.

Derartige Verträge wurden in der Praxis vielfach als Vertragshändler-Verträge bezeichnet. So ist z. B. auch das Muster des VDMA in dieser Weise überschrieben. In der Literatur und auch von Behörden und Gerichten wurde auch die Bezeichnung Eigenhändler verwandt. Durch das Wort Vertragshändler kommt u. E. besser zum Ausdruck, daß ein Händler durch einen besonderen Rahmenvertrag an einen Unternehmer gebunden ist. Auch derjenige Händler, der keinen Rahmenvertrag mit bestimmten Unternehmern geschlossen hat, ist Eigenhändler.

Da Vertragshändler-Verträge häufig mit ausländischen Partnern abgeschlossen werden, wurde auch auf die Problematik bei Auslandsverträgen eingegangen. Die Darlegungen schließen mit einer Darstellung des deutschen und des EG-Kartellrechts.

Das vorliegende Buch ist aus der Arbeit der Abteilung Recht und Wettbewerbsordnung des Vereins Deutscher Maschinenbau-Anstalten e. V. (VDMA), Frankfurt am Main entstanden. Das im VDMA vorhandene reichhaltige Material konnte verwendet werden.

Im Anhang ist ein Muster für einen Vertrag mit einem Vertragshändler im Inland abgedruckt. Es beruht auf einem von der Rechtsabteilung des VDMA ausgearbeiteten Entwurf, der vom Ausschuß für allgemeine wirtschaftsrechtliche Fragen des VDMA eingehend erörtert und in der vorliegenden Fassung gebilligt wurde. Des weiteren wurde ein Muster für Verträge mit ausländischen Vertragshändlern abgedruckt. Dieses wurde von Mitgliedern der Arbeitsgruppe für Rechtsfragen von ORGALIME (Organisme de Liaison des Industries Métalliques Européennes) ausgearbeitet und kann wie das Inlandsmuster beim Maschinenbau-Verlag, Lyoner Straße 18, 6000 Frankfurt a. M. 71, bezogen werden; das Auslandsmuster auch in englischer und französischer Sprache.

Vorwort

Diese Schrift beruht auf einer Zusammenfassung der Vorauflage: »Verträge mit Vertragshändlern (Eigenhändler)« und der Broschüre Stumpf/Lösch: »Vertragshändler-(Alleinvertriebs-)Verträge und EWG-Kartellrecht«. Diese Bücher wurden überarbeitet und auf den neuesten Stand gebracht. Einschlägige neue Rechtsprechung und Literatur sowie neue Entwicklungen wurden berücksichtigt. Ferner wurde versucht, die Schrift noch übersichtlicher zu gestalten. Besonders die Fragen des Gebietsschutzes und des Ausgleichsanspruchs wurden eingehend erörtert, weil diese in letzter Zeit besondere Bedeutung gewonnen haben.

Die steuerrechtlichen Ausführungen wurden von Herrn Dr. Springsguth abgefaßt; ihm sowie Herrn Ass. Zimmermann, der den Teil des EG-Kartellrechtes bearbeitet hat und mir bei der Durchsicht des übrigen Manuskripts geholfen hat, möchte ich für ihre wertvolle Mithilfe sehr danken.

Frankfurt am Main, September 1978

Dr. Herbert Stumpf

Inhaltsverzeichnis

2. Teil
VERTRAGSHÄNDLER-VERTRÄGE UND EG-KARTELLRECHT
(Zimmermann)

ANHANG

Abkürzungsverzeichnis

a. A.	anderer Ansicht
a. a. O.	am angegebenen Ort
ABl.	Amtsblatt der Europäischen Gemeinschaften (bis 30. 6. 1967 – Seite/Jahr; ab 1. 7. 1967 – Nummer/Seite/Jahr)
Abs.	Absatz
a. F.	alte Fassung
AG	Aktiengesellschaft Amtsgericht
AGB	Allgemeine Geschäftsbedingungen
AGBG	Gesetz zur Regelung des Rechts der Allgemeinen Geschäftsbedingungen
Anm.	Anmerkung
Art.	Artikel
Aufl.	Auflage
AWD	Außenwirtschaftsdienst des Betriebs-Beraters
Az.	Aktenzeichen
BAG	Bundesarbeitsgericht
BAGE	Entscheidungen des Bundesarbeitsgerichts
BB	Betriebs-Berater
Bd.	Band
BGB	Bürgerliches Gesetzbuch
BGBl.	Bundesgesetzblatt (Teil, Jahr und Seite)
BGH	Bundesgerichtshof
BGHZ	Sammlung von Entscheidungen des Bundesgerichtshofs in Zivilsachen
bzw.	beziehungsweise
DB	Der Betrieb
DDR	Deutsche Demokratische Republik
dgl.	dergleichen
d. h.	das heißt
DR	Deutsches Recht
ECE	Wirtschaftskommission der Vereinten Nationen für Europa, Genf
EG	Europäische Gemeinschaft
EuGH	Gerichtshof der Europäischen Gemeinschaften
EuR	Europarecht
evtl.	eventuell
EWG	Europäische Wirtschaftsgemeinschaft
EWGV	Vertrag zur Gründung der Europäischen Wirtschaftsgemeinschaft vom 25. 3. 1957
f.	folgende
ff.	fortfolgende

Fn.	Fußnote
GmbH	Gesellschaft mit beschränkter Haftung
GRUR	Gewerblicher Rechtsschutz und Urheberrecht
GRUR Int.	Gewerblicher Rechtsschutz und Urheberrecht, Internationaler Teil
GVG	Gerichtsverfassungsgesetz
GVÜ	Europäisches Gerichtsstands- und Vollstreckungsabkommen vom 27. 9. 1968
GWB	Gesetz gegen Wettbewerbsbeschränkungen
HGB	Handelsgesetzbuch
hM	herrschende Meinung
HVR	Handelsvertreterrecht, Entscheidungen und Gutachten, herausgegeben vom Forschungsverband für den Handelsvertreter- und Handelsmaklerberuf
HVuHM	Der Handelsvertreter und Handelsmakler
ICC	International Chamber of Commerce (Internationale Handelskammer, Paris)
insbes.	insbesondere
IP-Rechtsprechung	Die deutsche Rechtsprechung auf dem Gebiet des internationalen Privatrechts, 1952 ff.
JR	Juristische Rundschau
JW	Juristische Wochenschrift
Kap.	Kapitel
KG	Kommandit-Gesellschaft Kammergericht Berlin
Kom.	Kommission der Europäischen Gemeinschaften (bis 30. 6. 1967 – Kommission der Europäischen Wirtschaftsgemeinschaft)
LAG	Landesarbeitsgericht
LG	Landgericht
LM	Das Nachschlagewerk des Bundesgerichtshofs in Zivilsachen, herausgegeben von Lindenmaier und Möhring (Gesetzesstelle und Entscheidungsnummer)
MDR	Monatsschrift für Deutsches Recht
Mio	Million
MuW	Markenschutz und Wettbewerb
m. w. N.	mit weiteren Nachweisen
NJW	Neue Juristische Wochenschrift
Nr.	Nummer
oHG	offene Handelsgesellschaft
OLG	Oberlandesgericht
ORGALIME	Organisme de Liaison des Industries Métalliques Européennes, Brüssel
p. A.	per Adresse
RAG	Reichsarbeitsgericht

Rand-Nr.	Randnummer
RG	Reichsgericht
RGZ	Sammlung von Entscheidungen des Reichsgerichts in Zivilsachen
RIW/AWD	Recht der Internationalen Wirtschaft, Außenwirtschaftsdienst des Betriebs-Beraters
S.	Seite
Slg.	Sammlung der Rechtsprechung des Gerichtshofes der Europäischen Gemeinschaften
sog.	sogenannt
Tz.	Textziffer
u. a.	unter anderem
u. U.	unter Umständen
UWG	Gesetz gegen den unlauteren Wettbewerb
v.	von
VDMA	Verein Deutscher Maschinenbau-Anstalten e. V.
VersR	Versicherungsrecht. Juristische Rundschau für die Individualversicherung
VersW	Versicherungswirtschaft. Halbmonatsschrift der deutschen Individualversicherung
vgl.	vergleiche
VO	Verordnung
Warn Rspr.	Warneyer, die Rechtsprechung des Reichsgerichts (Jahr und Nummer)
WPM	Wertpapier-Mitteilungen
WRP	Wettbewerb in Recht und Praxis
WuW	Wirtschaft und Wettbewerb
WuW/E	Wirtschaft und Wettbewerb, Entscheidungssammlung zum Kartellrecht BGH-Abschnitt: Bundesgerichtshof EV-Abschnitt: Europäische Verwaltungsbehörden EWG/MuV-Abschnitt: Europäische Wirtschaftsgemeinschaft/Montanunionsvertrag
z. B.	zum Beispiel
ZHW	Zeitschrift für das gesamte Handels- und Wirtschaftsrecht
Ziff.	Ziffer
ZPO	Zivilprozeßordnung

Literaturverzeichnis

v. Arnim	Das Verhältnis der Europäischen Wirtschaftsgemeinschaft zur Deutschen Demokratischen Republik nach Abschluß des Grundvertrages, BB 1973 S. 500
Baumbach/Duden	Kommentar zum Handelsgesetzbuch, 20. Auflage, München 1972
Baumbach/Hefermehl	Kommentar zum Wettbewerbs- und Warenzeichenrecht, 11. Aufl., München 1974
Baumbach/Hefermehl	Wechselgesetz und Scheckgesetz, 8. Aufl., München 1965
Baumbach/Lauterbach	Zivilprozeßordnung mit Gerichtsverfassungsgesetz und anderen Nebengesetzen, 36. Aufl., München 1978
Bechtold	Zur Bedeutung der Wettbewerbsregeln in den Assoziierungsabkommen der EWG mit Drittstaaten, RIW/AWD 1975 S. 469
Benisch	Fragen der Preisempfehlung, GRUR 1975 S. 47
Böhle-Stamschräder	Konkursordnung, 9. Aufl., München 1969
Bortolotti	Guida alla stipulazione di contratti con agenti e concessionari all'estero, Mailand 1978
v. Brunn	Die Händlerverträge der Kraftfahrzeugwirtschaft, Frankfurt am Main 1949
	Zum Recht des Eigenhändlers, in Festschrift: Recht im Wandel, S. 327, Köln/Berlin/Bonn/München 1965
Deringer	Das Wettbewerbsrecht der Europäischen Wirtschaftsgemeinschaft. Kommentar zu den EWG-Wettbewerbsregeln, Loseblattausgabe (ab 1962 ff.)
	Alleinvertriebsverträge im Wettbewerbsrecht des Gemeinsamen Marktes, NJW 1966 S. 1585
	Europäisches Gemeinschaftsrecht, NJW 1967 S. 482, 1699, 2101; NJW 1968 S. 338, 1028, 1563, 2181; NJW 1969 S. 360, 968, 1522, 2078; NJW 1970 S. 371, 986
Deringer/Sedemund	Europäisches Gemeinschaftsrecht, NJW 1970 S. 1488, 2149; NJW 1971 S. 312, 970, 1497, 2113; NJW 1972 S. 374, 994, 1604; NJW 1973 S. 408, 904
Deringer/Tessin	Zur Auslegung der Neufassung des § 18 GWB, WuW 1966 S. 132
Eisemann	Recht und Praxis des Dokumenten-Akkreditivs, Heidelberg 1963
Emmerich	Die Auslegung von Art. 85 Abs. 1 EWG-Vertrag durch die bisherige Praxis der Kommission, EuR 1971 S. 295

Ferid	Zum Abschluß von Auslandsverträgen, Düsseldorf 1954
Finger	Die Stellung des Vertragshändlers bei Beendigung des Vertrags, DB 1970 S. 141
	Die Verpflichtung des Herstellers zur Lieferung von Ersatzteilen, NJW 1970 S. 2049
Flume	Der verlängerte und erweiterte Eigentumsvorbehalt, NJW 1950 S. 841
Formular-Kommentar	(Veranlaßt vom Deutschen Anwaltsverein) 20. Aufl., Köln/Berlin/Bonn/München 1958/60
Frankfurter Kommentar	Kommentar zum Gesetz gegen Wettbewerbsbeschränkungen, Loseblatt-Sammlung, 4. Aufl., Köln 1963
Gleiss/Hirsch	Kommentar zum EWG-Kartellrecht, 3. Aufl., Heidelberg 1978
	Ausschließlichkeitsverträge nach der Novelle zu § 18 GWB, WRP 1966 S. 17
Graue	Die mangelfreie Lieferung beim Kauf beweglicher Sachen, Heidelberg 1964
Graupner	Alleinvertriebsverträge im englischen Recht und rechtsvergleichende Probleme, AWD 1970 S. 49
Greulich	Nachwirkungen bei Lieferverträgen, DB 1955 S. 208
Großkommentar	(Brüggemann-Würdinger) Großkommentar zum Handelsgesetzbuch, Band 1, 3. Aufl., Berlin 1967
Hackenberger/Schmidt	Die »vorläufige Gültigkeit« von Kartellvereinbarungen und Beschlüssen nach Art. 85 EWG-Vertrag, AWD 1973 S. 188
Haegele	Eigentumsvorbehalt, Sicherungsübereignung, 4. Aufl., Herne/Berlin 1968
Hagenauer	Die Bedeutung des Gesetzes gegen Wettbewerbsbeschränkungen für die Absatzorganisation der Automobilindustrie, Frankfurt am Main 1964
Harms	Intra Enterprise Conspiracy?, EuR 1966 S. 230
Huber	Konzerninterne Vereinbarungen im EWG-Kartellrecht nach der Kommissionsentscheidung im Fall Christiani und Nielsen, AWD 1969 S. 429
Hug	Kartellrecht aus schweizer Sicht, in: Lizenzverträge-Aufbau und Ausgestaltung – Ergebnisse des Fachkurses vom 27.-29. 11. 1972 im Gottlieb-Duttweiler-Institut für wirtschaftliche und soziale Studien, Rüschlikon
Ipsen	Europäisches Gemeinschaftsrecht, Tübingen 1972
Jahn	Die Europäische Wirtschaftsgemeinschaft und Berlin, EuR 1972 S. 232
Kirschstein	Die ersten kartellrechtlichen Entscheidungen der

	Kommission, WRP 1965 S. 77
	Die EWG-Verordnung über Gruppenfreistellung, WuW 1965 S. 361
	Beurteilung von Alleinvertriebsverträgen nach EWG-Kartellrecht, WuW 1966 S. 777
	Die Gruppenfreistellungsverordnung der EWG-Kommission für Alleinvertriebsvereinbarungen, WuW 1967 S. 373
	Entscheidungen der Kommission der Europäischen Gemeinschaften zum EWG-Kartellrecht im Jahre 1968, WRP 1969 S. 185, 223
	Entscheidungen des Gerichtshofs und der Kommission der Europäischen Gemeinschaften zum EWG-Kartellrecht im Jahre 1969, WRP 1970 S. 377, 423
	Entscheidungen der Kommission der Europäischen Gemeinschaften zum EWG-Kartellrecht im Jahre 1970, WRP 1971 S. 502
Keese	Die Zulässigkeit von Lieferbeschränkungen für Ersatzteile, BB 1972 S. 817
Knieper	Der Einfluß des Gesetzes gegen Wettbewerbsbeschränkungen auf Überlassung und Nutzung von Betriebsgeheimnissen, Dissertation Frankfurt am Main 1968
Knorn	Kosten der Abrechnung und Auskunftspflicht des Unternehmers gegenüber dem Handelsvertreter, DB 1972 S. 989
Kochs	Der Eigenhändler. Rechtsprobleme des Rahmenvertrages unter Berücksichtigung auch der Nebenverträge, Dissertation Köln 1964
Kroitzsch	Der Ausgleichsanspruch des Vertragshändlers und seine kartellrechtlichen Grenzen, BB 1977 S. 1631
Küstner	Der Ausgleichsanspruch des Handelsvertreters, 3. Aufl., Heidelberg 1971
Kunz	Die Anwendung der handelsvertreterrechtlichen Ausgleichsregelung (§ 89b HGB) auf Eigen (Vertrags)-Händler, Dissertation Köln 1967
Landfermann	AGB-Gesetz und Auslandsgeschäfte, RIW/AWD 1977 S. 445
Lehmpfuhl	Vertriebsbindungen, Köln/Berlin/Bonn/München 1965
Lipps	Die Auswirkungen der EWG-Gruppenfreistellungsverordnung auf innerstaatliche Alleinvertriebsverträge, BB 1967 S. 1067
Lutz	Auswirkungen der Kartellgesetznovelle auf vertikale Bindungen nach § 18 GWB, BB 1965 S. 1336

Löwisch	Die Stellung der Produzentenhändler im Wettbewerbsbeschränkungsrecht, Diss. Tübingen 1961
Maier	Rückgabe des Warenlagers nach Beendigung des Eigenhändlervertrages, Zeitschrift der Handelskammer Deutschland-Schweiz 1975, S. 5
Mailänder	Alleinvertriebsverträge und EWG-Kartellrecht, BB 1966 S. 834
Markert	Wettbewerbs- und Wirtschaftspolitik in der EWG, EuR 1970 S. 349
Martiny-Schweickert	Deutsch-belgische Vertriebsverträge, AWD 1973 S. 373
Meibom	Auswirkungen des EWG- und Euratom-Vertrages in bezug auf Berlin, NJW 1967 S. 2096
Mestmäcker	Europäisches Wettbewerbsrecht, München 1974
Mücke	Ist § 89b HGB auf Vertragshändler anwendbar? MDR 1956 S. 641
Müller/Gries/Giessler	Kommentar zum Gesetz gegen Wettbewerbsbeschränkungen – Kartellgesetz, 3. Aufl., Stand 1976, Frankfurt am Main
Müller-Henneberg/ Schwartz	Gesetz gegen Wettbewerbsbeschränkungen und Europäisches Kartellrecht (Gemeinschaftskommentar), 3. Aufl., Köln/Berlin/Bonn/München 1973
Niederleithinger	Die erste Gruppenfreistellungsverordnung der EWG-Kommission für Alleinvertriebsvereinbarungen, WRP 1967 S. 198
Nies	Kann einem Eigenhändler der Ausgleichsanspruch des § 89b HGB zustehen?, MDR 1961 S. 556
Nipperdey	Handelsvertreter und Eigen-(Vertrags-)Händler. Der Ausgleichsanspruch des § 89b HGB, in: Festschrift für J. W. Hedemann zum 80. Geburtstag, Berlin 1958, S. 207
Ordemann	Der »Generalvertreter« und sein Ausgleichsanspruch, BB 1964 S. 1323
Palandt	Kommentar zum Bürgerlichen Gesetzbuch, 37. Aufl., München 1978
Peterek	Zur Bedeutung und zum Umfang allgemeiner Kundenschutzvereinbarungen, BB 1966 S. 351
Rasch/Westrick	Wettbewerbsbeschränkungen, Kartell- und Monopolrecht, 3. Aufl., Herne/Berlin 1966
Rauschenbach	Die Wettbewerbspolitik und die kartellrechtliche Entscheidungspraxis der Kommission sowie des Gerichtshofes der Europäischen Gemeinschaften 1972, 1973, WRP 1973 S. 135
Reichard/Kühnel/ Wittig/Grebner	Eigentumsvorbehalt und Sicherungsübertragung im Ausland, 3. Aufl., Heidelberg 1973

E. Reimer/v. Gamm	Wettbewerbs- und Warenzeichenrecht, 2. Bd., 4. Aufl., Köln/Berlin/Bonn/München 1972
Reinhart	Die kartellrechtliche Behandlung vertikaler Verträge nach Art. 85 EWG-Vertrag, AWD 1974 S. 187
Reithmann	Internationales Vertragsrecht, 2. Aufl., Köln 1972
Rodig	Verpflichtung des Herstellers zur Bereithaltung von Ersatzteilen für langlebige Wirtschaftsgüter und ausgelaufene Serien, BB 1971 S. 854
Schlegelberger	Handelsgesetzbuch, erläutert von Geßler, Hefermehl, Hildebrandt, Schröder, 4. Aufl., Berlin/Frankfurt 1960-1966
Schlosser	Das Recht der internationalen Schiedsgerichtsbarkeit, Bd. 1 und 2, Tübingen 1975
Schluep	Der Alleinvertriebsvertrag – Markstein der EWG-Politik, Bern 1966
Schmiedel	Die Einräumung von Alleinverkaufsrechten – Wirksamkeit und Durchsetzbarkeit gegenüber Dritten, ZHR 1974 S. 37
Schröder	Anspruch des Handelsvertreters auf einen Buchauszug, BB 1955 S. 181
	Zum Ausgleichsanspruch des Eigenhändlers, DB 1966 S. 449
	Recht der Handelsvertreter, 5. Aufl., München 1973
Schuler	Ausgleichsanspruch des Eigenhändlers?, NJW 1961 S. 758
Schulte-Mäter	Alleinvertriebsverträge nach europäischem und amerikanischem Kartellrecht, Stuttgart (ohne Jahresangabe)
Serick	Eigentumsvorbehalt und Sicherungsübertragung, Bd. 1: Der einfache Eigentumsvorbehalt, Heidelberg 1963
Spormann	Die Gruppenfreistellung zweiseitiger Alleinvertriebsvereinbarungen, AWD 1966 S. 333; AWD 1967 S. 175
	Konturen einer europäischen Wettbewerbspolitik, AWD 1968 S. 131
	Die Entwicklung der europäischen Wettbewerbspolitik, AWD 1970 S. 156
	Europäischer Alleinvertrieb, WRP 1971 S. 49
	Die Entwicklung der europäischen Wettbewerbspolitik in den Jahren 1970 und 1971, AWD 1972 S. 437
Staudinger	Kommentar zum Bürgerlichen Gesetzbuch, 11. Aufl., Berlin 1963
Steffens	Der Alleinverkaufsvertrag, Diss. Hamburg 1960

Steindorff	Volle Wirksamkeit angemeldeter Wettbewerbsbeschränkungen in der Europäischen Wirtschaftsgemeinschaft, BB 1969 S. 980
Stumpf	Der Know-How-Vertrag, 3. Aufl., Heidelberg 1977
	Internationales Handelsvertreterrecht, Teil 1: Verträge mit ausländischen Handelsvertretern, 5. Aufl., Heidelberg 1977
	Kundenschutz, 4. Aufl., Frankfurt am Main 1976
Stumpf/Detzer/ Immesberger	Internationales Handelsvertreterrecht, Teil 2: Ausländisches Handelsvertreterrecht, 3. Aufl., Heidelberg 1977
Stumpf/Lösch	Vertragshändler- (Alleinvertriebs-) Verträge und EWG-Kartellrecht, Heidelberg 1973
Stumpf/Zimmermann	Zu den Voraussetzungen des Anspruchs des Vertragshändlers auf Zahlung eines Ausgleichs – Kritik der Entscheidung des Bundesgerichtshofes vom 11. 2. 1977, BB 1978 S. 429
Thamm	Der Eigentumsvorbehalt im deutschen Recht, 4. Aufl., Heidelberg 1977
	Eigentumsvorbehalt und AGB-Gesetz, BB 1978 S. 20
Tessin	EWG-Kommission erteilt erstes Negativ-Attest, AWD 1964 S. 114
Ulmer	Der Vertragshändler, München 1969
	Europäisches Kartellrecht auf neuen Wegen?, AWD 1970 S. 193
E. Ulmer/E. Reimer	Das Recht des unlauteren Wettbewerbs, Bd. 3, Köln/Berlin/Bonn/München 1968
VDMA	Sonderveröffentlichung der Rechtsabteilung Nr. 2/78, Muster für einen Konsignationslagervertrag, Frankfurt am Main
	Handelsvertreter-Vertrag (Inland), Frankfurt am Main
	Handelsvertreter-Vertrag (Ausland), Frankfurt am Main
	Sonderveröffentlichung der Rechtsabteilung Nr. 3/65, Rechtliche Gesichtspunkte beim Abschluß von Reparaturverträgen im Maschinenbau, Frankfurt am Main
	Sonderveröffentlichung der Rechtsabteilung Nr. 1/69, Schrifttum und Rechtsprechung zu dem Recht der Geschäftsbedingungen, Frankfurt am Main
	Sonderveröffentlichung der Rechtsabteilung Nr. 1/71, Einführung zu dem Muster für einen Wartungsvertrag einschließlich Vertragsmuster, Frankfurt/M.

	Sonderveröffentlichung der Rechtsabteilung Nr. 1/76, Muster für Bankgarantien, Frankfurt am Main
Graf von Westphalen	Rechtsprobleme der Exportfinanzierung, Heidelberg 1975
Winkel	Die Alleinvertriebsverträge im französischen, deutschen und europäischen Recht, Dissertation Mainz 1968
Winkler	Anrechnung amerikanischer Kartellstrafen auf EWG-Kartellbußen?, AWD 1972 S. 565
Wohlfahrt/Everling/ Glässner/Brumm	Die europäische Wirtschaftsgemeinschaft, Berlin/ Frankfurt am Main 1960
Zahn	Zahlung und Zahlungssicherung im Außenhandel, Berlin/New York 1976

1. Teil

Vertrags-Eigenhändler-Verträge

(Stumpf)

I. Einführung

1. Begriff „Vertragshändler"

Vielfach werden Personen, die als Vertragshändler Maschinen vertreiben sollen, als Vertreter, Generalvertreter, Eigenhändler und dgl. bezeichnet. Der Begriff Vertragshändler ist im Gesetz nicht definiert, er wurde von der Praxis geprägt. 1

In letzter Zeit hat sich die Rechtsprechung wiederholt damit beschäftigt[1]. In seiner Entscheidung vom 21. 10. 1970 hat der Bundesgerichtshof unter Berufung auf frühere Entscheidungen folgende Definition gegeben:

> „Unter einem Eigenhändlervertrag wird ein auf gewisse Dauer gerichteter Rahmenvertrag eigener Art verstanden, durch den sich der eine Teil (Eigenhändler oder Vertragshändler) verpflichtet, Waren des anderen Teils (des Herstellers oder Lieferanten) in eigenem Namen und auf eigene Rechnung zu vertreiben, und durch den der Eigenhändler in die Verkaufsorganisation des Herstellers eingegliedert wird."

Im konkreten Fall war der Eigenhändlervertrag mit einem auf einen bestimmten Bezirk beschränktes Alleinvertriebsrecht verbunden. Aus der Entscheidung geht nicht völlig klar hervor, ob der BGH dies ebenfalls als Kriterium für einen Vertragshändler betrachtet[2].

In der Literatur hat sich vor allem Ulmer[3] sehr ausführlich mit der Klärung des Begriffs Vertragshändler beschäftigt. Er gibt folgende Definition[4]:

---

1 *BGH,* Urteil vom 2. 4. 1957, NJW 1957 S. 1026; Urteil vom 11. 12. 1958, BB 1959 S. 7 = BGHZ 29 S. 83 =NJW 1959 S. 144; Urteil vom 16. 2. 1961, BB 1961 S. 165; Urteil vom 5. 4. 1962, BB 1962 S. 543 = DB 1962 S. 635; Urteil vom 21. 10. 1970, BB 1970 S. 1458 = DB 1970 S. 2313.

2 Man wird dies aber aufgrund der früheren Entscheidung des *BGH,* auf die Bezug genommen wird, annehmen müssen.

3 *Ulmer,* a.a.O., S. 76 ff.

4 *Ulmer,* a.a.O., S. 206.

„Der Vertagshändler ist ein Kaufmann, dessen Unternehmen in die Vertriebsorganisation eines Herstellers von Markenwaren in der Weise eingegliedert ist, daß er es durch Vertrag mit dem Hersteller oder einem von diesem eingesetzten Zwischenhändler ständig übernimmt, im eigenen Namen und auf eigene Rechnung die Vertragswaren im Vertragsgebiet zu vertreiben und ihren Absatz zu fördern, die Funktion und Risiken seiner Handelstätigkeit hieran auszurichten und im Geschäftsverkehr das Herstellerzeichen neben der eigenen Firma herauszustellen.“

In der Literatur besteht Einigkeit darüber, daß es sich um ein auf die Dauer gerichtetes Vertragsverhältnis handelt, in dessen Rahmen der Vertragshändler auf eigenen Namen und auf eigene Rechnung vom Hersteller die Vertragsware bezieht, um sie im Vertragsgebiet weiter zu veräußern[5]. Daneben wird verschiedentlich auf die alleinige Zuweisung eines Vertragsgebietes[6], die Interessenwahrnehmungspflicht[7], die Eingliederung des Vertragshändlers in die Verkaufsorganisation des Herstellers[8], schließlich die Übernahme eines eigenen Vordispositions- und Lagerrisikos abgestellt[9].

Zusammenfassend wird man den Vertragshändlervertrag als einen auf gewisse Dauer gerichteten Rahmenvertrag eigener Art definieren können, durch den sich der eine Teil (Vertragshändler oder Eigenhändler) verpflichtet, Waren des anderen Teils (des Herstellers oder Lieferanten) im eigenen Namen oder auf eigene Rechnung zu vertreiben. Der Vertragshändler ist in die Verkaufsorganisation des Herstellers oder Lieferanten eingegliedert und zur Wahrnehmung dessen Interessen verpflichtet. Ihm ist häufig für einen bestimmten Bezirk oder Kundenkreis ein Alleinvertriebsrecht eingeräumt.

2 Bei den Waren wird es sich meist, wie Ulmer annimmt, um Markenwaren handeln. Erforderlich ist es nicht. So können von einem Vertragshändler auch Sonderanfertigungen von Maschinen vertrieben werden, also Waren, die nicht in gleichbleibender Art und Güte, wie

---

5 *Baumbach/Duden,* a.a.O., § 84 HGB Anm. 3 G; Großkommentar, a.a.O., § 84 HGB Vorbemerkung 3 (2) und Anm. 5; *Schlegelberger/Schröder,* § 84 HGB Anm. 20a; *Schröder,* DB 1966 S. 449; *Schuler,* NJW 1959 S. 649.

6 Großkommentar, a.a.O., § 84 HGB Vorbemerkung 3 (2); *Mücke,* MDR 1956 S. 641; *Steffens,* a.a.O., S. 3.

7 *Kochs,* a.a.O., S. 26, 30; *Kunz,* a.a.O., S. 5; dagegen *Nipperdey,* a.a.O., S. 208 ff; zweifelnd *von Brunn,* Heymanns Festschrift, S. 333 ff., und *Nies,* MDR 1961 S. 556.

8 *v. Brunn,* Heymanns Festschrift, S. 333; *Küstner,* a.a.O., S. 47; *Kunz,* a.a.O., S. 5; *Peterek,* BB 1966 S. 353.

9 *Löwisch,* a.a.O., S. 33 ff.

dies für Markenwaren der Fall ist, hergestellt werden. Die Interessenwahrnehmungspflicht und die Eingliederung in das Vertriebssystem führen in der Regel dazu, daß das Herstellerzeichen oder das Zeichen des Lieferers herauszustellen ist. Ein Kriterium für die Definition ist dies jedoch nicht. Die Übernahme eines eigenen Vordispositions- und Lagerrisikos, wie sie von Löwisch erwähnt wird, wird häufig vorliegen[10], ist jedoch nicht Voraussetzung. Es gibt eine ganze Reihe von Vertragshändlern, die ihre Bestellung direkt beim Hersteller oder Lieferer aufgeben und direkt an den Endkunden durchführen lassen, ohne daß sie dadurch zum Handelsvertreter werden. Der Unterschied zum Handelsvertreter besteht darin, daß dieser im Namen des Herstellers Geschäfte abschließt oder für diesen vermittelt, während der Vertragshändler im eigenen Namen und auf eigene Rechnung tätig wird.

Ebenso wie der Handelsvertreter ist auch der Vertragshändler selbständiger Gewerbetreibender. Die Abgrenzung zwischen ihm und dem Angestellten bereitet aber nicht dieselben Schwierigkeiten wie zwischen dem Handelsvertreter und dem Angestellten. Da er im eigenen Namen und auf eigene Rechnung kauft, wird in der Regel schon von vornherein klargestellt, daß er ein selbständiges Gewerbe betreibt. Der Vertragshändler bezahlt ebenfalls seine Steuern selbständig und gestaltet seine Tätigkeit und Arbeitszeit in der Regel frei. Das hindert aber nicht, daß ihm durch den Vertrag gewisse Auflagen hinsichtlich der Gestaltung seiner Tätigkeit und seiner Arbeit gemacht werden können.

In der Praxis enthält der Vertragshändlervertrag häufig auch gewisse **3**
Elemente von Handelsvertreterverträgen. So wird vielfach vorgesehen, daß der Vertragshändler nach seiner Wahl auch im Namen des Unternehmers Geschäfte abschließen darf. Wenn nicht gewichtige wirtschaftliche Gründe für eine solche Verquickung sprechen, sollte sie aus rechtlichen Gründen tunlichst vermieden werden, weil sonst sehr leicht Streit darüber entsteht, ob es sich um ein Vertragshändlerverhältnis oder ein Handelsvertreterverhältnis handelt.

Bei gemischten Verträgen wird zu prüfen sein, ob die Elemente eines Vertragshändlervertrages oder eines Handelsvertretervertrages überwiegen und dementsprechend das gesamte Rechtsverhältnis als Vertragshändlervertrag oder als Handelsvertretervertrag angesehen wer-

10 *Löwisch,* a.a.O., S. 33 ff.

den muß. Halten sich die Elemente in etwa die Waage, so sind diejenigen Tätigkeiten, die der Vertragspartner als Vertragshändler ausübt, nach Vertragshändlerrecht und diejenigen, die er als Handelsvertreter ausübt, nach Handelsvertreterrecht zu beurteilen. Sind die Elemente überwiegend, die für einen Handelsvertretervertrag sprechen, so besteht die Gefahr, daß auf den gesamten Vertrag die Bestimmungen des zum großen Teil zwingenden Handelsvertreterrechtes Anwendung finden. Hinzu kommt, daß leicht Mißlichkeiten dadurch entstehen können, daß der Vertragshändler zum Zeitpunkt des Vertragsabschlusses dem Kunden nicht zu erkennen gibt, ob er als Eigenhändler auftritt oder als Handelsvertreter[11]. Auch die im Anhang abgedruckten Muster enthalten gewisse Bestimmungen, die auch in Handelsvertreterverträgen vorgesehen werden[12]. Die Muster gehen jedoch nicht so weit, dem Handelsvertreter die Wahl zu überlassen, ob er als Vertragshändler oder als Handelsvertreter tätig werden will.

2. Anwendbare gesetzliche Bestimmungen

4 Das Vertragshändlerrecht ist nicht durch Gesetz geregelt. Es wurde durch die Vertragspraxis und die Rechtsprechung entwickelt. Die Bestimmungen des Handelsvertreterrechtes gelten nicht ohne weiteres für Vertragshändlerverträge, wenn auch gewisse Parallelen zwischen beiden Vertragstypen bestehen. Es ist vielmehr bei jeder einzelnen Frage zu prüfen, ob sich die Bestimmungen des Handelsvertreterrechtes zu einer analogen Anwendung eignen. Mit dieser Frage hatten sich die Gerichte wiederholt zu befassen. In ständiger Rechtsprechung wurde dabei ausgeführt, daß die einzelnen Vorschriften des Handelsvertreterrechtes nur dann entsprechend anzuwenden sind, wenn Grund und Zweck der Vorschriften dies rechtfertigen[13]. Dies ist von ausschlaggebender Bedeutung dafür, ob auch zwingende Bestimmungen des Handelsvertretergesetzes, insbesondere die über den Ausgleichsanspruch, für Vertragshändlerverträge gelten.

---

11 Vgl. *OLG München,* Urteil vom 21. 1. 1960, BB 1960 S. 462 und die dort angeführten Zitate.

12 Vgl. Rand-Nr. 80 ff.

13 Vgl. *RG,* Urteil vom 8. 1. 1929, JW 1929 S. 1291 f., *BGH,* Urteil vom 29. 4. 1958, BB 1958 S. 540 f. = NJW 1958 S. 1138 f.; Urteil vom 11. 12. 1958, BGHZ 29 S. 83 ff. = BB 1959 S. 7; Urteil vom 16. 2. 1961, BB 1961 S. 265 = NJW 1961 S. 662 = MDR 1961 S. 405; Urteil vom 5. 4. 1962, BB 1962 S. 453 = DB 1962 S. 635; Urteil vom 11. 2. 1977, DB 1977 S. 860 = NJW 1977 S. 896.

Bei der Erörterung der Klauseln des Vertragsmusters wird im einzelnen geprüft werden, inwieweit eine Analogie in Betracht kommt oder zu entfallen hat[14]. Auch die Bestimmungen über Kaufverträge (§ 433 BGB), Dienstverträge (§ 611 BGB) und die entgeltliche Geschäftsbesorgung (§ 675) können zur Anwendung kommen[15].

Auf Gesellschaftsrecht kann nicht zurückgegriffen werden. Die Interessen beider Vertragsparteien laufen zwar parallel, sie sind aber nicht auf den selben wirtschaftlichen Erfolg gerichtet und es fehlt auch an der Gleichberechtigung, die für Gesellschafter charakteristisch ist.

Das Vertragsverhältnis weist aber weitgehend Elemente des Handelsvertreterrechtes auf, insbesondere weil der Vertragshändler wie der Handelsvertreter dauerndes Glied der Absatzorganisation des Unternehmers und daher zur ständigen Wahrnehmung der Interessen des Unternehmers verpflichtet ist[16]. Andererseits unterscheidet sich der Vertragshändler vom Handelsvertreter durch seine freiere Stellung als Eigenhändler, der bewußt ein größeres wirtschaftliches Risiko auf sich nimmt. Daraus ergibt sich, daß eine rechtsähnliche Anwendung des Handelsvertreter-Rechtes auf das Rahmenverhältnis zwischen Unternehmer und Vertragshändler in gewissem Umfang möglich und geboten ist. Allerdings ist dabei mit Vorsicht zu verfahren.

Wie der Handelsvertreter-Vertrag hat auch der Vertragshändler-Vertrag eine Dienstleistung zum Gegenstand. Das Reichsgericht bezeichnete den Handelsvertreter-Vertrag als eine Unterart des Dienstvertrages[17]. Entsprechendes gilt für den Vertragshändler-Vertrag. Es kommen auf ihn daher auch die Vorschriften über den Dienstvertrag zur Anwendung[18]. Weiter sind auch die Vorschriften des Auftragsrechts[19] zu berücksichtigen; hiervon insbesondere die Bestimmungen über die entgeltliche Geschäftsbesorgung[20]. Wenn auch der Vertrag

---

14 Für den Ausgleichsanspruch vgl. Rand-Nr. 117, 118.

15 So auch *Ulmer,* a.a.O., S. 264 ff. Für das französische Recht nahm die *Cour de Paris* in ihrer Entscheidung vom 12. 11. 1962, GRUR Int. 1965 S. 652, Elemente des Kaufvertrags und des Auftrags als gegeben an.

16 *BGH,* Urteil vom 2. 4. 1957, NJW 1957 S. 1026; Urteil vom 29. 4. 1958, NJW 1958 S. 1138; Urteil vom 11. 12. 1958, BGHZ 29 S. 83; Urteil vom 16.2. 1961, BGHZ 34 S. 282; Urteil vom 5. 4. 1962, NJW 1962 S.1107; Urteil vom 19. 12. 1966, BB 1967 S. 94.

17 *RG,* Urteil vom 24. 6. 1922, RGZ 105 S. 132.

18 §§ 611 ff. BGB.

19 §§ 662 ff. BGB.

20 § 675 BGB.

auf Leistung erfolgreicher Dienste gerichtet ist und der Vertragshändler wegen seines Gewinns am Erfolg seiner Tätigkeit interessiert ist, so ist der Vertragshändler-Vertrag doch nicht als Werkvertrag anzusehen; denn geschuldet ist nicht der Erfolg, sondern eine auf die Herbeiführung dieses Erfolgs gerichtete Dienstleistung. Der Umstand, daß der Erfolg für den Gewinn des Vertragshändlers ausschlaggebend ist, ändert an der rechtlichen Würdigung des Vertrages als Dienstvertrag nichts[21].

3. Die äußere Bezeichnung ist unerheblich

5 Dafür, ob ein Vertragshändlerverhältnis vorliegt, kommt es auf den Inhalt der getroffenen Vereinbarungen an. Es ist dagegen ohne Bedeutung, welche äußere Bezeichnung die Parteien gewählt haben Entscheidend ist nur, an welche Tätigkeit gedacht ist und in welcher Weise sie ausgeübt wird[22]. In der Praxis werden die verschiedensten Bezeichnungen verwendet, wie z. B. Alleinvertreter, autorisierter Händler, Generalvertreter[23], Großhändler[24], Händler, Konzessionär, Vertreter, Vertriebshändler, Werksvertreter[25]. Dadurch, daß ein Vertragshändler als Handelsvertreter bezeichnet wird, finden auf ihn noch nicht die Bestimmungen des Handelsvertreterrechtes Anwendung. Umgekehrt können die zwingenden Bestimmungen des Handelsvertreterrechts nicht dadurch umgangen werden, daß ein Handelsvertretervertrag als Vertragshändlervertrag bezeichnet wird.

6 Der Bundesgerichtshof, der sich mit dem Begriff des Generalvertreters auseinanderzusetzen hatte[26], führte dazu aus:

Rechtsprechung und Schrifttum sind sich darüber einig, daß sich der Begriff des Generalvertreters nicht mit Sicherheit in eine rechtliche Kategorie einordnen läßt und daß die von den Parteien gewählte Terminologie nur selten schlüssig und daher nie entscheidend ist. Die Bezeichnung schillert. Sie wird in der verschiedensten Bedeutung verwendet[27].

---

21 Für Handelsvertreter *RG,* Urteil vom 7. 1. 1916, RGZ 87 S. 441.
22 *BGH,* Urteil vom 23. 9. 1975, BB 1976 S. 6 = GRUR 1976 S. 101.
23 *BGH,* Urteil vom 18. 3. 1970, NJW 1970 S. 1040.
24 *BGH,* Urteil vom 21. 10. 1970, BB 1970 S. 1459.
25 Vgl. *Ulmer,* a.a.O., s. 89.
26 *BGH, Urteil vom 18. 3. 1970, NJW 1970 S. 1040.*
27 *Ordemann,* a.a.O., S. 1323, und *Ulmer,* a.a.O., S. 71.

Sie wird allerdings im Einzelfalle bisweilen auch gebraucht um einen Eigenhändler mit Alleinvertriebsrecht zu bezeichnen. Sie findet aber ebenso Verwendung für den Bezirksvertreter im Sinne des § 87 Abs. 2 HGB, für den Kommissionsagenten und schließlich auch für den Handelsvertreter als Unternehmer im Sinne des § 84 Abs. 3 HGB.

4. Form des Vertragshändlervertrags

Die Wirksamkeit des Vertragshändlervertrages ist im allgemeinen nicht von einer bestimmten Form abhängig. Die Vertragspartner können ihn mündlich schließen. Er kann auch durch schlüssige Handlung zustande kommen, z. B. wenn ein Händler laufend von einem bestimmten Unternehmer bezieht und dieser in dem Bezirk, in dem der Händler ansässig ist, nur ihn beliefert. Häufig erklären Firmen in Fällen, in denen kein schriftlicher Vertrag geschlossen wurde, es bestehe kein Vertrag, sondern lediglich ein loses Verhältnis. In der Regel liegt jedoch ein Vertrag vor, der genauso bindend ist, wie ein schriftlich geschlossener. Es ist aber meist sehr schwierig festzustellen, was im einzelnen sein Inhalt ist. Diese sogenannten losen Vertragsverhältnisse sind keineswegs leicht aufzulösen, wie man gemeinhin annimmt. Denn selbst bei Verträgen, die durch schlüssige Handlung zustandekommen, gilt für die Kündigung dasselbe wie bei schriftlich geschlossenen Verträgen[28]. **7**

5. Vertragshändlerverträge auf Probe

Soll der Vertragshändler nur auf Probe tätig werden, so sollte klar vereinbart werden, ob das Vertragshändlerverhältnis mit dem Ablauf der Probezeit endet, ohne daß es hierzu einer Kündigung bedarf, wenn es nicht durch ausdrückliche Erklärung des Unternehmens fortgesetzt wird, oder ob das Vertragsverhältnis nur dann enden soll, wenn vor Ablauf der Probezeit erklärt wird, daß das Vertragsverhältnis nicht fortgesetzt werden soll. Im letzten Fall wird für die Kündigung gemäß § 89 HGB eine Frist von mindestens 1 Monat einzuhalten sein, weil insoweit die Bestimmungen des Handelsvertreterrechtes entsprechend Anwendung finden[29]. In beiden Fällen muß die Probezeit klar bestimmt werden, sonst liegt ein Vertragsverhältnis auf unbestimmte Zeit vor. **8**

28 Vgl. Rand-Nr. 103 ff.

29 *BGH*, Urteil vom 5. 4. 1962, BB 1962 S. 543; *Ulmer*, a.a.O., S. 398; vgl. Rand-Nr. 104.

II. Gegenstand des Vertrags

1. Bestellung von Einzelpersonen und Personengemeinschaften als Vertragshändler

9 Der Unternehmer kann außer natürlichen auch juristische Personen (AG, GmbH) als Vertragshändler bestellen. Darüber hinaus kann Vertragshändler auch eine nicht rechtsfähige Personengemeinschaft sein, soweit sie im eigenen Namen handeln kann (oHG, KG). Die Bestellung einer Gesellschaft des bürgerlichen Rechtes eines nicht rechtsfähigen Vereins oder einer Erbengemeinschaft als Vertragshändler ist dagegen nicht möglich.

2. Bestellung als Alleinhändler

a) Begriff

10 Dem Vertragshändler wird durch das Vertragsmuster der Alleinvertrieb für bestimmte Erzeugnisse in einem bestimmten Bezirk eingeräumt. Hieraus ergibt sich, daß der Unternehmer in diesem Bezirk sich keiner anderen Vertragshändler, Handelsvertreter oder Kommissionäre zum Vertrieb seiner Ware bedienen darf. Er darf auch nicht selbst im Bezirk tätig werden, wenn nicht etwas anderes im Vertrag vereinbart ist. Das vorliegende Muster sieht eine derartige abweichende Vereinbarung in Art. III, Ziff. 3, Abs. 2 vor. Es besteht in dieser Hinsicht eine Parallele zum Handelsvertreterrecht, wo entsprechendes für den Alleinvertreter gilt.

Verpflichtet sich der Unternehmer, den Alleinvertrieb des Vertragshändlers auch dadurch zu sichern, daß er seine anderen Vertragshändler oder Abnehmer bindet, sich auf ihr Gebiet zu beschränken und nicht in andere Gebiete zu liefern, so spricht man von einem Alleinvertrieb mit Gebietsschutz[30] oder Vertriebsbindung. Diese Bindungen werden vielfach durch Vertragsstrafen für den Fall der Zuwiderhandlung abgesichert[31].

---

30 *Ulmer,* a.a.O., S. 122.

31 Soweit das EWG-Recht eingreift, sind solche Absprachen in der Regel nicht mehr zulässig (vgl. Rand-Nr. 183 ff).

b) Anspruch des Vertragshändlers gegenüber Dritten, die in sein Gebiet liefern

Ein Anspruch des Vertragshändlers gegen den Dritten, der in sein Gebiet liefert, besteht meist nicht[32]. In einem vom OLG Düsseldorf entschiedenen Fall[33] hatte der Alleinimporteur einer ausländischen Ware von einem anderen Importeur im Wege der einstweiligen Verfügung verlangt, die Einfuhr und den Vertrieb dieser Ware zu unterlassen. Das Gericht wies den Antrag zurück. Von anderen Gesichtspunkten abgesehen, verneinte es einen auf § 823 BGB gestützten Anspruch wegen Verletzung des Vertriebssystems eines eingerichteten Gewerbebetriebes. Zur Begründung führte es aus: **11**

„Der Alleinvertriebsvertrag erzeugt grundsätzlich nur Rechte und Pflichten zwischen den Parteien; er gewährt zwar ein faktisches Monopol, aber als solcher noch kein absolutes Recht gegenüber Dritten auf ungestörte Ausnutzung der Vertragsvorteile. Anders könnte es vielleicht dann sein, wenn der Hersteller als Inhaber des Vertriebssystems klagt oder den Alleinvertriebshändler dazu ermächtigt.

Jedenfalls wäre ein Vertriebssystem ügberhaupt erst dann eine schutzwürdige betriebliche Erscheinungsform im Sinne von § 823 BGB, wenn es gedanklich wie praktisch lückenlos aufgebaut wäre. Diese Voraussetzung ist nicht hinreichend glaubhaft gemacht . . .

Solange aber nicht einmal die Herstellerin selbst zuverlässige Maßnahmen zum Aufbau eines lückenlosen Vertriebssystems ergreift, erscheint ein Schutz dieses Systems gemäß § 823 BGB nicht vertretbar...

Im übrigen ist die Antragstellerin . . . überhaupt nicht Inhaberin des Vertriebssystems und hat bislang auch keine ausreichende Ermächtigung der Herstellerin glaubhaft gemacht. Vielmehr gehört zu ihrem Geschäftsbetrieb lediglich ein Alleinimportvertrag mit der Herstellerin. Auf einen solchen einzelnen Vertrag läßt sich der Schutz, wie er für ein ganzes Absatzsystem gemäß § 823 BGB in Betracht gezogen werden könnte, nicht ohne weiteres übertragen . . .

---

32 Für das belgische Recht vgl. *Président du tribunal de commerce de Bruxelles* vom 30. 10. 1972, JCB 1973 III. 98, GRUR Int.-Berichte 1975 S. 318: Die Entscheidung verneint für den Fall des Parallelimportes das Vorliegen unlauteren Wettbewerbes selbst für den Fall, daß der Drittimporteur den Alleinvertriebsvertrag kannte; im Ergebnis insoweit gleich für das griechische Recht, *Appelationshof Athen* Nr. 2676-1974, GRUR Int. 1976 S. 216.

33 *OLG Düsseldorf,* Urteil vom 26. 6. 1964, BB 1964 S. 938 f.

> Die bloße Ausnutzung fremden Vertragsbruchs ist jedoch . . . erst dann wettbewerbswidrig im Sinne von § 1 UWG, wenn weitere unlautere Begleitumstände hinzutreten. Derartige Begleitumstände sind nicht ersichtlich . . .
>
> Entgegen der Ansicht der Antragstellerin liegt ein unlauterer Begleitumstand auch nicht darin, daß die Antragsgegnerinnen beim Vertrieb ihres Whiskys unter Einsparung eigener Werbungskosten die von der Antragstellerin geschaffene günstige Marktlage ausnutzen."

Aber auch losgelöst von der Begründung dieser Entscheidung wird man § 823 BGB nicht zum Schutz des Alleinvertriebsberechtigten heranziehen können. Es ist schon fraglich, ob § 823 Abs. 1 BGB überhaupt Anwendung finden kann. Den Eingriff in den eingerichteten und ausgeübten Gewerbebetrieb wird man nur unter dem Gesichtspunkt der sittenwidrigen Wettbewerbsbehandlung als rechtswidrig qualfizieren können, so daß § 1 UWG als lex specialis vorgeht[34].

§ 823 Abs. 2 BGB scheidet schon deswegen aus, weil der Vertrag der den Alleinvertriebsberechtigten begünstigt, kein Schutzgesetz im Sinne dieser Vorschrift ist, weil ihm „Rechtsnormencharakter" selbstverständlich nicht zugesprochen werden kann.

Ein Alleinverkaufsrecht ließe sich gegen Dritte deswegen allenfalls über § 826 BGB oder § 1 UWG durchsetzen. Das heißt, die Handlung des Dritten muß sittenwidrig sein. Nach allgemeiner Ansicht ist aber das bloße Vertreiben von Vertragswaren anstelle des Alleinverkaufsberechtigten auch in Kenntnis der Alleinverkaufsabrede nicht sittenwidrig[35]. Es müssen vielmehr Umstände hinzukommen, die sich unter den Stichworten: „Verleitung zum Vertragsbruch", „Schleichbezug" und „Ausnutzung fremden Vertragsbruchs" zusammenfassen lassen.

Für den Tatbestand desVerleitens zum Vertragsbruch ist selbstverständlich Voraussetzung, daß es sich um einen wirksamen Vertrag handelt[36]. Für das Verleiten ist es nicht erforderlich, daß das auf den Vertragsbruch abzielende Verhalten des Dritten für den Vertragsbruch auch ursächlich war. Demgemäß wird eine Verleitung zum Vertragsbruch auch nicht dadurch ausgeschlossen, daß der andere Teil ohnehin schon zum Vertragsbruch entschlossen war[37].

---

34 Vgl. *Baumbach/Hefermehl,* a.a.O., Bd. 1, Einleitung UWG Anm. 52; *Schmiedel,* a.a.O., S. 50.

35 Vgl. statt vieler *Baumbach/Hefermehl,* a.a.O., § 1 UWG Anm. 663.

36 *E. Reimer/von Gamm,* a.a.O., S. 265 m.w.N. aus der Rechtsprechung.

37 *RG,* Urteil vom 2. 11. 1938, GRUR 1939 S 562; *Baumbach/Hefermehl,* a.a.O., § 1 UWG Anm. 664 m.w.N.

Im Unterschied zum Tatbestand des Verleitens zum Vertragsbruch wird der Hersteller beim Schleichbezug zur Weitergabe von Waren veranlaßt, ohne daß ihm bewußt wird, daß er das Vertriebssystem überschreitet[38]. Voraussetzung ist, daß der Hersteller vom Dritten insoweit getäuscht wurde. Diese Täuschung ist per se sittenwidrig und verstößt gegen § 1 UWG[39].

Das Merkmal der Ausnutzung fremden Vertragsbruches führt für sich allein genommen noch nicht zur Annahme eines sittenwidrigen Verhaltens. Es müssen vielmehr weitere Gesichtspunkte hinzukommen[40].

Versucht sich der Ausnutzende einen ungerechtfertigten Wettbewerbsvorsprung zu verschaffen, so wird man Sittenwidrigkeit bejahen können. Handelt es sich um einen vertriebsfremden Außenseiter, so erzielt dieser, wenn er den Vertragsbruch ausnutzt, einen wettbewerbsmäßigen Vorsprung vor den übrigen Außenseitern. Dieser Vorsprung ist deswegen anstößig, weil die anderen Außenseiter sich den gleichen Vorteil nur dadurch verschaffen können, wenn sie selbst einen Vertragsbruch ausnützen können[41]. Handelt es sich bei dem Ausnutzenden um einen Händler, der in das Vertriebssystem eingegliedert ist, so erlangt er einen wettbewerbsmäßigen Vorsprung vor den sich vertragstreu verhaltenden Händlern. Deshalb ist auch dieser Vorsprung in der Regel als sittenwidrig zu qualifizieren.

In der unberechtigten Verwarnung eines Dritten wegen Eingriffs in das Alleinvertriebsrecht kann ein Verstoß gegen § 1 UWG liegen, der auch zum Schadensersatz verpflichtet[42].

c) *Ansprüche des Unternehmens gegen Dritte, bei Verletzung des Alleinvertriebsrechts des Vertragshändlers*

Gegen Dritte, die ein wirksames Exportverbot nicht beachten, kann **11a**
der Unternehmer nur ausnahmsweise vorgehen, und zwar nur dann, wenn sie dem Unternehmer in einer gegen die guten Sitten verstoßenden Weise vorsätzlich Schaden zufügen[43] oder wenn eine ebenfalls gegen die guten Sitten verstoßende Wettbewerbshandlung gegeben

38 *E. Ulmer/D. Reimer,* a.a.O., S. 778 m.w.N.
39 *Baumbach/Hefermehl,* a.a.O., § 1 UWG Anm. 666 m.w.N.
40 *BGH,* Urteil vom 8. 3. 1962, BGHZ 37 S. 30.
41 *Baumbach/Hefermehl,* a.a.O., § 1 UWG Anm. 667 ff.
42 *BGH,* Urteil vom 8. 2. 1963, WRP 1965 S. 97.
43 § 826 BGB.

ist[44]. Eine derart sittenwidrige Handlung ist in der Regel nur gegeben, wenn der Dritte den Vertragshändler zum Vertragsbruch verleitet, wenn ein Schleichbezug vorliegt oder wenn ein fremder Vertragsbruch ausgenutzt wird[45].

3. Gewährung von Kundenschutz an Dritte

12 Über den Begriff Kundenschutz vgl. die Broschüre „Kundenschutz"[46]. Ist ein Vertragshändler als Alleinhändler bestellt, darf der Unternehmer Dritten, die im Beszirk als Händler oder Vermittler tätig werden wollen, keinen Kundenschutz gewähren. Hierdurch würde das Recht des Vertragshändlers, allein im Bezirk für den Unternehmer tätig zu werden, verletzt. Im übrigen müßte, falls ein Geschäft mit dem geschützten Kunden zustande kommt, sowohl demjenigen, dem Kundenschutz zugesagt wurdem als auch dem Vertragshändler Provision gezahlt werden, weil der Vertragshändler als Schadenersatz möglicherweise eine Vergütung verlangen könnte. Kundenschutz an Dritte kann daher nur gewährt werden, wenn der betroffene Vertragshändler damit einverstanden ist. Es empfiehlt sich dabei, im Einzelfall eine klare Vereinbarung darüber zu treffen, ob der Vertragshändler eine Entschädigung erhält oder ob er der Gewährung des Kundenschutzes entschädigungslos zuzustimmen hat.

4. Vertragsgebiet

13 Es empfiehlt sich, die Grenzen des Vertragsbezirks genau zu bestimmen, weil sich erfahrungsgemäß häufig Streitigkeiten darüber ergeben, wie weit der Bezirk reicht. Werden beispielsweise als Grenzpunkte bestimmte Orte angegeben, so erhebt sich die Frage, ob die Luftlinie oder die Straßenverbindung zwischen den Orten die Grenze sein soll und ob der bezeichnete Otr noch zum Bezirk gehört oder nicht. Keine Schwierigkeiten entstehen in der Regel, wenn als Vertragsbezirk bestimmte staatliche Verwaltungsbezirke bestimmt werden können.

Ausnahmsweise kann es jedoch auch hier zu Streitigkeiten kommen. Werden beispielsweise im Zuge der Verwaltungsreform die Grenzen eines Verwaltungsbezirks geändert, so stellt sich die Frage, ob das

---

44 § 1 UWG.

45 *Schmiedel,* a.a.O., S. 43 m.w.N.; vgl. Rand-Nr. 11.

46 *Stumpf,* Kundenschutz, 4. Aufl. 1976, a.a.O.

Verwaltungsgebiet in den früheren Grenzen oder in den neuen Grenzen Gegenstand des Vertrages ist. Aber nicht nur durch Verwaltungsreformen können solche Schwierigkeiten entstehen. Besonders bei Verträgen mit ausländischen Vertragshändlern können hier Umstände eintreten, die die Vertragsparteien bei Vertragsschluß nicht vorausgesehen hatten. Dies zeigt auch der folgende Beispielsfall. Mit einem jordanischen Vertragshändler war Jordanien als Vertragsgebiet vereinbart. Nachdem nun Westjordanien unter israelische Verwaltung gestellt wurde, übernahm der israelische Vertragshändler des Herstellers die Geschäftstätigkeit in Westjordanien. Der westjordanische Vertragshändler beanspruchte nun Schadensersatz für die ihm durch die Tätigkeit des israelischen Vertragshändlers entgangenen Geschäfte. Ähnliche Schwierigkeiten ergaben sich im Falle eines Vertragshändlers, dem als Gebiet „Frankreich und seine Kolonien" zugeteilt war.

Diese aufgezeigten Schwierigkeiten, die zwar nur in Ausnahmefällen eintreten werden, wird man dadurch vermeiden können, daß die zu einem bestimmten Zeitpunkt (beispielsweise des Vertragsschlusses) bestehenden Grenzen als für das Vertragsgebiet maßgebend vereinbart werden.

5. Erzeugnisse, für die der Vertrieb eingeräumt ist

Häufig wird der Vertrieb für sämtliche Erzeugnisse übertragen, die **14**
der Unternehmer herstellt. Eine solche Bestimmung ist unklar und kann zu Schwierigkeiten führen, sobald der Unternehmer neue Erzeugnisse in sein Produktionsprogramm aufnimmt. Wenn sich der Vertrieb auch in der Regel auf die neu in das Produktionsprogramm aufgenommen Erzeugnisse erstrecken soll, so können dem im Einzelfall doch triftige Gründe entgegenstehen. So ist es z. B. denkbar, daß dem Vertragshändler der Vertrieb für die neuen Erzeugnisse nicht übertragen werden kann, weil dieser insoweit bereits einen Konkurrenten vertritt. Der Unternehmer kann auch aus anderen Gründen ein Interesse daran haben, das neue Erzeugnis selbst und nicht durch den Vertragshändler zu verkaufen. Es empfiehlt sich daher, die Erzeugnisse einzeln aufzuführen, die von dem Vertrieb erfaßt werden sollen. Bei der Erweiterung des Produktionsprogramms besteht dann die Möglichkeit, für den Vertrieb der neuen Erzeugnisse andere Wege zu beschreiten. Dies darf jedoch nicht dazu führen, daß die Stellung des

Vertragshändlers ausgehöhlt wird. Die Übertragung des Vertriebs für bestimmte Erzeugnisse hindert den Unternehmer nicht, sein Produktionsprogramm einzuschränken, wenn er aus wirtschaftlichen Gründen gewisse Erzeugnisse nicht mehr herstellen will. Er darf jedoch eine solche Einschränkung nicht willkürlich vornehmen[47].

---

47 Vgl. für das Handelsvertreter-Recht *BGH,* Urteil vom 29. 6. 1959, DB 1959 S. 940. Die Entscheidung dürfte in diesem Punkt für Vertragshändler entsprechend anwendbar sein.

III. Pflichten des Vertragshändlers

1. Tätigkeit im eigenen Namen und auf eigene Rechnung

Da der Begriff „Vertragshändler“ von der Praxis geprägt wurde, keine gesetzlilche Regelung gefunden hat und die Vertragshändler oft anders bezeichnet werden, ist es zweckmäßig, ihre Aufgabe – nämlich im eigenen Namen und auf eigene Rechnung zu kaufen und zu verkaufen – sowie ihre Stellung als selbständige Kaufleute im Vertrag klar festzustellen. 15

Diese Stellung hat zur Folge, daß der Vertragshändler sein eigenes Risiko voll und ganz zu tragen hat. Das Oberlandesgericht Stuttgart führt zur Frage der Risikotragung eines Händlers u. a. aus[48]:

> „Das wirtschaftliche Risiko, das der Händler beim Einkauf von Waren eingeht, liegt grundsätzlich außerhalb derjenigen Umstände, die das Vertragsverhältnis zwischen dem Lieferanten und dem Händler nach Treu und Glauben beeinflussen können (BGH LM § 242 BGB (Bb) Nr. 12). Die Verwendung der gekauften Sachen gehört grundsätzlich zum Risikobereich des Käufers. Daher stellen grundsätzlich keinen Wegfall der Geschäftsgrundlage dar: Umsatzrückgang, falsche Beurteilung der Wiederverkaufsmöglichkeit oder Aufgabe des Geschäftsbetriebs. Nur ausnahmsweise kommt in diesen Fällen Wegfall der Geschäftsgrundlage in Betracht, so etwa beim Kauf von Fertighäusern, wenn die Baugenehmigung versagt wird, beim Verkauf von Gaststätteninventar, wenn der vom Verkäufer vermittelte Pachtvertrag ohne Verschulden des Käufers nicht durchgeführt wird, bei Waren, für die nur bestimmte Abnehmer in Betracht kommen, wenn Weiterverkauf aus Gründen außerhalb des Machtbereichs des Käufers unmöglich wird (Palandt, a.a.O., § 242 Anm. 6cc gg unter Kaufvertrag).
>
> Danach kann der behauptete Umstand, daß die Beklagte infolge eines Brandes die Grundlage ihres Gewerbebetriebes habe verändern und den Großhandel aufgeben müssen, nicht als Wegfall der Geschäftsgrundlage angesehen werden.“

2. Abschluß im Namen des Unternehmers

Schließt der Vertragshändler entgegen der ausdrücklichen Bestimmung des Vertrags Geschäfte für den Unternehmer ab, so verletzt er hierdurch seine Vertragspflichten. Er tritt dann ohne Vertretungs- 16

48 *OLG Stuttgart,* Urteil vom 21. 12. 1973, BB 1974 S. 200.

macht auf. Seine Handlungsweise ist nach den Bestimmungen der §§ 177 ff. BGB zu beurteilen. Der Abschluß des Vertragshändlers dürfte jedoch in entsprechender Anwendung der Bestimmungen des Handelsvertreter-Rechtes als genehmigt gelten, wenn der Unternehmer das Geschäft dem Kunden gegenüber nicht unverzüglich ablehnt, nachdem er von dem Vertragshändler oder dem Kunden über den Abschluß benachrichtigt worden ist. Eine Genehmigung kann allerdings nur angenommen werden, wenn dem Unternehmer auch der wesentliche Inhalt des abgeschlossenen Geschäfts mitgeteilt worden ist[49]. Es dürfte nicht genügen, daß der Abschluß eines Geschäfts dem Unternehmer von anderer Seite bekanntgeworden ist; vielmehr ist wohl die Benachrichtigung durch den Vertragshändler oder den Kunden Voraussetzung. Dieser kann sich nicht auf eine Genehmigung des Geschäfts berufen, wenn ihm beim Abschluß bekannt war, daß der Vertragshändler keine Abschlußvollmacht hat. Außerdem muß es sich um ein Geschäft handeln, dessen Vermittlung in den Geschäftsbereich des Vertragshändlers fällt. Gilt ein Geschäft in entsprechender Anwendung des § 91 a HGB als genehmigt, weil der Unternehmer das Geschäft dem Kunden gegenüber nicht unverzüglich abgelehnt hat, so ist der Unternehmer grundsätzlich zur Provisionszahlung an den Vertragshändler verpflichtet. Das Geschäft ist dann nicht durch die vertragswidrige Handlung des Händlers, sondern dadurch zustande gekommen, daß der Unternehmer das Geschäft stillschweigend genehmigt hat. Unter Umständen kann aber der Unternehmer gegen den Vertragshändler wegen Verletzung seiner Vertragspflichten Schadensersatzansprüche geltend machen.

3. Vermittlung von Geschäften durch Vertragshändler

17 Ist einem Vertragshändler – entgegen den Vertragsmustern[50] – im Vertrag auch das Recht eingeräumt, Geschäfte für den Unternehmer zu vermitteln oder in seinem Namen abzuschließen, so hat er in seinen Erklärungen, die zum Zustandekommen eines Geschäfts führen, zum Ausdruck zu bringen, ob er in dem betreffenden Fall als Eigenhändler oder Vermittler auftritt. Das muß ganz besonders gelten gegenüber Kunden, die zum ersten Male mit einer solchen Firma in Geschäftsbeziehungen treten. Mißverständnisse über die Eigenschaft, in der das

---

49 Für Handelsvertreter § 91a HGB und *RG*, Urteil vom 30. 9. 1919, RGZ 96 S. 286 ff..
50 Vgl. Anhang IV.

Geschäft abgewickelt werden soll, die infolge unklarer Ausdrucksweise des Vertragshändlers bei den Vertragsverhandlungen entstanden sind, müssen nach dem Grundsatz von Treu und Glauben[51] zu seinen Lasten gehen mit der Wirkung, daß er sich als das behandeln lassen muß, wofür ihn der Vertragspartner in vernünftiger Würdigung seiner Erklärungen berechtigterweise gehalten hat[52].

4. Pflicht des Vertragshändlers zur Interessenwahrnehmung

Zwischen dem Unternehmer und dem Vertragshändler besteht, wie **18**
ausgeführt, ein Rechtsverhältnis eigener Art, aus dem sich eine wechselseitige Pflicht zur Interessenwahrnehmung ergibt. Die beiderseitigen Interessen sind dabei gegeneinander abzuwägen. Aus dieser grundsätzlichen Pflicht lassen sich alle wesentlichen, den beiden Vertragsparteien obliegenden einzelnen Verpflichtungen ableiten.

Die einzelnen Folgerungen, die sich hieraus für den Vertragshändler ergeben, können hier nicht aufgezählt werden. Die nachstehenden Ausführungen müssen sich auf die Andeutung einiger wichtiger Punkte beschränken.

Der Vertragshändler hat die Voraussetzungen dafür zu schaffen, daß **19**
er seine Verpflichtungen gegenüber den Kunden ordnungsgemäß erfüllen kann. Es wird daher z. B. dem Vertragshändler verwehrt sein, sich von jeder gesetzlichen Haftung gegenüber den Kunden freizuzeichnen; er wird vielmehr in gleichem Umfang die Haftungen gegenüber den Kunden übernehmen müssen, wie sie der Unternehmer ihm gegenüber trägt[53].

Der Vertragshändler darf sich in der Regel nicht darauf beschränken, **20**
gegebene Gelegenheiten zu Geschäftsabschlüssen auszunutzen, sondern muß um einen möglichst großen Absatz der Erzeugnisse des Unternehmers besorgt sein. Dazu gehört auch, daß er die Aufnahmefähigkeit des Marktes und die Wünsche der Abnehmer beobachtet und eine in seinem Bezirk übliche Werbung[54] und intensive Kundenpflege treibt.

---

51 §§ 157 und 242 BGB.
52 *OLG München*, Urteil vom 21. 1. 1960, BB 1960 S. 462.
53 Vgl. Rand-Nr. 21 ff., 56.
54 Vgl. Rand-Nr. 30, 53.

Er muß den Unternehmer über seine Beobachtungen unterrichten, wobei für diesen insbesondere Bedarfsschätzungen von Bedeutung sein können. Es muß dem Unternehmer gestattet sein, regelmäßige Berichte zu bestimmten Terminen zu fordern. Der Unternehmer muß auch verlangen können, daß die Werbemaßnahmen des Vertragshändlers seinen Wünschen und Richtlinien angepaßt werden. Der Vertragshändler muß ferner enge Verbindung mit dem Unternehmer halten, wobei es notwendig sein kann, daß er diesen aufsucht.

Der Vertragshändler hat die Weisungen des Herstellers zu befolgen. Aus der Interessenwahrnehmungspflicht ergibt sich auch die Verpflichtung des Vertragshändlers, Konkurrenzprodukte nicht zu vertreiben[55].

Ein krasser Verstoß gegen die Interessenwahrnehmungspflicht liegt vor, wenn der Vertragshändler die vom Hersteller eingeschlagenen Nummern entfernt und andere Nummern anbringt. In einer solchen Handlungsweise ist eine positive Vertragsverletzung zu sehen, die einen Unterlassungsanspruch und, sofern hierdurch ein Schaden entsteht, einen Schadensersatzanspruch zur Folge hat[55a].

Alle diese Anforderungen sind nach Treu und Glauben und der allgemeinen Übung in der Branche zu beurteilen. Es empfiehlt sich daher, zu prüfen, ob einzelne Pflichten zur Klarstellung ausdrücklich im Vertrag festgelegt werden sollen.

5. Die Vereinbarung von einheitlichen Lieferbedingungen für Geschäfte mit dem Kunden

21 Die in den Mustern vorgesehene gegenseitige Angleichung der Lieferbedingungen des Herstellers und des Vertragshändlers aneinander[56] ist zwar nicht als beiderseitige Verpflichtung ausgestaltet, so daß eine Unterlassung oder Weigerung keine Vertragsverletzung mit allen sich daraus ergebenden Folgen darstellt; sie ist aber aus praktischen Gründen für beide Seiten äußerst wichtig und deshalb im Vertragsmuster als Anregung niedergelegt. Denn nur auf diese Weise läßt sich vermeiden, daß verschiedene Regelungen etwa für die Lieferzeit, für die Zahlungsweise oder für Dauer und Umfang der Gewährleistung be-

55 *Ulmer,* a.a.O., S. 73 und 80.
55a Vgl. auch Rand-Nr. 51.
56 Art. II Ziff. 2 Abs. 2 des Inlandsmusters.

stehen, die dann zu Meinungsverschiedenheiten führen. Dies kann z. B. der Fall sein, wenn die Gewährleistungspflicht des Unternehmers schon abgelaufen ist, die des Vertragshändlers jedoch noch nicht. Kann in einem solchen Fall der Händler einen Mangel nicht beheben, so könnte sich der Unternehmer darauf berufen, daß seine Gewährleistungspflicht schon abgelaufen ist; repariert er dann nicht, so wird jedoch der Kunde hierfür kaum Verständnis haben. Die Produkte des Unternehmers können dadurch leicht an Ansehen verlieren. Die Reparatur durch den Unternehmer gegen Bezahlung durch den Vertragshändler führt erfahrungsgemäß häufig zu Verstimmungen zwischen den Vertragspartnern[57].

Hinsichtlich der Ausgestaltung der Lieferbedingungen sind die verschiedensten Varianten denkbar. Wie wichtig die richtige Abstimmung der Bedingungen ist, zeigt folgender Fall: Ein Vertragshändler vereinbarte mit seinem Kunden, daß er die Gewährleistung dem Kunden gegenüber dadurch übernimmt, daß das Lieferwerk erforderliche Nachbesserungen vornimmt. In den zwischen dem Vertragshändler und dem Kunden vereinbarten Bedingungen war u. a. folgendes vereinbart:

„1. Das Lieferwerk gewährleistet eine dem jeweiligen Stand der Technik entsprechende Fehlerfreiheit des Kaufgegenstandes in Werkstoff und Werkarbeit während der Dauer von sechs Monaten nach Auslieferung, höchstens jedoch bis zu einer Gesamtfahrleistung von 10 000 km. Die Gewährleistung geht nach Wahl des Lieferwerks auf Reparatur des Kaufgegenstandes oder Ersatz der eingesandten Teile . . .

4. Ein Anspruch auf Wandlung oder Minderung besteht nicht, es sei denn, daß das Lieferwerk nicht in der Lage ist, den Mangel zu beheben.

7. Natürlicher Verschleiß und Beschädigungen, die auf fahrlässige oder unsachgemäße Behandlung zurückzuführen sind, sind von der Gewährleistung ausgeschlossen.

8. Gewährleistungsansprüche werden nur dann berücksichtigt, wenn sie unverzüglich nach Feststellung eines Mangels beim Lieferwerk oder beim Verkäufer schriftlich erhoben werden“.

Es ging dann der Streit darüber, ob der Käufer gegenüber dem Vertragshändler einen selbständigen Anspruch auf Minderung hatte oder ob er sich auf den Anspruch gegenüber dem Lieferwerk auf Nachbesserung und nur wenn diese erfolglos ist, auf einen Minderungs-

57 Vgl. auch Rand-Nr. 56.

anspruch berufen konnte. Das Oberlandesgericht Hamm bejahte einen selbständigen Minderungsanspruch gegenüber dem Vertragshändler und erklärte, daß sich der Käufer nicht auf den Nachbesserungsanspruch gegenüber dem Lieferwerk verweisen zu lassen brauche[58], da die fraglichen Regelungen so auszulegen seien, daß der Verkäufer lediglich zusätzlich die Gewährleistung des Lieferwerks übernommen habe.

22 Noch deutlicher wird die Erfordernis der Abstimmung in Fällen, in denen die Gewährleistungsfrist im Verhältnis Hersteller zum Vertragshändler nicht der Frist angepaßt ist, die letzterer seinem Abnehmer einräumt. Ein Beispiel:

Der Unternehmer vereinbart mit dem Vertragshändler die gesetzliche Gewährleistungsfrist (sechs Monate ab Datum der Ablieferung). Der Vertragshändler räumt in seinen Allgemeinen Geschäftsbedingungen seinen Kunden ebenfalls eine sechsmonatige Gewährleistungsfrist ein. Hat er nun seine Ware längere Zeit auf Lager, so kann es geschehen, daß Mängel von Endabnehmern zwar noch in der vom Vertragshändler ihnen eingeräumten Frist geltend gemacht werden, daß der Vertragshändler selbst aber keine Ansprüche mehr gegen den Hersteller hat, weil die mit diesem vereinbarte Gewährleistungsfrist infolge der Lagerhaltung bereits verstrichen ist. Es liegt auf der Hand, daß dies zu Unstimmigkeiten zwischen Hersteller und Vertragshändler führen kann. Dies läßt sich durch entsprechende Gestaltung der von beiden verwendeten Lieferbedingungen vermeiden. In den Bedingungen des Vereins Deutscher Maschinenbau-Anstalten e. V. (VDMA-Bedingungen)[59] wird beispielsweise der Beginn der Gewährleistungsfrist auf den Zeitpunkt der Inbetriebnahme der Maschine verlegt, womit die Gewährleistungsfrist für Hersteller und Händler gleichgeschaltet wird, da die Inbetriebnahme der Maschine erst beim Abnehmer des Vertragshändlers erfolgt.

Eine solche Regelung sollte allerdings immer mit der Festlegung einer sogenannten Spätestfrist einhergehen, wonach die Gewährleistung spätestens nach einer bestimmten Frist ab Lieferung abläuft, wenn sich die Inbetriebnahme ohne Verschulden des Lieferers verzögert.

23 Die Aufforderung zur Angleichung der Bedingungen darf jedoch nicht dahin verstanden werden, daß die Lieferbedingungen der Vertrags-

---

58 Urteil des *OLG Hamm* vom 19. 9. 1973, NJW 1974 S. 909.

59 Zu beziehen vom Maschinenbau-Verlag, Postfach 710109, 6000 Frankfurt/Main 71.

parteien in jedem Fall identisch sein müssen. Es sind vielmehr Fälle denkbar, wo gewisse Unterschiede bestehen bleiben können oder müssen. Dies gilt z. B. im Hinblick auf das am 1. 4. 1977 neu in Kraft getretene Gesetz zur Regelung des Rechts der Allgemeinen Geschäftsbedingungen. Dieses Gesetz differenziert nämlich hinsichtlich der Zulässigkeit der Klauseln in Allgemeinen Geschäftsbedingungen zwischen kaufmännischem und nichtkaufmännischem Geschäftsverkehr[60] und stellt an die Wirksamkeit von Klauseln, die im nichtkaufmännischen Geschäftsverkehr Verwendung finden, strengere Anforderungen. Dies gilt insbesondere für die Regelung der Gewährleistung in Allgemeinen Geschäftsbedingungen. Im nichtkaufmännischen Geschäftsverkehr ist danach beispielsweise eine Beschränkung der Gewährleistungsansprüche auf Nachbesserung nur erlaubt, sofern dem anderen Vertragsteil ausdrücklich das Recht vorbehalten wird, bei Fehlschlagen der Nachbesserung oder Ersatzlieferung Herabsetzung der Vergütung oder nach seiner Wahl Rückgängigmachung des Vertrags zu verlangen. Ebensowenig dürfen gegenüber einem Nichtkaufmann die gesetzlichen Gewährleistungsfristen verkürzt werden oder auf diesen die zur Nachbesserung erforderlichen Aufwendungen abgewälzt werden[61].

Es ist nun aber keineswegs zwingende Folge dieses Gesetzes, daß die Lieferbedingungen des Herstellers, die dieser gegenüber dem Vertragshändler, der ja Kaufmann kraft Gesetzes (§ 1 II Nr. 1 HGB) ist, verwendet, mit denen des Vertragshändlers, die gegenüber einem nichtkaufmännischen Endabnehmer verwendet werden, in allen Punkten übereinstimmen müssen, weil für den Vertragshändler insoweit die zwingenden Vorschriften des AGB-Gesetzes gelten. So ist es beispielsweise möglich, daß der Hersteller gegenüber dem Vertragshändler nicht alle Aufwendungen zur Nachbesserung, soweit dies gesetzlich zulässig ist, übernimmt, obwohl der Vertragshändler diese Kosten nicht auf den Endabnehmer abwälzen kann. Die insoweit möglicherweise auftretende Belastung des Vertragshändlers könnte nämlich bereits durch die Einräumung des Händlerrabattes abgegolten sein. Soweit Abweichungen der Verkaufsbedingungen des Herstellers von denen des Vertragshändlers von den Parteien als notwendig erachtet werden, empfiehlt es sich aber im Vorhinein die

60 § 24 AGBG.
61 § 11 Nr. 10 AGBG.

Konsequenzen dieser Abweichung zu prüfen, um Unstimmigkeiten bei Vertragsdurchführung zu vermeiden.

Weitere Fälle, in denen es notwendig sein kann, daß die Allgemeinen Geschäftsbedingungen der Vertragsparteien voneinander abweichen, treten im Auslandsgeschäft auf[62].

6. Bezug auf Kredit (Lieferung unter Eigentumsvorbehalt und andere Sicherungsmittel)

a) Allgemeines

24 Wird dem Vertragshändler auf Kredit geliefert, so bietet der einfache Eigentumsvorbehalt des Lieferers meist keinen ausreichenden Schutz[63], weil der Händler in der Regel befugt sein wird, die Ware im Rahmen des ordentlichen Geschäftsverkehrs weiterzugeben. Selbst wenn er hierzu nicht ausdrücklich ermächtigt sein sollte, wird im allgemeinen eine Vermutung dafür sprechen, daß er hierzu befugt ist. Ein Dritter kann dann gutgläubig Eigentum von ihm erwerben[64].

b) Weitergeleiteter Eigentumsvorbehalt

25 Es wird daher verschiedentlich versucht, einen weitergeleiteten Eigentumsvorbehalt zu vereinbaren[65]. Der weitergeleitete Eigentumsvorbehalt – auch weitergegebener Eigentumsvorbehalt[66] genannt – ist als zulässig anzusehen[67]. Hierbei wird dem Käufer die Verpflichtung auferlegt, bei einer Weiterveräußerung dem Abnehmer gegenüber den Eigentumsvorbehalt des Verkäufers aufrechtzuerhalten. Es genügt nicht, daß der Käufer sich selbst das Eigentum beim Weiterverkauf

---

62 Vgl. dazu Rand.-Nr. 153 ff..

63 Vgl. *Thamm,* a.a.O., S. 24.

64 Vgl. *Thamm,* a.a.O., S. 61 ff. Bei Kraftfahrzeugen jedoch, zu welchen ein Kraftfahrzeugbrief gehört, ist in der Regel gutgläubiger Erwerb nur dann möglich, wenn der Kraftfahrzeugbrief vom Veräußerer vorgelegt wird; vgl. z. B. *OLG Hamburg,* Urteil vom 2. 2. 1962, BB 1962 S. 657. Im einzelnen dazu vgl. *Palandt/Degenhart,* a.a.O., § 932 BGB Anm. 2 m.w.N.

65 Vgl. *Thamm,* a.a.O., S. 40 ff.

66 Nachweise bei *Serick* I, a.a.O., S. 79 Fn. 18.

67 *Serick* I, a.a.O., S. 80 Fn. 20; *Böhle/Stamschraeder,* a.a.O., § 43 KO Anm. 3 c; Bedenken gegen den weitergeleiteten Eigentumsvorbehalt in Lieferbedingungen bei *Flume,* a.a.O., S. 848. Der weitergeleitete Eigentumsvorbehalt wird in der juristischen Literatur in der Regel zumindest mittelbar als zulässig angesehen.

vorbehält; er muß vielmehr ausdrücklich den Eigentumsvorbehalt des Verkäufers weitergeben.

Da der Weiterveräußerer seinem Abnehmer gegenüber dann eingestehen muß, daß er die Sache noch nicht bezahlt hat und ihm deshalb noch nicht das Eigentum zusteht, wehren sich die Vertragshändler gegen diese Form des Eigentumsvorbehalts.

Aber auch die Abnehmer setzen einem solchen Verlangen Widerstand entgegen. Ist der Vorbehaltskäufer nämlich zur Weiterveräußerung ermächtigt und bezahlt der Abnehmer den vereinbarten Preis an den Vorbehaltskäufer (Weiterveräußerer), so wird er damit Eigentümer der Sache. Beim weitergeleiteten Eigentumsvorbehalt tritt der Eigentumserwerb des Abnehmers dagegen erst dann ein, wenn das vom Abnehmer an den Vorbehaltskäufer bezahlte Geld dem Vorbehaltsverkäufer ausgehändigt worden ist. Leitet der Vorbehaltskäufer also die Summe nicht weiter, so kommt kein Eigentumserwerb zustande. Das Eingehen auf einen weitergeleiteten Eigentumsvorbehalt bringt deshalb für den Abnehmer ein erhöhtes Risiko mit sich.

Hildebrandt[68] führt hierzu folgendes aus:

> „In der Praxis kommt der „weitergeleitete“ Eigentumsvorbehalt nicht sehr häufig vor. Der Vorbehaltskäufer deckt bei einem Weiterverkauf ungern seine Beziehungen zum Vorlieferanten auf. Auch wird sich der Zweitkäufer meist nicht darauf einlassen, daß sein Eigentumserwerb von Umständen abhängig sein soll, die in einer von ihm nicht übersehbaren Beziehung des Wiederverkäufers zu einem Vorlieferanten bestehen. Er wird vielmehr darauf Wert legen, das Eigentum an der Ware zu erwerben, sobald er dem Wiederverkäufer den ihm geschuldeten Kaufpreis bezahlt hat.“

c) Nachgeschalteter Eigentumsvorbehalt

Der nachgeschaltete Eigentumsvorbehalt ist ein selbständiger Eigentumsvorbehalt des Vorbehaltskäufers gegenüber dem Abnehmer bei der Weiterveräußerung. Man unterscheidet zwischen dem pflichtgemäß nachgeschalteten Eigentumsvorbehalt, wenn die Verpflichtung zum nachgeschalteten Eigentumsvorbehalt in dem Vertrag zwischen Vorbehaltsverkäufer und Vorbehaltskäufer enthalten ist, und dem freiwillig nachgeschalteten Eigentumsvorbehalt, soweit der Eigentumsvorbehalt bei der Weiterveräußerung auf eigener Initiative des Vorbehaltskäufers beruht[69].

---

68 In *Schlegelberger,* a.a.O., Anhang zu § 368 Anm. 95; *Serick* a.a.O., I, S. 79 und 429.
69 Siehe dazu im einzelnen *Serick* I, a.a.O., S. 80-84; *Thamm,* a.a.O., S. 41.

Beim nachgeschalteten Eigentumsvorbehalt verliert der Vorbehaltsverkäufer sein Eigentum, das dann dem Zweitkäufer zufällt, wenn der Zweitkäufer an den Vorbehaltskäufer Zahlung leistet[70]. Diese Meinung ist aber sehr umstritten. Es wird weitgehend auch die Ansicht vertreten, daß beim nachgeschalteten Eigentumsvorbehalt der Vorbehaltsverkäufer sein Eigentum schon mit dem Abschluß des Liefervertrages zwischen Vorbehaltskäufer und Zweitkäufer verliert[71]. Neuerdings hat der Bundesgerichtshof entschieden, daß beim verlängerten Eigentumsvorbehalt im Wege der Vorausabtretung der Eigentumsvorbehalt des Vorbehaltsverkäufers erst mit Zahlung des Kaufpreises vom Zweitkäufer auf den Vorbehaltskäufer geht[72]. Der Bundesgerichtshof stützt sich in seinem Urteil auf Wortlaut und Zweck der Klausel über den verlängerten Eigentumsvorbehalt im konkreten Fall, so daß diese Entscheidung wohl nicht ohne weiteres generalisiert werden darf.

Da der nachgeschaltete Eigentumsvorbehalt im Konkurs des Erstkäufers selbst dann nicht immer Schutz bietet, wenn man den Untergang des Eigentumsvorbehalts des Vorbehaltsverkäufers erst an die Zahlung des Zweitkäufers an den Vorbehaltskäufer knüpft[73], sollte der Vorbehaltsverkäufer den Wert dieser Form des Eigentumsvorbehalts nicht überschätzen.

d) Verlängerter Eigentumsvorbehalt

26 Auch die Vereinbarung eines verlängerten Eigentumsvorbehalts gewährt nur einen beschränkten Schutz. Auf Grund des verlängerten Eigentumsvorbehalts tritt der Vertragshändler für den Fall des Weiterverkaufs dem Unternehmer schon von vornherein sicherheitshalber alle Forderungen ab, die ihm aus dem Weiterverkauf erwachsen. Hat der letzte Kunde seinerseits an den Vertragshändler gezahlt, dieser das Geld aber nicht weitergeleitet, so kann der Unternehmer keinen Anspruch mehr auf Grund des verlängerten Eigentumsvor-

---

70 *Serick* I, a.a.O., S. 81 und 429 ff.; *Schlegelberger,* a.a.O., Anh. zu § 368 Anm. 96; Formular-Kommentar, a.a.O., Nr. 2.411 Anm. 10 mit abweichender Terminologie, nämlich „weitergeleiteter Eigentumsvorbehalt". Es handelt sich aber bei der dort vorgeschlagenen Klausel (VII 4a) um einen pflichtgemäß nachgeschalteten Eigentumsvorbehalt.

71 *Haegele,* a.a.O., S. 60; weitere Nachweise bei *Serick* I, a.a.O., S. 430 Fn. 59.

72 *BGH,* Urteil vom 24. 3. 1971, BB 1971 S. 496 = DB 1971 S. 810.

73 Vgl. *Thamm,* a.a.O., S. 90.

behalts gegenüber dem Kunden geltend machen. Schließlich kann der verlängerte Eigentumsvorbehalt auch dadurch unwirksam sein, daß der Händler schon vor Vereinbarung des verlängerten Eigentumsvorbehalts eine Globalzession für seine Forderungen gegenüber Dritten eingeräumt hat[74]. Hinsichtlich der Frage, wie der verlängerte Eigentumsvorbehalt ausgestaltet ist und anderer Probleme, die bei seiner Vereinbarung entstehen, vgl. Thamm, a.a.O., S. 24 ff. Beispiele für Eigentumsvorbehaltsklauseln sind in dieser Schrift auf S. 116 ff. angeführt[75].

e) Andere Sicherungsmittel

Liefert der Unternehmer an den Vertragshändler auf Kredit, so **27**
stehen ihm außer dem Eigentumsvorbehalt noch andere Sicherungsmittel zur Verfügung. Sie seien nachstehend aufgeführt, ohne daß sie im einzelnen näher dargelegt werden. Es wird insoweit auf die einschlägige Literatur verwiesen. In Betracht kommen die Stellung von von Akkreditiven[76], die Stellung von Garantien [77]; die Stellung einer Bürgschaft[78]. Schließlich kommt die Hingabe von Wechseln in Betracht[79].

7. Mindestabnahmepflicht

Die Mindestabnahmepflicht[80] paßt nur für eine bestimmte Art von **28**
Erzeugnissen, wie z. B. Markenwaren. Es ist Sache des Vertragshänd-

---

74 Vgl. *Thamm,* a.a.O., S. 26 ff..

75 Zur Zulässigkeit des verlängerten Eigentumsvorbehalts in AGB vgl. *Thamm,* BB 1978 S. 20 ff. m.w.N.

76 *von Westphalen,* a.a.O., S. 96 ff.; *Eisemann,* a.a.O., S. 83 ff.; *Zahn,* a.a.O., S. 238 ff.. Hingewiesen sei in diesem Zusammenhang vor allem auf die allgemeinen Regeln und Begriffsbestimmungen der Einheitlichen Richtlinien und Gebräuche für Dokumentenakkreditive, abgedruckt bei *Eisemann,* a.a.O..

77 Zur Problematik vgl. Sonderveröffentlichung 1/76 der Abteilung Recht und Wettbewerbsordnung, Muster für Bankgarantien (Vertragsgarantien) des Vereins Deutscher Maschinenbau-Anstalten e. V. (VDMA); *von Westphalen,* a.a.O., S. 112 ff.; *Zahn,* a.a.O., S. 225 ff..

78 Vgl. *von Westphalen,* a.a.O., S. 117 ff., sowie die Kommentare zum Bürgerlichen Gesetzbuch zu § 765.

79 *Baumbach/Hefermehl,* Wechsel- und Scheckgesetz, a.a.O., Einleitung VI und VII; *von Westphalen,* a.a.O., S. 65 und 81 ff.

80 Art. II Ziff. 2 Abs. 3 des Vertragsmusters (Inland) und Art. 3 des Vertragsmusters (Ausland).

lers, die vereinbarte Menge abzusetzen. Er wird dadurch zu eifrigerer Tätigkeit angespornt, während der Hersteller seine Produktion auf eine gewisse Absatzmenge einrichten und bei vorteilhafter Planung die Kosten senken und evtl. günstigere Preise erzielen kann.

Die Mindestabnahme kann im Vertrag genau beziffert sein. Sie kann sich aber auch nach dem im vorausgehenden Jahr im Vertragsgebiet erzielten Umsatz richten, dem u. U. eine erwartete Zuwachsrate hinzugerechnet wird. Sie kann auch nach dem Durchschnittsumsatz, der von den anderen Vertragshändlern des Unternehmens erzielt wird, berechnet werden.

Ist eine Mindestabnahme vereinbart, so ist der Vertragshändler im Rahmen des ihm Zumutbaren nach § 242 BGB gehalten, alle Anstrengungen zu unternehmen, um den vereinbarten Absatz zu erzielen. Der Vertragshändler darf sich nicht auf den Bezug einer bestimmten Serie beschränken, die wegen Umstellung in der Produktion knapp ist, wenn eine andere Serie reichlich vorhanden und auch noch absetzbar ist[81].

Aus dem Vertrag oder aus den Umständen, z. B. aus Preislisten, kann sich auch ergeben, daß der dem Vertragshändler eingeräumte Preis nur für den Fall gilt, daß die vereinbarte Mindestabnahme erreicht wird. Ist dies nicht der Fall, dann kann der Unternehmer den Vertragshändler mit dem für Minderabnahmen vorgesehen höheren Kaufpreis belasten.

29 Für den Fall der Nichterfüllung wird meist eine vorzeitige Kündigungsmöglichkeit im Vertrag vorgesehen. Denkbar ist auch, daß der Rabatt gekürzt wird, der Gebietsschutz entfällt oder das Vertragsgebiet verkleinert wird[82].

Ist nichts vereinbart und wird die Mindestabnahmepflicht nicht eingehalten, so kann der Unternehmer in der Regel Schadensersatzansprüche geltend machen. Der Schaden kann dabei abstrakt und konkret berechnet werden. Bei der abstrakten Schadensberechnung kann ein Gewinnausfall dann angenommen werden, wenn nach dem gewöhnlichen Lauf der Dinge oder nach den besonderen Umständen mit Wahrscheinlichkeit ein Gewinn aus dem Geschäft zu erwarten wäre. Die praktische Bedeutung der abstrakten Schadensberechnung liegt

---

81 *BGH,* Urteil vom 19. 1. 1972, BB 1972 S. 193; vgl. auch Rand-Nr. 63.

82 Vgl. *Ulmer,* a.a.O., S. 112 ff..

darin, daß der Unternehmer die nicht abgenommene Ware an einen anderen verkaufen kann und trotzdem vom Vertragshändler, der seine Verpflichtungen nicht erfüllt hat, Schadensersatz wegen entgangenen Gewinns fordern kann[83], weil nach dem gewöhnlichen Lauf der Dinge zu erwarten ist, daß er die Ware ohnehin an den anderen hätte absetzen können und ihm somit durch die Nichtabnahme ein Geschäft entgangen ist. Bei der konkreten Schadensberechnung wird nur der tatsächlich entstandene Schaden berücksichtigt, d. h. die Differenz zwischen der jetzigen Vermögenslage des Unternehmers und der, die ohne die Pflichtverletzung des Vertragshändlers bestehen würde. Konnte der Unternehmer also die nicht abgenommene Ware weiter veräußern, so ist kein konkreter Schaden entstanden. Ist die Ware dagegen nicht absetzbar, so ist der mit dem Vertragshändler vereinbarte Preis der konkrete Schaden des Unternehmers.

Wird der Mindestumsatz nicht erreicht aus Gründen, die beim Unternehmer liegen, etwa weil dieser momentan die Nachfrage nach seinem Produkt nicht ausreichend befriedigen kann, so hat eine Interessenabwägung stattzufinden. Der Unternehmer wird in diesem Fall keine Rechte aus dem Minderbezug herleiten können. Trifft den Unternehmer ein Verschulden, so kann er je nach Sachlage zum Schadensersatz verpflichtet sein. Dies gilt jedenfalls, wenn Bestellungen des Vertragshändlers willkürlich und ohne rechtfertigenden Grund abgelehnt werden[84].

Ist die Mindestabnahme aufgrund von Umständen nicht zu erreichen, die weder vom Vertragshändler noch vom Unternehmer zu vertreten sind, so können die vereinbarten Sanktionen trotzdem in Kraft treten. Sie werden aber in der Regel vom Unternehmer dann nicht beansprucht werden.

Schadensersatzansprüche dürften vom Unternehmer jedoch nur geltend gemacht werden können, wenn der Grund für die Nichterreichung der Mindestabnahme beim Vertragshändler liegt. Ist nichts anderes vereinbart, wird auch ein Verschulden des Vertragshändlers zur Geltendmachung von Schadensersatzansprüchen vorliegen müssen[85].

Die Auferlegung einer Mindestabnahmepflicht wird von der herr-

83 *OLG Düsseldorf, Urteil vom 22. 7. 1964, BB 1965 S. 12.*
84 Vgl. Rand-Nr. 60 ff..
85 Vgl. Rand-Nr. 138.

schenden Meinung in Rechtsprechung und Literatur für Vertragshändler nicht als Knebelung im Sinne des § 138 BGB angesehen[86].

8. Werbung durch den Vertragshändler

30 Dem Alleinvertriebsrecht des Vertragshändlers im Vertragsgebiet steht die Verpflichtung gegenüber, sich nachhaltig für den Absatz der Erzeugnisse des Unternehmers einzusetzen. Eines der Mittel hierzu ist die Werbung. Damit es darüber, welche Maßnahmen im einzelnen zu ergreifen sind, nicht zu Meinungsverschiedenheiten kommt, sollten diese – zumindest in groben Zügen – im Vertrag vereinbart werden. Was im einzelnen vorzusehen ist, hängt von den Erfordernissen des Falles ab. Eine generelle Regelung ist daher in den Musterverträgen kaum möglich. Damit die Frage nicht übersehen wird, wurde auf sie ausdrücklich hingewiesen und vorgesehen, daß in Art. VIII die notwendigen vertraglichen Vereinbarungen aufgenommen werden[87]. Aus der Stellung des Vertragshändlers als selbständiger Unternehmer mit ausschließlichem Vertriebsrecht ergibt sich auch, daß er die Kosten für die Werbung im Vertragsgebiet zu tragen hat. Sie sind in der Regel in seiner Handelsspanne mit berücksichtigt. Nur wenn außergewöhnliche Werbemaßnahmen ergriffen werden sollen, kann es sich im Einzelfall rechtfertigen, daß die Kosten hierfür nach einem zu bestimmenden Schlüssel aufgeteilt oder ganz vom Unternehmer getragen werden.

Denkbar ist aber auch – insbesondere bei Serienerzeugnissen – daß die Werbung zentral gesteuert werden soll und daher der Unternehmer die Werbung ganz allgemein übernimmt. In diesem Fall ist eine Senkung der Händlerspanne gerechtfertigt.

In diesem Zusammenhang erhebt sich zuweilen die Frage, ob der Händler berechtigt ist, seinen eigenen Namen bzw. sein Firmen- oder Warenzeichen auf den vom Unternehmer gelieferten Gegenständen anzubringen. Hiergegen bestehen keine Bedenken, wenn er das Zeichen des Herstellers nicht entfernt. Das Händlerzeichen weist nämlich nicht auf den Herstellungsort der Ware hin; es sagt vielmehr

---

86 Urteil des *BGH* vom 11. 12. 1958, BGHZ 29 S. 84 ff.; *Ulmer,* a.a.O., S. 353 ff., m.w.N..

87 Vgl. Art. II Ziff. 3 des Vertragsmusters (Inland) und Art. 4 des Vertragsmusters (Ausland).

lediglich aus, daß die mit der Marke versehene Ware einen bestimmten Geschäftsbetrieb durchlaufen hat.

Es gibt jedoch auch Fälle, in denen vereinbart wird, daß die Ware nur unter dem Namen oder dem Warenzeichen des Vertragshändlers vertrieben wird. Dies muß jedoch ausdrücklich vereinbart werden. Hierbei können sich besonders Probleme nach Beendigung des Vertragshändler-Vertrages ergeben, wenn der Hersteller nun seine Erzeugnisse unter eigener Marke vertreiben will[88].

9. Besuch von Messen

Als Teil der Werbung ist auch der Besuch von Messen anzusehen. Die 31
Bestimmung, daß der Vertragshändler an Messen und Ausstellungen nur im Einverständnis mit dem Unternehmer teilnehmen wird, soll nur der Koordination dienen. So ist es z. B. unzweckmäßig, wenn auf einer Messe für ganz Deutschland sowohl der Unternehmer als auch der Vertragshändler, in dessen Gebiet die Messe zufällig stattfindet, ausstellen. Dies führt u. U. dazu, daß zweimal Geld aufgewendet wird, ohne ein besseres Ergebnis zu erzielen. Ferner besteht die Gefahr, daß die Platzzuweisung des Unternehmers verringert oder gestrichen wird, weil die Erzeugnisse schon auf der Messe vertreten sind, insbesondere wenn Platzmangel herrscht, was in der Vergangenheit wiederholt der Fall war. Schließlich ist in Messeordnungen internationaler Messen verschiedentlich vorgesehen, daß Interessenten nur zugelassen werden, wenn ihre Erzeugnisse im Messejahr oder auch in der Zeit zwischen internationalen Messen nicht auf anderen Messen gezeigt werden. Meist finden die internationalen Messen jeweils in einem anderen Land statt. Dem Unternehmer muß hier ein Mitspracherecht eingeräumt werden, weil der Schaden dann viel größer ist, wenn er von einer allgemein bekannten internationalen Messe ausgeschlossen wird, als wenn einmal eine Messe von untergeordneter Bedeutung nicht besucht werden sollte. Im übrigen dürfte aber der Unternehmer durchaus daran interessiert sein, daß seine Vertragshändler an den in ihrem Gebiet stattfindenden Messen teilnehmen, solange keine Kollisionen auftreten. Die Kosten, die einen Teil der Werbekosten darstellen, hat der Vertragshändler zu tragen, soweit nichts anderes vereinbart ist.

---

88 Vgl. *BGH*, Urteil vom 6. 2. 1976, BB 1976 S. 434; ausführlicher dazu Rand-Nr. 127.

10. Wettbewerbsbeschränkungen des Vertragshändlers während der Dauer des Vertrages nach allgemeinen Rechtsgrundsätzen

32 Ist im Vertrag nichts besonderes vereinbart, so besteht nicht ohne weiteres uneingeschränktes Wettbewerbs- oder Konkurrenzverbot für den Vertragshändler[89]. Das würde seiner Stellung als selbständigem Kaufmann widersprechen. Der Vertragshändler darf daher grundsätzlich Gegenstände sowohl aus der Branche des Unternehmers als auch aus anderen Branchen vertreiben. Dabei ist es gleichgültig, ob er im eigenen oder fremden Namen tätig wird; jedoch dürfen hierdurch die Interessen des Unternehmers nicht beeinträchtigt werden. Welche Forderungen sich aus dieser allgemeinen Beschränkung ergeben, richtet sich nach den Umständen des Einzelfalles. Besondere Vorsicht muß der Vertragshändler walten lassen, wenn er für einen Konkurrenten des Unternehmers tätig ist oder tätig werden will. Im ersten Fall wird er den Unternehmer hiervon vor Vertragsschluß unterrichten müssen. Im zweiten Fall wird er das Einverständnis des Unternehmers einholen müssen[90]. Wird der Vertragshändler für Dritte tätig, die nicht in Konkurrenz zum Unternehmer stehen, so wird er zur Information bzw. Einholung des Einverständnisses des Unternehmers nur dann verpflichtet sein, wenn dadurch seine Tätigkeit für den Unternehmer außergewöhnlich eingeschränkt wird.

11. Wettbewerbsbeschränkungen des Vertragshändlers durch vertragliche Vereinbarung

33 Da die dargelegte Rechtslage, wie sie sich aus allgemeinen Rechtsgrundsätzen ergibt, bisher noch nicht durch die Rechtsprechung ausdrücklich bestätigt wurde und noch einige Zweifelsfragen bestehen, ist es erforderlich, Wettbewerbsverbote im Vertrag ausdrücklich festzulegen. Hierdurch kann auch vermieden werden, daß der Vertragshändler in Interessenkonflikte gerät oder daß Meinungsverschiedenheiten zwischen den Vertragspartnern entstehen. Nach den Mustern ist dem Vertragshändler nicht nur ein Verbot auferlegt, fremde Erzeugnisse, die mit denen des Unternehmers gleich sind, sondern auch solche, die gleichartig sind, zu vertreiben. Was unter gleichartig zu

89 Zum Begriff vgl. *Ulmer,* a.a.O., S. 115.

90 Bezüglich des Wettbewerbsverbots für Handelsvertreter vgl. die Entscheidung des *BGH* vom 25. 3. 1958, BB 1958 S. 425 = DB 1958 S. 512.

verstehen ist, kann nur für den Einzelfall entschieden werden. Im allgemeinen wird ein Erzeugnis als gleichartig anzusehen sein, wenn mit ihm ein ähnlicher Erfolg erreicht werden kann wie mit dem Vertragsgegenstand. Da der Vertragshändler auch sonst jeden unmittelbaren oder mittelbaren Wettbewerb zu unterlassen hat, ist es ihm nicht gestattet, etwa selbst den Vertragsgegenstand oder Ersatzteile herzustellen[91]. Durch das Verbot des mittelbaren Wettbewerbs ist der Vertragshändler nicht gehindert, Aktien eines Wettbewerbsunternehmens zu erwerben. Er darf jedoch nicht stiller Gesellschafter, Komplementär, Kommanditist oder Gesellschafter einer GmbH werden und dadurch eine Stellung einnehmen, kraft deren er einen starken Einfluß auf die Geschäftsführung des Wettbewerbsunternehmens ausüben kann.

Auch wenn der Vertragshändler Erzeugnisse eines Unternehmers vertreibt, die nicht gleich oder gleichartig mit dem Vertragsgegenstand sind, das betreffende Unternehmen aber mit anderen Erzeugnissen in Konkurrenz zum Vertragspartner des Vertragshändlers steht, verletzt er u. E. seine Vertragsverpflichtungen, weil er für die Konkurrenten weder mittelbar noch unmittelbar tätig werden darf. Wenn im Vertrag für Ausnahmen die Einwilligung des Unternehmers vorgesehen wird, so bedeutet dies, daß eine vorherige Zustimmung und nicht eine nachträgliche Genehmigung erforderlich ist[92].

12. Wettbewerbsbeschränkungen des Vertragshändlers nach Beendigung des Vertragshändler-Verhältnisses nach allgemein rechtlichen Grundsätzen

Nach Beendigung des Vertragsverhältnisses ist der Händler in seiner **34**
Tätigkeit frei. Vereinbarungen, die den Händler dann noch beschränken, sind jedoch zulässig, soweit sie nicht gegen § 138 BGB und die durch die Rechtsprechung hierzu entwickelten Grundsätze verstoßen. Nach § 138 BGB sind Rechtsgeschäfte, die gegen die guten Sitten verstoßen, nichtig. Dies kann dann der Fall sein, wenn der Vertragshändler durch ein Wettbewerbsverbot für die Zeit nach Beendigung des Vertragshändler-Verhältnisses in einer ungebührlichen Weise beschränkt

91 Vgl. *OLG Frankfurt a. M.,* Urteil vom 31. 1. 1961 – Az. 5 U 93/60 (3/3 0203/59 *LG Frankfurt a. M.*) –, nicht veröffentlicht.

92 § 183 BGB.

wird[93]. Ferner sind die an anderer Stelle[94] dargelegten kartellrechtlichen Grundsätze zu berücksichtigen. In den Vertragsmustern ist eine Wettbewerbsbeschränkung für die Zeit nach Beendigung des Vertrags nicht vorgesehen, weil eine derartige Abrede die Umstände des Einzelfalles berücksichtigen muß. Die Bestimmungen des Handelsvertreter-Rechtes über das Konkurrenzverbot nach Beendigung des Vertragsverhältnisses können u. E. keine entsprechende Anwendung auf Vertragshändler-Verträge finden, weil sie einen Schutzcharakter haben und Vertragshändler, die im allgemeinen viel unabhängiger sind als Handelsvertreter, eines solchen Schutzes nicht bedürfen. Für sie gilt nur die Bestimmung des § 138 BGB.

35 Aber auch ohne ausdrückliches Wettbewerbsverbot darf der Vertragshändler nicht gegen Treu und Glauben handeln. Ein Treuebruch ist u. U. zu bejahen, wenn der Vertragshändler noch während der Vertragsdauer eine Konkurrenztätigkeit vorbereitet, sei es, daß er selbst produzieren oder Konkurrenzerzeugnisse vertreiben will. Eine solche Vorbereitung kann z. B. darin liegen, daß er Unterlagen zur Seite schafft, um sie nachher für die eigene Produktion zu verwenden[95] oder daß er schon Kunden für ein Fabrikat wirbt, das er später zu vertreiben beabsichtigt. Für einen Handelsvertreter wurde allerdings entschieden, daß es nicht ohne weiteres wettbewerbswidrig ist, wenn er – sofern er keinem Wettbewerbsverbot unterliegt – bei Kunden die Waren seines bisherigen Auftraggebers mit denen seines neuen Auftraggebers vergleicht und dabei auch Nachteile erörtert, solange herabsetzende Anspielungen unterbleiben[96]. Unseres Erachtens wird man diese Entscheidung nur bei Anlegung äußerst strenger Maßstäbe auf Vertragshändler-Verträge anwenden können.

13. Wahrung von Betriebsgeheimnissen

36 Die Pflicht des Vertragshändlers, Betriebsgeheimnisse des Unternehmers zu wahren, läßt sich aus dem Treueverhältnis sowie aus den Bestimmungen des § 18 UWG ableiten[97]. Da vor allem die Berufung

---

93 *RG,* Urteil vom 11. 5. 1942, DR 1942 S. 1226 Fn. 5; *Ulmer,* a.a.O., S. 358 ff..

94 Vgl. dazu Rand-Nr. 173 f..

95 *OLG Frankfurt a. M.,* Urteil vom 31. 1. 1961 – Az. 5 U 93/60 (3/30203/59 *LG Frankfurt a. M.*) –, nicht veröffentlicht.

96 *OLG Stuttgart,* Beschluß vom 13. 8. 1959, BB 1960 S. 1302.

97 *Baumbach/Hefermehl,* a.a.O., § 18 UWG Anm. I ff..

auf Treu und Glauben meist eine unsichere Rechtsgrundlage darstellt, empfiehlt es sich, eine derartige Verpflichtung im Vertrag ausdrücklich zu vereinbaren, wie es auch in den Mustern vorgesehen ist.

Die Frage, was unter Betriebsgeheimnissen zu verstehen ist, bereitet in der Praxis verschiedentlich erhebliche Schwierigkeiten. Die Gerichte haben sich hiermit wiederholt befaßt. So verstand das Reichsarbeitsgericht unter Geschäfts- oder Betriebsgeheimnissen Dinge, die dem Gewerbe- oder Geschäftsbetrieb so eigentümlich sind, daß sie in anderen Kreisen nicht oder höchstens vereinzelt Anwendung finden, und deren Geheimhaltung für den Geschäftsbetrieb wichtig ist[98]. Das Reichsgericht sah als Geheimnis jede Tatsache an, die im Zusammenhang mit einem Geschäftsbetrieb steht, nur einem engen Personenkreis bekannt ist, also nicht offenkundig ist, und nach dem bekundeten Willen des Betriebsinhabers geheimgehalten werden soll[99]. Bei Betriebsgeheimnissen muß es sich also um eine geheime Sache handeln, die nach dem erklärten oder den Umständen nach zu vermutenden Willen des Unternehmers geheimgehalten werden soll und für deren Geheimhaltung ein Interesse besteht[100]. Betriebsgeheimnisse können z. B. sein: Konstruktionszeichnungen und Konstruktionsdaten[101], Angaben über Maß, Gewicht, Wirkungsweise, Kraftverbrauch von Maschinen[102], Kundenlisten[103], Bezugsquellen[104], Reiseberichte[105], Preisberechnungen[106], in Aussicht stehende Liefermöglichkeiten an einen bestimmten Kunden[107]. Das Anvertrauen setzt eine Tätigkeit desjenigen voraus, der das Geheimnis besitzt. Dabei muß zum Ausdruck kommen, daß die anvertraute Sache geheimgehalten werden soll. Dies braucht nicht ausdrücklich zu geschehen, es genügt, wenn es sich aus den Umständen ergibt. Dagegen können dem Vertragshändler Geheimnisse auch ohne, ja sogar gegen den Willen des Unternehmers bekannt werden. In einem solchen Fall besteht aber ein Geheimnisschutz nur dann, wenn der Vertragshändler die Kennt-

98 *RAG,* Urteil vom 4. 6. 1943, GRUR 1944 S. 46.

99 *RG,* Urteil vom 22. 11. 1935, RGZ 149 S. 329.

100 Vgl. *Baumbach/Hefermehl,* a.a.O., § 17 UWG Anm. 2.

101 *RG,* Urteil vom 17. 3. 1936, JW 1936 S. 2081.

102 *RG* in Strafsachen, Urteil vom 7. 1. 1927, GRUR 1927 S. 131.

103 *RG* in Strafsachen, Urteil vom 7. 3. 1913, MuW XII S. 561, und Urteil vom 7. 10. 1914, MuW XV S. 28.

104 *RG* in Strafsachen, Urteil vom 23. 4. 1914, MuW XIV S. 364.

105 *RG* in Strafsachen, Urteil vom 19. 2. 1914, MuW XIV S. 114.

106 *OLG Hamm,* Urteil vom 20. 1. 1959, WRP 1959 S. 182.

107 *OLG Frankfurt a. M.,* Urteil vom 6. 10. 1910, MuW X S. 101.

nis auf Grund seiner Tätigkeit erworben hat. Die Tätigkeit muß also ursächlich sein, es genügt nicht, wenn der Vertragshändler lediglich bei Gelegenheit seiner Tätigkeit Kenntnis von einem Geheimnis erhält. Eine Verwertung liegt vor, wenn der Vertragshändler aus seiner Kenntnis Gewinn zu schlagen sucht. Die Mitteilung des Geheimnisses kann dagegen auch ohne die Absicht erfolgen, hieraus einen Vorteil zu ziehen; auf das Motiv kommt es dabei nicht an. Die Verwertung oder Weitergabe nach Beendigung des Vertragshändler-Verhältnisses ist nur dann unzulässig, wenn sie der Berufsauffassung eines ordentlichen Kaufmannes widerspricht.

Allgemeine Grundsätze, wann dies der Fall ist, lassen sich nicht aufstellen. Bei der Beurteilung dieser Frage sind die gesamten Umstände des Einzelfalles zu berücksichtigen; insbesondere ist abzuwägen zwischen dem Interesse des Unternehmers an der Geheimhaltung und dem Interesse des Vertragshändlers, die bei seiner Tätigkeit erworbenen Kenntnisse bei seiner weiteren Arbeit nutzbringend anzuwenden.

37 Verstößt der Vertragshändler während des Bestehens des Vertragsverhältnisses gegen die Geheimhaltungspflicht, so ist dies in der Regel ein Grund zur fristlosen Kündigung[108]. Außerdem ist der Vertragshändler bei schuldhaftem Handeln auf Grund positiver Vertragsverletzung schadensersatzpflichtig. Eine Schadensersatzpflicht besteht auch, wenn der Geheimnisverrat nach Beendigung des Vertragsverhältnisses begangen wurde, weil die Geheimhaltungspflicht auf Grund der Nachwirkung des Vertrages fortbesteht. Der Schaden muß jedoch nachgewiesen oder zumindest glaubhaft gemacht werden, was in der Praxis zuweilen schwierig ist.

Die Geheimhaltungsverpflichtung darf jedoch nicht so weit gehen, daß der Vertragshändler in seiner Tätigkeit in erheblicher Weise beschränkt wird[109].

14. Einschaltung anderer Personen durch den Vertragshändler (Angestellte, Handelsvertreter, Vertragshändler)

38 Wie bereits erwähnt enthält der Vertragshändler-Vertrag Elemente eines Dienstvertrags[110]. Der Vertragshändler hat daher wenn nichts

---

108 Vgl.Rand-Nr. 110 ff..

109 Vgl. Rand-Nr. 34.

110 § 611 BGB; *Ulmer,* a.a.O., S. 287 ff..

anderes vereinbart ist oder sich aus den Umständen ergibt, die Dienste in Person zu erbringen. Er darf sich zur Erfüllung seiner Aufgaben zwar anderer Personen bedienen, seine Pflicht, die wesentliche Tätigkeit persönlich zu leisten, darf er jedoch nicht verletzen.

Der Vertragshändler kann, wenn nichts anderes vereinbart ist, Handelsvertreter damit betrauen, für ihn Geschäfte zu vermitteln. Der Handelsvertreter steht dann nur zum Vertragshändler in vertraglichen Beziehungen. Schließt der Handelsvertreter entgegen seinem Auftrag für den Unternehmer ab, so begeht er dadurch eine Verletzung seiner vertraglichen Verpflichtungen gegenüber dem Vertragshändler. Die Bestimmungen des § 91 a HGB sind hier anzuwenden. Das Geschäft gilt danach als vom Unternehmer genehmigt, wenn er nicht unverzüglich, nachdem er vom Vertragshändler oder vom Kunden über den Abschluß und den wesentlichen Inhalt desselben benachrichtigt worden ist, dem Kunden gegenüber das Geschäft ablehnt. Entsprechendes muß auch gelten, wenn der Unternehmer vom Unterhändler benachrichtigt worden ist.

Ferner kann der Vertragshändler auch selbständige Eigen- oder Ver- **39**
tragshändler einschalten. Es gibt Fälle, in denen Vertragshändler zur Einschaltung anderer Personen beim Vertrieb verpflichtet werden, aber auch solche, wo ein Interesse daran besteht, daß im Vertragsgebiet außer dem eingesetzten Vertragshändler und seinen Angestellten keine weiteren Personen oder Firmen beim Vertrieb der Vertragsgegenstände eingesetzt werden. Von besonderer Bedeutung ist die Frage, ob der Vertragshändler an Händler bzw. Vertragshändler liefern darf. Meist ist dies ausgeschlossen. Die Frage ist im Inlandsmuster offengelassen. Im Einzelvertrag sollen hierzu Vereinbarungen getroffen werden. Im Muster kann dies unter Art. VIII bzw. Kapitel VIII geschehen. Für den Fall, daß dies übersehen wird, wird bestimmt, daß der Unternehmer vom Einsatz von Handelsvertretern oder sonstigen Händlern informiert werden muß[111]. Dies scheint deshalb gerechtfertigt, weil der Unternehmer darüber unterrichtet sein muß, wer für ihn in dem Vertragsgebiet, dessen Betreuung er allein dem Vertragshändler eingeräumt hat, sonst noch tätig wird. Durch unzuverlässige Personen oder Firmen könnte der Vertrieb seiner Erzeugnisse schwer beeinträchtigt werden. Daran ändert auch nichts, daß der Vertragshändler für die Auswahl der Betreffenden verantwortlich

111 Vgl. Art. II Ziff. 6 des Vertragsmusters (Inland).

und wenn sie schuldhaft handeln, zum Schadensersatz verpflichtet ist[112]. Im Vertragsmuster (Ausland) finden sich Möglichkeiten einer Vereinbarung über die „Untervertreter" alternativ aufgeführt[113]. Die Person, die der Vertragshändler beim Vertrieb der Erzeugnisse des Unternehmers beschäftigt, hat grundsätzlich nur Ansprüche gegen den Vertragshändler. Dies gilt insbesondere auch für evtl. Ausgleichsansprüche von Handelsvertretern, die der Vertragshändler beschäftigt. Die Person, die eingeschaltet wird, hat nur dem Vertragshändler gegenüber für die Erfüllung ihrer Verpflichtungen einzustehen. Sie erhält von ihm Provision bzw. einen Rabatt. Dem Unternehmer gegenüber gilt ihre Tätigkeit als Leistung des Vertragshändlers. Dieser erhält vom Unternehmer dafür einen Rabatt, hat ihm gegenüber jedoch auch für die Handlungen des Unterhändlers oder Vertreters als seines Erfüllungsgehilfen einzustehen. Ein Vertragsverhältnis zwischen den vom Vertragshändler beschäftigten Personen und dem Unternehmer besteht nicht.

15. Beschränkung des Vertriebs

a) auf das Vertragsgebiet

40 Der Berechtigung zum Alleinvertrieb an Kunden, die ihren Sitz im Vertragsgebiet haben, steht in der Regel die Verpflichtung gegenüber, nicht an Kunden zu verkaufen, die ihren Geschäfts- bzw. Wohnsitz außerhalb des Vertragsgebiets haben[114]. Die in diesem Zusammenhang auftretenden Fragen ähneln denjenigen, die sich auch bei Verträgen mit Handelsvertretern ergeben. Indessen gibt es beim Händlervertrag auch Fragen eigener Art, die aus der besonderen Natur des Händlervertrages herrühren. In den vorliegenden Mustern wurde bewußt auf den Geschäfts- bzw. Wohnsitz des Kunden abgestellt, wie dies auch der Praxis entspricht[115]. Nicht geeignet erschien dagegen als Anknüpfungspunkt der Ort, an dem der Vertragsgegenstand zu liefern ist, aus der Erkenntnis heraus, daß hier leicht Umgehungen möglich sind und der Bestimmungsort sich oft nur schwer feststellen läßt; die Anknüpfung an den Wohnort oder Sitz des Kunden hat

112 Vgl. § 278 BGB.
113 Vgl. Art. 7 des Vertragsmusters (Ausland).
114 Vgl. *Ulmer,* a.a.O., S. 116.
115 Art. II Ziff. 7 des Vertragsmusters (Inland)
Art. 8 des Vertragsmusters (Ausland).

demgegenüber den Vorteil, daß dieser Ort in der Regel feststeht. Geht die Bestellung von einer Zweigniederlassung aus, während sich der eigentliche Sitz des Unternehmens außerhalb des Vertragsgebietes befindet, so kommt es lediglich auf den Sitz der Zweigniederlassung an.

Der Konflikt, der bei Handelsvertretern eine große Rolle spielt, nämlich daß der Handelsvertreter A die Verhandlungen mit einer Niederlassung in seinem Gebiet führt, die Bestellung aber dann durch die Zentrale im Bezirk des Handelsvertreters B erfolgt oder umgekehrt, daß die Verhandlungen mit einer Zentrale oder einem Stammhaus im Bezirk A geführt werden, der Auftrag dann aber durch eine Niederlassung im Bezirk B ausgeführt wird, spielt bei Vertragshändlern nicht dieselbe Rolle. Im Gegensatz zum Handelsvertreter besteht die Aufgabe des Vertragshändlers nicht in der Vermittlung bzw. im Abschluß von Geschäften im Namen des Unternehmers, sondern im Verkauf im eigenen Namen und auf eigene Rechnung. Zwar ist es auch bei Vertragshändlern möglich, daß ein Interessent sich z. B. durch ein Stammhaus bei einem Vertragshändler erkundigt und dann durch die Niederlassung bei einem anderen kauft; doch diese Fälle dürften Ausnahmen darstellen. Es ist dem Vertragshändler zumutbar, das Risiko, das hierin liegt, zu tragen. Ein gewisser Ausgleich wird dadurch geschaffen, daß ihm u. U. auch einmal die Arbeit eines anderen Vertragshändlers zugute kommt. Dadurch, daß der Vertragshändler im eigenen Namen und auf eigene Rechnung verkauft – und nicht wie der Handelsvertreter lediglich vermittelt – ist in der Regel eine sichere Abgrenzung möglich. **41**

Verkauft der Händler – entgegen dem vertraglichen Verbot – an Kunden außerhalb seines Vertragsgebiets, so verletzt er den Vertrag. Eine Schadensersatzpflicht des Vertragshändlers gegenüber dem Unternehmer besteht jedoch nur insoweit, als der Unternehmer hierdurch einen Schaden erleidet, etwa dadurch, daß er an den Händler im Nachbarbezirk eine Vergütung zahlen muß. In der Regel wird aber der Unternehmer keinen Schaden erleiden, weil es für ihn gleichgültig ist, welcher seiner Händler den Abschluß tätigt. **42**

Es wird nun auch die Ansicht vertreten, daß dem geschädigten Händler ein unmittelbarer Anspruch gegen den anderen Händler zusteht. Da eine vertragliche Bindung zwischen den einzelnen Händlern eines Unternehmers über die gegenseitige Wahrung der Grenzen der Vertragsgebiete regelmäßig nicht vorliegt, wird diese Auffassung damit **43** begründet, daß der Vertrag zwischen dem Unternehmer und jedem einzelnen Händler hinsichtlich der übrigen Händler als Vertrag zugunsten Dritter anzusehen sei, aus dem sich ein unmittelbarer Anspruch des geschädigten Händlers ergebe[116]. Ob diese Auffassung richtig ist, muß bezweifelt werden. Man kann kaum unterstellen, daß der Unternehmer bei Vertragsschluß mit einem einzelnen Händler den übrigen Händlern unmittelbare Rechte aus diesem Vertrag einräumen will. Dieser Fall unterscheidet sich von dem oben behandelten vom OLG Düsseldorf entschiedenen dadurch, daß hier ein Außenseiter ins Vertragsgebiet lieferte[117].

44 Um diese Schwierigkeiten zu vermeiden, wird im Inlands-Vertragsmuster vorgesehen, daß für alle Fälle der Zuwiderhandlung eine im einzelnen Vertrag zu bestimmende Vertragsstrafe zu zahlen ist. Diese kann durch das Einsetzen eines festen Betrages oder durch Festlegung eines Prozentsatzes des verkauften Wertes des in Betracht kommenden Liefergegenstandes festgelegt werden. Der Betrag sollte so bemessen sein, daß er zumindest dem aus dem unzulässigen Geschäft zu erwartenden Gewinn entspricht. Zweckmäßigerweise liegt er darüber, weil Vertragshändler von derartigen Geschäften abgehalten werden sollen. Bei der hier vorgesehenen Regelung handelt es sich nicht um die sog. Übergrenzvergütung. Diese könnte im Vertrag in der Weise vereinbart werden, daß der Händler für jeden Fall, in dem er Kunden außerhalb seines Vertragsgebiets beliefert, an den Unternehmer oder den Händler des Nachbargebiets einen Betrag zu zahlen hat, der seinem normalerweise zu erwartenden Gewinn aus dem Geschäft entspricht. In diesem Fall muß dem Vertragshändler der Verkauf über das Vertragsgebiet hinaus unter bestimmten Voraussetzungen gestattet werden im Gegensatz zu der im Muster vorgesehenen Regelung. Durch die Übergrenzvergütung wird nicht ein Vertrag zugunsten Dritter begründet, sondern lediglich eine Verpflichtung des Händlers gegenüber dem Unternehmer[118]. Wird eine vom normalen Rabatt unabhängige Kundendienstvergütung bezahlt, so wird verschiedentlich in den Verträgen vereinbart, daß derjenige Vertragshändler, aus dessen Vertragsgebiet in ein anderes geliefert

---

116 *RG,* Urteil vom 22. 10. 1940, DR 1941 S. 53; *v. Brunn,* Die Händlerverträge der Kraftfahrzeugwirtschaft, 1949, S. 80 f..

117 Vgl. *OLG Düsseldorf,* Urteil vom 26. 6. 1964, BB 1964 S. 938 ff.; vgl. im einzelnen auch Rand-Nr. 11.

118 Anders *v. Brunn,* a.a.O., S. 81.

wird, verpflichtet ist, diese Kundendienstvergütung dem für dieses andere Gebiet zuständigen Vertragshändler abzugeben. Dies ist deshalb gerechtfertigt, da ja der Kundendienst in dem Gebiet durchzuführen ist, in dem sich die Maschine dann tatsächlich befindet.

Das Verbot, an Personen oder Firmen zu liefern, die ihren Sitz außer- **45**
halb des Vertragsgebiets haben, könnte leicht durch Zwischenschaltung eines Strohmannes umgangen werden. Um dies zu verhindern, wurde vorgesehen, daß der Vertragshändler nicht an Personen liefern darf, von denen ihm bekannt ist, daß sie in Gebiete außerhalb des Vertragsgebietes weiterliefern wollen. Der Vertragshändler kann sich nicht auf Unkenntnis berufen, wenn er fahrlässigerweise die Absicht seines Abnehmers, weiterzuliefern, nicht kennt. Er hat mit der Sorgfalt eines ordentlichen Kaufmannes zu prüfen, ob der Kunde in solche Gebiete liefern will.

Nach deutschem Recht wird die zivilrechtliche Wirksamkeit derartiger Vereinbarungen grundsätzlich nicht von § 18 Abs. 1 GWB ausgeschlossen[119].

Die Zulässigkeit von Vertriebsbindungen nach EWG-Kartellrecht ist jedoch problematisch[120].

b) auf bestimmte Kategorien von Abnehmern

Der Vertrag kann auch auf bestimmte Kategorien von Abnehmern **46**
beschränkt werden, z. B. Einzelhandelsgeschäfte, Fachhändler oder Endabnehmer[121].

16. Unlauterer Wettbewerb

a) des Händlers

Nach § 13 Abs. 3 UWG kann gegen den Inhaber eines Betriebes ein **47**
Unterlassungsanspruch geltend gemacht werden, wenn im Geschäftsbetrieb von einem Angestellten oder Beauftragten unlautere Wettbewerbshandlungen vorgenommen werden. Dasselbe gilt für Verstöße

119 Vgl. dazu Rand-Nr. 171 ff..

120 Vgl. Rand-Nr. 210 ff..

121 *Ulmer,* a.a.O., S. 116 ff.; zur kartellrechtlichen Problematik s. Rand-Nr. 172 und 222 ff..

gegen die Zugabeverordnung und das Rabattgesetz[122]. Beauftragte im Sinne des § 13 Abs. 3 UWG sind Personen, die – ohne im Angestelltenverhältnis zu stehen – kraft Auftrags für den betreffenden Geschäftsbetrieb tätig sind. Dazu rechnen sowohl Personen, die zu einer Verrichtung für den Betrieb bestellt sind, als auch solche, deren Arbeitsergebnis dem Betrieb zugute kommt und auf deren Gebaren der Inhaber kraft eines die Zugehörigkeit zu dem Organismus begründenden Vertrags einen bestimmenden Einfluß hat[123]. Zu diesen Beauftragten sind daher meist auch Vertragshändler zu rechnen. Dies dürfte in entsprechender Anwendung der Rechtsprechung zum Handelsvertreter-Recht auch für von Vertragshändlern betraute Vertragshändler und Handelsvertreter gelten[124]. Daß die Handlung im Geschäftsbetrieb erfolgen muß, ist nicht räumlich zu verstehen. Es soll hierdurch lediglich zum Ausdruck gebracht werden, daß sie in den geschäftlichen Tätigkeitsbereich des Auftraggebers fallen muß[125]. Begeht also der Vertragshändler bei seiner Tätigkeit für den Unternehmer unlauteren Wettbewerb, so kann auch der Unternehmer auf Unterlassung in Anspruch genommen werden, wenn eine Wiederholungsgefahr besteht. Der Unternehmer hat für unlautere Handlungen des Vertragshändlers insoweit wie der Verletzer selbst einzustehen. Er kann sich hiervon nicht entlasten. Die Wiederholungsgefahr besteht, wenn sie im eigenen Verhalten des Unternehmers begründet ist oder wenn der Unternehmer keine geeigneten Maßnahmen ergriffen hat, die Wiederholung auszuschließen[126]. Der Unternehmer hat auch dann einzustehen, wenn der Vertragshändler die unlautere Handlung trotz Belehrung wiederholt. Durch diese gesetzliche Regelung soll verhindert werden, daß sich der Unternehmer hinter Handlungen seiner Beauftragten verschanzt. An dieser Rechtslage kann durch Vereinbarungen mit dem Vertragshändler nichts geändert werden.

48 Weist der Unternehmer einen für seinen Betrieb arbeitenden Vertragshändler an, eine unlautere Wettbewerbshandlung vorzunehmen, so stellt diese Anweisung selbst noch keine unlautere Wettbewerbshandlung dar. Nicht jedes auf die Förderung des eigenen Absatzes

---

122 § 2 Abs. 1 Zugabeverordnung und § 12 Abs. 2 Rabattgesetz.
123 *OLG Celle,* Urteil vom 28. 6. 1928, GRUR 1928 S. 765.
124 Für Handelsvertreter *RG,* Urteil vom 10. 11. 1926, MuW XXVI S. 147; für Untervertreter *OLG Celle,* Beschluß vom 15. 10. 1960, DB 1960 S. 1359.
125 *RG,* Urteil vom 5. 10. 1938, GRUR 1939 S. 557.
126 *RG,* Urteil vom 25. 7. 1910, RGZ 116 S. 33.

gerichtete geschäftliche Verhalten eines Gewerbetreibenden ist auch wettbewerbliches Verhalten. Das trifft erst zu, wenn dieses Verhalten in der Außenwelt in Erscheinung tritt. Die Anweisung stellt dagegen jedoch einen rein internen Vorgang dar. Der Umstand, daß der Vertragshändler die Stellung eines selbständigen Gewerbetreibenden hat, rechtfertigt nach Ansicht des Bundesgerichtshofes keine andere Beurteilung[127]. Ausschlaggebend ist vielmehr, daß der Vertragshändler derartig in die Vertriebsorganisation des Unternehmers eingespannt ist, daß diese Abhängigkeit es als gerechtfertigt erscheinen läßt, ihn als zum Betrieb des Unternehmers gehörend anzusehen. Eine solche Anweisung zum wettbewerbswidrigen Verhalten an den Vertragshändler wird aber gleichwohl Grundlage einer vorbeugenden Unterlassungsklage sein können.

Eine andere Frage ist dagegen, inwieweit der Unternehmer auf Scha- **49**
densersatz wegen unlauterer Handlungen des Vertragshändlers in Anspruch genommen werden kann. Hierüber enthält das Gesetz gegen den unlauteren Wettbewerb keine besonderen Bestimmungen. Es sind daher die allgemeinen Vorschriften anzuwenden. Hiernach haftet der Unternehmer nur, wenn der Vertragshändler mit der ausdrücklichen oder stillschweigenden Zustimmung des Unternehmers gehandelt hat. Schweigt der Unternehmer, nachdem er Kenntnis von einer unlauteren Handlung des Verstragshändlers erlangt hat, so wird dies meist als Zustimmung zu deuten sein.

Eine Haftung kann auch dann bestehen, wenn den Unternehmer bei der Auswahl des Vertragshändlers oder der Überwachung ein Verschulden trifft[128]. In den erwähnten Fällen liegt also immer ein eigenes Verschulden des Unternehmers vor.

Dadurch, daß der Vertragshändler durch das Vertragsmuster verpflichtet wird, die Regeln des lauteren Wettbewerbs in eigener Verantwortung zu beachten, wird klar zum Ausdruck gebracht, daß der Unternehmer unlautere Handlungen des Vertragshändlers mißbilligt. Für den Fall von Wettbewerbsstreitigkeiten, die auf Handlungen des Vertragshändlers beruhen, erleichtert diese Bestimmung also den Nachweis, daß der Unternehmer den unlauteren Handlungen des Vertragshändlers nicht zugestimmt hat.

---

127 Für Handelsvertreter *BGH,* Urteil vom 25. 9. 1970, GRUR 1971 S. 119. Die vom *BGH* aufgestellten Grundsätze lassen sich analog auf den Vertragshändler anwenden.

128 § 831 BGB.

50 Der Unternehmer kann u. U. aber auch aus zivilrechtlichen Gesichtspunkten für unlautere Handlungen des Vertragshändlers zum Schadensersatz verpflichtet sein. Wer einen anderen zu einer Verrichtung bestellt (Geschäftsherr), ist zum Ersatz des Schadens verpflichtet, den der andere (Verrichtungsgehilfe) bei der Verrichtung einem Dritten widerrechtlich zufügt[129]. Ein Vertragshändler ist – auch wenn er sonst selbständiger Gewerbetreibender ist – insoweit Verrichtungsgehilfe, als er bei der Ausführung der ihm übertragenen Aufgaben in einem Abhängigkeitsverhältnis zum Unternehmer steht und dessen Weisungen zu befolgen hat. Kann der Geschäftsherr nicht nachweisen, daß er bei der Leitung der Wettbewerbstätigkeit seines Vertragshändlers die im Verkehr erforderliche Sorgfalt beobachtet hat, so sind ihm auch die Wettbewerbsverstöße seines Vertragshändlers zuzurechnen.

b) Dritter

51 Nur derjenige darf sich als Vertragshändler bezeichnen, der als solcher eingesetzt ist. Erweckt ein anderer, der hierzu vom Unternehmer nicht autorisiert ist, den Eindruck, er sei Vertragshändler, so liegt hierin ein unlauterer Wettbewerb, der den Unternehmer berechtigt, einen Unterlassungsanspruch geltend zu machen[130].

Unzulässig ist auch die Verwendung eines Werbeslogans, der Originalität besitzt, durch einen Dritten, der nicht als Vertragshändler eingesetzt ist, wenn er dadurch den Anschein erweckt, zum Vertriebsnetz des Unternehmers zu gehören[131].

Entfernt ein Wiederverkäufer, der Produkte des Unternehmers in seinem Vertriebsprogramm hat, die vom Hersteller zwecks Überwachung der Funktionsfähigkeit und Betriebssicherheit an den Erzeugnissen angebrachten Typen- und Nummernschilder, so kann der Hersteller von diesem Händler Unterlassung verlangen[132]. Das Verhalten des Händlers stellt sich nämlich als rechtswidriger Eingriff in den eingerichteten und ausgeübten Gewerbebetrieb dar, zu dessen Bestand auch technische und organisatorische Maßnahmen wie z. B. die Sicher-

---

129 § 831 Abs. 1 Satz 1 BGB.

130 *BGH,* Urteil vom 13. 3. 1970, GRUR 1970 S. 467.

131 Vgl. hierzu die Entscheidung eines belgischen Gerichts, wiedergegeben in GRUR Int. – Berichte 1972 S. 69; die Rechtslage ist nach deutschem Recht in gleicher Weise zu beurteilen.

132 Vgl. *BGH,* Urteil vom 10. 2. 1978, DB 1978 S. 784.

stellung eines ordnungsgemäßen Kundendienstes gehören. Der Händler kann sein Vorgehen nicht damit rechtfertigen, daß ansonsten die Feststellung seiner Bezugsquellen für den Hersteller möglich wurde, womit die Gefahr bestehe, daß dieser (unter Umständen unzulässigerweise) versuche, diese Lieferungen zu unterbinden. Dienen die Schilder nämlich einer ordnungsgemäßen Wartung und Überwachung der Funktionsfähigkeit von Geräten im Rahmen des Kundenservice, so ist nach Ansicht des Bundesgerichtshofes dem Interesse der Allgemeinheit, vor Schäden durch nicht richtig instandgehaltene Geräte gesichert zu werden, der Vorrang zu geben.

17. Haltung eines Ersatzteillagers bzw. eines Konsignationslagers

Es ist üblich, im Vertrag vorzusehen, daß der Vertragshändler ein **52**
Auslieferungs- und Ersatzteillager zu halten hat. Das im Muster vorgesehene Lager ist vom Vertragshändler auf seine Kosten und in seinem Namen zu halten. Die Regelung rechtfertigt sich aus der Verpflichtung des Vertragshändlers, im Vertragsgebiet die Interessen des Unternehmers wahrzunehmen und für seine Erzeugnisse zu werben[133]. Dies kann in sachdienlicher Weise meist nur geschehen, wenn er einen gewissen Bestand der zu vertreibenden Erzeugnisse vorrätig oder zumindest zu Vorführzwecken zur Verfügung hat. Die Verpflichtung zur Haltung von Ersatzteilen entspricht der Verpflichtung zur Durchführung des Kundendienstes[134]. Was im einzelnen auf Lager zu halten ist und welche Maßnahmen hierzu zu ergreifen sind, ist naturgemäß von Branche zu Branche und von Firma zu Firma unterschiedlich. Die genaue Bestimmung mußte daher dem Einzelvertrag vorbehalten bleiben[135].

Es empfiehlt sich ferner, Vereinbarungen zu treffen, was mit dem Ersatzteillager geschieht, wenn der Vertragshändler-Vertrag beendet wird[136].

Das im Muster vorgesehene Auslieferungs- und Ersatzteillager ist nicht mit einem Konsignationslager zu verwechseln. Der kaufmän-

---

133 *Ulmer,* a.a.O., S. 114.

134 Vgl. hierzu Rand-Nr. 53; Art. II Ziff. 9 des Vertragsmusters (Inland) und Art. 12 des Vertragsmusters (Ausland).

135 Zur Frage der Lieferverpflichtung für Ersatzteile mangels Vereinbarung vgl. Rand-Nr. 66 ff..

136 Vgl. hierzu Rand-Nr. 119.

nische Sprachgebrauch versteht unter einem Konsignationslager einen Warenbestand, der von einem Unternehmer einem zu seiner Absatzorganisation gehörenden selbständigen Gewerbetreibenden zur sofortigen Belieferung der Kundschaft, in manchen Fällen auch zu Vorführ- und Ausstellungszwecken, überlassen wird. Als Lagerhalter kommen Vertragshändler, Handelsvertreter und Kommissionäre in Betracht. Konsignationslager werden vor allem im Auslandsgeschäft eingerichtet[137].

18. Verpflichtung zum Kundendienst

53 Eine der wichtigsten Aufgaben im Rahmen der Wahrnehmung der Interessen des Unternehmers ist die Durchführung des Kundendienstes. Sie wird dem Vertragshändler – wie es auch im vorliegenden Muster der Fall ist – in aller Regel ausdrücklich auferlegt. Sie spielt in der Automobil-Industrie, in der elektrotechnischen Industrie und im Maschinenbau eine große Rolle. Meistens kann mit dem Absatz eines Erzeugnisses erst begonnen werden, wenn in dem betreffenden Gebiet ein Kundendienst aufgebaut ist. Die Übertragung des Kundendienstes ist auch ein Grund dafür, daß dem Händler Gebietsschutz zugesagt wird. Es ist ihm nämlich nicht zumutbar, neben der allgemeinen Werbung auch einen Kundendienst für die Erzeugnisse des Unternehmers im Vertragsgebiet durchzuführen, wenn er nicht die Gewähr dafür hat, daß der Absatz des Vertragsgegenstands während der Vertragsdauer durch ihn erfolgt. Da der Kundendienst meist eher eine Belastung als ein lukratives Geschäft ist, liegt die Entschädigung hierfür in der Einräumung des alleinigen Verkaufsrechtes. Hinsichtlich der im Muster vorgesehenen Reparaturwerkstätten müssen im Einzelvertrag nähere Bestimmungen getroffen werden[138]. Zu denken ist dabei an die Zahl der zu beschäftigenden Arbeitskräfte, an bereitzuhaltende Spezialwerkzeuge, ein Prüfungsrecht des Unternehmers,

---

137 Ein Muster für einen Konsignationslager-Vertrag ist in der Sonderveröffentlichung der Rechtsabteilung des VDMA Nr. 2/78 „Muster für einen Konsignationslager-Vertrag“ enthalten, vom Maschinenbau-Verlag GmbH, Postfach 710109, 6000 Frankfurt/Main 71 (auch in englischer und französischer Sprache) erhältlich.

138 Vgl. *v. Brunn,* a.a.O., S. 95 und 140 ff., wo ein Muster eines Werkstättenvertrags einer deutschen Automobilfirma enthalten ist. Über Probleme, die im Zusammenhang mit Reparaturen entstehen, vgl. auch die Sonderveröffentlichung der Rechtsabteilung des VDMA Nr. 3/65 „Rechtliche Gesichtspunkte beim Abschluß von Reparaturverträgen im Maschinenbau“, zu beziehen über den Maschinenbau-Verlag, Postfach 710109, 6000 Frankfurt/Main 71.

die Unterstützung der Werkstatt durch den Unternehmer mit Hilfe von Informationsmaterial und technischen Drucksachen, Liefer- und Zahlungsbedingungen für Ersatzteile. Zuweilen ist auch vorgesehen, daß der Vertragshändler oder seine Angestellten in bestimmten Abständen an Unterweisungs- und Fortbildungslehrgängen beim Unternehmer teilzunehmen haben. Auch in dieser Hinsicht werden dem Vertragshändler besondere Pflichten auferlegt. Zu erwähnen ist insbesondere die Verpflichtung, Original-Ersatzteile zu verwenden. Diese Verpflichtung spielt vor allem in der Kraftfahrzeugindustrie eine Rolle[139]. Zu den Reparaturen, die im Rahmen des Kundendienstes durchzuführen sind, zählen nur solche, die nicht unter die Gewährleistung fallen.

Dem Vertragshändler wird u. U. die Verpflichtung auferlegt, einen Wartungsdienst durchzuführen. Hierzu können, je nach Gegebenheit, Arbeits- und Zeitpläne und Wartungsverträge aufgestellt werden[140].

In diesem Zusammenhang empfiehlt es sich, Vereinbarungen über das **54**
vom Vertragshändler zu haltende Vorratslager zu treffen. Für die Lagerhaltung kann u. U. auch ein Konsignationslager eingerichtet werden[141]. In diesem Zusammenhang erhebt sich die Frage, wie lange der Unternehmer den Vertragshändler mit Ersatzteilen beliefern muß für Gegenstände, die er nicht mehr herstellt[142]. Um Meinungsverschiedenheiten hierüber überhaupt nicht aufkommen zu lassen, empfiehlt es sich dringend, im Vertragshändler-Vertrag festzulegen, wie lange der Unternehmer solche Ersatzteile zu liefern verpflichtet ist.

Hat der Unternehmer eine Kundendienstorganisation bei dem Vertragshändler eingerichtet, so ist er berechtigt, bei Anforderungen von Kunden für Ersatzteile diese auf seine Kundendienstorganisation zu verweisen[143].

---

139 *BGH,* Urteil vom 16. 10. 1962, GRUR 1963 S. 142 ff.; vgl. auch *Hagenauer,* a.a.O., S. 112 ff.; Art. II Ziff. 9 des Vertragsmusters (Inland).

140 *Ulmer,* a.a.O., S. 37; vgl. auch Sonderveröffentlichung der Rechtsabteilung des VDMA Nr. 1/71 „Einführung zu dem Muster für einen Wartungsvertrag einschließlich Vertragsmuster“, zu beziehen über den Maschinenbau-Verlag, Postfach 710109, 6000 Frankfurt/Main 71.

141 Sonderveröffentlichung 2/78 der Abt. Recht und Wettbewerbsordnung „Einführung zu dem Muster für einen Konsignationslager-Vertrag“, zu beziehen (auch in englischer und französischer Sprache) vom Maschinenbau-Verlag, Postfach 710109, 6000 Frankfurt/Main 71.

142 Vgl. hierzu die Ausführungen unter Rand-Nr. 66 ff., 119.

143 Vgl. *Keese,* a.a.O., S. 817 ff..

Die Kundendienstverpflichtung des Vertragshändlers erstreckt sich auch auf die Kunden, die vor Beginn des Händlervertrags beliefert wurden, sei es durch den Unternehmer selbst, sei es durch den vorhergehenden Vertragshändler oder einen anderen Dritten.

55 Eine besondere Vergütung kann der Vertragshändler dafür vom Unternehmer nicht fordern. Schwierigkeiten hinsichtlich des Kundendienstes können bei Vertragshändler-Verträgen auch bezüglich Wartungsverträgen auftreten. Es empfiehlt sich hierfür, besondere Vereinbarungen zu treffen[144].

Insbesondere sollte die Frage geregelt werden, was nach Beendigung des Vertragshändlerverhältnisses mit Wartungsverträgen geschieht, die der Vertragshändler mit seinen Kunden abgeschlossen hat. Hier besteht die Möglichkeit, daß dem Hersteller das Recht eingeräumt wird, selbst in diese Verträge einzutreten oder einen geeigneten Nachfolger zu bestellen. Um diese Vereinbarung auch gegenüber den Kunden durchsetzen zu können, muß der Vertragshändler eine entsprechende Regelung bezüglich dieser gezeigten Eintrittsmöglichkeit in den Wartungsverträgen mit den Kunden ausdrücklich vorsehen. Ohne eine solche Regelung wäre der Kunde nämlich nicht gehalten, einem Eintritt des Herstellers in den Wartungsvertrag zuzustimmen[145].

19. Gewährleistung

56 Die Gewährleistung für Mängel ist Sache des Vertragshändlers, weil er als Verkäufer dem Kunden gegenüber auftritt, es sei denn, daß der Unternehmer hier eine selbständige Verpflichtung gegenüber dem Kunden übernommen hat, z. B. durch Aushändigung eines Garantiescheines. Der dem Vertragshändler zustehende gesetzliche Gewährleistungsanspruch gegenüber dem Unternehmer wird – soweit der Unternehmer dem Kunden selbständig Garantie leistet – ausgeschlossen. Jedoch wird auch in diesem Fall der Vertragshändler zumeist vom Unternehmer beauftragt, die Garantieleistung gegen vollen oder teilweisen Kostenersatz zu gewähren. Hat der Vertragshändler dem Kunden gegenüber die Garantiepflicht, so wird häufig vereinbart, daß der Unternehmer dem Vertragshändler die Ersatzteile kostenlos zur Verfügung stellt und die angefallenen Arbeitslöhne abzüglich

144 Vgl. auch Rand-Nr. 119.

145 Vgl. *Palandt/Heinrichs*, a.a.O., § 398 BGB Anm. 4.

eines bestimmten Prozentsatzes (etwa 10%) trägt. Dadurch wird die Gewährleistungspflicht des Unternehmers gegenüber dem Vertragshändler abgegolten.

Denkbar ist es auch, daß der Vertragshändler die Gewährleistung dem Kunden gegenüber in der Weise übernimmt, daß das Lieferwerk Nachbesserung vornimmt und Wandelung und Minderung nur in Betracht kommen, wenn die Nachbesserung nicht möglich ist. Wird eine solche Vereinbarung getroffen, dann muß klargestellt werden, daß durch diese Nachbesserungspflicht des Lieferers Ansprüche, die direkt gegen den Vertragshändler bestehen, ausgeschlossen werden[146]. Geschieht dies nicht in hinreichend klarer Weise, so besteht die Gefahr, daß der Käufer den Anspruch auf Nachbesserung durch das Lieferwerk hat, daneben aber auch Ansprüche aus Gewährleistung und u. U. auf Schadenersatz gegen den Vertragshändler[147].

146 Ein solcher Ausschluß durch AGB des Vertragshändlers ist gegenüber einem Nichtkaufmann nach § 11 Nr. 10 a AGBG allerdings nicht möglich.

147 Urteil des *OLG Hamm* vom 19. 9. 1973, NJW 1974 S. 909; vgl. auch Rand-Nr. 21.

IV. Pflichten des Unternehmers

1. Überlassung von Unterlagen

57 Schon im eigenen Interesse muß der Unternehmer dem Vertragshändler die erforderlichen Unterlagen zur Verfügung stellen. In Betracht kommen Verkaufs- und Kundendienstanleitungen sowie Werbematerial[148]. Diese können dem Vertragshändler übereignet werden oder im Eigentum des Unternehmers verbleiben. Im Vertragsmuster ist vorgesehen, daß die Unterlagen im Eigentum des Unternehmers verbleiben, soweit sie nicht bestimmungsgemäß an Kunden weitergeleitet werden. Daraus ergibt sich, daß sie dem Unternehmer nach Vertragsbeendigung, soweit sie noch beim Vertragshändler vorhanden sind, zurückzugeben sind[149]. Je nach Sachlage wird zuweilen auch vereinbart, daß Kundenlisten dem Unternehmer übergeben werden, was u. U. Bedeutung für einen Ausgleichsanspruch haben kann[150].

2. Informationspflicht des Unternehmers

58 Durch § 86a Abs. 2 HGB wurde die Pflicht des Unternehmers eingeführt, den Handelsvertreter zu unterrichten, wenn er Geschäfte voraussichtlich nur in erheblich geringerem Umfang abschließen kann oder will, als nach den Umständen zu erwarten ist. Eine entsprechende Anwendung der Bestimmungen des § 86a Abs. 2 HGB kommt wohl nicht in Betracht. Ulmer[151] stimmt dem zu, bejaht dann aber doch eine Mitteilungspflicht bei Lieferschwierigkeiten, Produktionsumstellungen und Preisänderungen auch in Fällen, bei denen dies nicht vertraglich vereinbart und in denen auch keine Mindestabnahmepflicht vorgesehen ist. Meines Erachtens ist diese Auffassung widersprüchlich.

Der Vertragshändler ist nicht in derselben Weise wie der Handelsvertreter auf Informationen angewiesen. Während der Vermittlungsvertreter z. B. die Geschäfte nur vermittelt, der Abschluß aber durch den Unternehmer zu erfolgen hat, hat der Vertragshändler die Möglichkeit, selbst abzuschließen. Daß er die Geschäfte, die er abgeschlossen hat, auch erfüllen kann, muß er durch entsprechende Kauf-

---

148 Vgl. *Ulmer*, a.a.O., S. 123 und 433.

149 Vgl. Rand-Nr. 117 und Art. VI Ziff. 3 des Vertragsmusters (Inland) und Art. 28 des Vertragsmusters (Ausland).

150 Vgl. Rand-Nr. 120 ff.

151 A.a. O., S. 433.

verträge mit dem Unternehmer sicherstellen. Ist die Lieferung durch den Unternehmer nicht mehr in der erforderlichen Weise möglich, so kann der Vertragshändler dies feststellen, wenn seine Bestellungen nicht so angenommen werden, wie er sie aufgibt. Anders kann es sein, wenn sich der Vertragshändler zu einer Mindestabnahme verpflichtet, wie dies auch im Muster vorgesehen ist[152]. In diesem Fall kann er ein erhebliches Interesse daran haben, davon zu erfahren, wenn der Unternehmer Geschäfte mit ihm nur in erheblich geringerem Umfang abschließen kann oder will, als nach den Umständen zu erwarten ist. Diese Informationspflicht wird durch das Muster (Inland) dem Unternehmer im Vertrag ausdrücklich auferlegt. Sie besteht nach dem Muster sowohl dann, wenn der Unternehmer die Geschäftseinschränkung aus zwingenden, seinem Einfluß entzogenen Gründen vornehmen muß, als auch dann, wenn er aus freien Stücken seine Geschäftstätigkeit einschränken will. Zu denken ist vor allem an Produktionseinschränkungen, Änderung des Produktionsprogramms, Arbeitsüberlastung, Arbeitsniederlegung, Brandschäden u. dgl. Die Mitteilungspflicht führt jedoch nicht so weit, daß der Unternehmer über seine wirtschaftliche Lage und die sich daraus möglicherweise einmal ergebenden Folgen für die Fortsetzung des Vertragshändler-Verhältnisses vorzeitig Auskunft zu geben hat. Voraussetzung für eine Mitteilung in einem solchen Fall ist, daß der Unternehmer das Ende des Vertragsverhältnisses voraussieht. Es genügt jedoch nicht, daß der Unternehmer mit der Möglichkeit rechnen muß, er werde seine wirtschaftlichen Schwierigkeiten nicht meistern und deshalb seinen Betrieb einstellen müssen[153].

In der Praxis dürfte es äußerst schwierig sein, wenn keine konkreten **59**
Abmachungen getroffen sind, den Zeitpunkt der Mitteilung zu ermitteln. Besteht eine Auftragslage, aufgrund der der Unternehmer kaum mehr mit Lieferungen nachkommt, so kann eine frühzeitige Mitteilung an den Vertragshändler zur Folge haben, daß dieser in vermehrtem Maße Bestellungen aufgibt, um bereits anteilsmäßig berücksichtigt zu werden. Ähnliche Schwierigkeiten können bei Produktionsumstellung und bei Preisänderungen auftreten; z. B. wenn der Vertragshändler frühzeitig weiß, daß eine neue Serie herauskommt,

152 Art. II Ziff. 2 Abs. 3 des Vertragsmusters (Inland) und Art. 3 des Vertragsmusters (Ausland).

153 *BGH*, Urteil vom 25. 4. 1960, DB 1960 S. 636; dieses Urteil ist für Handelsvertreter ergangen, ist aber auch für Vertragshändler von Interesse.

wird er sich um den Absatz der alten Serie u. U. nicht mehr bemühen. Erfährt er von einer Preiserhöhung, so wird er mit Verkäufen zu alten Preisen zurückhaltend sein. Diese Schwierigkeiten kann man vermeiden, wenn die Parteien vertragliche Vereinbarungen treffen.

Ulmer erwähnt eine Verpflichtung des Unternehmers, den Vertragshändler auch dann zu informieren, wenn dem Unternehmer Bestellungen aus dem Vertragsgebiet direkt zugehen, damit der Vertragshändler die Bestellung dann selbst übernehmen kann[154].

3. Lieferpflicht des Unternehmers

60 In der Regel laufen die Interessen des Unternehmers und des Vertragshändlers insoweit parallel, als der Vertragshändler möglichst viele Erzeugnisse des Unternehmers, deren Vertrieb ihm übertragen ist, absetzen soll. Die Parteien machen sich daher bei Vertragsschluß nur selten Gedanken darüber, inwieweit der Unternehmer sich zur Belieferung des Vertragshändlers verpflichten will und was gelten soll, wenn er nicht in der Lage ist, seinen Vertragshändler in dem von diesem gewünschten Umfang zu beliefern. Sind keine besonderen Vereinbarungen getroffen, so ist der Unternehmer grundsätzlich frei, ob er einen Auftrag annehmen will oder nicht. Das Vertragsverhältnis unterliegt jedoch Treu und Glauben; eine Ablehnung darf nicht willkürlich erfolgen[155]. Bei einer Ablehnung müssen vernünftige Gründe vorliegen. Eine Verpflichtung zum Abschluß kann u. U. auch darin liegen, daß im Vertrag Bedingungen vereinbart sind, zu denen abgeschlossen werden muß. Unzutreffend ist die Meinung, daß die zum Abschluß der einzelnen Kaufverträge notwendige vertragliche Willenserklärung des Unternehmers schon im Rahmenvertrag enthalten ist, und daß es daher zum Zustandekommen der einzelnen Kaufverträge nur noch des Abrufs des Vertragshändlers, also seiner einseitigen Willenserklärung, bedarf. Entsprechendes gilt auch für den Umfang, in dem er Geschäfte abschließen muß. Selbst bei Bestehen einer Mindestabnahmevereinbarung hat das Oberlandesgericht Bremen eine Lieferverpflichtung des Unternehmers verneint[156]. Der in der Fußnote erwähnten Entscheidungen des OLG Bremen lag die

154 *Ulmer,* a.a.O., S. 434.

155 *BGH,* Urteil vom 29. 4. 1958, BB 1958 S. 540 = MDR 1958 S. 510 = NJW 1958 S. 1138 f.

156 *OLG Bremen,* Urteil vom 10. 6. 1966, BB 1966 S. 756.

Klage eines Borgward-Händlers gegen den Konkursverwalter von Borgward auf Zahlung von Schadensersatz wegen der konkursbedingten Liefereinstellung zugrunde. Das Oberlandesgericht vertrat jedoch die Auffassung, daß eine allgemeine Lieferpflicht des Herstellers sich weder aus dem Vertrag noch aus dem Wettbewerbsverbot des Vertragshändlers ergebe. Auch in dieser Entscheidung wird jedoch betont, daß sich aus Treu und Glauben eine Pflicht zur Rücksichtnahme des Unternehmers auf die geschäftlichen Belange des Vertragshändlers ergebe und daß der Unternehmer Bestellungen daher nicht willkürlich ablehnen könne.

Ist in dem Vertragshändler-Vertrag sowohl ein Konkurrenzverbot **61**
für den Vertragshändler als auch eine Mindestabnahmepflicht vorgesehen, so vertritt der Bundesgerichtshof die Auffassung, daß grundsätzlich eine Lieferverpflichtung des Unternehmers bestehe[157]. Der BGH fügt jedoch gleich hinzu, die Lieferverpflichtung gelte jedoch nicht ausnahmslos. Es handelt sich hier also offensichtlich um eine Verschiebung der Nuancen. Während die Rechtsprechung bei Nichtvorliegen einer Mindestabnahmepflicht eine Lieferverpflichtung des Unternehmers verneint, gleichzeitig aber betont, daß die Lieferung nicht willkürlich abgelehnt werden dürfe, bejaht der Bundesgerichtshof bei Vorlage einer Mindestabnahmepflicht und eines Konkurrenzverbotes grundsätzlich die Lieferverpflichtung des Unternehmers, läßt jedoch Ausnahmen zu. Der Entscheidung des Bundesgerichtshofs lag ein Fall zugrunde, in dem der Unternehmer seine Produktion umstellte und der Vertragshändler nun hauptsächlich aus der neuen Produktion Lieferung verlangte. Der Unternehmer konnte zwar das Lieferbegehren aus der alten Produktion befriedigen, jedoch noch nicht voll aus der neuen Produktion. Hier vertrat der Bundesgerichtshof die Auffassung, daß, soweit die alte Produktion noch absetzbar sei, der Vertragshändler keinen Anspruch habe, voll aus der neuen Produktion gemäß seinen Bestellungen beliefert zu werden. Im einzelnen führt der Bundesgerichtshof aus: „ In jedem Fall haben die Parteien eines Eigenhändler-Vertrages bei Schwierigkeiten, wie sie bei Produktionsumstellungen auftreten, aufeinander Rücksicht zu nehmen (§ 242 BGB). Der Hersteller kann den Eigenhändler nicht auf die Abnahme alter, nur noch schwer absetzbarer Produkte verweisen und ihm die Lieferung der nun von der Kundschaft verlangten neuen Typen unter Hinweis auf seine Produktionsanlaufschwierigkeiten vor-

157 *BGH,* Urteil vom 19. 1. 1972, BB 1972 S. 193.

enthalten. Derartiges wäre allenfalls während einer je nach den Umständen des Einzelfalles zu bemessenden kurzen Übergangszeit nicht als Verletzung des Eigenhändler-Vertrages anzusehen. Umgekehrt kann der Eigenhändler, wenn Produktionsschwierigkeiten auftreten, sich nicht in ausreichender Zahl und angemessener Zeit auf lieferbare Serien versteifen, wenn er die Möglichkeit hat, Geräte eines anderen Typs zu bekommen und seinen Abnehmern zu liefern."

62 In der juristischen Literatur sind die Ansichten zu diesem Problem geteilt. So bejahen v. Brunn und Kochs eine Lieferverpflichtung bei Bestehen eines Wettbewerbsverbots[158]. Ulmer verneint eine Lieferverpflichtung selbst dann, wenn ein Konkurrenzverbot vereinbart ist und eine Mindestabnahmepflicht vorgesehen ist[159]. Ulmer begründet das Nichtbestehen einer Lieferverpflichtung damit, daß es sich beim Vertragshändler-Vertrag um einen Rahmenvertrag handele und nicht um einen Sukzessiv-Lieferungsvertrag. Der Lieferverpflichtung stünde auch das Geschäftsbesorgungselement, das in dem Vertragshändler-Vertrag enthalten ist, entgegen. Die Entscheidung über die zu treffenden Vertriebsmaßnahmen müsse beim Unternehmer liegen.

Nach Ansicht des Verfassers ist zu differenzieren: Bei Verträgen, denen nur ein Wettbewerbsverbot zugrunde liegt, ist nach wie vor eine Lieferverpflichtung des Unternehmers zu verneinen. Handelt es sich dagegen um Verträge, denen sowohl ein Wettbewerbsverbot als auch eine Mindestabnahmepflicht des Vertragshändlers zugrunde liegt, so ist eine Lieferpflicht zu bejahen, jedoch mit der Maßgabe, daß sie nach Treu und Glauben zu beurteilen ist. Der Vertragshändler hat also bei der Geltendmachung eines Anspruchs auf Belieferung Rücksicht auf die Situation beim Unternehmer zu nehmen.

63 Der Unternehmer ist in seiner Entscheidung frei, welche Herstellungsmethoden er anwenden oder ob er hinsichtlich der Beschaffenheit der Ware oder der Preisgestaltung von Konkurrenzerzeugnissen abweichen will. Der Unternehmer ist nicht verpflichtet, in einer so großen Stückzahl zu produzieren, daß er mit Sicherheit allen Bestellungen nachkommen kann[160]. Er darf jedoch nicht willkürlich ohne einen vertretbaren Grund bei seinen geschäftlichen Dispositionen den Interessen des Vertragshändlers zuwiderhandeln[161].

158 *v. Brunn,* a.a.O., S. 64; *Kochs,* a.a.O., S. 63.
159 *Ulmer,* a.a.O., S. 309 ff.
160 *OLG Bremen,* Urteil vom 10. 6. 1966, BB 1966 S. 756.
161 Siehe Fn. 155.

Ist der Unternehmer nicht in der Lage, allen Anforderungen seiner Händler zu entsprechen, so wird der einzelne Händler nicht mehr als eine anteilige Berücksichtigung verlangen können[162]. Es empfiehlt sich aber, im einzelnen Vertragshändler-Vertrag dem Unternehmer ausdrücklich das Recht zur anteilmäßigen Belieferung des Vertragshändlers für den Fall vorzubehalten, daß er nicht alle Bestellungen aller seiner Vertragshändler ausführen kann. Dabei sollte auch daran gedacht werden, dem Vertragshändler die Verpflichtung aufzuerlegen, in einem gewissen Umfang die vom Unternehmer gelieferten Waren an einzelne, vom Unternehmer bestimmte Kunden zu liefern, weil es dem Unternehmer nicht verwehrt werden sollte, einzelnen Bestellungen, die er für besonders wichtig hält, einen Vorrang zu sichern.

Vor allem in Zeiten des Booms und bei langen Lieferfristen sind die Vertragshändler versucht, möglichst viele Bestellungen aufzugeben, um im möglichst großem Umfang berücksichtigt zu werden. In diesen Fällen wird nur eine anteilsmäßige Berücksichtigung gefordert werden können. Überschreitet ein Vertragshändler seine sonst üblichen Bestellungen in außergewöhnlichem Maße, so wird auch eine zusätzliche Kürzung gerechtfertigt sein. Der Vertragshändler handelt in diesen Fällen auf sein eigenes Risiko; schlägt der Boom um, und sind die Aufträge vom Unternehmer angenommen worden, so ist der Vertragshändler auch zur Abnahme verpflichtet.

Einem Schiedsfall, bei dem der Verfasser beteiligt war, lag folgender **64**
Sachverhalt zugrunde:

> „Der Vertragshändler hatte trotz Konkurrenzverbots Konkurrenzprodukte vertrieben. Daraufhin hatte der Unternehmer den Vertragshändler-Vertrag mit einer Frist, aber vorzeitig, aus wichtigem Grund gekündigt. Während der Frist fing nun der Vertragshändler an, in außergewöhnlichem Maße Bestellungen aufzugeben. Der Unternehmer war dabei der Auffassung, daß er diese Bestellungen auf Vorrat aufgebe, um nach Beendigung des Vertragshändler-Vertrages auch noch Ware zum weiteren Vertrieb zur Verfügung zu haben. Ein solcher Vertrieb nach Beendigung des Vertragshändler-Vertrages wäre im konkreten Fall kaum zu verhindern gewesen, da es sich um kleinere Serienerzeugnisse handelte."

Handelt es sich in der Tat um Vorratskäufe, so ist der Unternehmer nicht gehalten, diese anzunehmen. Solange der Vertrag jedoch nicht

162 RGZ 84 S. 125; 95 S. 268; weitere Literatur bei *v. Brunn,* a.a.O., S. 86.

beendet ist, sondern z. B. nur gekündigt ist, darf der Unternehmer die Belieferung des Vertragshändlers nicht willkürlich ablehnen[163].

65 Durch Vereinbarung kann festgesetzt werden, daß alle Käufe des Vertragshändlers beim Unternehmer aufgrund Allgemeiner Geschäftsbedingungen[164] abzuwickeln sind. Dadurch wird der Vertragshändler-Vertrag als Rahmen für die auf Dauer angelegten Geschäftsbeziehungen in einem wichtigen Punkt ergänzt. In der Regel wird der Hersteller seine Allgemeinen Lieferbedingungen zugrunde legen. Gegen die Gültigkeit dieser Bedingungen bestehen so lange keine Bedenken, wie zwingende Gesetzesbestimmungen nicht verletzt werden und die andere Seite nicht entgegen den Geboten von Treu und Glauben unangemessen benachteiligt wird. Insbesondere ist insoweit das seit 1. 4. 1977 in Kraft getretene Gesetz zur Regelung des Rechts der Allgemeinen Geschäftsbedingungen (AGB-Gesetz) zu beachten[165].

Werden die Geschäftsbedingungen nicht im Rahmenvertrag vereinbart, so genügt nach einer Entscheidung des OLG Karlsruhe Stillschweigen des Vertragshändlers gegenüber den Auftragsbestätigungen einzelner Lieferungen mit aufgedruckten Geschäftsbedingungen nicht, um einen langjährigen Vertrag zum Nachteil des Beziehers zu ergänzen[166].

66 Wird mit dem Vertragshändler zugleich ein Werkstattvertrag geschlossen, so kann es sich möglicherweise empfehlen, auch über das Ausmaß der Verpflichtung des Unternehmers zur Lieferung von Ersatzteilen Vereinbarungen zu treffen. Es sollte dabei auch die Möglichkeit berücksichtigt werden, daß der Unternehmer von bestimmten Erzeugnissen neue Modelle herstellt und dann zur Lieferung von Ersatzteilen für alte Modelle nicht mehr imstande ist. Nur für den Einzelfall ist die Frage zu beantworten, für welche Zeit sich der Unternehmer noch zur Lieferung von Ersatzteilen für die aufgegebenen Fabrikate verpflichtet. Die Frage, inwieweit der Unternehmer ohne ausdrückliche Vereinbarung gehalten ist, Ersatzteile zu liefern, ist im Gesetz nicht geregelt. Die Rechtsprechung hat sich – soweit

---

163 Zur Frage der Belieferung des Vertragshändlers nach Kündigung oder nach Beendigung des Vertrages vgl. Rand-Nr. 116.

164 Art. II Ziff. 2 Abs. 1 Satz 2 des Vertragsmusters (Inland) und Art. 2 des Vertragsmusters (Ausland).

165 Vgl. hierzu auch Rand-Nr. 23.

166 *OLG Karlsruhe,* Urteil vom 24. 6. 1966, DB 1966 S. 935.

ersichtlich – mit diesem Problem bisher kaum befaßt. Auch in der Literatur ist es nur vereinzelt erörtert worden[167]. Das Amtsgericht München hatte einen Fall zu beurteilen, in dem der Hersteller an den Käufer Diktiergeräte verkauft hatte[168]. Bei einer Nachbestellung von Tonrollen für diese Geräte teilte er mit, die alten Tonrollen würden nicht mehr hergestellt. Der Kunde ließ daraufhin die Umbauarbeiten ausführen, weigerte sich aber, den Rechnungsbetrag zu zahlen. Das Amtsgericht München führte hierzu aus:

> „Allgemein besteht nach § 433 BGB in Verbindung mit § 242 BGB eine Verpflichtung des Herstellers, und zwar auch ohne besondere Nebenabrede, dem Käufer auf Verlangen auch späterhin notwendige, von anderer Seite nicht zu beschaffende Ersatzteile oder Betriebsstoffe gegen entsprechende Bezahlung zu liefern. Die Dauer dieser Nebenverpflichtung wird man auf die gewöhnliche Betriebsdauer des jeweiligen Gegenstandes erstrecken müssen. Die gewöhnliche Gebrauchsdauer von Diktiergeräten übersteigt jedenfalls vier Jahre. Deshalb konnte die Beklagte bei der Absprache über den Umbau ihrer Geräte davon ausgehen, daß der Umbau durch die Klägerin zumindest im Kulanzwege unentgeltlich erfolgt."

Diese Ausführungen des Amtsgerichtes München erscheinen zu un- **67**
differenziert. Die allgemeine Aussage, es bestehe auch ohne besondere Nebenabrede eine Verpflichtung, auf Verlangen des Käufers auch späterhin notwendige von anderer Seite nicht zu beschaffende Ersatzteile oder Betriebsstoffe gegen entsprechende Bezahlung zu liefern, ist zu weit. An dieser Beurteilung ändert sich auch nichts dadurch, daß diese Verpflichtung zeitlich auf die gewöhnliche Betriebsdauer begrenzt wird. Hinsichtlich der Verpflichtung des Herstellers zur Lieferung von Ersatzteilen ist vielmehr wie folgt zu differenzieren:

Die Parteien können ausdrücklich eine Regelung treffen über die Verpflichtung zur Lieferung von Ersatzteilen. Dann gilt allein diese Vereinbarung für die Bereitstellung von Ersatzteilen. Ohne Vereinbarung besteht die Verpflichtung in jedem Fall für den Gewährleistungsfall. Das heißt, der Verkäufer ist verpflichtet, innerhalb der Gewährleistungsfrist Ersatzteile zu liefern, um seiner Nachbesserungspflicht nachkommen zu können. Eine darüber hinausgehende Pflicht zur Ersatzteilbereithaltung kann sich lediglich unter besonderen Voraussetzungen nach dem allgemeinen Grundsatz von Treu und Glauben

---

167 *Greulich,* a.a.O., S. 210; *Graue,* a.a.O., S. 385 ff.; *Finger,* NJW 1970 S. 2049 ff.; *Rodig,* a.a.O., S. 854 ff..

168 *AG München,* Urteil vom 6. 5. 1970, BB 1971 S. 62 = NJW 1970 S. 1852.

bzw. aus der Auslegung der geschlossenen Verträge ergeben[169]. Als äußerste Grenzen bestehen dabei der erwähnte Ablauf der Gewährleistungsfrist einerseits und die normale Nutzungsdauer des gelieferten Gegenstandes andererseits. Dies sei an einem Beispiel verdeutlicht: Beim Kauf eines billigen ausländischen Transistorradios erwartet der Käufer nicht, daß er später Ersatzteile bekommt. Er begnügt sich hier mit einer sogenannten Garantiefrist, in der eine Reparatur kostenlos durchzuführen ist. Dieser Gedanke wird ebenfalls – wenn auch nur in sehr beschränktem Umfang – allgemein anzuwenden sein. Zur entgegengesetzten Schranke ist zu sagen: Kein Käufer kann und wird erwarten, daß Ersatzteile über die gewöhnliche Nutzungszeit des Kaufgegenstandes selbst zu liefern sind. Das könnte sonst dazu führen, daß im Endeffekt dieser Gegenstand im wesentlichen nur noch aus Ersatzteilen besteht. Damit kommt es auf den Industriezweig und innerhalb dieses auf die einzelnen Produkte und letztlich entscheidend auf den Einzelfall an.

67a Die Bereithaltung ist von vorneherein auf die Teile zu beschränken, die erfahrungsgemäß innerhalb der normalen Lebensdauer des Produktes dem Verschleiß unterliegen. Auf andere Gegenstände, die die Lebenszeit zu übersteigen pflegen, ist die betreffende Verpflichtung nicht auszudehnen. Bestimmte Zahlen lassen sich in diesem Zusammenhang nicht angeben, da die normale Gebrauchs- oder Betriebsdauer von Fall zu Fall verschieden ist. Im Streitfall muß diese mühsam durch Sachverständigen-Gutachten oder durch Auskunft der Industrie- und Handelskammern ermittelt werden. Im übrigen ist die Lieferpflicht auch auf die Ersatzteile zu beschränken, die der Käufer nur bei dem Hersteller erhalten kann. Wenn der Kunde diese Teile sonst auf dem Markt in vergleichbarer Qualität und zu vergleichbaren Preisen bekommen kann, ist er auf die Belieferung durch den Hersteller nicht angewiesen[170].

Die Pflicht des Herstellers zur Bereithaltung von Ersatzteilen wird auch dann bestehen, wenn er selbst in seinen Angeboten und in den Verhandlungen bei Vertragsschluß die jederzeitige Belieferung mit Ersatzteilen hervorgehoben oder zumindest objektiv diesen Eindruck hervorgerufen hat. Des weiteren wird bei der Frage, wie lange Ersatz-

---

169 Vgl. *BGH,* Urteil vom 14. 6. 1956, DB 1956 S. 915; *Staudinger,* a.a.O., § 242 Anm. A 966; *Graue,* a.a.O., S. 387; *Rodig,* a.a.O., S. 854 ff., mit kritischen Anmerkungen zum Urteil des *AG München* vom 6. 5. 1970, und *Finger,* NJW 1970 S. 2049.

170 Vgl. dazu *Staudinger,* a.a.O., § 433 Anm. 119.

teile bereitzuhalten sind, ein entsprechender Handelsbrauch, dort wo vorhanden, berücksichtigt werden müssen[171]. Wirtschaftliche Gesichtspunkte können bei der Festlegung der Lieferverpflichtung ebenfalls eine Rolle spielen. Hat der Hersteller einmal so viele Ersatzteile bereitgehalten, daß sie nach den bisherigen Erfahrungen ausreichen, und stellt sich nun danach ein erhöhter Bedarf ein, so muß seine Lieferpflicht entfallen, wenn ein besonderer Aufwand nötig ist, um das Ersatzstück neu herzustellen[172]. Dies wird, wenn es sich um eine Sonderanfertigung handelt, regelmäßig der Fall sein, weil die laufende Produktion beeinträchtigt wird. Ob die steuerliche Abschreibung als entscheidender Maßstab für die Festlegung der zeitlichen Dauer der Lieferverpflichtung von Ersatzteilen herangezogen werden kann[172], erscheint fraglich, da bei der steuerlichen Abschreibung (AfA-Tabellen) eine möglichst rasche Abnutzung festgelegt wird, um die steuerliche Belastung zu mindern.

Bei der erforderlichen Abwägung nach Treu und Glauben ist sie aber zumindest heranzuziehen, da mit der Abschreibung dem Kunden ein wirtschaftlicher Nutzen zufließt.

Soweit der Anspruch auf Lieferung von Ersatzteilen gegeben ist, steht dieser dem Vertragshändler gegen den Unternehmer zu. Dagegen muß der Kunde, soweit er einen solchen Anspruch erheben will, diesen gegenüber dem Vertragshändler geltend machen. Der Vertragshändler kann dann evtl. einen Regreßanspruch gegen den Unternehmer geltend machen; es sei denn, er ist seiner Verpflichtung zur Lagerhaltung nicht richtig nachgekommmen. Der Auffassung von Finger[173], der letzte Kunde habe einen direkten Anspruch gegen den Unternehmer, kann daher nicht gefolgt werden[174].

4. Verpflichtung des Unternehmers, nur den Vertragshändler zu beliefern

Inwieweit das Recht des Vertragshändlers zum Alleinvertrieb[175] und – **68**
korrespondierend dazu – die Pflicht des Unternehmers zu Respek-

171 *AG München,* Urteil vom 6. 5. 1970, BB 1971 S. 62 = NJW 1970 S. 1852; *Finger,* NJW 1970 S. 2049 ff.; *Rodig,* a.a.O., S. 854 ff..

172 So *Rodig,* a.a.O., S. 854; *Finger,* a.a.O., S. 2049 ff.

173 *Finger,* NJW 1970 S. 2049 ff..

174 Im Ergebnis so auch *Greulich,* a.a.O., S. 208, und *Rodig,* a.a.O., S. 854; zur Frage der Ersatzteilbereithaltung nach Beendigung des Vertragshändler-Vertrages vgl. Rand-Nr. 119.

175 Vgl. Rand-Nr. 1 f..

tierung der Ausschließlichkeit der Rechte des Vertragshändlers innerhalb der Grenzen des Vertragsgebietes wesentliche Bestandteile des Vertragshändler-Vertrages sind, braucht an dieser Stelle nicht ausführlich erörtert zu werden, da in der Regel der Alleinvertrieb ausdrücklich zum Vertragsgegenstand gemacht wird. Nach der oben gegebenen Definition des Vertragshändler-Vertrages ist das Alleinvertriebsrecht als ein wesentlicher und typischer Vertragsbestandteil anzusehen. Es ist allerdings vorstellbar, – hier kann Ulmer[176] gefolgt werden –, daß ein Alleinvertriebsrecht aus wirtschaftlichen und organisatorischen Gründen unerwünscht sein kann. Diesen Fällen muß jedoch Ausnahmecharakter beigemessen werden. Insoweit kann das Alleinvertretungsrecht vertraglich abbedungen oder modifiziert werden.

69 Der Verpflichtung des Vertragshändlers, keine Konkurrenzerzeugnisse zu vertreiben und die Grenzen seines Vertragsgebietes zu respektieren, entspricht die Verpflichtung des Unternehmers, seinerseits die Ausschließlichkeit der Rechte des Vertragshändlers innerhalb der Grenzen des Vertragsgebietes anzuerkennen.

Daher ist der Unternehmer, sofern nichts anderes vereinbart wurde, grundsätzlich zu Direktverkäufen im Händlerbezirk nicht berechtigt[177], will er dieses Recht für sich in Anspruch nehmen, so muß er es sich – wie es auch in den Mustern geschehen ist – im Vertrag vorbehalten[178].

Ein Verstoß gegen dieses Verbot wurde vom BGH auch in einem Fall angenommen, in dem der Unternehmer den Vertragsgegenstand in lediglich geänderter äußerer Aufmachung und anderer Bezeichnung in das Gebiet des Vertragshändlers lieferte[179].

Hat der Unternehmer das Recht, selbst in das Vertragsgebiet zu liefern und ist hierfür auch keine Vergütung in Form einer Provision vorgesehen, wie dies vielfach vereinbart wird, so wird der Vertragshändler gemäß der Rechtsprechung des Bundesgerichtshofs auch dann keinen Ersatzanspruch haben, wenn der Unternehmer einen Dritten

---

176 A.a.O., S. 78.

177 *BGH,* Urteil vom 12. 11. 1969, DB 1970 S. 44; *Ulmer,* a.a.O., S. 428.

178 Art. III Ziff. 3 des Vertragsmusters (Inland) und Art. 15 des Vertragsmusters (Ausland).

179 *BGH,* Urteil vom 21. 6. 1972, BB 1972 S. 1204 = DB 1972 S. 1822.

im Vertragsgebiet zur Weiterlieferung außerhalb des Vertragsgebiets beliefert[180].

Eine Verletzung der Verpflichtungen des Unternehmers gegen den Vertragshändler im Hinblick auf die Wahrung seines Alleinvertriebsrechtes wird in der Regel zur Schadensersatzpflicht führen. Erforderlich ist jedoch, daß der Vertragshändler wirklich einen Schaden erlitten hat. So hat der BGH eine Ersatzpflicht in einem Fall verneint, in dem kein Schaden vorlag[181]. Es handelte sich dabei um folgenden Sachverhalt: **70**

> Ein Fabrikant übertrug einem Vertragshändler den Alleinverkauf seiner Erzeugnisse für ein bestimmtes Gebiet. Unter Verletzung dieser Alleinverkaufsabrede lieferte der Fabrikant auch an einen anderen Händler zum Weitervertrieb. Der Vertragshändler verlangte von dem Fabrikanten als Schadensersatz den Gewinn, den er hätte ziehen können, wenn er selbst die Waren weiterverkauft hätte.

Der BGH sah jedoch als erwiesen an, daß dem Vertragshändler das Geschäft auch dann entgangen wäre, wenn der Unternehmer nicht mit dem Dritten abgeschlossen hätte. Es lagen dabei ganz besondere Umstände vor. Der Vertragshändler, der das Vertriebsrecht für Schweden hatte, wurde in Schweden vom Fotohändler-Reichsverband boykottiert, während der Dritte diesem Verband angehörte. Der BGH entschied daher, daß für eine abstrakte Schadensberechnung kein Platz sei, wenn feststehe, daß dem Vertragshändler durch die Verletzung kein Schaden entstanden sei. Die Bestimmungen über die Geschäftsführung ohne Auftrag könnten hier nicht herangezogen werden[182]. Der BGH führte ferner aus:

> Es ist auch kein Platz für eine entsprechende Anwendung des § 87 Abs. 2 HGB, wonach der Bezirksvertreter Provision zu beanspruchen hat, auch für Geschäfte, die ohne seine Mitwirkung mit Personen seines Bezirks oder seines Kundenkreises während des Vertragsverhältnisses abgeschlossen sind.

Die Vorschriften des Handelsvertreterrechtes sind keineswegs schlechthin auf Vertragshändler entsprechend anwendbar. Eine entsprechende Anwendung der Bestimmung des § 87 Abs. 2 HGB mag

---

180 Zur Pflicht des Unternehmers, bei Direktbestellungen den Vertragshändler hierüber zu unterrichten, vgl. Rand-Nr. 59.

181 *BGH,* Urteil vom 18. 11. 1963, NJW 1964 S. 151; *Ulmer,* a.a.O., S. 430.

182 § 687 Abs. 2 BGB; vgl. auch *BGH,* Urteil vom 18. 11. 1963, BB 1963 S. 1448 = NJW 1964 S. 151.

zwar nicht unbedingt daran scheitern müssen, daß der Handelsvertreter Provision bezieht, der Gewinn des Vertragshändlers dagegen im Unterschied zwischen Ein- und Verkaufspreis besteht. Jedenfalls sind aber diejenigen Vorschriften des Handelsvertreter-Rechtes, die dem Handelsvertreter eine gerechte Entlohnung für seine Tätigkeit sichern sollen und seinem Schutz dienen, auf den Vertragshändler nur dann entsprechend anwendbar, wenn bei dem Vertragshändler das Innenverhältnis zum Erzeuger so ausgestaltet ist und die Gesamtumstände im Verhältnis zwischen ihm und dem Erzeuger so liegen, daß der Vertragshändler wirtschaftlich dem Erscheinungsbild des vom Gesetzgeber als schutzbedürftig angesehenen Handelsvertreters entspricht und ihm auch rechtlich nahekommt, und wenn der gesetzgeberische Grundgedanke der Bestimmung des Handelsvertreter-Rechtes auf den Vertragshändler zutrifft. Dieser für den Ausgleichsanspruch entwickelte Grundsatz[183] gilt auch für den Anspruch wegen Verletzung des Gebietsschutzes[184].

Es erscheint zweifelhaft, ob die Entscheidung ebenso ausgefallen wäre, wenn der Vertrag zwischen dem Unternehmer und Vertragshändler eine Vergütungspflicht auch für Geschäfte vorgesehen hätte, die der Unternehmer direkt im Vertragsgebiet tätigt, wie dies unter Art. V des Vertragsmusters (Inland) bzw. Art. 19 des Vertragsmusters (Ausland) der Fall ist.

Gelingt ein Nachweis des Schadens, so ist dem Vertragshändler der Gewinn zu ersetzen, den er bei eigener Abwicklung der durch den Unternehmer pflichtwidrig getätigten Geschäfte erzielt hätte[185].

71 Der Unternehmer hat nicht nur selbst Direktgeschäfte zu unterlassen, er hat darüber hinaus auch zu gewährleisten, daß Dritten nicht die Möglichkeit eingeräumt wird, sich in die Geschäfte des Vertragshändlers einmischen zu können. Er muß z. B. durch vertragliche Vereinbarungen sicherstellen, daß ein neuer Vertragshändler so lange im Vertragsgebiet des bisherigen Vertragshändlers nicht tätig wird, als

183 *BGH,* Urteil vom 11. 12. 1958, BGHZ 29 S. 83, 86 ff. = BB 1959 S. 7 = MDR 1959 S. 103; Urteil vom 16. 2. 1961, BGHZ 34 S. 282, 284 ff. = BB 1961 S. 265 f. = MDR 1961 S. 405 f. = NJW 1961 S. 662 ff.; vgl. auch unsere Ausführungen über den Ausgleichsanspruch Rand-Nr. 120 ff. Im Ergebnis ebenso *Ulmer,* a.a.O., S. 429 Fn. 96.

184 Im vorliegenden Fall war das Vertragsverhältnis zwischen Erzeuger und Vertragshändler nicht so ausgestaltet, daß der Vertragshändler wie ein Handelsvertreter schutzbedürftig gewesen wäre. Der *BGH* hat daher dem Händler einen Schadensersatzanspruch nicht zuerkannt.

185 *BGH,* Urteil vom 30. 5. 1975, BB 1975 S. 1409.

dessen Vertragszeit noch andauert. Tut er das nicht, so wird der neue Vertragshändler als sein Erfüllungsgehilfe behandelt, der seiner Unterlassungspflicht zuwider handelt und für den er zu haften hat[186].

Aufschlußreich ist in diesem Zusammenhang ein Urteil des BGH[187], bei dem es sich allerdings um einen Handelsvertreter handelte, das aber auch für das Vertragshändlerrecht Anhaltspunkte geben kann. Der Kläger hatte die Alleinvertretung der Beklagten, die Sitzmöbel herstellt, für El Salvador. Er bot der dortigen staatlichen Beschaffungsstelle 5000 Theaterspezialsitze an. Der Auftrag zur Lieferung wurde jedoch nicht ihm sondern einer anderen Firma erteilt, die die gleichen Stühle namens der Exportfirma X in Hamburg um rund 15% billiger angeboten hatte. Der Kläger war der Auffassung, daß die Beklagte sein Alleinverkaufsrecht hätte beachten müssen und machte den entgangenen Provisionsanspruch geltend.

Die Klage hatte in allen Instanzen Erfolg.

In den Gründen führte der BGH u. a. aus:

> „Wenn der Kläger für die Beklagte als Alleinvertreter in El Salvador und anderen mittelamerikanischen Ländern tätig war, so bedeutete das nach den Vereinbarungen der Parteien und den besonderen Zusagen der Beklagten mit Bezug auf das streitige Geschäft nicht nur, daß dem Kläger für alle Abschlüsse der Beklagten mit Personen seines Bezirks eine Provision zustand[188], und zwar auch dann, wenn die Geschäfte unmittelbar mit der Beklagten oder mit deren Beauftragten zustande kamen. Der Begriff der Alleinvertretung, wie er sich aus dem hier vorliegenden Sachverhalt ergab, umfaßte darüber hinaus eine Verstärkung des Kundenschutzes des Klägers dahin, daß dieser allein berechtigt sein sollte, sich in den ihm zugewiesenen Gebieten für die Beklagte geschäftlich zu betätigen. Der Beklagten war es mithin untersagt, sei es selbst, sei es durch Beauftragte, in dem Bezirk des Klägers Geschäfte abzuschließen. Daß derartige Abreden zulässig sind, ist anerkannt[189].“

Nach Auffassung des BGH war daher der ausländische Alleinvertreter vor der geschäftlichen Einmischung von Exporteuren zu schützen. Einen Verstoß hiergegen sah der BGH darin, daß der Unternehmer es einem Exporteur durch vorbehaltlose Mitteilung des Preises seiner

---

186 Teilurteil *LG Frankfurt a. M.* vom 24. 10. 1973, BB 1974 S. 1365 = AWD 1974 S. 629; Endurteil *OLG Frankfurt a. M.* vom 6. 6. 1974, DB 1974 S. 1473.

187 *BGH,* Urteil vom 9. 1. 1961, DB 1961 S. 601.

188 § 87 Abs. 2 HGB.

189 Vgl. *Schröder* in *Schlegelberger,* a.a.O., § 87 Anm. 31a; *Baumbach/Duden,* a.a.O., § 87 Anm. 3 D.

Erzeugnisse ermöglichte, sich unter günstigen Preisbedingungen an einer öffentlichen Ausschreibung zu beteiligen und so mit dem Handelsvertreter in Wettbewerb zu treten.

In einer weiteren Entscheidung betont der BGH, daß je nach Lage des Falles der Unternehmer auch die Verpflichtung haben könne, dafür zu sorgen, daß Dritte nicht in das Gebiet des Vertragshändlers verkaufen; insbesondere dürfe der Unternehmer nicht an solche Händler liefern, von denen er weiß, daß sie die bei ihm gekauften Waren in dem Gebiet des Vertragshändlers absetzen. Der BGH weist jedoch darauf hin, daß eine solche Verpflichtung nicht die Regel sei und daß sie einer ausdrücklichen Abrede bedürfe[190].

72 Ist eine solche ausdrückliche Vereinbarung getroffen und weiß der Unternehmer, daß der Dritte in das Vertragsgebiet weiterliefern will und beliefert er ihn trotzdem, so begeht er eine Vertragsverletzung. Entsprechendes gilt, wenn er es zwar nicht weiß, aber hätte wissen müssen. Mit anderen Worten: Der Unternehmer muß sorgfältig prüfen, ob die Gefahr besteht, daß der Dritte weiterliefert. Welche Maßnahmen er zu ergreifen hat, hängt von den Umständen des Einzelfalles ab. Unter Umständen wird er den Dritten über seine Absichten befragen müssen, wenn die Gefahr besteht, daß er in das Gebiet des Vertragshändlers liefert, bevor er den Vertrag mit dem Dritten abschließt.

73 Wie weit der Schutz des Vertragsgebiets und die Sorgfaltspflicht des Unternehmers gehen, wenn keine ausdrückliche Vereinbarung getroffen ist, läßt sich allgemein nur schwer sagen. Es kommt dabei auf die Umstände des Einzelfalles an. Man wird aber die Anforderungen an den Unternehmer nicht überspannen dürfen. So hat der BGH in einem Fall entschieden, daß ein Unternehmer, der für das Gebiet eines ausländischen Staates einen Alleinverkaufs- und Alleinvertretervertrag geschlossen hat, in der Regel nicht verpflichtet ist, einem inländischen Kunden zu untersagen, die bezogenen Waren an dessen Tochterunternehmen weiterzuleiten, das in dem betreffenden Ausland ansässig ist[191]. Bereits 1955 wurde in einer früheren Auflage dieses Buches die Ansicht vertreten, daß der Unternehmer nicht verpflichtet sei, von sich aus die Exporteure, mit denen er Geschäfte schließt, zu überwachen und Erkundigungen darüber einzuziehen, wer ihre auslän-

---

190 *BGH,* Urteil vom 12. 11. 1969, DB 1970 S. 44 unter Bezugnahme auf *Kochs,* a.a.O., S. 69; *Ulmer,* a.a.O., S. 430.

191 Urteil vom 23. 3. 1966, BB 1966 S. 469; ausführlich AWD 1966 S. 180 = NJW 1966 S. 1117.

dischen Geschäftspartner sind. Diese Ansicht ist vom BGH ausdrücklich unter Anführung der Vorauflage bestätigt worden[192].

Andererseits wird man dem Unternehmer das Recht zugestehen müssen, Direktverkäufe vorzunehmen, wenn besondere Umstände vorliegen, z. B. der Kunde es ablehnt, beim Vertragshändler zu kaufen. In diesem Fall wird man dem Vertragshändler keinen Anspruch auf den Gewinn geben können, weil er ja selbst gar nicht in der Lage gewesen wäre, das Geschäft abzuschließen, ihm also auch kein Gewinn durch das Direktgeschäft des Unternehmers verlorengegangen ist.

5. Tätigkeit des Unternehmers im Vertragsgebiet

Wie bereits erwähnt, wird dem Vertragshändler in der Regel das Alleinvertriebsrecht für sein Gebiet eingeräumt[193]. Das Recht zur ausschließlichen Bearbeitung des Vertragsgebietes kann jedoch durch einen Vorbehalt eingeschränkt werden[194], wonach der Unternehmer die Befugnis hat, im Vertragsgebiet persönlich oder durch Angestellte tätig zu werden oder in sonstiger Weise mit den im Vertragsgebiet ansässigen Kunden unmittelbar zu verkehren. Diese Möglichkeit kann vor allem dann nützlich sein, wenn der Vertragshändler seine Aufgabe nicht im erforderlichen Maße erfüllt, wenn er sich z. B. mit einem geringeren Absatz bei höheren Preisen zufrieden gibt, sein Verhalten aber eine vorzeitige Kündigung noch nicht mit Sicherheit rechtfertigt. **74**

Hierbei ist jedoch zu beachten, daß den Unternehmer in Anbetracht des auf Vertrauen basierenden Verhältnisses zum Vertragshändler eine allgemeine Treuepflicht trifft, die ihm verbietet, gegen die Interessen des Vertragshändlers zu handeln. Insbesondere die Charakteristik des Vertragshändler-Vertrages als Dauerschuldverhältnis, verbunden mit den persönlichen Beziehungen zwischen Unternehmer und Vertragshändler, geben der Treuepflicht eine große Bedeutung[195]. Daher hat der Unternehmer den Vertragshändler, wenn er in dem Gebiet, für das dieser verantwortlich ist, tätig wird, über seine Verhandlungen zu unterrichten[196]. **75**

---

192 *BGH,* Urteil vom 12. 11. 1969, BB 1970 S. 99 = DB 1970 S. 44.

193 Vgl. Rand-Nr. 1; Art. I bzw. 1 der Vertragsmuster.

194 Vgl. Rand-Nr. 69; Art. III des Vertragsmusters (Inland) und Art. 15 Alternative B des Vertragsmusters (Ausland).

195 *Palandt/Heinrichs,* a.a.O., § 242 Anm. 46 ff..

196 Vgl. Art. III Ziff. 3 Abs. 2 des Vertragsmusters (Inland).

Dies ist schon erforderlich, um Doppelarbeit zu verhindern. Ferner wird durch die Mitteilungspflicht eine gute Zusammenarbeit ermöglicht, denn auch wenn der Unternehmer die Verhandlungen direkt führt, kann es notwendig sein, daß der Vertragshändler diese unterstützt. Hierzu ist er aufgrund seiner allgemeinen Verpflichtung zur Wahrnehmung der Interessen des Unternehmers im Vertragsgebiet gehalten. Dies ist ihm auch zumutbar, wenn er für direkt abgeschlossene Geschäfte eine Vergütung erhält. Es ist zweckmäßig vorzusehen, daß die Mitteilungspflicht des Unternehmers entfällt, wenn ihr ein berechtigtes Interesse entgegensteht.

76 Schließlich kann ein berechtigtes Interesse des Unternehmers bestehen, bestimmte Kunden ausschließlich selbst zu bearbeiten und die Tätigkeit des Vertragshändlers insoweit auszuschließen, z. B. wenn es sich um langjährige, mit dem Unternehmer besonders eng verbundene Kunden handelt oder mit dem Kunden Verhandlungen zu führen sind, die geheimgehalten werden müssen. Solche Firmen müssen im Vertrag ausdrücklich aufgeführt werden[197].

Sind keine Vorbehalte hinsichtlich der Tätigkeit des Unternehmers im Vertragsgebiet gemacht, so ist der Vertragshändler – wie schon dargelegt – allein zur Tätigkeit berechtigt und verpflichtet. Der Unternehmer hat ihn hierbei nach Treu und Glauben zu unterstützen. Dazu gehört auch, daß er alle Anfragen aus dem Vertragsgebiet an den Händler weiterleitet[198].

---

197 Art. VIII des Vertragsmusters (Inland) und Kapitel VIII des Vertragsmusters (Ausland).

198 Vgl. Rand-Nr. 59.

V. Vergütung des Vertragshändlers für seine Verkaufstätigkeit

Die dem Vertragshändler für seine Tätigkeit zugunsten des Unternehmers zustehende Gegenleistung des Unternehmers wird regelmäßig in der Form eines sog. Wiederverkaufs- oder Händlerrabattes gewährt. 77

Hierbei verwendet man verschiedene Spielarten, so z. B. Grundrabatt kombiniert mit Mengenrabatt (gestaffelt nach Umfang des Absatzes) oder auch einen Treuerabatt für den ausschließlichen Vertrieb von Produkten gerade eines Unternehmers.

Ausgangspunkt dabei ist der listenmäßige Verkaufspreis des Unternehmers, wie er sich als Preisempfehlung für den Endverkauf darstellt.

Der Händler erhält die Ware zu einem um einen bestimmten Betrag geminderten Kaufpreis. Es handelt sich hier um einen Funktionsrabatt, der nicht den Beschränkungen des Rabattgesetzes unterliegt. Wer Waren kauft, um sie gewerbsmäßig weiterzuverkaufen, sei es in unbearbeitetem oder bearbeitetem Zustand, ist niemals Letztverbraucher. Das Rabattgesetz betrifft aber nur Verkäufe an Letztverbraucher.

Die Gegenleistung des Unternehmers erfolgt also indirekt derart, daß der Vertragshändler beim Weiterverkauf der ihm vom Unternehmer überlassenen Waren von dem Rabatt „zehrt" und schließlich einen vorkalkulierten Gewinn erhält[199]. Bei dem Rabattpreis handelt es sich nicht um einen geringeren Kaufpreis für die Ware selbst, sondern um einen Abzug, bei dem auch die anfallenden Aufwendungen im Zusammenhang mit dem Weiterverkauf berücksichtigt sind.

Es ist nämlich darauf hinzuweisen, daß mit dem Händlerrabatt in der Regel die gesamte vom Vertragshändler aufgrund des Vertrages zu erbringende Leistung abgegolten ist.

Ein Ersatz seiner Aufwendungen, wie z. B. Reisekosten, Post- und Fernsprechgebühren, Kosten für die Unterhaltung und den Betrieb von Kraftfahrzeugen, Mieten, Gehälter von Angestellten, kann er daneben nicht verlangen. Einen Handelsbrauch, daß dem Vertragshändler solche Unkosten zu ersetzen sind, gibt es soweit ersichtlich 78

199 Vgl. Rand-Nr. 180 f..

nicht[200]. Auch vertragliche Vereinbarungen, daß solche Kosten zu ersetzen sind, dürften nur selten vorkommen.

Mit dem Rabatt wird auch die Verpflichtung zum Kundendienst abgegolten. Hierfür kann es aber je nach Sachlage ratsam sein, gesonderte Vereinbarungen zu treffen, dies insbesondere dann, wenn dem Vertragshändler die Durchführung eines besonderen Kundendienstes für alle in seinem Bezirk befindlichen Erzeugnisse zur Aufgabe gemacht wurde und sich dort in größerem Umfang auch Erzeugnisse befinden, die er nicht verkauft hat, sei es, daß sie schon in der Zeit bevor er das Gebiet übernommen hat, dorthin geliefert oder daß sie von Letztverbrauchern aus anderen Gebieten in sein Gebiet verbracht wurden.

79 Den Vergütungssatz kann der Unternehmer nur ändern, wenn er sich das Recht hierzu im Vertrag vorbehalten hat.

Hat sich der Unternehmer die Änderung des Vergütungssatzes oder des Vergütungssystems im Vertrag vorbehalten, so steht ihm allerdings kein freies Bestimmungsrecht zu. Aus der Art des Vertragsverhältnisses, das den Vertragsparteien besondere Treue- und Fürsorgepflichten gegeneinander auferlegt, folgt vielmehr, daß der Unternehmer nur im Rahmen der Billigkeit zur Leistungsbestimmung befugt ist[201]. Ob eine Änderung der Billigkeit entspricht, ist unter Abwägung der wirtschaftlichen Interessen der Parteien unter Anlegung eines objektiven Maßstabes zu entscheiden. Dabei sind bei der Absteckung des Ermessensrahmens des Unternehmers die besonderen wirtschaftlichen Gegebenheiten des Vertragshändlerverhältnisses zu berücksichtigen[202]. Im Einzelfall ist daher eine Interessenabwägung erforderlich. Ist im Vertrag kein Vorbehalt gemacht, so ist die Änderung – wenn keine gütliche Einigung zwischen den Vertragspartnern erzielt werden kann – nur durch die Kündigung des gesamten Vertrages mit dem Anerbieten möglich, den Vertrag mit einem anderen Vergütungssatz fortzusetzen.

Ist die Gewährung eines Funktions-Rabattes an den Wiederverkäufer keine dem Vertragshändlervertrieb eigene, sondern durchaus eine übliche Art der Gegenleistung des Herstellers, so gewährt der Unternehmer seinem Vertragshändler darüber hinaus noch eine vertrags-

---

200 BGH, Urteil vom 2. 4. 1964, BB 1964 S. 616

201 § 315 BGB.

202 *LG Darmstadt,* Urteil vom 23. 4. 1974, BB 1974 S. 1501 ff. mit Anm. *Bartl.*

typische Leistung, die darin besteht, daß sich in der Regel für den Vertragshändler die Werbewirkung und das Renommée der Herstellermarke positiv auf Umsatz und Gewinnumfang auswirken.

VI. Vergütung des Vertragshändlers für Direktgeschäfte des Unternehmers

1. Vereinbarungen über die Vergütung

80 In den Fällen, in denen der Unternehmer selbst im Gebiet des Vertragshändlers tätig werden und Geschäfte selbst abschließen darf, kann vereinbart werden, daß der Vertragshändler dann entweder eine Vergütung erhält oder daß eine solche ausgeschlossen wird.

Die Vereinbarung einer Vergütung hat jedoch nicht zur Folge, daß der Vertragshändler in bezug auf diese Geschäfte bzw. Kunden zum Handelsvertreter wird. Es ist das wirtschaftliche Risiko des Vertragshändlers – so grundsätzlich zutreffend das OLG Köln[203] –, wenn einer seiner Kunden dazu übergeht, direkt vom Hersteller zu beziehen. In diesem Fall können die §§ 87 ff. HGB für Handelsvertreter nicht zugunsten des Eigenhändlers angewandt werden[204].

Der Vertragshändler kann in entsprechender Anwendung des § 87 Abs. 11 HGB eine Provision für Geschäfte, die ohne seine Mitwirkung mit Personen seines Bezirks oder seines Kundenkreises während des Vertragsverhältnisses abgeschlossen sind, mangels anderweitiger Vereinbarung nur dann beanspruchen, wenn ihm ein Alleinvertriebsrecht zusteht und wenn das Innenverhältnis des Vertragshändlers zum Unternehmer so gestaltet ist und die Gesamtumstände so liegen, daß der Eigenhändler dem Erscheinungsbild des vom Gesetzgeber als schutzbedürftig angesehenen Handelsvertreters entspricht[205].

81 Die Ausgestaltung der Vergütung kann vor allem in zwei Alternativen erfolgen:

Der Vertragshändler erhält eine Vergütung nur, wenn er das Geschäft vermittelt hat, also ähnlich wie ein Handelsvertreter tätig wird, oder es wird eine Vergütung gezahlt unabhängig davon, ob er vermittelt hat oder nicht.

Die im Muster vorgesehene Regelung, wonach der Vertragshändler eine Vergütung für alle Geschäfte erhält, die der Unternehmer mit

---

203 *OLG Köln,* Urteil vom 27. 11. 1974, BB 1975 S. 8.

204 So auch *Ulmer,* a.a.O., S. 429 m.w.N..

205 *BGH,* Urteil vom 18. 3. 1970, WuW 1970 S. 543 = BB 1970 S. 593.

Kunden eines Bezirkes abschließt, ähnelt derjenigen, die in den Mustern für Handelsvertreterverträge des VDMA vorgesehen ist[206].

Sie stellt klar, daß der Vergütungsanspruch des Vertragshändlers entsteht, wenn das Geschäft mit Personen aus dem Bezirk des Vertragshändlers abgeschlossen wird. Es kommt daher darauf an, wo der Kunde seinen Sitz hat. Dies gilt jedoch nur dann, wenn der Unternehmer mit einem Kunden des Bezirks abschließt. Verkauft ein Kunde außerhalb des Bezirks eine fabrikneue Maschine an einen Kunden innerhalb des Bezirks weiter, so muß der Unternehmer keine Vergütung zahlen[207]. Der Anspruch des Vertragshändlers entsteht auch, wenn ein Kunde, der seinen Sitz im Bezirk hat, Geschäfte mit dem Unternehmer außerhalb des Bezirks abschließt. Er besteht nach der in den Vertragsmustern vorgesehenen Regelung nur, wenn das Geschäft während des Bestehens des Vertragshändler-Verhältnisses abgeschlossen wurde. In den Mustern ist ferner vorgesehen, daß für Geschäfte mit Kunden, die in Art. VIII bzw. Kapitel VIII aufgeführt sind und für die sich der Unternehmer die ausschließliche Bearbeitung vorbehalten hat, keine Vergütung zu zahlen ist[208]. **82**

2. Verlust des Vergütungsanspruches

Auch in den Fällen, in denen der Vertragshändler bei direktem Vertragsabschluß des Unternehmers einen Vergütungsanspruch hat, kann er diesen u. U. wieder verlieren. Diese Folge kann insbesondere dann eintreten, wenn der Vertragshändler gegen die ihm aus dem Vertragshändler-Vertrag erwachsene Interessenwahrnehmungspflicht[209] verstoßen hat. Der Vertragshändler-Vertrag ist gem. §§ 157, 242 BGB, 346 HGB nach Treu und Glauben mit Rücksicht auf die Verkehrssitte auszulegen. Hat der Vertragshändler seiner Vertragspflicht in schuldhafter Weise zuwidergehandelt, so ist der Unterneh- **83**

206 Vgl. Art. III Ziff. 3 Abs. 2, Art. V Ziff. 1 und Art. VIII des Vertragsmusters (Inland) und Art. 15 B und Art. 19 des Vertragsmusters (Ausland); Handelsvertreter-Vertrag (Inland), a.a.O., Art. V und Handelsvertreter-Vertrag (Ausland), a.a.O., Art. IV; erhältlich beim Maschinenbau-Verlag GmbH, Postfach 710109, 6000 Frankfurt/Main 71.

207 Für Handelsvertreter *BGH,* Urteil vom 11. 7. 1960, BB 1960 S. 956. Die dort aufgeführten Gesichtspunkte dürften für Vertragshändler entsprechend anwendbar sein.

208 Vgl. Art. III Ziff. 3 Abs. 3, Art. V Ziff. 1 und Art. III des Vertragsmusters (Inland) und Kapitel VIII des Vertragsmusters (Ausland).

209 Vgl. oben Rand-Nr. 18 ff..

mer berechtigt, die Provision ganz oder zum Teil zu kürzen, ja sogar den Vertrag zu kündigen[210]. Als Beispiel für solch gravierendes vertragswidriges Verhalten sei genannt das absolute Untätigbleiben des Vertragshändlers auf das Verlangen des Unternehmers nach Mitwirkung zur Erzielung des Geschäftes[211].

Dies könnte u. U. auch der Fall sein, wenn sich der Vertragshändler aufgrund eines grob-fahrlässigen Verhaltens eine Krankheit zuzieht[212] und deshalb die Interessen des Unternehmers nicht mehr in der erforderlichen Weise wahrnehmen kann. Es ist jedoch darauf hinzuweisen, daß es sich dabei immer um eine grobe Verletzung seiner Verpflichtungen handeln muß, z. B. dürfte es nicht ausreichen, daß der Vertragshändler nicht allzu fleißig ist.

84 Zu erwähnen sind noch die Fälle, in denen der Vertragshändler nicht tätig werden kann, obwohl es nach dem Vertragshändler-Vertrag sein Recht bzw. seine Pflicht wäre. Eine solche Situation kann beispielsweise entstehen, wenn ein Kunde unter ausdrücklicher Ablehnung des Vertragshändlers nur direkt mit dem Hersteller Geschäfte abschließen will.

In diesen Fällen finden die allgemeinen Bestimmungen des BGB über die Unmöglichkeit der Leistung Anwendung.

Wird danach die Tätigkeit unmöglich aus Gründen, die weder der Unternehmer noch der Vertragshändler zu vertreten hat, so entsteht kein Anspruch auf Vergütung[213].

Ist die Unmöglichkeit der Leistung des Vertragshändlers von dem Unternehmer zu vertreten, so behält der Vertragshändler den Vergütungsanspruch aus den ohne seine Mitwirkung mit bezirksangehörigen Kunden abgeschlossenen Geschäften[214]. Ist die Unmöglichkeit vom Vertragshändler zu vertreten, so kann der Unternehmer Schadensersatz wegen Nichterfüllung verlangen[215].

Schröder vertritt für Handelsvertreter die Auffassung, daß diesem im Falle der Erkrankung die volle Bezirksvertreter-Provision zusteht,

210 So auch *Ulmer,* a.a.O., S. 411.

211 Für Handelsvertreter *OLG Hamm,* Urteil vom 3. 11. 1958, NJW 1959 S. 677 = BB 1959 S. 682. Die dort dargelegten Gesichtspunkte dürften für die in den Mustern vorgesehene Regelung entsprechend anwendbar sein.

212 Vgl. auch Rand-Nr. 110 f..

213 § 323 BGB.

214 § 324 BGB.

215 § 325 BGB.

obwohl hier auch ein Fall von zumindest vorübergehender Unmöglichkeit vorliegt[216]. Jedenfalls wird in einer länger andauernden Krankheit ein wichtiger Grund zur Kündigung gesehen werden können. Eine Kündigung für den Fall, daß bestimmte Kunden sich weigern, mit dem Vertragshändler ein Geschäft abzuschließen, führt jedoch meist zu keinem befriedigenden Ergebnis, weil der Vertragshändler und der Unternehmer in der Regel die Fortsetzung der Tätigkeit des Vertragshändlers für Geschäfte mit anderen Kunden im Bezirk wünschen werden, da die Tätigkeit nur bezüglich bestimmter Kunden unmöglich geworden ist[217].

Man spricht hier auch von teilweiser Unmöglichkeit. Dieses Ergebnis erscheint vertretbar, da der Vertragshändler nur insofern keine Vergütung erhält, als feststeht, daß er nicht tätig werden kann.

3. Vergütung bei Lieferung an Exporteure im Vertragsgebiet

Verschiedentlich ist auch die Frage gestellt worden, ob für Geschäfte **85**
mit Exporteuren, die ihren Sitz im Vertragsgebiet haben, eine Vergütung zu zahlen ist. Es ist nicht ausgeschlossen, daß die Gerichte einen Vergütungsanspruch bejahen. Will der Unternehmer die Vergütungszahlung für Geschäfte mit Exporteuren sicher vermeiden, so empfiehlt es sich, im Vertrag ausdrücklich zu bestimmen, daß der Vertragshändler für derartige Geschäfte keine Vergütung erhält. Unter Umständen wäre es auch denkbar, daß im Vertrag für solche Geschäfte ein niedrigerer Vergütungssatz vorgesehen wird. Eine derartige Vereinbarung könnte bei Verwendung der im Anhang abgedruckten Muster unter Art. VIII bzw. Kapitel VIII vorgesehen werden, die zusätzlichen Vereinbarungen vorbehalten sind.

4. Besondere Vereinbarungen

Verschiedentlich wird in Verträgen auch vorgesehen, daß sich die **86**
Vergütung für Geschäfte, die zwischen den Kunden und dem Unternehmer direkt abgeschlossen werden, verringert, wenn der Vertragshändler den Kunden während einer bestimmten Zeit nicht mehr besucht hat. Eine solche Bestimmung könnte in Art. VIII des Ver-

216 *Schröder,* a.a.O., § 87 HGB Anm. 38.

217 Zur Frage, unter welchen Voraussetzungen hier überhaupt eine Kündigung zulässig wäre, vgl. Rand-Nr. 110 f..

tragsmusters (Inland) oder in Kapitel VIII des Vertragsmusters (Ausland) getroffen werden.

5. Aufwendungsersatz

87 Dem Vertragshändler steht kein Ersatz von Aufwendungen zu[218]. Dies ergibt sich schon daraus, daß er selbständiger Kaufmann ist und seine Geschäfte in der Regel im eigenen Namen und auf eigene Rechnung abschließt.

Zwar sind in der Tätigkeit des Vertragshändlers Elemente einer Geschäftsbesorgung i. S. des § 675 BGB enthalten, so daß sich die Anwendung des § 670 BGB anböte, dabei würde jedoch außer acht gelassen, daß die §§ 662 ff. BGB von einem Tätigwerden des Auftragnehmers bzw. Geschäftsbesorgers auf fremde Rechnung ausgehen. Eine analoge Anwendung der Bestimmung des § 87 d HBG, wonach der Handelsvertreter Ersatz seiner im regelmäßigen Geschäftsbetrieb entstandenen Aufwendungen dann verlangen kann, wenn dies handelsüblich ist, kommt daher auch nicht in Betracht.

6. Ersatz- und Reserveteile

88 Hinsichtlich der Frage, ob an den Vertragshändler vom Unternehmer für die Direktbelieferung von Kunden mit Ersatz- und Reserveteilen eine Vergütung gezahlt oder ob gegebenenfalls nur diese Vergütung gemindert wird, besteht keine einheitliche Übung.

In den einzelnen Branchen wird sehr unterschiedlich verfahren. Das hat darin seinen Grund, daß in manchen Branchen das Geschäft mit Ersatzteilen von großer Bedeutung ist, während es in anderen nur eine untergeordnete Rolle spielt, der Unternehmer häufig am Ersatzteilgeschäft nicht in gleicher Weise wie bei der Erstlieferung verdient, schließlich die Ersatzteile oft zum Selbstkostenpreis geliefert werden, und zwar auch dann, wenn kein Gewährleistungsfall gegeben ist. Die Vertragsmuster sehen daher vor, daß die Vertragspartner besondere vertragliche Vereinbarungen über den Vergütungsanspruch des Vertragshändlers für Lieferungen von Ersatz- und Reserveteilen treffen.

Für die Lieferung von Ersatzteilen im Rahmen der Gewährleistungspflicht ist keine Vergütung zu zahlen, auch wenn sonst Vergütungs-

218 Vgl. oben Rand-Nr. 78.

zahlung für Lieferung von Ersatzteilen vereinbart ist, denn hier handelt es sich um kein neues Verkaufsgeschäft, sondern um die Erfüllung einer Verpflichtung des Unternehmers aus dem ursprünglichen Liefergeschäft. Auch für die kostenlose Lieferung von Ersatzteilen, die nicht aufgrund Gewährleistung erfolgt, z. B. aus Kulanzgründen, ist eine Vergütung nicht zu zahlen, weil kein Verkaufsgeschäft vorliegt, abgesehen davon, daß kein zur Berechnung der Vergütung dienendes Entgelt vorhanden ist. Für die Lieferung von Ersatz- und Reserveteilen, die zugleich mit der Hauptlieferung erfolgt, gelten die obigen Ausführungen in gleicher Weise.

7. Fremderzeugnisse und Fremdarbeit

Unter dem Begriff „Fremderzeugnisse" sind Fertigfabrikate zu verstehen, die der Unternehmer selbst bezieht und ohne Be- oder Verarbeitung mit seinem eigenen Erzeugnis zu einer wirtschaftlichen Einheit verbindet. Ist keine besondere Vereinbarung getroffen, so ist die Vergütung von der Gesamtsache zu berechnen. Dies wurde auch in einem Fall bejaht, in dem der Unternehmer einen Omnibus verkaufte, bei dem er das Fahrgestell selbst bei einem Dritten kaufen mußte, und zwar selbst dann, als nachträglich mit dem Kunden die Teilung des Auftrages in zwei Aufträge über den vom Unternehmer selbst herzustellenden Teil der Gesamtsache (Omnibusaufbau) und den Teil, den sich der Unternehmer vom Dritten beschaffen muß (Fahrgestell), vereinbart wurde und der Kunde daraufhin den Dritten unmittelbar beauftragte[219]. **89**

Nach den Vertragsmustern kommen für eine Sonderregelung des Vergütungsanspruches aber nur solche Fremderzeugnisse in Betracht, die nicht wesentliche Bestandteile des Erzeugnisses des Unternehmers werden, für das dem Vertragshändler die Vertretung übertragen wurde[220]. Es handelt sich dabei um den juristischen Begriff des wesentlichen Bestandteils, wie er in § 93 BGB festgelegt ist. Danach sind wesentliche Bestandteile einer Sache solche, die voneinander nicht getrennt werden können, ohne daß der eine oder andere zerstört oder in seinem Wesen verändert wird. Entscheidend ist, ob die Trennung

219 Für Handelsvertreter *OLG Braunschweig,* Urteil vom 23. 2. 1956, BB 1956 S. 226. Die Grundsätze der Entscheidung dürften im vorliegenden Fall entsprechend Anwendung finden.

220 Vgl. Art. V Ziff. 2 des Vertragsmusters (Inland) und Art. 20 des Vertragsmusters (Ausland).

zur Vernichtung wirtschaftlicher Werte führt, oder ob die Teile auch nach der Trennung – gegebenenfalls nach Wiederverbindung mit einer anderen, den getrennten Bestandteilen entsprechenden Sache – wie bisher wirtschaftlich verwertbar sind[221].

Fremderzeugnisse, die wesentliche Bestandteile einer Maschine werden, bilden mit dieser eine Einheit, so daß eine besondere Vereinbarung über die Vergütung für derartige Fremderzeugnisse schon aus praktischen Gründen kaum möglich ist.

Eine gesonderte Behandlung der nicht wesentlichen Bestandteile hinsichtlich der Vergütung läßt sich in der Regel ohne Schwierigkeit durchführen. Eine einheitliche Übung besteht im Maschinenbau nicht. Eine Abweichung von der sonstigen Vergütungsvereinbarung kann gerechtfertigt sein, falls der Unternehmer diese Bestandteile nur mitliefert, um den Kunden der Mühe zu entheben, sich die Bestandteile von dritter Seite selbst zu besorgen, oder um sicherzustellen, daß ein gutes Fabrikat gewählt wird, ohne auf den Preis für den Bestandteil einen besonderen Aufschlag für seine Tätigkeit zu berechnen.

90 Anders stellt sich die Sachlage jedoch dar, wenn der Unternehmer den Vertragshändler mit einem „Fremdarbeitszuschlag“ belasten will. Ein solcher liegt vor, wenn der Unternehmer einen Teil seiner Tätigkeit durch Subunternehmer ausführen läßt und dafür von dem Vertragshändler einen höheren Preis verlangt, als ihn dieser an den „Fremdbetrieb“ direkt zu zahlen hätte. In diesem Fall trifft den Unternehmer eine Aufklärungspflicht, damit dem Vertragshändler die Möglichkeit bleibt, eine andere Vertragsentscheidung zu treffen. Wird der Aufklärungspflicht nicht oder nur unvollständig genügt, so ist ein Fremdarbeitszuschlag unzulässig[222].

8. Berechnungsgrundlage für die Vergütung

a) Allgemeines

91 Als Berechnungsgrundlage für die Vergütung dient nach dem Muster das in Rechnung gestellte Entgelt des Verkaufsgeschäftes. Anders als bei Handelsvertretern kommt es u. E. nicht auf das Entgelt an, wie es nach dem ursprünglich zwischen dem Unternehmer und Kunden geschlossenen Vertrag geschuldet wird, sondern auf den endgültigen

221 Vgl. hierzu *Thamm,* a.a.O., S. 65 ff..

222 *OLG Köln,* Urteil vom 5. 12. 1973, BB 1974 S. 715 f..

Betrag, soweit das Geschäft durchgeführt wird. Die Interessenlage ist hier eine andere. Der Handelsvertreter hat in der Regel Geschäfte zu vermitteln. Diese Aufgabe hat er erfüllt, wenn das Geschäft zwischen Unternehmer und Kunden zustande gekommen ist. Hierfür erhält er seine Provision. Der Vertragshändler hat keine Geschäfte zu vermitteln. Er erhält die Vergütung dafür, daß dem Unternehmer die allgemeine Tätigkeit des Vertragshändlers zustatten kommt, wenn der Unternehmer direkt im Vertragsgebiet tätig wird. Ändern der Unternehmer und der Kunde nachträglich den Vertrag und legen sie ein anderes Entgelt fest, so ist dieses ausschlaggebend. Führen nachträgliche Änderungen dazu, daß ein Geschäft nicht ausgeführt wird, so ist u. E. keine Vergütung zu zahlen. Durch Vereinbarung kann aber auch ohne weiteres eine andere Regelung getroffen werden, z. B. diejenige, die das Gesetz für Handelsvertreter vorsieht.

Die Muster sehen vor, daß Barzahlungsrabatte nicht in Abzug gebracht werden. Dies hat seinen Grund darin, daß an sich der volle Preis in Rechnung gestellt wird und der Rabatt nur bei Barzahlung in einer bestimmten Frist in Abzug gebracht werden kann. Es kann aber im Einzelfall auch durchaus vorgesehen werden, daß der Rabatt in Abzug kommt. Das für Handelsvertreter geltende Argument, daß es ungerechtfertigt sei, bei der Berechnung der Provision den Nachlaß für die Barzahlung in Abzug zu bringen, weil es im Interesse des Unternehmers liege, daß sich der Handelsvertreter dafür einsetze, daß der Kunde nach Möglichkeit bar zahle, gilt hier nicht. Wie bereits oben ausgeführt, ist es grundsätzlich nicht Aufgabe des Vertragshändlers, Geschäfte zu vermitteln.

b) Nebenkosten

Die in den Vertragsmustern angeführten Nebenkosten stellen eine 92
beispielhafte Aufzählung dar. Es können also auch Nebenkosten in Abzug gebracht werden, die in den Vertragsmustern nicht ausdrücklich erwähnt sind, wenn sie gesondert in Rechnung gestellt werden, z. B. Versicherungskosten. Nach Ansicht in der Literatur zum Handelsvertreter-Recht begründet die Tatsache allein, daß Nebenkosten gesondert in Rechnung gestellt werden, noch nicht das Recht, sie in Abzug zu bringen. Erforderlich sei vielmehr auch, daß es zulässig ist, sie gesondert in Rechnung zu stellen. Beispiel: Bei Vereinbarung von frachtfreier Lieferung darf der Unternehmer die Provision nicht da-

durch verkürzen, daß er in der dem Kunden erteilten Abrechnung den Gesamtpreis in den Preis für Ware und für Fracht aufgliedert[224].

93 *c) Entgelte für Montagen und ähnliche Leistungen, die im wesentlichen aus Arbeitsaufwand bestehen*

Bei Montagen sind folgende Fälle zu unterscheiden:

α Der Unternehmer übernimmt die Montage unabhängig von seiner Lieferverpflichtung;

β der Unternehmer übernimmt unabhängig von seiner Lieferverpflichtung eine Mitwirkung bei der vom Käufer vorzunehmenden Montage, und zwar entweder durch Zurverfügungstellung von Monteuren oder durch Übernahme der Kontrolle über die vom Kunden durchgeführte Montage;

γ der Unternehmer übernimmt die Montage als Teil einer einheitlichen Verpflichtung, bestehend aus Lieferung und Montage.

In den Fällen α und β handelt es sich um selbständige Geschäfte, die Werk- und Dienstverträge zum Gegenstand haben. Nach den Vertragsmustern hat der Vertragshändler Verkaufsgeschäfte abzuschließen. Es gehört daher nicht zu seinen Aufgaben, Geschäfte über selbständige Montagen abzuschließen. Für sie können daher auch keine Vergütungsansprüche aus den vorliegenden Vertragsmustern abgeleitet werden[225]. Beauftragt der Unternehmer den Vertragshändler neben den sich aus dem Vertragsmuster ergebenden Pflichten im Einzelfall oder allgemein mit dem Abschluß und der Durchführung von selbständigen Montagen, so liegt seine Vergütung im Rabatt für das Verkaufsgeschäft und in der Montagevergütung. Wird der Montagevertrag vom Unternehmer selbst abgeschlossen, so sind zwei Fälle denkbar: Entweder er führt die Montage selbst durch; dann kann es sich im Einzelfall empfehlen, eine Vergütung mit dem Vertragshändler zu vereinbaren. Oder es ist im Vertrag mit dem Kunden vorgesehen, daß die Montage vom Vertragshändler durchgeführt wird; dann müßte sichergestellt werden, daß die Vergütung des Vertragshändlers durch das Montageentgelt gewährleistet ist.

Im Fall γ handelt es sich dagegen um einen einheitlichen Vertrag,

---

224 *Schröder* in *Schlegelberger,* a.a.O., § 87b HGB Anm. 8; *Würdinger* in Großkommentar, a.a.O., § 87b Anm. 2.

225 Vgl. Art. I Ziff. 1 und Art. IV des Vertragsmusters (Inland) und Art. 1 und Art. 18 des Vertragsmusters (Ausland).

der auf ein Verkaufsgeschäft und auf Montage gerichtet ist. Der Vertragshändler hat sich aufgrund seiner Verpflichtung, Verkaufsgeschäfte abzuschließen, in der Regel auch um den Abschluß einheitlicher Liefer- und Montageverträge zu bemühen.

Handelt es sich bei der Montage um eine Nebenleistung, so kommt das Entgelt für die Montage bei der Berechnung der Vergütung nach dem Vertragsmuster in Abzug, gleichgültig, ob sie gesondert in Rechnung gestellt ist oder nicht, es sei denn, daß die Ausgliederung der Kosten für die Montage nicht möglich ist, weil eine zu enge Verknüpfung mit der Lieferung besteht.

9. Entstehung des Vergütungsanspruchs

In den Vertragsmustern ist abweichend von der gesetzlichen Regelung **94**
für Handelsvertreter bestimmt, daß der Anspruch des Vertragshändlers auf Vergütung erst dann bedingungslos entsteht, wenn die Zahlung des Abnehmers beim Unternehmer eingegangen ist. Hat der Kunde nur zum Teil gezahlt, so kann der Vertragshändler auch nur einen Teil der Vergütung verlangen. Hierdurch wird die Unsicherheit beseitigt, ob der ausgezahlte Vergütungsbetrag wieder zurückzuerstatten ist.

Die Hingabe eines Wechsels ist noch keine Zahlung im Sinne dieser Vertragsbestimmung. Erst wenn er eingelöst wird, ist bezahlt[226].

10. Vorschuß

Nach den Vorschriften des Handelsvertreter-Rechtes hat der Han- **95**
delsvertreter einen unabdingbaren Anspruch auf angemessenen Vorschuß, sobald der Unternehmer das Geschäft ausgeführt hat, falls aufgrund vertraglicher Vereinbarungen entgegen dem Gesetz der Provisionsanspruch nicht schon zu diesem Zeitpunkt bedingungslos zur Entstehung gelangt[227]. Das Geschäft ist durch den Unternehmer ausgeführt, sobald dieser die ihm vertraglich obliegende Leistung erfüllt hat. Diese Bestimmung ist auf Vertragshändler in der Regel nicht anwendbar[228]. Anders wäre es lediglich, wenn das Vertragshändler-

226 § 364 BGB; vgl. *Palandt/Heinrichs,* a.a.O., § 364 BGB Anm. 4b.

227 § 87a Abs. 1 HGB.

228 Anders *BAG,* Urteil vom 16. 4. 1962, BB 1962 S. 572, aber für auf Provisionsbasis beschäftigte Angestellte.

Verhältnis dem eines Handelsvertreters stark angenähert ist[229], was bei Verwendung der Muster in der Regel nicht der Fall sein dürfte.

11. Zahlungsverweigerung durch den Kunden

96 Leistet der Abnehmer keine Zahlung, so erwirbt der Vertragshändler grundsätzlich keinen Anspruch auf Vergütung, weil dieser nach den getroffenen Vereinbarungen erst durch die Zahlung des Kunden entsteht. Die Feststellung, daß der Kunde nicht leistet, muß nach objektiven Gesichtspunkten getroffen werden.

Zwischen dem Unternehmer und dem Vertragshändler kann auch im Wege einer Vereinbarung eine Abstimmung darüber getroffen werden, wann als festgestellt anzusehen sein soll, daß der Dritte nicht leistet.

Die Entscheidung darüber, ob er gegen säumige Kunden mit Zwangsmaßnahmen vorgehen und welchen Weg er gegebenenfalls hierzu einschlagen will, steht im pflichtgemäßen Ermessen des Unternehmers, der nicht willkürlich und zum Nachteil des Vertragshändlers handeln darf.

Bei Vertragshändler-Verträgen wird man eine Vergütungspflicht nur annehmen können, wenn der Unternehmer keine geeigneten Maßnahmen ergreift, um die Zahlung vom Kunden zu erhalten, obwohl diese Aussicht auf Erfolg böten und wenn dem Vertragshändler eine Chance, selbst ein Geschäft zu tätigen, durch den Direktabschluß zwischen Unternehmer und Kunden entgangen ist oder wenn der Vertragshändler das Geschäft vermittelt hat[230]. Entsprechendes gilt auch, wenn das Geschäft durch nachträgliche Vereinbarung wieder aufgehoben wurde oder dem Kunden Zahlungsfristen bewilligt wurden.

12. Nichtausführung des Geschäftes durch den Unternehmer

97 Steht fest, daß der Unternehmer das Geschäft ganz oder teilweise nicht so ausführt, wie es abgeschlossen worden ist, so steht dem Vertragshändler u. U. ein Schadensersatzanspruch zu. Voraussetzung ist, daß der Unternehmer auch eine Verpflichtung gegenüber seinem

229 Vgl. Rand-Nr. 1 ff..

230 Für Ansprüche von Handelsvertretern vgl. *BGH*, Urteil vom 27. 9. 1956, HVR Nr. 119.

Vertragshändler verletzt hat. Der Anspruch besteht also nicht, wenn und soweit dem Unternehmer die Ausführung des Geschäfts unmöglich geworden ist, ohne daß er die Unmöglichkeit zu vertreten hat, oder wenn ihm die Ausführung wegen eines in der Person des Abnehmers liegenden Grundes nicht zugemutet werden kann[231].

Zu vertreten hat der Unternehmer die Unmöglichkeit der Leistung, wenn ihn ein Verschulden trifft. Eine Nichtausführung in diesem Sinne liegt vor, wenn der Unternehmer die ihm obliegende Leistung nicht in der Weise und zu der Zeit erbringt, zu der er sie nach seiner dem Kunden gegenüber eingegangenen Verpflichtung erbringen müßte, z. B. wenn der Unternehmer eine andere Sache liefert, wenn die Lieferung unvollständig, mangelhaft oder verspätet ist[232]. Der Unternehmer kann sich grundsätzlich nicht darauf berufen, daß ihm die Erfüllung oder rechtzeitige Erfüllung deshalb nicht möglich sei, weil er die erforderlichen Rohstoffe oder Arbeitskräfte nicht oder nicht rechtzeitig erhalten hat oder weil bei einem Vorlieferanten Schwierigkeiten eintreten oder weil sein Betrieb mit Arbeit überlastet ist.

Dasselbe gilt für Lieferungsverzögerungen, die durch zu hohen Auftragsbestand des Unternehmers bedingt sind[233].

Man wird meist zu richtigen Ergebnissen kommen, wenn man prüft, ob der Vertragshändler einen Anspruch gegen den Unternehmer hätte, wenn die Lieferung an ihn erfolgt wäre. Eine zu vertretende Nichtausführung liegt auch vor, wenn sich der Unternehmer nachträglich auf Ersuchen des Kunden damit einverstanden erklärt, das Geschäft rückgängig zu machen oder den Preis zu senken oder zu stunden oder bereits gelieferte Ware wieder zurückzunehmen, es sei denn, daß der Unternehmer hierzu genötigt ist, weil der Kunde nicht zahlen kann[234]. In diesem Fall könnte vielleicht geprüft werden, wie sich der Vertragshändler selbst vernünftigerweise verhalten hätte.

---

231 Für Handelsvertreter vgl. § 87 a Abs. 3 und 5 HGB.

232 Für das Handelsvertreterrecht vgl. *Schröder* in *Schlegelberger,* a.a.O., § 87a Anm. 30, und *Würdinger* in Großkommentar, a.a.O., § 87 a Anm. 6.

233 *BGH,* Urteil vom 13. 7. 1959, DB 1959 S. 940; Urteil vom 11. 7. 1960, DB 1960 S. 1033 = BB 1960 S. 956; *LAG Bremen,* Urteil vom 5. 7. 1960, DB 1960 S. 1212; vgl. auch *Schröder* in *Schlegelberger,* a.a.O., § 87a Anm. 39.

234 Für Handelsvertreter vgl. *BGH,* Urteil vom 27. 9. 1956, HVR Nr. 119; vgl. auch *OLG Bremen,* Urteil vom 12. 5. 1955, Rechtsarchiv der Wirtschaft 1956 S. 259 (Preisnachlässe).

13. Fälligkeit

98 Von der Entstehung des Provisionsanspruches ist die Fälligkeit zu unterscheiden. Sie tritt nach dem Vertragsmuster mit dem letzten Tag des Monats ein, in dem der Unternehmer die Abrechnung erteilen muß. Die vorgesehene Regelung bewegt sich in den Grenzen der auch für Handelsvertreter zugelassenen Vereinbarung[235]. Die Frage, ob die Bestimmungen des Handelsvertreter-Rechts analog auch auf Vertragshändler anzuwenden sind, braucht daher nicht näher untersucht zu werden. Soweit es sich um Vertragshändler-Verträge handelt, die nicht in besonderer Weise dem Handelsvertreter-Verhältnis angenähert sind, dürfte auch in Abweichung von den zwingenden Bestimmungen des Handelsvertreter-Rechts eine Verlängerung des Abrechnungszeitraumes zulässig sein. Entsprechendes gilt auch für die Fälligkeit.

Erfolgt die Zahlung zum Zeitpunkt der Fälligkeit nicht, so tritt hierdurch noch kein Verzug ein. Es bedarf vielmehr noch der Mahnung durch den Vertragshändler[236]. Vom Tage der Fälligkeit an kann der Vertragshändler 5 % Zinsen verlangen, weil er Kaufmann im Sinne des Gesetzes ist und es sich bei seinem Anspruch um Forderungen aus einem beiderseitigen Handelsgeschäft handelt[237]. Gerät der Unternehmer mit der Zahlung in Verzug, so kann der Vertragshändler Ersatz desjenigen Schadens verlangen, der ihm durch den Verzug entstanden ist[238].

14. Buchauszug und Mitteilungspflicht

99 Die Bestimmungen des Handelsvertreter-Rechts über die Erteilung eines Buchauszuges, über die Mitteilungspflicht über Umstände, die für den Vergütungsanspruch von Bedeutung sind sowie über die Einsicht in die Geschäftsbücher[239], sind analog auf die hier vorgesehene Vergütungsregelung anzuwenden, weil insofern eine gleiche Interessenlage sowohl für den Handelsvertreter als auch für den Vertragshändler besteht. Es sei daher nachstehend eine kurze Darstellung der

235 §§ 87a – 87c HGB.
236 Für Handelsvertreter vgl. *OLG Oldenburg,* Urteil vom 13. 11. 1957, DB 1959 S. 138; dasselbe gilt auch für Vertragshändler, § 284 Abs. 1 BGB.
237 §§ 353 und 352 Abs. 2 HGB.
238 § 286 BGB.
239 § 87c HGB.

Regeln für das Handelsvertreter-Recht wiedergegeben, soweit sie hier von Interesse sind:

> Der Handelsvertreter kann bei der Abrechnung einen Buchauszug verlangen[240]. Die Worte „bei der Abrechnung" stellen keine zeitliche Beschränkung dar. Der Anspruch kann vielmehr auch noch später geltend gemacht werden, solange Unternehmer und Handelsvertreter sich über die Abrechnung nicht geeinigt haben[241]. Der Buchauszug ist für alle nach § 87 HGB provisionspflichtige Geschäfte zu erteilen. Daher braucht der Anspruch für das einzelne Geschäft nicht bedingungslos zu bestehen. Da nach den abgedruckten Vertragsmustern alle Verkaufsgeschäfte provisionspflichtig sind, die der Unternehmer mit Abnehmern des in Betracht kommenden Bezirks während der Dauer des Vertragsverhältnisses abschließt, müssen im Buchauszug alle diese Geschäfte aufgeführt werden. Der Anspruch entfällt auch dann nicht, wenn dem Vertragshändler wegen schuldhaften Verhaltens gekündigt wurde[241].

Es brauchen keine Geschäfte aufgeführt zu werden, die erst nach Beendigung des Vertragsverhältnisses abgeschlossen wurden und die der Vertragshändler vermittelt hat oder eingeleitet und so vorbereitet hat, daß der Abschluß überwiegend auf seine Tätigkeit zurückzuführen ist, weil für solche Geschäfte die Vergütungspflicht in den Mustern ausdrücklich ausgeschlossen ist[242].

Erfüllungsort für die Verpflichtung des Unternehmers zur Erteilung **100**
eines Buchauszuges ist in aller Regel der Sitz des Unternehmers[243], da die Pflicht zur Erteilung des Buchauszuges Nebenpflicht der Provisionspflicht ist. Wer die Kosten der Abrechnung – soweit entstanden – zu tragen hat, ist umstritten. Teilweise wird die Meinung vertreten, grundsätzlich habe der Unternehmer die Kosten zu tragen[244], zum Teil will man aus allgemeinen Grundsätzen in Ermangelung einer ausdrücklichen gesetzlichen Regelung die Kosten den Handelsvertreter tragen lassen, soweit nicht die Prüfung ergibt, daß der Unternehmer zu seinem Nachteil falsch abgerechnet hat[245].

Der Buchauszug ist mehr als eine bloße Abrechnung oder Zuleitung

---

240 § 87c Abs. 2 HGB, vgl. *Schröder,* BB 1955 S. 181.

241 *BGH,* Urteil vom 13. 3. 1961, BB 1961 S. 425 = DB 1961 S. 533 = NJW 1961 S. 1059; vgl. auch *OLG München,* Beschluß vom 22. 7. 1959, BB 1960 S. 188, und *LAG Baden-Württemberg,* Beschluß vom 22. 9. 1959, BB 1959 S. 1151.

242 *OLG Hamm,* Urteil vom 21. 3. 1957, NJW 1959 S. 51.

243 *OLG Düsseldorf,* Urteil vom 18. 6. 1974, Vers R 1975 S. 133 = NJW 1974 S. 2185.

244 *Knorn, a.a.O., S. 989.*

245 *KG,* Urteil vom 10. 5. 1971, DB 1971 S. 1204.

von Kommissionskopien. Unerledigte Geschäfte sind nach Möglichkeit getrennt aufzuführen. Bei allen Geschäften ist der Auftraggeber zu benennen. Weiterhin sind Adresse, Art, Menge und Preis der gelieferten Ware mitzuteilen sowie der augenblickliche Stand der Abrechnung. Das nachfolgende Schema für die Erstellung des Buchauszuges ist im wesentlichen einem Urteil des Landgerichts Frankfurt/M. entnommen[246]:

1. Auftragsdatum
2. Warenart
3. Warenmenge
4. Rechnungsdatum
5. Rechnungsbetrag
6. Kunde (genaue Anschrift)
7. Vergütungssatz
8. Höhe der eingegangenen Zahlungen
9. Annullierungen, gegebenenfalls mit genauer Angabe der Gründe
10. Retouren, gegebenenfalls mit genauer Angabe der Gründe.

101 Der Vertragshändler kann außer dem Buchauszug Mitteilung über alle Umstände verlangen, die für den Vergütungsanspruch, seine Fälligkeit und seine Berechnung wesentlich sind[247]. Es kommen hier insbesondere in Betracht: Auskünfte über die mit dem Abnehmer vereinbarte Zahlungsweise, über den Zahlungseingang, bei Nichtausführung über den Grund derselben, Auskünfte über Nebenkosten und dergleichen.

Wie der Handelsvertreter wird der Vertragshändler insoweit das Recht haben, daß ihm oder einem von ihm zu bezeichnenden Wirtschaftsprüfer Einsicht in die Geschäftsbücher des Unternehmers gewährt wird, wenn der Unternehmer einen Buchauszug verweigert, oder wenn begründete Zweifel an der Richtigkeit oder Vollständigkeit des von ihm erteilten Buchauszugs bestehen. Das Recht zur Einsicht besteht nur insoweit, wie dies zur Feststellung der Richtigkeit und Vollständigkeit der Abrechnung oder des Buchauszugs erforderlich ist, d. h. der Vertragshändler kann nicht gleichzeitig nebeneinander die

---

246 *LG Frankfurt a. M.*, Urteil vom 14. 1. 1954, Rechtsarchiv der Wirtschaft 1956 S. 264.

247 Für Handelsvertreter § 87 c Abs. 3 HGB.

Erteilung eines Buchauszuges und die Gewährung von Bucheinsicht verlangen[248].

Macht der Vertragshändler im Fall der Verweigerung des Buchauszugs den Anspruch auf Bucheinsicht geltend und hat er damit Erfolg, so ist für das Verlangen nach Erteilung eines Buchauszuges kein Raum mehr[249].

15. Anspruch auf Abgabe der eidesstattlichen Versicherung

Der Vertragshändler kann wohl in entsprechender Anwendung der **102**
§§ 259 und 260 BGB unter bestimmten Voraussetzungen auch die Abgabe einer eidesstattlichen Versicherung über die Richtigkeit des ihm erteilten Buchauszugs fordern, wenn eine Vergütung für Direktgeschäfte – wie in den Vertragsmustern – vorgesehen ist. Ein Anspruch besteht jedoch in der Regel erst dann, wenn er die ihm durch analoge Anwendung des § 87c Abs. 4 HGB eröffneten Möglichkeiten zur Nachprüfung des Buchauszugs erfolglos erschöpft hat, wenn also z. B. auch die Bucheinsicht keine Klärung gebracht hat oder wenn Bücher, die eingesehen werden könnten, nicht vorhanden sind. Es muß also in der Regel sowohl der Buchauszug erteilt als auch die Bucheinsicht erfolgt sein oder sich als undurchführbar herausgestellt haben. Der Anspruch ist subsidiär[250]. Der Vertragshändler ist nicht berechtigt, öffentlich Erkundigungen über Kunden des Unternehmers anzustellen[251].

---

248 *BGH,* LM Nr. 5 zu § 84 HGB.

249 *BGH,* Urteil vom 13. 7. 1959, DB 1959 S. 973 = NJW 1959 S. 1964, für Handelsvertreter.

250 *BGH,* Urteil vom 16. 5. 1960, NJW 1960 S. 1662, *OLG Hamm,* Urteil vom 21. 3. 1957, NJW 1959 S. 51.

251 *OLG Düsseldorf,* Beschluß vom 8. 6. 1956, DB 1956 S. 664.

VII. Vertragsdauer

1. Ordentliche Kündigung

103 Ist der Vertrag nur auf unbestimmte Zeit ohne Vereinbarung einer Kündigungsfrist geschlossen, so erhebt sich die Frage, in welcher Weise er beendet werden kann, wenn kein wichtiger Grund vorliegt. Bei der Beantwortung ist davon auszugehen, daß es sich um ein Dauerschuldverhältnis handelt[252], dem ein gewisser personenrechtlicher Charakter innewohnt. Die einseitige Auflösung der Vertragsbeziehungen kann daher nur mittels desjenigen Rechtsbehelfs geschehen, der zur Beendigung solcher langfristiger und personenrechtlicher Verträge zur Verfügung steht. Das ist die Kündigung, weil sie nur für die Zukunft wirkt und das Vertragsverhältnis für die Vergangenheit nicht berührt, insbesondere also auch die im Rahmen des Händlervertrags geschlossenen und abgewickelten Kaufverträge unberührt läßt. Die Lösung des Händlervertrages kann also nicht durch einen auf den Zeitpunkt des Vertragsabschlusses rückwirkenden Rücktritt vorgenommen werden.

104 Zu beantworten bleibt die Frage, welche gesetzlichen Kündigungsfristen für Vertragshändlerverträge heranzuziehen sind.

Die Rechtsprechung wendet die Kündigungsvorschriften des Handelsvertreterrechts an[253]. Dies gilt jedoch nur, wenn zwischen den Parteien keine Vereinbarungen getroffen worden sind. Einer zwingenden Anwendung der §§ 89, 89a HGB auf den Vertragshändler steht dessen geringere Schutzbedürftigkeit im Vergleich zum Handelsvertreter entgegen[254]. Der Vertragshändler handelt im eigenen Namen und auf eigene Rechnung, so daß seine Stellung gegenüber dem Unternehmer nicht wie die des unselbständig tätigen Handelsvertreters gestärkt werden muß. Im übrigen sind die Kündigungsfristen des § 89 HGB in Anbetracht der engen betrieblichen Verflechtung zwischen Hersteller und Vertragshändler so kurz, daß sich eine längere, vertraglich festgesetzte Kündigungsfrist anbietet.

---

252 *BGH*, Urteil vom 5. 4. 1962, BB 1962 S. 543.

253 *RG*, Urteil vom 8. 1. 1929, JW 1929 S. 1291 zu § 92 Abs. 1 HGB a. F.; *BGH*, Urteil vom 5. 4. 1962, BB 1962 S. 543; Urteil vom 23. 2. 1966, DB 1966 S. 577; Urteil vom 19. 12. 1966, NJW 1967 S. 825 = BB 1967 S. 94 = DB 1967 S. 201 = MDR 1967 S. 298.

254 *Ulmer*, a.a.O., S. 445.

Unseres Erachtens können daher die Vertragspartner in den Mustern Zeitpunkt und Frist für die Kündigung einsetzen, ohne daß sie die gesetzlichen Bestimmungen für Handelsvertreter zu berücksichtigen brauchen. Allerdings ist zu bedenken, daß vertragliche Kündigungsvereinbarungen ihre Schranken in anderen Rechtsgrundsätzen wie z. B. Treu und Glauben, dem Knebelungsverbot des § 138 BGB oder den guten Sitten finden. Für Muster-Vertragshändler-Verträge sind die Grenzen einzuhalten, die das AGB-Gesetz beinhaltet. Danach sind vor allem unangemessene Benachteiligungen, die gegen Treu und Glauben verstoßen, untersagt[255]. Sollen jedoch alle Zweifel vermieden werden, so sind die für die Kündigung von Handelsvertreter-Verträgen dargelegten Fristen und der Beendigungszeitpunkt einzusetzen.

Konkret bedeutet die Anwendung der Handelsvertreter-Kündigungs- **105**
vorschriften, daß in den ersten drei Jahren des Vertragsverhältnisses die Kündigungsfrist sechs Wochen zum Schluß eines Kalendervierteljahres beträgt. Die Kündigung muß daher dem Vertragspartner sechs Wochen vor Quartalsende zugegangen sein. Der Tag, an dem die Kündigung zugeht, ist nicht mit einzurechnen[256]. Die Kündigung muß dem Vertragspartner für das 1. Quartal, also spätestens am 17. Februar, in Schaltjahren am 18. Februar, für das 2. Quartal am 19. Mai, für das 3. Quartal am 19. August und für das 4. Quartal am 19. November zugegangen sein. Nach einer Vertragsdauer von drei Jahren kann nurmehr mit einer Frist von mindestens drei Monaten zum Schluß eines Kalendervierteljahres gekündigt werden. Die Kündigung muß für das 1. Quartal am 31. Dezember, für das 2. Quartal am 31. März, für das 3. Quartal am 30. Juni und für das 4. Quartal am 30. September zugegangen sein. Ist der Tag, an dem die Kündigung zugehen muß, ein Samstag, Sonntag oder Feiertag, so ist es fraglich, ob es genügt, wenn sie am nächstfolgenden Tag zugeht. Eine solche Regelung findet sich zwar allgemein in den Vorschriften des BGB[257], jedoch hat für Handelsvertreter der Bundesgerichtshof bereits entschieden, daß dieser Grundsatz nicht anwendbar sei[258]. Der BGH begründet dies mit der Schutzbedürftigkeit des Handelsvertreters, zu dessen Lasten die vorgesehene gesetzliche Kündigungsfrist nicht verkürzt werden dürfe, die Kündigung müsse vielmehr in diesem Fall vor dem Wochen-

---

255 § 9 AGBG.
256 § 186 BGB.
257 § 193 BGB.
258 *BGH,* Urteil vom 28. 9. 1972, DB 1972 S. 2103.

ende oder Feiertag zugehen. Nach der hier vertretenen Auffassung, wonach der Vertragshändler hinsichtlich seiner Schutzbedürftigkeit grundsätzlich nicht mit einem Handelsvertreter vergleichbar ist, lassen sich diese Grundsätze nicht ohne weiteres auf das Vertragshändlerverhältnis anwenden. Wenn jedoch Zweifel vermieden werden sollen, empfiehlt es sich für die Praxis der Rechtsauffassung des Bundesgerichtshofes in diesem Fall Beachtung zu schenken. Wurde die Kündigung verspätet ausgesprochen, so gilt sie in der Regel für den nächstzulässigen Termin. Nicht immer kann auf die gesetzlichen Vorschriften zurückgegriffen werden, wenn keine abweichende Vereinbarung getroffen wurde. Ergibt sich vielmehr aus den Umständen des Einzelfalles, daß eine besondere Regelung über die Vertragsdauer nur vergessen oder bewußt offengeblieben war und daß die gesetzlichen Kündigungsfristen als zu kurz nicht gewollt waren, so kann es geboten sein, die Kündigungsfrist im Wege der Auslegung zu ermitteln[259]. Maßgeblich ist dann, was die Parteien im Hinblick auf den von ihnen mit dem Vertrag verfolgten Zweck nach Treu und Glauben und unter Berücksichtigung der Verkehrssitte vereinbart hätten (hypothetischer Parteiwille).

2. Form der Kündigung

106 Die Kündigung bedarf nach den gesetzlichen Vorschriften keiner Form. In den Vertragsmustern ist jedoch bestimmt, daß sie durch eingeschriebenen Brief zu erfolgen hat. Hierdurch sollen Unklarheiten über die Frage, ob das Vertragsverhältnis beendet ist oder nicht, vermieden werden. Im übrigen wird damit der Nachweis über den rechtzeitigen Zugang der Kündigung erleichtert. Wird die Verpflichtung, den Brief einzuschreiben, nicht eingehalten, läßt sich aber nachweisen, daß das Kündigungsschreiben dem Vertragspartner zugegangen ist, so ist die Kündigung nach Ansicht der Rechtsprechung wirksam[260].

Dies wird damit begründet, daß es sich hier nicht um eine Form der Erklärung, sondern um eine Form der Übersendung handelt, so daß eine Verletzung der Formvorschriften die Erklärung nicht gemäß den Regeln über vertragliche Erklärungsformen[261] nichtig machen könne.

---

259 *BGH,* Urteil vom 19. 3. 1975, NJW 1975 S. 1116.

260 *RG,* Urteil vom 23. 9. 1911, RGZ 77 S. 70; *BAG,* Urteil vom 9. 11. 1956, BAGE 3 S. 177; *LAG Hamburg,* Urteil vom 19. 8. 1971, DB 1972 S. 980.

261 § 125, Satz 2 BGB.

Trotzdem ist es dringend zu empfehlen, daß die Vertragspartner die Kündigung eingeschrieben übersenden, weil sonst erhebliche Schwierigkeiten, insbesondere in bezug auf die Beweisführung, entstehen können. Eine mündliche Kündigung ist dagegen im Zweifel nichtig, weil sie die vereinbarte Schriftform nicht beachtet. Hinsichtlich der Rechtzeitigkeit des Zuganges eines eingeschriebenen Briefes ist jedoch zu beachten, daß nach herrschender Meinung der Zugang erst mit Übergabe des Briefes an den Adressaten oder an eine zur Annahme berechtigte Person erfolgt ist[262]. Der Zugang ist also noch nicht bewirkt, wenn der Postbote, der keine annahmeberechtigte Person beim Adressaten antrifft, einen Benachrichtigungszettel hinterläßt. Denn ein solcher Zettel enthält keinen Hinweis auf den Absender und den Inhalt der Postsendung.

Ist das Einschreiben an ein Postfach des Empfängers adressiert, so gilt auch hier, daß der Zugang erst bewirkt ist, wenn das Schreiben tatsächlich in die Hände des Adressaten gelangt. Mußte der Empfänger aber damit rechnen, daß bei ihm fristgebundene Einschreiben eingehen, was bei einem kaufmännischen Gewerbebetrieb wie dem eines Vertragshändlers in der Regel anzunehmen ist, so kann er sich nicht auf eine Verspätung berufen, wenn er keine Vorkehrungen getroffen hat, daß ihn im Laufe des Tages eingehende Einschreibesendungen erreichen[263].

3. Besondere Vereinbarungen über die Vertragsdauer

Aufgrund besonderer Verhältnisse kann es zweckmäßig erscheinen, **107**
hinsichtlich der Vertragsdauer andere Vereinbarungen zu treffen als sie im Vertragsmuster vorgesehen sind. In Betracht kommt insbesondere, daß der Vertrag für eine bestimmte Zeit, z. B. fünf Jahre, abgeschlossen wird. Dies hat zur Folge, daß der Vertragshändlervertrag vor diesem Zeitpunkt allenfalls durch eine außerordentliche, nicht dagegen durch eine ordentliche Kündigung beendet werden kann. Nach Ablauf der vereinbarten Frist erlischt der Vertrag, ohne daß es einer Kündigung bedarf. Wird das Vertragsverhältnis jedoch mit Wissen des Unternehmers fortgesetzt, so gilt es als auf unbestimmte Zeit verlängert, sofern der Unternehmer nicht unverzüglich widerspricht[264].

262 *OLG Celle,* Urteil vom 9. 4. 1974, NJW 1974 S. 1386.
263 Siehe Fn. 262.
264 § 625 BGB.

108 Teilweise wird vertreten, bei befristeten Verträgen bestünde die Pflicht, dem Vertragshändler Mitteilung zu machen, wenn eine Verlängerung des Vertrages nicht beabsichtigt sei[265]. Begründet wird diese Mitteilungspflicht über die Nichtverlängerung des Vertragshändlervertrags mit der Verpflichtung der Vertragsparteien, den anderen Teil über die für seinen Geschäftsbetrieb wesentlichen Umstände zu unterrichten. Darunter falle auch die Nichtverlängerung, obwohl die Parteien von der Befristung Kenntnis hätten, da in der Regel befristete Vertragshändlerverträge verlängert würden.

Dieser Ansicht wird man nicht zustimmen können. Wird ein Vertrag befristet, so geben die Parteien zu erkennen, daß eine Verlängerung nach ihrem übereinstimmenden Willen nicht den Regelfall darstellen soll, denn sonst hätten sie einen befristeten Vertrag oder die im folgenden erwähnte „Verlängerungsklausel" gewählt.

109 Große praktische Bedeutung haben Vertragshändlerverträge mit „Verlängerungsklausel", d. h. der Vertrag wird auf bestimmte Zeit geschlossen mit der Abrede, daß er sich um den gleichen oder einen anderen Zeitraum verlängert, wenn er nicht innerhalb einer vertraglich festgelegten Frist gekündigt wird. Beispiel: „Der Vertrag wird auf 3 Jahre geschlossen. Wird er nicht 3 Monate vor Ablauf gekündigt, so gilt er jeweils um 1 Jahr als verlängert". Die Frage, wann in einem solchen Falle die Kündigung ausgesprochen werden muß, ist in jüngerer Zeit für den Handelsvertretervertrag vom OLG Hamm[266] und – in der Revision dieses Falles – vom BGH[267] unterschiedlich beurteilt worden.

Ausgehend von den Grundsätzen, die der BGH aufgestellt hat, ergeben sich folgende Erkenntnisse: Ein Vertragshändlervertrag mit Verlängerungsklausel ist ein auf bestimmte Zeit eingegangenes Vertragsverhältnis[268], da die Parteien die Laufzeit des Vertrages vereinbart haben. Diese kann kalendermäßig aus dem Wortlaut der Verlängerungsklausel bestimmt werden. Da § 89 HGB nur für Verträge mit unbestimmter Dauer gilt[269], ist diese Vorschrift daher nicht unmittelbar anwendbar.

---

265 *Ulmer,* a.a.O., S. 480 f..

266 *OLG Hamm,* Beschluß vom 10. 9. 1973, BB 1973 S. 1233.

267 *BGH,* Urteil vom 12. 12. 1974, NJW 1975 S. 387 = MDR 1975 S. 311 = DB 1975 S. 299 = VersR 1975 S. 276 = VersW 1975 S. 378 = WPM 1975 S. 137.

268 A. A. *OLG Hamm,*vgl. Fn. 266.

269 Vgl. dazu Rand-Nr. 103 ff.

Der BGH läßt jedoch erkennen, daß eine entsprechende Anwendung des § 89 HGB auf Verträge mit Verlängerungsklausel befürwortet. Dies gilt zunächst für die Kündigungsfrist. Hier hat der BGH auch schon früher in einer Entscheidung[270] festgestellt, daß bei Verträgen mit Verlängerungsklausel – soweit nicht besonders vereinbart – die gesetzlichen Kündigungsfristen einzuhalten seien. An diesem Grundsatz hält der BGH fest. Insoweit ist im Ergebnis die Entscheidung des OLG Hamm gleich.

Schwieriger zu beurteilen ist das Problem des Kündigungstermins in § 89 HGB. Das OLG Hamm stellte sich auf den Standpunkt, da § 89 HGB unmittelbar anzuwenden sei, könne auch in jedem Falle nur für den Schluß eines Kalendermonats oder eines Kalendervierteljahres gekündigt werden, egal ob der Vertrag nach der Verlängerungsklausel auch zu einem solchen Zeitpunkt ende oder nicht. Der BGH[271] zieht diese Konsequenz nicht, schließt sie allerdings auch nicht völlig aus. Wichtig ist jedoch folgende Aussage des Urteils: Eine etwaige Anwendung der Kündigungstermine des § 89 HGB könnte lediglich dazu führen, das Vertragsende auf das Ende des folgenden Monats oder Kalendervierteljahres hinauszuschieben. Damit verändert sich aber nicht automatisch der Zeitpunkt, zu dem vertragsgemäß die Kündigung ausgesprochen werden muß. Das bedeutet: Eine fristgemäße Kündigung im Hinblick auf das von den Parteien nach der Verlängerungsklausel berechnete Vertragsende ist auch dann fristgemäß, wenn sich bei – theoretischer – Anwendung des § 89 HGB das Vertragsende auf das Ende des folgenden Monats oder Kalendervierteljahres verschieben sollte.

Wird das Vertragsverhältnis für längere Zeit als fünf Jahre oder für die Lebenszeit einer Person eingegangen, so kann es trotzdem nach Ablauf von fünf Jahren gekündigt werden[272]. Basiert der Vertragshändlervertrag weitgehend auf der persönlichen Tätigkeit des Vertragshändlers, so kann neben den Kündigungsmöglichkeiten auch vorgesehen werden, daß der Vertrag in jedem Fall mit Erreichung des 65. Lebensjahres des Vertragshändlers endet.

---

270 *BGH*, Urteil vom 15. 6. 1959, NJW 1959 S. 1677 = VersR 1959 S. 669.

271 *BGH*, vgl. Fn. 267.

272 § 624 BGB.

4. Fristlose Kündigung

110 Ein Vertragshändlervertrag kann aus wichtigem Grund vorzeitig, u. U. fristlos, gekündigt werden. Es braucht hierfür keine ausdrückliche vertragliche Vereinbarung vorzuliegen[273]. Was unter einem wichtigen Grund zu verstehen ist, hat die Rechtsprechung bisher allgemein nur für den Handelsvertretervertrag definiert. Übertragen auf den Vertragshändler-Vertrag ist ein wichtiger Grund dann anzunehmen, wenn unter Würdigung von Wesen und Funktionen des Vertragshändler-Vertrags für einen oder beide Vertragspartner das Festhalten am Vertrag bis zum nächsten Kündigungstermin bzw. bis zum Ablauf der vereinbarten Vertragsdauer unzumutbar ist[274]. Das Recht zur fristlosen Kündigung gilt nach ständiger Rechtsprechung für sämtliche Dauerschuldverhältnisse. Für den Vertragshändler-Vertrag entnimmt es der Bundesgerichtshof heute einer analogen Anwendung des § 89a HGB[275]. Ob ein wichtiger Grund zur vorzeitigen Beendigung des Vertrags vorliegt, hängt nicht vom Verschulden eines Vertragspartners ab[276]. Zwar wird häufig schuldhaftes Handeln vorliegen, doch ist entscheidend die Beeinträchtigung des gegenseitigen Vertrauens.

111 Beispiele aus der Rechtsprechung, in denen der Hersteller zur fristlosen Kündigung berechtigt war:

- Fehlende Rentabilität der weiteren Erfüllung der Vertragspflichten seitens des Herstellers, so daß eine weitere Zusammenarbeit unzumutbar ist[277]. Für fristlose Kündigung eines Handelsvertretervertrags: Einem Geschäftsinhaber kann nicht zugemutet werden, mit Schaden oder doch ohne Gewinn lediglich im Interesse des Agenten Geschäfte zu machen;
- Finanziell schlechte Lage des Händlers[278];
- Verletzung der Abrechnungs- und Zahlungspflichten beim Verkauf aus einem Kommissionslager[279];
- Feindschaft der Parteien des Alleinvertriebsvertrags[280];

273 Vgl. *BGH,* Urteil vom 14. 6. 1972, DB 1972 S. 2054.
274 Vgl. *Ulmer,* a.a.O., S. 482.
275 *BGH,* Urteil vom 5. 4. 1962, BB 1962 S. 543; Urteil vom 23. 2. 1966, DB 1966 S. 577; Urteil vom 19. 12. 1966, BB 1967 S. 94.
276 *BGH,* Urteil vom 14. 6. 1972, DB 1972 S. 2045.
277 *RG,* JW 1911 S. 158; *RG,* WarnRspr 1933 Nr. 79.
278 *RG,* Urteil vom 22. 12. 1906, RGZ 65 S. 37.
279 *BGH,* Urteil vom 20. 9. 1958, BB 1958 S. 894.
280 *RG,* JW 1925 S. 945.

- Verdacht belastender Umstände, der vom Vertragshändler nur unzureichend entkräftet wurde[281];
- Schweres Zerwürfnis zwischen den Gesellschaftern einer Händlerfirma, durch das eine weitere erfolgreiche Vertriebstätigkeit unmöglich gemacht wird[282];
- Wechsel der Gesellschafter oder Geschäftsführer einer Vertragshändlergesellschaft und Änderungen des Gesellschaftsvertrages können unter Umständen ebenfalls den Hersteller zur fristlosen Kündigung berechtigen[283].

Anhaltspunkte dafür, wann ein wichtiger Grund zur Vertragskündigung gegeben sein kann, lassen sich auch der Rechtsprechung zum Handelsvertreterrecht entnehmen, wobei allerdings immer zu prüfen ist, ob nicht die Interessenlage beim Vertragshändler eine andere ist als beim Handelsvertreter. Beispiele:

- Unwahre Angaben bei den Vertragsverhandlungen mit dem Unternehmer wie z. B. Verschweigen einer bestehenden Verschuldung[284];
- Andauernde vorsätzliche oder grob fahrlässige Vernachlässigung der vertraglich geschuldeten Bemühungen um Geschäftsabschlüsse[285];
- Verletzung der Geheimhaltungs- bzw. Verschwiegenheitspflicht, Aufnahme oder Beibehaltung verbotener Tätigkeit für Wettbewerbsunternehmen des Unternehmers[286];
- Verletzung der Interessen des Unternehmers durch Behauptungen über dessen Zahlungsschwierigkeiten[287];
- Mangelnde Erfolge des Handelsvertreters, wenn der Hersteller nachweist, daß der Handelsvertreter seine Pflichten schuldhaft verletzt hat[288]; Umsatzrückgang allein berechtigt also nur bei Verschulden zur fristlosen Kündigung[289];

---

281 *BGH,* Urteil vom 24. 3. 1959, BB 1959 S. 540.
282 *RG,* Urteil vom 22. 12. 1906, RGZ 65 S. 37.
283 Vgl. Rand-Nr. 115, 158.
284 *OLG Nürnberg,* Urteil vom 15. 3. 1960, BB 1960 S. 956.
285 *OLG Nürnberg,* Urteil vom 28. 2. 1963, BB 1963 S. 447.
286 *OLG Nürnberg,* Urteil vom 13. 12. 1962, BB 1963 S. 203.
287 *OLG Hamburg,* Urteil vom 2. 4. 1958, HVuHM 1958 S. 285.
288 *OLG Nürnberg,* Urteil vom 28. 2. 1963, BB 1963 S. 447.
289 *OLG Karlsruhe,* Urteil vom 1. 12. 1970, DB 1971 S. 572.

– Gleichzeitige Vertretung eines Konkurrenzunternehmens[290].

Kein Grund zur außerordentlichen Kündigung besteht jedoch dann, wenn der Unternehmer beim Abschluß des Vertrages von der Vertretung eines Konkurrenzunternehmens wußte[291] oder später davon Kenntnis erlangte, aber nicht unverzüglich nach einer gewissen Überlegungsfrist kündigte[292];

– Verstoß gegen ein gesetzliches oder vertragliches Wettbewerbsverbot; er setzt nach der Rechtsprechung des BGH[293] voraus, daß der Unternehmer von seinem subjektiven Standpunkt aus seine Belange bei verständiger kaufmännischer Würdigung für gefährdet halten durfte; entscheidend ist die Störung des Vertrauensverhältnisses; ob tatsächlich ein Schaden entstanden ist, ist daneben weniger bedeutsam;
– Verwendung ehrenkränkender Formulierungen in dem Briefwechsel durch den Handelsvertreter[294];
– Berechtigte Beschwerden der Kunden über das Verhalten des Handelsvertreters[295].

Beispiele aus der Rechtsprechung, in denen der Vertragshändler zur fristlosen Kündigung berechtigt war:

– Vertragswidrige Verkleinerung des Vertragshändler-Bezirks[296];
– Falsche Unterrichtung durch den Hersteller[297];
– Zu hohe Preise[298];
– Bestellung eines zweiten Vertragshändlers unter Verletzung des Alleinvertriebsrechts[299];
– Vorzeitige Auflösung des Vertragsverhältnisses aus dem Gesichts-

290 *BGH,* Urteil vom 2. 10. 1958, VersR 1958 S. 140; *OLG Nürnberg,* Urteil vom 13. 12. 1962, BB 1963, S. 203; *OLG Düsseldorf,* Urteil vom 13. 2. 1969, DB 1969 S. 435; *OLG Köln,* Urteil vom 23. 2. 1972, BB 1972 S. 467.

291 *OLG Düsseldorf,* Urteil vom 5. 8. 1955, HVR Nr. 106.

292 *OLG Köln,* Urteil vom 23. 2. 1972, DB 1972 S. 2104.

293 *BGH,* Urteil vom 20. 10. 1955, BB 1956 S. 95.

294 *OLG Hamburg,* Urteil vom 13. 5. 1960, DB 1960 S. 1451; *OLG Celle,* Urteil vom 29. 3. 1963, BB 1963 S. 711.

295 *OLG Stuttgart,* Urteil vom 9. 6. 1960, BB 1960 S. 956.

296 *BGH,* Urteil vom 23. 2. 1966, DB 1966 S. 577.

297 *BGH,* Urteil vom 23. 2. 1966, DB 1966 S. 577.

298 *BGH,* Urteil vom 23. 2. 1966, DB 1966 S. 577.

299 *BGH,* Urteil vom 19. 12. 1966, BB 1967 S. 94.

punkt des Wegfalls der Geschäftsgrundlage, wenn sich der Vertragshändler-Vertrag auf der übereinstimmenden Vorstellung der Parteien aufbaute, der Hersteller werde während einer für den Absatz erforderlichen und angemessenen Zeit keine Typenänderungen vornehmen, und der Hersteller dann doch eine neue Type auf den Markt bringt und es dem Händler nicht zuzumuten ist, den Vertrieb der alten Type fortzusetzen[300]; bei Typenänderungen müssen beide Parteien aufeinander Rücksicht nehmen. Der Hersteller kann den Vertragshändler nicht auf die Abnahme der alten, nur noch schwer absetzbaren Produkte verweisen und der Vertragshändler darf sich, wenn wegen der Umstellung Produktionsschwierigkeiten auftreten, nicht auf die Abnahme bestimmter gerade in ausreichender Zahl nicht vorhandener Produkte versteifen[301];

- Willkürliche und ohne vertretbare Gründe vorgenommene Ablehnung von Bestellungen des Vertragshändlers[302]:
- Direktlieferungen solcher Waren ins Vertragsgebiet des Vertragshändlers, die unter dessen Alleinvertretungsrecht fallen und lediglich eine andere äußere Aufmachung und eine andere Bezeichnung haben[303]; der BGH stellt hier zwar nur eine zum Schadensersatz verpflichtende Vertragsverletzung fest, hierin dürfte aber auch ein wichtiger Grund zur fristlosen Kündigung liegen;

Beispiele aus der Rechtsprechung zum Handelsvertreterrecht (§ 89a HGB), die als Anhaltspunkte auch im Vertragshändlerrecht von Bedeutung sein können[304]:

- Der Handelsvertreter hat das Recht zur fristlosen Kündigung, wenn der Hersteller versucht, einen Untervertreter des Handelsvertreters abzuwerben, um ihn unmittelbar zu beauftragen und so den Handelsvertreter auszuschalten[305];
- Einseitige Verkleinerung des dem Handelsvertreter zugewiesenen Bezirks[306];

300 *BGH,* Urteil vom 12. 4. 1960, BB 1960 S. 574.
301 *BGH,* Urteil vom 19. 1. 1972 BB 1972 S. 193 = DB 1972 S. 330.
302 *BGH,* Urteil vom 19. 1. 1972, BB 1972 S. 193 = DB 1972 S. 330.
303 *BGH,* Urteil vom 21. 6. 1972, BB 1972 S. 1204 = DB 1972 S. 1822.
304 Vgl. *Schröder,* a.a.O., § 89a Rand-Nr. 11.
305 *OLG Düsseldorf,* Urteil vom 21. 6. 1957, HVR Nr. 151.
306 *OLG Nürnberg,* Urteil vom 18. 9. 1958, MDR 1959 S. 929 = BB 1958 S. 1150.

- Unberechtigte Vorwürfe des Herstellers in ehrenkränkender Form[307];

Der Unternehmer ist in seinem Entschluß, seine Geschäftstätigkeit einzuschränken, frei. In der Regel kann der Vertragshändler keinen Ersatzanspruch dafür geltend machen, daß sich seine Einnahmen infolge der Einschränkung der Geschäftstätigkeit des Unternehmers verringern; jedenfalls dann nicht, wenn zwingende Gründe die Einschränkung der Geschäftstätigkeit erforderlich machen. Unter Umständen kann sich jedoch daraus ein wichtiger Grund für eine fristlose Kündigung durch den Vertragshändler ergeben.

112 Um sicher zu sein, jedenfalls bei bestimmten Umständen fristlos kündigen zu können, wird zuweilen ein Katalog von Kündigungsgründen in den Vertrag aufgenommen. Dies ist rechtlich zulässig[308].

Für das Handelsvertreterrecht wird hier allerdings regelmäßig die Einschränkung gemacht, daß es sich auch objektiv um wichtige Gründe handeln müsse, da ansonsten eine Umgehung der Mindestfristen für eine ordentliche Kündigung (§ 89 HGB) ermöglicht würde. Diesen Gedanken wird man aber nicht ohne weiteres auf Vertragshändlerverträge übertragen können[309]. Die Kündigungsfristen des Handelsvertreterrechtes tragen der besonderen Schutzbedürftigkeit des Handelsvertreters, so wie sie der Gesetzgeber sah, Rechnung. Wie bereits mehrfach ausgeführt, trifft diese Voraussetzung auf den typischen Vertragshändler nicht zu. Genauso wie die Parteien eines Vertragshändler-Vertrages von der Regelung des Handelsvertreterrechtes abweichende Kündigungsfristen für die ordentliche Kündigung vereinbaren können[310] sind sie auch bei der Vertragsgestaltung hinsichtlich der außerordentlichen Kündigung freier als die Parteien eines Handelsvertreter-Vertrages. Die Unwirksamkeit solcher Vereinbarungen über Gründe, die zur fristlosen Kündigung berechtigen, beurteilt sich nach den allgemeinen Grundsätzen von Treu und Glauben, Sittenwidrigkeit und wenn es sich um nicht ausgehandelte Musterformulierungen handelt[311] nach § 9 ABG-Gesetz, wonach die Regelung nicht den anderen Vertragsteil unangemessen gegen die Gebote von Treu und Glauben verstoßend benachteiligen darf. Dies wäre

307 *OLG Nürnberg,* Urteil vom 5. 2. 1965, BB 1965 S. 688 = VersR 1965 S. 760.
308 Vgl. für das Handelsvertreterrecht *Schröder,* a.a.O., § 89 a Rand-Nr. 12.
309 A. A. *Ulmer,* a.a.O., S. 483 f..
310 Vgl. Rand-Nr. 104.
311 § 1 AGBG.

beispielsweise gegeben, wenn solche Gründe vereinbart würden, die es einem Vertragsteil in die Hand gäben, jederzeit den Vertrag ohne Einhaltung einer Frist zu kündigen.

Wird ein solcher Katalog von Kündigungsgründen vereinbart, empfiehlt es sich, um Streitigkeiten zu vermeiden, ausdrücklich zu regeln, daß es sich nur um eine beispielhafte Aufzählung handelt. Die Praxis zeigt nämlich, daß sonst die Gefahr besteht, daß der Katalog von der betroffenen Vertragspartei als abschließende Regelung angesehen wird, wonach eine fristlose Kündigung aus anderen Gründen ausgeschlossen ist. Gegen eine solche Auslegung dürften allerdings rechtliche Bedenken bestehen, da der Kündigende trotz des Bestehens von Gründen, die eine Fortsetzung des Vertrages unzumutbar machen, am Vertrag festhalten müßte.

Bei fristloser Kündigung muß der Grund mitgeteilt werden. Grund- **113**
sätzlich können bei einer außerordentlichen Kündigung Gründe nachgeschoben werden, die zur Zeit des Ausspruchs der Kündigung bereits vorhanden waren. Im Einzelfall kann sich jedoch nach Treu und Glauben eine Beschränkung auf den zunächst angegebenen Kündigungsgrund ergeben, z. B. dann, wenn der Vertragshändler aus dem Verhalten des Unternehmens entnehmen konnte, daß dieser sich auf den zunächst nicht angegebenen Grund nicht stützen will[312].

In der Kündigung muß zum Ausdruck kommen, daß es sich um eine außerordentliche Kündigung handelt. Hat z. B. ein Unternehmer seine außerordentliche Kündigung nicht als solche bezeichnet, so ist auch ein „Nachschieben“ wichtiger Kündigungsgründe mit Rückwirkung nicht mehr möglich. Ein solches „Nachschieben“ ist aber in aller Regel als neue Kündigung aus wichtigem Grund aufzufassen[313].

Eine ungerechtfertigte fristlose Kündigung kann in eine ordentliche umgedeutet werden, wenn der Vertragshändler erkennen konnte, daß das Vertragsverhältnis auf jeden Fall gekündigt werden soll[314]. Trifft den Unternehmer an der ungerechtfertigten Kündigung ein Verschulden, so hat er dem Vertragshändler den daraus entstandenen Schaden zu ersetzen. Entsprechendes gilt auch, wenn den Vertragshändler ein Verschulden trifft. Die fristlose Kündigung muß nicht unmittelbar nachdem der wichtige Grund eingetreten ist, ausge-

---

312 *BGH,* Urteil vom 5. 5. 1958, NJW 1958 S. 1136, für Handelsvertreter.

313 *BGH,* Urteil vom 15. 12. 1960, BB 1961 S. 498, für Handelsvertreter.

314 Für Arbeitsverhältnisse *LAG Düsseldorf,* Urteil vom 16. 1. 1953, DB 1953 S. 212.

sprochen werden. Es kann jedoch unter Umständen darin ein Verzicht auf das Kündigungsrecht liegen, daß das Vertragsverhältnis noch längere Zeit fortgesetzt wird, obwohl demjenigen, der zur fristlosen Kündigung berechtigt wäre, der wichtige Grund bekannt ist. Auf diesen Grund kann die Kündigung dann nicht mehr gestützt werden.

5. Vertragsbeendigung infolge Leistungsstörungen bei einzelnen Kaufgeschäften

114 Welche Folgen sich bei Leistungsstörungen für das Einzelgeschäft ergeben, bestimmt sich nach den Vorschriften des BGB und HGB [315]. Aus ihnen läßt sich entnehmen, welche Rechte und Pflichten die Vertragspartner gegeneinander haben. Es kann hierzu auf die einschlägigen Kommentare zum Bürgerlichen Gesetzbuch und zum Handelsgesetzbuch verwiesen werden. Im allgemeinen wird eine Nichtleistung, eine mangelhafte oder verspätete Leistung nicht ohne weiteres schon einen wichtigen Grund zur vorzeitigen Kündigung des Rahmenvertrages geben. Dies kann jedoch bei einer Häufung der Fälle oder bei besonders schwerwiegenden Fällen zutreffen.

Wird ein gesetzliches oder vereinbartes Rücktrittsrecht ausgeübt, so wird hierdurch das Rahmenverhältnis nicht berührt, es sei denn, daß besondere Umstände vorliegen.

6. Änderungen in der Person des Vertragshändlers

115 Der Unternehmer ist daran interessiert, zu wissen, welche Personen für ihn als Vertragshändler tätig sind. Deshalb ist im Vertragsmuster (Inland) bestimmt, daß dann, wenn eine Gesellschaft als Vertragshändler bestellt ist[316], Mitteilung bei Wechsel der Gesellschafter oder der Geschäftsführung oder bei wesentlicher Änderung des Gesellschaftsvertrags zu machen ist. Der Unternehmer hat ein Recht zur außerordentlichen Kündigung, wenn ihm die Fortsetzung des Vertragsverhältnisses aufgrund der ihm mitgeteilten Änderung nicht zumutbar ist. Wann dem Unternehmer die Fortsetzung des Vertragsverhältnisses nicht mehr zugemutet werden kann, hängt von den Umständen des Einzelfalles ab. Unterläßt der Vertragshändler die Mitteilung, so liegt hierin

315 Vor allem §§ 459 ff., 323 ff. BGB und 373 ff. HGB.

316 Art. VI Ziff. 2 des Vertragsmusters (Inland); zur Regelung für Verträge mit ausländischen Vertragshändlern vgl. Rand-Nr. 158.

eine Verletzung des Vertrags, die u. U. einen Grund zur fristlosen Kündigung gibt[317].

Besteht das Vertragsverhältnis mit einer Einzelfirma, so ist durch den Vertrag der Einzelkaufmann, der unter seiner Firma Geschäfte betreibt, berechtigt und verpflichtet. Er hat die ihm übertragenen Dienste im Zweifel in Person zu leisten[318]. Eine Änderung in der Person des Firmeninhabers durch Rechtsgeschäfte oder durch Tod führt daher, wenn nichts anderes vereinbart ist, kraft Gesetzes zur Auflösung des Vertrags[319].

7. Auswirkung der Beendigung des Vertragshändlervertrages auf einzelne Kaufverträge

Fraglich ist, wie sich die Beendigung des Rahmenvertrages auf laufende Kaufverträge auswirkt. Hier werden folgende Regeln gelten müssen (vorbehaltlich einer abweichenden Parteivereinbarung): **116**

> Endet der Vertrag durch fristgemäße Kündigung oder durch Zeitablauf, so hat dies grundsätzlich keinen Einfluß auf die einzelnen Liefer- und Kaufverträge, denen der Vertragshändlervertrag zugrunde liegt. Das bedeutet konkret, daß der Hersteller den Vertragshändler mit den Waren zu beliefern hat, die dieser während der Wirksamkeit des Rahmenvertrages bestellt hat. Begrenzt wird diese Pflicht jedoch durch die den Vertragsparteien obliegende Treuepflicht. So geht die Lieferungspflicht nicht so weit, daß damit faktisch die Bindung an den Vertragshändler unzumutbar über das Vertragsende hinaus verlängert wird[320].

Wird der Vertrag durch Kündigung aus wichtigem Grund beendet, so sind die laufenden Verträge anders zu behandeln. Soweit eine Vertragspartei durch ihr schuldhaftes Verhalten das kurzfristige Vertragsende herbeigeführt hat[321], wird es der anderen meist nicht mehr zumutbar sein, ein bereits abgeschlossenes Geschäft noch durchzuführen, weil das Vertrauensverhältnis in empfindlicher Weise gestört ist. Etwas anderes kann lediglich gelten, wenn der Kündigungsgrund nicht so schwerwiegend auf dem Verschulden des Vertragspartners beruht, als daß ein sofortiger Abbruch der Geschäftsbeziehungen zwingend erscheint. Nicht gerechtfertigt wäre es z. B. wohl, die Ausführung des Einzelgeschäfts zu

---

317 Vgl. Rand-Nr. 110 f..
318 Vgl. *BGH,* Urteil vom 7. 12. 1977, NJW 1978 S. 416.
319 § 673 BGB.
320 Vgl. *Finger,* DB 1970 S. 146.
321 Siehe Rand-Nr. 110.

verweigern, wenn dem Vertragshändler wegen mangelnder Absatzbemühungen vorzeitig gekündigt wird.

8. Rückgabe von Unterlagen

117 Der Vertragshändler hat nach Beendigung des Vertragsverhältnisses Unterlagen, die ihm vom Unternehmer zur Verfügung gestellt wurden, herauszugeben. Diese Pflicht folgt aus den §§ 675, 667 BGB, da die Verwendung der Unterlagen des Unternehmers der Erfüllung der Vertriebstätigkeit dienen, die als Geschäftsbesorgung im Sinne der genannten Vorschriften zu qualifizieren ist. Im Muster ist die Herausgabepflicht der Klarheit wegen ausdrücklich erwähnt. Zu den herauszugebenden Unterlagen gehören Arbeitsanweisungen, Werbe- und Informationsmaterial sowie die von dem Unternehmer angefertigten und dem Vertragshändler überlassenen Kundenlisten, nicht dagegen solche, die der Vertragshändler selbst angefertigt hat.

9. Rückgabe von Waren

118 Wird das Vertragsverhältnis beendet, so erhebt sich die Frage, was mit den noch im Besitz des Vertragshändlers befindlichen Waren geschehen soll, die noch nicht weiterverkauft sind. Ist im Vertrag hierüber nichts vorgesehen, wie dies im Muster der Fall ist, so gelten folgende, vom BGH[322] aufgestellten Grundsätze:

Wesentlich ist, aus welchem Grund der Vertragshändlervertrag beendet worden ist, wobei drei Fallgruppen zu unterscheiden sind:

> Die vorzeitige Beendigung des Vertrages (fristlose Kündigung aus wichtigem Grund) ist auf ein Verschulden des Herstellers zurückzuführen. (Beispiel: Verletzung des Alleinvertriebsrechts). In diesem Falle ist der Hersteller aus dem Gesichtspunkt seiner Schadensersatzverpflichtung zur Rücknahme von gelieferten Waren verpflichtet, soweit der Vertragshändler sie überhaupt nicht oder nur noch unter unverhältnismäßigen Schwierigkeiten weiterveräußern kann.
>
> Der Vertrag endet, ohne daß eine der Parteien ein Verschulden trifft, z. B. durch vertragsgemäße Kündigung oder Zeitablauf.
>
> Auch hier erlegt der der BGH dem Hersteller eine Pflicht zur Rücknahme des Lagers auf, mindestens aber zur angemessenen Mithilfe bei dessen Verwer-

---

322 *BGH,* Urteil vom 21. 10. 1970, DB 1970 S. 2313 = BB 1970 S. 1458 = NJW 1971 S. 29.

tung, wenn dem Vertragshändler nicht zugemutet werden kann, das Lager selbst ohne Mithilfe abzusetzen.

Diese Verpflichtung ist praktisch die Umkehrung der Depotabrede, nach der der Vertragshändler seinerseits gegenüber dem Hersteller verpflichtet ist, zum Zwecke des Vertriebs und der Kundenbetreuung ein Lager zu unterhalten.

Dem Vertragshändler ist es nicht zumutbar, das im wesentlichen zu Werbungszwecken bestimmte Lager zu veräußern. Die wirtschaftlichen Verhältnisse haben sich im Regelfall verändert, die Waren verlieren für den Vertragshändler nach Vertragsende an Wert und sind häufig nur zu Schleuderpreisen absetzbar. Der Vertragshändler darf nicht länger das Zeichen des Herstellers und die Bezeichnung „Vertragshändler" führen, er kann seinen Abnehmern auch wegen mangelnder Ersatzteile keinen Kundendienst mehr bieten. Unter diesen Umständen hat der Hersteller meist kein Interesse mehr an einer Veräußerung seiner Waren durch den bisherigen Vertragshändler, zumal er seinem neuen Vertragshändler normalerweise Gebietsschutz gewähren muß.

Die Rücknahmeverpflichtung entfällt jedoch, soweit ein abweichender Handelsbrauch besteht und soweit es sich um fehldisponierte, d. h. übermäßige, nicht im Rahmen ordnungsgemäßer Vertragserfüllung liegende Lagerbestände handelt.

Hat der Vertragshändler die vorzeitige Beendigung des Vertrages selbst verschuldet, so besteht grundsätzlich keine Rücknahmeverpflichtung des Unternehmers. Die vertragsuntreue Partei in der Person des Vertragshändlers kann nicht – auch nicht unter Berufung auf die Treuepflicht – Rücknahme verlangen. Die Verwertung des Lagers liegt damit im selbstgeschaffenen Risiko des Vertragshändlers.

Ist zu erwarten, daß nach Beendigung des Vertragsverhältnisses Lagergegenstände, die der Vertragshändler in einem gemäß Art. II Ziff. 9 unseres Musters errichteten Lager noch vorrätig hat, zurückzugeben sind, so sollten in Art. VIII die Bedingungen hierfür festgelegt werden, vor allem zu welchem Preis die Rückgabe zu geschehen hat, wie eine evtl. Abnutzung für Vorführexemplare und dgl. zu berücksichtigen ist, wer den Versand zu übernehmen hat usw. [323].

Auch bei vertraglicher Rücknahmeregelung sind die gesetzlichen Rücktrittsvorschriften[324] anzuwenden[325].

Dies bedeutet, daß der Vertragshändler, der sich vorbehält, nach Beendigung vom Hersteller den Rückkauf des Warenlagers zu fordern, sich bei der Behandlung der Waren auf die Rückgewähr einzustellen hat und daß jede Veränderung, die zum Nachteil des Herstellers die Verkäuflichkeit beeinträchtigt, als Verschulden anzusehen ist.

323 Vgl. auch Rand-Nr. 143.

324 §§ 346 ff. BGB.

325 *BGH,* Urteil vom 21. 4. 1972, DB 1972 S. 1159 f. = BB 1972 S. 680.

Verwertet der Vertragshändler bei vertraglich vereinbarter Rücknahmepflicht nach Vertragsbeendigung zunächst selbst noch Teile des Lagerbestandes und macht erst später seinen Rücknahmeanspruch geltend, so ist der Hersteller grundsätzlich nicht mehr zur Rücknahme verpflichtet[326]. Der Vertragshändler kann nämlich mangels abweichender Vereinbarung nur den gesamten vorhandenen Warenbestand zurückgeben. Es geht nicht an, daß er nur die gängige Ware behält und die Rückgabe auf die nicht absetzbare Ware beschränkt. Genau so wenig kann der Vertragshändler es dem Zeitablauf überlassen, welche Ware er absetzen kann und welche nicht. Tut er dies, so wälzt er das Risiko der Verwertbarkeit des Warenlagers in unzumutbarer Weise auf den Hersteller ab.

Fehlt es an einer Vereinbarung über den vom Hersteller für die zurückgenommene Ware zu entrichtenden Preis, so kann der Vertragshändler nicht in jedem Fall den Einkaufspreis ersetzt verlangen. Aus der besonderen Treuepflicht der Parteien des Vertragshändlervertrages, nach der eine Partei von der anderen nur das verlangen kann, was unter Abwägung der beiderseitigen Interessen billigerweise zugemutet werden kann, folgt zwar, daß der Hersteller den Vertragshändler bei der Verwertung der Warenbestände unter Umständen unterstützen muß, was bis zur Rücknahme gehen kann. Umgekehrt bedeutet dies aber, daß das Risiko der Wertminderung, vor allem älterer Bestände, der Vertragshändler tragen muß[327].

10. Ersatzteillieferungen

119 Ein in der Praxis sehr bedeutsames Problem ist, inwieweit der Hersteller verpflichtet ist, nach Vertragsende den Vertragshändler weiter mit Ersatzteilen zu beliefern. Diese Frage ist um so wichtiger, wenn der Vertragshändler seinerseits mit seinen Kunden Wartungs- oder Serviceverträge geschlossen hat.

Eine gesetzliche Regelung besteht lediglich für den Gewährleistungsfall. Danach ist der Verkäufer verpflichtet, innerhalb der Gewährleistungsfrist Ersatzteile zu liefern, um seiner Nachbesserungspflicht nachkommen zu können.

Über eine darüber hinausgehende Bereitstellung von Ersatzteilen gibt

---

326 *LG Frankfurt a. M.*, Urteil vom 27. 7. 1977, BB 1977 S. 1475.

327 *Ulmer*, a.a.O., S. 472; *Maier*, a.a.O., S. 8.

es dagegen keine Bestimmungen. Es kommt daher weitgehend auf die im Vertragshändlervertrag getroffenen Regelungen hinsichtlich der Abwicklung der Geschäftsbeziehungen nach Vertragsbeendigung an.

Allgemeingültige Aussagen über die Ersatzteillieferungspflicht können nur sehr bedingt gemacht werden, da die Rechtsprechung noch keinen konkreten Fall mit grundsätzlicher Bedeutung entschieden hat. Der BGH beschäftigt sich in einem Urteil[328] mit der Zulässigkeit der Einstellung der Ersatzteillieferung an einen bisherigen Vertragshändler. In dieser Entscheidung wurde dem Hersteller die vertraglich vereinbarte Einstellung von Ersatzteillieferungen nach einem Jahr zugestanden, weil der Vertragshändler inzwischen den Vertrieb von Konkurrenzprodukten übernommen hatte und dem Hersteller insoweit ein Wettbewerbsnachteil im Neugeschäft attestiert wurde.

Man wird als Grundregel annehmen können, daß mit der Beendigung des Vertrages auch die Bezugsmöglichkeit von Ersatzteilen durch den Vertragshändler endet[329]. Der Hersteller wird jedoch im Interesse der Abnehmer seiner Produkte sicherstellen müssen, daß diese, insbesondere während der Gewährleistungsfrist, mit Ersatzteilen beliefert werden können[330].

Dies kann auch dadurch geschehen, daß sich der Hersteller den Abnehmern gegenüber selbst zur Gewährleistung verpflichtet und Ersatzteile liefert, zum anderen dadurch, daß der Hersteller den für das Vertragsgebiet neu bestellten Vertragshändler verpflichtet, den Kundendienst und Ersatzteillieferung auch für Kunden des früheren Vertragshändlers zu übernehmen.

In Anbetracht der unsicheren Rechtslage ist dringend anzuraten, die Ersatzteillieferung für die Zeit nach Vertragsbeendigung vertraglich zu regeln, d. h. insbesondere ob und gegebenenfalls wie lange Ersatzteile nach Vertragsende dem früheren Vertragshändler geliefert werden müssen[331].

---

328 *BGH,* Urteil vom 22. 10. 1973, DB 1974 S. 183 f. = NJW 1974 S. 141 f..

329 Ausnahme: Der Vertrag wurde vom Vertragshändler fristlos gekündigt wegen grober Vertragsverletzung des Unternehmers. Im Rahmen seiner Schadensersatzpflicht kann dieser auch verpflichtet sein, Ersatzteile nach den allgemein gültigen Grundsätzen dem Vertragshändler weiterzuliefern (dazu vgl. Rand.-Nr. 66 ff.).

330 Zur zeitlichen Begrenzung dieser Pflicht vgl. Rand-Nr. 67 f..

331 Zum Sonderfall vom Vertragshändler mit Dritten abgeschlossenen Wartungsverträgen vgl. Rand-Nr. 55.

11. Ausgleichsanspruch des Vertragshändlers

120 Die Frage, ob ein Vertragshändler nach Beendigung des Vertragsverhältnisses einen Ausgleichsanspruch in analoger Anwendung der Bestimmungen des Handelsvertreterrechtes[332] geltend machen kann, hatte durch die frühere Rechtsprechung des Bundesgerichtshofes eine weitgehende Klärung erfahren. Durch die neueste Entscheidung des Bundesgerichtshofes ist jedoch eine weitgehende Rechtsunsicherheit entstanden.

In seiner ersten Entscheidung hierzu hatte der 2. Zivilsenat des Bundesgerichtshofs zwar die Auffassung vertreten, daß der aufgrund eines formularmäßigen Vertrages fest in die Absatzorganisation des Herstellers eingegliederte Vertragshändler einen Ausgleich beanspruchen könne, wenn er bei Eingehung des Vertragsverhältnisses sich verpflichten mußte, dem Hersteller den von ihm geworbenen Kundenstamm so zugänglich zu machen, daß der Hersteller nach Vertragsbeendigung ohne weiteres selbst diesen Kundenkreis sich nutzbar machen kann[333]. In einer weiteren Entscheidung wurde diese Rechtsprechung durch den nunmehr zuständigen 7. Zivilsenat aber modifiziert und die Möglichkeit der analogen Anwendung der Ausgleichsvorschriften durch die Einführung der Voraussetzung der „Schutzbedürftigkeit des Vertragshändlers im konkreten Fall" erheblich eingeschränkt[334]. Die auf diesem Grundsatzurteil basierende Rechtsprechung des Bundesgerichtshofes stellt fest, daß der gesetzgeberische Grundgedanke des § 89b HGB nur dann auf die Beziehung des Vertragshändlers zum Hersteller zutrifft, wenn der Vertragshändler wirtschaftlich dem Erscheinungsbild des vom Gesetzgeber als schutzwürdig angesehenen Handelsvertreters entspricht[335]. Der Bundesgerichtshof stellte danach die folgenden Voraussetzungen an einen Ausgleichsanspruch des Vertragshändlers:

Zwischen Vertragshändler und Hersteller mußte ein Rechtsverhältnis bestehen, das über die bloße Käufer-Verkäufer-Beziehung hinausgeht und einem Handelsvertreterverhältnis ähnlich war.

---

332 Vgl. § 89b HGB.

333 *BGH,* Urteil vom 11. 12. 1958, BGHZ 29 S. 83 = BB 1959 S. 7 = NJW 1959 S. 144.

334 *BGH,* Urteil vom 16. 2. 1961, BGHZ 34 S. 282 = BB 1961 S. 265 = NJW 1961 S. 662; Urteil vom 5. 4. 1962, BB 1962 S. 543 = DB 1962 S. 635.

335 *BGH,* Urteil vom 16. 2. 1961, BGHZ 34 S 282 = BB 1961 S. 265 = NJW 1961 S. 662; siehe auch *Schuler,* a.a.O., S. 758; *BGH,* Urteil vom 5. 4. 1962, BB 1962 S. 543 = DB 1962 S. 635; *OLG Hamburg,* Urteil vom 5. 10. 1972, WRP 1973 S. 277 = MDR 1973 S. 319.

Der Vertragshändler mußte dem Hersteller gegenüber vertraglich verpflichtet sein, diesem seinen Kundenstamm zu überlassen.

Der Vertragshändler mußte schutzwürdig im Einzelfall sein, was zu verneinen ist, wenn der Vertragshändler seinen Geschäftsbetrieb unter erheblichem eigenen Kapitaleinsatz geführt hat.

Diese Rechtsprechung führte im Ergebnis zumindest für den Vertragshändler, der Erzeugnisse des Maschinenbaus und Erzeugnisse der Automobilindustrie vertrieb, zur Verneinung des Ausgleichsanspruchs, da er wirtschaftlich unabhängig und gleichberechtigter verantwortungsbewußter Partner des Herstellers ist.

In seiner neuesten Entscheidung[336] rückt der 1. Zivilsenat des Bundes- **121**
gerichtshofes nun von der früheren Rechtsprechung ab. Der 1. Zivilsenat hält nun die Schutzbedürftigkeit des Vertragshändlers im konkreten Fall nicht mehr für Voraussetzung der Geltendmachung des Ausgleichsanspruchs. Grundgedanke des § 89b HGB, soweit er den Ausgleichsanspruch regele, sei, daß dem Handelsvertreter eine zusätzliche Vergütung für während der Vertragsdauer geleistete bisher nicht abgegoltene Verdienste zugesprochen werden soll. Da aber auch der Vertragshändler, der vertraglich verpflichtet sei, seinen Kundenstamm dem Hersteller zu überlassen, während der Vertragsdauer nicht das volle Entgelt für seine Leistungen bekommen habe, müsse § 89b HGB auf diesen analog angewandt werden. Auf die Schutzbedürftigkeit komme es nicht an, da diese nicht in Sinn und Zweck der Vorschrift des § 89b eingeflossen sei, sondern lediglich darin zum Ausdruck komme, daß gemäß des Absatzes 4 dieser Vorschrift der Ausgleichsanspruch nicht im voraus abdingbar sei.

Im Ergebnis dürfte die Anwendung der Grundsätze dieser neuen BGH-Entscheidung dazu führen, daß der Kreis der Vertragshändler, die einen Ausgleichsanspruch geltend machen können, vergrößert wird, da es nun nicht mehr darauf ankommt, ob der Vertragshändler mit eigenem Kapital arbeitet oder nicht. In der Praxis wird man nicht umhin kommen, den Grundsätzen dieser BGH-Entscheidung Rechnung zu tragen, solange der Bundesgerichtshof seine Entscheidung nicht revidiert.

In rechtlicher Hinsicht sind jedoch gegen die neue Rechtsprechung des **122**
Bundesgerichtshofes Bedenken geltend zu machen. Die Argumentation des Bundesgerichtshofes, daß der Gedanke der Schutzbedürftigkeit nur

336 *BGH,* Urteil vom 11. 2. 1977, DB 1977 S. 860 = NJW 1977 S. 896.

in der Unabdingbarkeit des § 89b HGB zum Ausdruck komme und nicht den Ausgleichsanspruch selbst betreffe, ist formalistisch und in mehreren Punkten anfechtbar. Den von der Rechtslehre aufgestellten allgemeinen Grundsätzen für die entsprechende (analoge) Anwendung einer Gesetzesvorschrift wird das neue BGH-Urteil nicht gerecht[337]. Der im Handelsgesetzbuch geregelte Ausgleichsanspruch ist ein Anspruch eigener Art, der nicht nur in seiner zwingenden Geltung, sondern auch nach seinem Inhalt zu den Schutzvorschriften für Handelsvertreter gehört. Demnach steht nach hier vertretener Auffassung dem Vertragshändler nur dann ein Ausgleichsanspruch zu, wenn er in seiner Stellung einem Handelsvertreter vergleichbar und im konkreten Fall schutzbedürftig ist[338].

123 Bei Verwendung der im Anhang abgedruckten Vertragsmuster dürfte auch nach der neuen Rechtsprechung des Bundesgerichtshofes dem Vertragshändler bei Vertragsbeendigung kein Ausgleichsanspruch zustehen. Die Muster tragen der wirtschaftlich unabhängigen und gleichberechtigten Stellung des Vertragshändlers Rechnung. Es ist im Inlandsmuster von der Aufnahme detaillierter Pflichten des Vertragshändlers zum Bericht und zur Auskunft über die einzelnen Geschäfte oder Kunden und von einschneidenden Kontrollbefugnissen des Herstellers, durch die dem Hersteller schon während der Vertragszeit der Kundenstamm des Vertragshändlers offenbart wird, abgesehen worden. Auch nach Vertragsbeendigung hat der Vertragshändler danach lediglich das ihm vom Hersteller zur Verfügung gestellte Informations- und Werbematerial, nicht aber seine Kundenkarteien und -listen herauszugeben oder deren Inhalt dem Hersteller mitzuteilen. Dementsprechend bestimmen die Vertragsmuster[339], daß weder der Hersteller noch der Vertragshändler wegen Beendigung des Vertragsverhältnisses Ansprüche irgendwelcher Art geltend machen können, sofern sie nicht auf einem schuldhaften Verhalten einer Partei beruhen.

124 Ein solcher Ausschluß ist auch unter Berücksichtigung der Entscheidung des 1. Zivilsenats möglich. § 89b HGB, der den Ausgleichsanspruch für Handelsvertreter regelt, ist für das Handelsvertreterrecht zwar zwingende Vorschrift. Dies beruht darauf, daß der Handelsvertreter als schutzbedürftig angesehen wird. Wird nun die analoge Anwen-

337 Vgl. *Stumpf/Zimmermann,* a.a.O., S. 429 ff.; *Kroitzsch,* a.a.O., S. 1631 ff.

338 Vgl. *Ulmer,* a.a.O., S. 457.

339 Vgl. Art. VI 3 des Vertragsmusters (Inland) und Art. 28 des Vertragsmusters (Ausland).

dung dieser Vorschrift auch auf nichtschutzbedürftige Vertragshändler ausgedehnt – wie vom 1. Zivilsenat entschieden – so muß insoweit ein Ausschluß des Ausgleichsanspruchs möglich sein. Lediglich für den auch in seiner Schutzbedürftigkeit dem Handelsvertreter vergleichbaren Vertragshändler, der etwa ohne eigenen Kapitaleinsatz arbeitet, dürfte ein Ausschluß unmöglich sein, wenn es sich um einen Vertragshändler mit Sitz im Inland handelt. Mit ausländischen Vertragshändlern kann nach deutschem Recht ohnehin der Ausgleichsanspruch ausgeschlossen werden. Denn insoweit wäre neben § 89b HGB auch § 92c HGB analog anzuwenden, wonach hinsichtlich der zwingenden Vorschriften des Handelsvertreterrechtes bei Verträgen mit Vertretern ohne Sitz im Inland abweichende Vereinbarungen getroffen werden können.

Hinsichtlich der Höhe eines Ausgleichsanspruchs des Vertragshändlers **125**
gilt sinngemäß das gleiche wie für Handelsvertreter. Der Anspruch beträgt demnach höchstens eine nach dem Durchschnitt der letzten fünf Jahre berechnete Jahresvergütung[340]. Dabei ist beim Vertragshändler allerdings nicht von der Handelsspanne auszugehen, sondern von der sonst üblichen Provision eines Handelsvertreters[341]. Hiervon abzuziehen sind durchlaufende Posten und solche Beträge, die begrifflich keine Provisionen darstellen, wie z. B. die Vergütung der Kundendienste und feste Spesenzuschüsse[342].

12. Schadensersatzansprüche

Schadensersatzansprüche können nur geltend gemacht werden, wenn **126**
die andere Partei schuldhaft vertragliche Verpflichtungen verletzt hat. Denkbar wäre z. B., daß der Vertragshändler sich entgegen seinen vertraglichen Verpflichtungen überhaupt nicht um den Absatz kümmert und der Unternehmer sich daher gezwungen sieht, den Vertrag vorzeitig aufzulösen. Sein Schaden kann darin liegen, daß das Vertragsgebiet nicht bearbeitet wurde und ihm dadurch Geschäfte, mit denen er rechnen konnte, entgingen, oder daß Einführungsarbeiten nicht geleistet

340 § 89b HGB analog.

341 *BGH,* Urteil vom 13. 1. 1977, NJW 1977 S. 895; Großkommentar, a.a.O., § 89b HGB Anm. 7.

342 Zur Berechnung des Ausgleichsanspruchs nach § 89b HGB im einzelnen vgl. *Küstner,* a.a.O..

wurden, die nun von einem Nachfolger vorgenommen werden müssen und ihm dadurch ebenfalls während eines gewissen Zeitraumes Geschäfte entgehen. Ist ein Mindestumsatz vereinbart, so kann der Schaden in dem nicht erzielten Mindestumsatz liegen. Ist ein solcher nicht vereinbart, so muß er im Streitfall im Wege der Schätzung festgestellt werden. Es obliegt dabei dem Unternehmer, die Höhe des Schadens zu beweisen oder doch zumindest glaubhaft zu machen und ferner nachzuweisen, daß der Schaden in dieser Höhe vom Vertragshändler verschuldet ist.

Umgekehrt kann der Vertragshändler Ansprüche geltend machen, wenn der Unternehmer schuldhaft seine Verpflichtungen verletzt. Der Unternehmer darf z. B. nicht willkürlich und ohne vertretbaren Grund bei seinen kaufmännischen Entschließungen den Interessen des Vertragshändlers zuwiderhandeln. Er ist zur Rücksichtnahme auf die Belange des Vertragshändlers verpflichtet[343].

So kann z. B. eine Schadensersatzpflicht bestehen, wenn der Unternehmer im Vertragsgebiet in unberechtigter Weise andere Händler beliefert[344], wenn er den Vertragshändler von einer Produktionseinschränkung zu spät benachrichtigt oder u. U. auch, wenn er wiederholt mangelhafte Ware liefert. Der Schaden des Vertragshändlers kann in diesen Fällen auch darin liegen, daß sein geschäftlicher Ruf leidet.

127 Bei der Mitteilung an Kunden, daß das Vertragsverhältnis mit einem Vertragshändler beendet ist, ist Vorsicht geboten. Sie ist nur zulässig, wenn sie nach Inhalt, Form und Begleitumständen das Gebotene und Notwendige zur Erreichung eines rechtlich zu billigenden Zweckes ist. Der Vertragshändler darf dabei nicht schlecht gemacht werden, weil hierin ein Eingriff in den Gewerbebetrieb des Vertragshändlers gesehen werden kann, der u. U. zum Schadensersatz verpflichtet[345].

Ein solcher, rechtlich zu billigender Zweck liegt beispielsweise dann vor, wenn ein Hersteller, dessen Erzeugnisse bisher von einem Vertragshändler unter dessen Handelsmarke verkauft wurden, seine Erzeugnisse nun selbst unter eigener Marke vertreiben will und die bisherigen Abnehmer, die auf eine gleichbleibende Qualität der Ware Wert legen, auf die Vertragsbeendigung hinweist. Sobald der Hersteller hierbei zur

---

343 *BGH,* Urteil vom 29. 4. 1958, DB 1959 S. 597; *OLG Bremen,* Urteil vom 10. 6. 1966, BB 1966 S. 756.

344 Vgl. Rand-Nr. 70 ff..

345 *OLG Karlsruhe,* Urteil vom 10. 7. 1959, BB 1959 S. 1006.

wahrheitsgemäßen und vollständigen Unterrichtung der Abnehmer die bisherige Betriebsfirma und deren Handelsmarke nennen und die frühere Typenbezeichnungen seiner Produkte den von ihm nunmehr verwendeten gegenüberstellen muß, ist dies aus wettbewerbsrechtlichen Gründen nicht zu beanstanden[346].

Ob eine ohne sachlich gerechtfertigten Grund ausgesprochene Kündi- **128**
gung Schadensersatzansprüche auslöst, richtet sich zunächst danach, ob es sich um eine außerordentliche oder ordentliche Kündigung handelt. Da eine außerordentliche Kündigung immer einen wichtigen Grund voraussetzt, ist eine ohne das Vorliegen eines solchen Grundes ausgesprochene Kündigung entweder unwirksam oder gibt dem gekündigten Vertragsteil Anspruch auf Schadensersatz, wenn ihm eine Fortsetzung des Vertrages aufgrund der Kündigung nicht mehr zumutbar ist[347].

Eine ordentliche Kündigung setzt jedoch keinen sachlich gerechtfertigten Grund voraus. Ebensowenig ist bei Kündigung die Angabe eines Grundes erforderlich. Dementsprechend kann das Recht zur ordentlichen Kündigung nicht dadurch eingeschränkt werden, daß bei Nichtvorliegen eines sachlich gerechtfertigten Grundes der Einwand des Rechtsmißbrauchs erhoben wird[348]. Das Recht zur ordentlichen Kündigung findet seine Grenze allerdings dort, wo die Kündigung sittenwidrig wäre[349], etwa wenn die Kündigung als Vergeltung für ein Nichteingehen auf eine gewünschte Vertragsänderung, die allein den anderen Vertragspartner belasten würde, erfolgt[350].

---

346 *BGH,* Urteil vom 6. 2. 1976, BB 1976 S. 434 = GRUR 1976 S. 375 ff..
347 Vgl. auch *Finger,* a.a.O., S. 147.
348 *Schröder,* a.a.O., § 89 Anm. 29, für Handelsvertreter; *Ulmer,* a.a.O., S. 460 ff..
349 § 138 BGB.
350 *BGH,* Urteil vom 26. 2. 1970, BB 1970 S. 415.

VIII. Entscheidungen über Streitigkeiten

1. Vereinbarung eines Schiedsgerichts

129 Im Vertragsmuster (Inland) wurde eine Schiedsklausel vorgesehen, die in der Wirtschaft häufig verwendet wird[351]. Sie hat den Vorteil, daß Streitigkeiten nicht an die Öffentlichkeit gebracht werden und daß die Parteien – je nachdem, welche Frage zur Entscheidung steht – sich Schiedsrichter aussuchen können, von denen sie wissen, daß sie mit den in Frage kommenden Fachgebieten besonders vertraut sind. Ferner stehen die Parteien auf diese Weise nicht vor Richtern oder Schiedsrichtern, die ihnen völlig unbekannt sind; sie haben vielmehr im Schiedsgericht eine Person ihres Vertrauens. Die von den Parteien ernannten Schiedsrichter sind trotzdem keine Parteivertreter. Die Schiedsrichter haben als solche neutral zu sein. Selbst wenn die benannten Schiedsrichter mehr die Gesichtspunkte der Partei, die sie benannt hat, in den Vordergrund schieben sollten, ist eine Unparteilichkeit des Schiedsgerichts in aller Regel durch den Vorsitzenden gewährleistet, auf den sich die beiden von den Parteien genannten Schiedsrichter geeinigt haben. Seine Stimme gibt bei Meinungsverschiedenheiten den Ausschlag. Das Verfahren des Schiedsgerichts wird durch den Vorsitzenden bestimmt. Es richtet sich nach den Bestimmungen der §§ 1025 ff. ZPO. Hier ist auch geregelt, wie der Schiedsvertrag gestaltet werden muß, unter welchen Umständen Schiedsrichter abgelehnt werden können und dgl.. Da die Parteien Vollkaufleute im Sinne des HGB sind, ist die im Vertragsmuster vorgesehene Schiedsgerichtsvereinbarung wirksam, obwohl im Muster auch noch andere Vereinbarungen vorgesehen sind, die sich nicht auf das Schiedsverfahren beziehen. Eine derartige Vereinbarung wäre mit Nichtkaufleuten und Minderkaufleuten unwirksam[352]. Bezüglich der Einzelheiten darf auf die einschlägigen Kommentare zur Zivilprozeßordnung verwiesen werden[353].

130 Anstelle der im Muster vorgesehenen Oberlandesgerichte, die im einzelnen einzusetzen sind, kann auch vorgesehen werden, daß eine andere Stelle, z. B. eine festzulegende Industrie- und Handelskammer oder

---

351 Für ausländische Vertragshändler vgl. Rand-Nr. 163 ff..

352 § 1027 ZPO.

353 Vgl. z. B. *Baumbach/Lauterbach,* a.a.O., §§ 1025 ff..

der Deutsche Ausschuß für Schiedsgerichtswesen[354], den nicht benannten Schiedsrichter oder den Vorsitzenden bestimmt.

Wie die Erfahrung zeigt, wird für die Benennung der Schiedsrichter und für die Wahl des Vorsitzenden zuweilen eine längere Zeit benötigt, als dies im Muster vorgesehen ist. Dies macht aber meist keine Schwierigkeiten, weil die Vertragspartner die Fristen verlängern können, wozu sie in der Regel auch bereit sind, wenn nicht der Eindruck entsteht, daß eine Partei versucht, das Schiedsverfahren zu verzögern. Die im Muster vorgesehene kürzere Frist soll eine derartige Verzögerung verhindern, um so den Vorteil des Schiedsgerichtsverfahrens sicherzustellen, welches in der Regel nicht so lange Zeit in Anspruch nimmt wie ein ordentliches Verfahren, das über mehrere Instanzen geführt werden kann. Bei Streitigkeiten, die vor ordentlichen Gerichten vor mehreren Instanzen verhandelt werden, muß man mit einer mehrjährigen Prozeßdauer rechnen, während bei Schiedsgerichten, für die im allgemeinen nur eine Instanz vorgesehen ist, die Zeit wesentlich kürzer ist. Dafür verlieren die Parteien jedoch die Möglichkeit der Überprüfung des Schiedsspruchs. Anders ist es lediglich, wenn schwerwiegende Verfahrensverstöße begangen wurden. Es muß jedoch darauf hingewiesen werden, daß auch ein Schiedsverfahren, wenn es sich um schwierige Fragen handelt, in Anbetracht von mündlichen Verhandlungen, Beweiserhebungen – evtl. in Form von Zeugenvernehmungen – u. dgl. erfahrungsgemäß eine längere Zeitspanne in Anspruch nimmt.

2. Zuständigkeit ordentlicher Gerichte bei Verträgen mit inländischen Vertragshändlern

Ist keine besondere Schiedsvereinbarung getroffen worden, so sind **131**
für Streitigkeiten, die sich aus dem Vertragshändler-Vertrag ergeben, die ordentlichen Gerichte zuständig.

Für Klagen des Unternhmers gegen den Vertragshändler ist örtlich grundsätzlich das Gericht zuständig, in dessen Bezirk der Vertragshändler seinen Wohnsitz hat[355]. Ist als Vertragshändler eine Gesellschaft bestellt, so kann sie bei dem Gericht verklagt werden, in dessen Bezirk sie ihren Sitz hat[356].

---

354 p.A. Deutscher Industrie- und Handelstag, Adenauerallee 148, 5300 Bonn.
355 § 13 ZPO.
356 § 17 ZPO.

Der Vertragshändler kann den Unternehmer bei dem Gericht, in dessen Bezirk dieser seinen Wohnsitz hat, oder wenn der Unternehmer eine Gesellschaft ist, bei dem Gericht, in dessen Bezirk diese ihren Sitz hat, verklagen[357]. Hat der Unternehmer eine Niederlassung, von der aus unmittelbar Geschäfte abgeschlossen werden, so können gegen ihn alle Klagen, die auf den Geschäftsbetrieb der Niederlassung Bezug haben, bei dem Gericht des Ortes erhoben werden, wo sich die Niederlassung befindet[358].

132 Häufig wird in den Verträgen jedoch festgelegt, daß Gerichtsstand der Sitz des Unternehmers ist[359]. Zusätzlich wird mitunter noch vereinbart, daß der Unternehmer auch berechtigt ist, ein anderes, nach den Vorschriften der ZPO zuständiges Gericht anzurufen. Die im Vertragshändler-Vertrag enthaltene Gerichtsstandsklausel geht grundsätzlich einer davon abweichenden, in den allgemeinen Lieferbedingungen des Unternehmers enthaltenen Gerichtsstandsklausel vor[360]. Bei einem Streitwert bis zu DM 3000,– sind sachlich die Amtsgerichte zuständig, bei einem Streitwert, der darüber liegt, die Landgerichte[361].

Unabhängig vom Streitwert sind die Landgerichte für kartellrechtliche Streitigkeiten und Klagen nach dem Gesetz gegen den unlauteren Wettbewerb zuständig[362].

Sind der Unternehmer und der Vertragshändler Kaufleute, so ist der Vertragshändler-Vertrag beiderseitiges Handelsgeschäft. Auf Antrag des Klägers ist daher statt vor der Zivilkammer vor der Kammer für Handelssachen zu verhandeln, wenn bei dem betreffenden Landgericht eine solche besteht[363].

---

357 §§ 13 und 17 ZPO.
358 § 21 ZPO.
359 Zulässig, wenn die Parteien Vollkaufleute sind, § 38 Abs. 1 ZPO.
360 *OLG Karlsruhe,* Urteil vom 8. 5. 1973, NJW 1973 S. 1931.
361 § 23 GVG.
362 §§ 87 GWB, 27 UWG.
363 § 93 ff. GVG.

IX. Zusätzliche Vereinbarungen

1. Ausfüllen des Musters

Für einige Fragen, die einer Regelung bedürfen, konnten in den Vertragsmustern keine Vorschläge gemacht werden, weil die Erfordernisse der Praxis zu unterschiedlich sind. Um zu vermeiden, daß es die Vertragspartner übersehen, zu diesen Punkten eine Vereinbarung zu treffen, ist in den Vertragsmustern ausdrücklich aufgeführt, welche Fragen einer besonderen Vereinbarung bedürfen. Außerdem ist in Art. VIII des Vertragsmusters Inland und Kapitel VIII des Vertragsmusters Ausland Raum hierfür gelassen. **133**

2. Ergänzung des Musters

Bei der Aufstellung der Vertragsmuster wurde angestrebt, sie so zu gestalten, daß sie in einem möglichst großen Anwendungsbereich Verwendung finden können. Die Berücksichtigung besonderer Verhältnissse mußte dabei außer acht bleiben. Aber selbst bei besonderen Verhältnissen sind die Muster dann anwendbar, wenn die besonderen Umstände durch zusätzliche Vereinbarungen in Art. VIII bzw. Kapitel VIII berücksichtigt werden. Die zusätzlichen Vereinbarungen können sehr vielgestaltig sein. Es sei nur auf die wichtigsten hingewiesen. **134**

3. Ausfüllung und Ergänzung im einzelnen

a) Werbung des Vertragshändlers

Wie oben[364] dargelegt, hat der Vertragshändler die Werbung durchzuführen. Dabei ist festzulegen, was er im einzelnen zu tun hat. Dies kann durch Aufzählen der einzelnen Maßnahmen geschehen. Es kann vorgesehen werden, daß der Unternehmer je nach Bedarf Weisungen gibt oder von wem für die Werbung bestimmte Beträge aufgebracht werden müssen. Wird die Werbung vom Unternehmer zentral selbst vorgenommen, so kann bestimmt werden, in welcher Weise der Vertragshändler ihn hierbei zu unterstützen hat. **135**

364 Vgl. Rand-Nr. 30 f..

b) Einsatz selbständiger Handelsvertreter und Vertragshändler

136 Im Vertragsmuster (Inland) ist vorgesehen, daß für den Einsatz selbständiger Händler und Handelsvertreter besondere Vereinbarungen getroffen werden[365]. Zuweilen wird der Vertragshändler verpflichtet, selbständige Händler und Handelsvertreter einzuschalten. Dabei wird auch vereinbart, welche Voraussetzungen diese erfüllen müssen, z. B. daß sie eine technische Ausbildung oder technische Kenntnisse haben sollen. Es kann sich auch empfehlen klarzustellen, daß Vertragsbeziehungen nur zwischen diesen Personen und dem Vertragshändler und nicht zwischen ihnen und dem Unternehmer bestehen. Denkbar ist, daß dem Unternehmer ein Mitspracherecht bei der Auswahl oder jeweils ein Ablehnungsrecht eingeräumt wird.

c) Unterhaltung von Reparaturwerkstätten und Durchführung des Kundendienstes

137 Davon, was im Hinblick auf Reparaturwerkstätten oder die Durchführung des Kundendienstes vorgesehen werden kann, war schon die Rede[366]. Es genügt, hier darauf zu verweisen.

d) Werbung durch den Unternehmer

138 Es steht außer Zweifel, daß der Unternehmer berechtigt ist, im Vertragsgebiet zu werben. Bei der Ergänzung, die hier vorgenommen werden kann, handelt es sich zusätzlich um eine vertragliche Verpflichtung, gewisse Wettbewerbsmaßnahmen zu ergreifen. Eine isolierte Verpflichtung des Unternehmers, bestimmte Maßnahmen im Hinblick auf die Werbung zu erfüllen, ist, soweit ersichtlich, selten. Dagegen können solche Verpflichtungen eine Rolle spielen, wenn Unternehmer und Vertragshändler ein Zusammenwirken im Hinblick auf die Werbung vereinbaren und die ergreifenden Maßnahmen aufeinander abstimmen. Die zusätzlichen Vereinbarungen über die Werbemaßnahmen des Vertragshändlers müssen in diesem Fall mit den hier zu treffenden korrespondieren.

---

365 Vgl. Art. II Ziff. 6.

366 Vgl. Rand-Nr. 53 ff., 66, 78.

e) Tätigkeit des Unternehmers im Vertragsgebiet

Will der Unternehmer selbst im Vertragsgebiet tätig werden, so muß er hierzu entsprechende Vorbehalte machen. Im einzelnen darf auf die Ausführungen unter Rand-Nr. 80 ff. hingewiesen werden. Bei dem Vorbehalt ist es wichtig, klar zum Ausdruck zu bringen, ob sich der Unternehmer nur generell vorbehält, im Vertragsgebiet tätig zu werden mit der Maßgabe, daß dann im Fall eines Abschlusses ein Vergütungsanspruch gemäß Art. V bzw. Kapitel V der Vertragsmuster entsteht, oder ob er sich die Bearbeitung eines Kunden ausschließlich vorbehält mit der Folge, daß für Abschlüsse mit diesem Kunden, der dann namentlich aufzuführen ist, keine Vergütungsansprüche entstehen. **139**

f) Einrichtung eines Konsignationslagers

Soll ein Konsignationslager eingerichtet werden, so ist ein entsprechender Vorbehalt zu machen. Dabei sollte auch klar gesagt werden, welche Bedingungen dafür gelten. Sie sollten als Anlage dem Muster beigefügt werden. Dabei kann das Muster für einen Konsignationslagervertrag verwendet werden, das als Sonderveröffentlichung der Rechtsabteilung des VDMA herausgebracht wurde. Es kann vom Maschinenbau-Verlag, Lyoner Straße 18, 6000 Frankfurt/Main 71, bezogen werden[367]. In den Mustern ist vorgesehen, daß die Vereinbarung über das Konsignationslager als Anlage 4 beigefügt wird. Vereinbaren die Vertragspartner nicht alle Anlagen, wie sie in den Mustern vorgesehen sind, so müssen die Anlagen dann mit anderen Nummern versehen werden, die hier vermerkt werden sollten. Der guten Ordnung halber und um Mißverständnisse zu vermeiden, ist dann auch unter Art. III Ziff. 5 bzw. Art. 17 der Vertragsmuster die Nummer der Anlage entsprechend zu ändern. **140**

g) Rabatt für Ersatz- und Reserveteile

Wie in den Mustern [368] vorgesehen, kann es gerechfertigt sein, daß für Ersatz- und Reserveteile ein vom sonst vorgesehenen Rabatt abweichender Betrag vorgesehen wird. Dieser Rabattsatz muß hier ein- **141**

367 Über die Probleme des Konsignationslagervertrages vgl. im einzelnen die Ausführungen unter Rand-Nr. 52 ff., 118.

368 Vgl. Art. IV Ziff. 2 des Vertragsmusters (Inland) und Art. 18 des Vertragsmusters (Ausland).

gesetzt werden. Geschieht dies nicht und wird ein Rabatt auch nicht ausgeschlossen, so wird davon auszugehen sein, daß der generell vorgesehene Rabatt zu gewähren ist.

h) Provision für Ersatz- und Reserveteile

142 Hat sich der Unternehmer das Recht vorbehalten, im Vertragsgebiet selbst tätig zu werden, so kann es sich empfehlen, für den Vertrieb von Ersatz- und Reserveteilen andere Provisionssätze vorzusehen als für das Haupterzeugnis. Im übrigen gilt das oben für den Rabatt Ausgeführte.

i) Verwendung bei Vertragsbeendigung noch beim Vertragshändler liegender Ware und Ersatzteile

143 Welche Vereinbarungen hier vorgesehen werden können, ist oben dargelegt[369]. Wird vorgesehen, daß die Ware vom Unternehmer zurückzunehmen ist, so empfiehlt es sich festzulegen, zu welchem Preis oder jedenfalls wie und von wem der Preis zu ermitteln ist. Dasselbe gilt, wenn vorgesehen wird, daß der Nachfolger des Vertragshändlers diese Ware übernimmt. Bei Veräußerung durch den ausscheidenden Vertragshändler kann bestimmt werden, daß dies zu den alten Bedingungen geschieht, jedoch mit der Maßgabe, daß das Alleinvertriebsrecht entfällt.

4. Abweichende Vereinbarungen

144 Wollen die Vertragspartner von den vorliegenden Vertragsmustern in einzelnen Punkten abweichen, so kann dies in der Weise geschehen, daß sie unter Art. VIII bzw. Kapitel VIII abweichende Vereinbarungen treffen. Dabei sollten sie darauf achten, die Bestimmungen, von denen sie abweichen wollen, im Vertragsmuster zu streichen, um Unklarheiten zu vermeiden. Im übrigen aber sollten sie Änderungen nur mit äußerster Vorsicht vornehmen. Die Bestimmungen der Vertragsmuster sind aufeinander abgestimmt. Die Abänderung oder Streichung einzelner Bestimmungen kann deshalb Auswirkungen auf andere Bestimmungen haben, die oftmals schwer zu erkennen sind, so daß Lücken oder Widersprüche entstehen können. Es seien hier nur einige Beispiele für abweichende Vereinbarungen angeführt:

369 Vgl. Rand-Nr. 118.

Soll Dritten für Kunden im Bezirk des Vertragshändlers Kundenschutz gewährt werden, so bedarf es auch hierfür einer abweichenden Vereinbarung[370].

Verschiedentlich werden Wettbewerbsverbote vereinbart[371].

Unter Umständen kann es sich empfehlen, zu bestimmen, daß der Vertragshändler an im Vertragsgebiet ansässige Exporteure nicht verkaufen darf und daß er für Geschäfte, die der Unternehmer mit diesen abschließt, auch keine Provision erhält[372].

Es ist auch möglich, die Kündigungsfristen anders festzulegen[373].

Es kann im Interesse beider Vertragspartner liegen, die Vertragsdauer anders zu regeln[374].

Anstelle des im Vertragsmuster (Inland) allein vorgesehenen Schiedsgerichts kann auch die Zuständigkeit eines ordentlichen Gerichts vereinbart werden. Dabei wird häufig bestimmt, daß für alle Klagen nur ein Gericht zuständig ist[375].

---

370 Vgl. Rand-Nr. 12.
371 Vgl. Rand-Nr. 33.
372 Vgl. Rand-Nr. 85.
373 Vgl. Rand-Nr. 104 f., 109.
374 Vgl. Rand-Nr. 107 ff..
375 Vgl. Rand-Nr. 131 f. und Art. 32 des Vertragsmusters (Ausland).

X. Besonderheiten bei Verträgen mit ausländischen Vertragshändlern

1. Allgemeine Bemerkungen

a) Das Vertragshändlerrecht in den verschiedenen Rechtsordnungen

145 In den meisten Rechtsordnungen gibt es keine besonderen gesetzlichen Bestimmungen für das Vertragshändlerrecht. Eine Ausnahme bildet insoweit z. B. Belgien[376]. Der größte Teil der Rechtsordnungen überläßt jedoch die Entwicklung des Vertragshändlerrechtes völlig dem Handelsbrauch und der Rechtsprechung. Dabei werden in der Regel, ähnlich wie im deutschen Recht, bestimmte Grundsätze des Handelsvertreterrechts analog auf Vertragshändlerverträge angewendet[377]. Wegen dieser mangelnden Kodifizierung ist es im Einzelfall oft schwierig, sich einen Überblick über das jeweilige Vertragshändlerrecht in einem ausländischen Staat zu verschaffen.

146 *b) Anzuwendende Rechtsordnung*

Für die Beurteilung der vertraglichen Beziehungen zwischen einem deutschen Unternehmer und einem Vertragshändler, der im Ausland seine Niederlassung hat, ist es von entscheidender Bedeutung, welcher Rechtsordnung die Rechtsbeziehungen der beiden Parteien unterliegen. Ist keine besondere Vereinbarung in dieser Hinsicht getroffen und läßt sich auch aus dem beiderseitigen Parteiwillen nichts anderes entnehmen, so prüft das angerufene Gericht nach seinem Recht, welches Recht Anwendung findet. Diese Frage ist meist im sogenannten Internationalen Privatrecht eines jeden Landes geregelt. Teilweise ist aber auch dort keine spezielle Bestimmung enthalten. Dann entscheidet die Rechtsprechung. Ist weder in dem betreffenden Privatrecht des Staates, in dem das angerufene Gericht seinen Sitz hat, etwas über das anwendbare Recht bestimmt und liegt auch keine Rechtsprechung vor, so kann allein schon die Bestimmung des anwendbaren Rechtes große Schwierigkeiten bereiten. Ist im Vertragshändlervertrag nichts über das anwendbare Recht bestimmt, so wird in der

376 Gesetz vom 27. 7. 1961, geändert durch Gesetz vom 13. 4. 1971, siehe Anhang I.

377 Ein Überblick über die wichtigsten Vorschriften des Handelsvertreterrechts von ca. 100 Staaten geben *Stumpf/Detzer/Immesberger* in: Internationales Handelsvertreterrecht, Teil II, a.a.O.

Regel das Recht desjenigen Landes anwendbar sein, in dem der Schwerpunkt des Rechtsverhältnisses liegt. Bei Vertragshändler-Verträgen wird dies meist das Land sein, in dem der Vertragshändler seine Niederlassung hat und vor allem in dem er tätig wird[378]. Es ist aber auch denkbar, daß das Internationale Privatrecht oder die Rechtsprechung eines Landes bei der Bestimmung des anwendbaren Rechts an andere Gesichtspunkte anknüpft. In Betracht kommt z. B. der Ort, in dem der Vertrag abgeschlossen wurde. Die Bestimmung dieses Ortes kann bei Verträgen, die im Korrespondenzwege abgeschlossen wurden, wieder zu besonderen Schwierigkeiten führen.

Auch das deutsche Internationale Privatrecht führt in der Regel zu **147**
dem Ergebnis, daß das Recht des Landes anzuwenden ist, in dem der Vertragshändler seine Tätigkeit ausübt. Zwar hat sich die einheitliche Beurteilung eines Rechtsverhältnisses nach seinem Schwerpunkt im deutschen Recht noch nicht allgemein durchgesetzt, jedoch sucht die Rechtsprechung davon abzukommen, die Verpflichtung jedes Vertragspartners gesondert nach dem Recht des Erfüllungsortes zu beurteilen, in dem sie geneigt ist, aus den Umständen des Falles den Willen der Parteien zur Anwendung nur einer Rechtsordnung zu entnehmen. Haben die Parteien nicht ausdrücklich das anwendbare Recht vereinbart, so prüft die deutsche Rechtsprechung zunächst, ob sich aus den Umständen auf einen stillschweigenden Parteiwillen schließen läßt. Ist dies nicht der Fall, so untersucht sie, welches Recht die Parteien bei vernünftiger Berücksichtigung der Umstände des Einzelfalles mutmaßlich vereinbart hätten (hypothetischer Parteiwille)[379]. Die Rechtsprechung des Bundesgerichtshofes differenziert allerdings danach, ob die Stellung eines Vertragshändlers dem eines Handelsvertreters vergleichbar ist: Für diesen Fall läge der Schwerpunkt des Rechtsverhältnisses in dem Lande, in dem der Eigenhändler tätig wird. Ließe sich im Einzelfall eine Analogie zum Handelsvertreter nicht ziehen, so könne ein hypothetischer Parteiwille nicht ermittelt werden. Man müsse dann eben auf das subsidiäre Statut des Erfüllungs-

378 Vgl. hierzu für die Schweiz die Entscheidung des *Schweizerischen Bundesgerichtes* vom 10. 12. 1974, RIW/AWD 1975 S. 643, und für England *Graupner,* AWD 1970 S. 49. Bei *Graupner* finden sich auch Angaben zur Rechtslage in Frankreich, USA und Belgien. Vgl. des weiteren *Reithmann,* a.a.O., Rand-Nr. 440 ff. m.w.N.

379 *OLG Frankfurt,* Urteil vom 21. 3. 1961, AWD 1961 S. 236; *LG Wuppertal,* Urteil vom 2. 10. 1962, IP-Rechtsprechung 1962-1963 Nr. 42; *LG Freiburg,* Urteil vom 6. 12. 1966, IP-Rechtsprechung 1966-1967 Nr. 34 A.

ortes ausweichen[380]. Die vorgenannten Ausführungen zeigen, welche Unsicherheiten bestehen, wenn die Parteien keine klaren Vereinbarungen treffen. Noch deutlicher werden diese Unsicherheiten, wenn man den Fall eines Vertragshändlers nimmt, der für mehrere Länder eingesetzt wird, z. B. „Lateinamerika“.

148 Die Anwendung des ausländischen Rechts kann dadurch vermieden werden, daß der Vertrag deutschem Recht unterstellt wird. Dies ist in aller Regel möglich. Lediglich die Frage, welche öffentlich-rechtliche Bestimmungen zur Anwendung gelangen, entzieht sich der Dispositionsfreiheit der Parteien. Insbesondere nach dem Recht einiger lateinamerikanischer Staaten ist jedoch den Vertragsparteien die Vereinbarung einer ausländischen, d. h. hier der deutschen Rechtsordnung allgemein in bestimmten Punkten verwehrt[381].

149 Auch das belgische Recht sieht vor, daß sich Auflösung und Auflösungsfolgen des Vertragshändlerverhältnisses zwingend nach belgischem Recht richten[382]. Wird deutsches Recht vereinbart, so gestattet dies bei Verträgen, demzufolge die Stellung des Vertragshändlers dem eines Handelsvertreters so angenähert ist, daß bestimmte Vorschriften des deutschen Handelsvertreterrechts analog anzuwenden sind, alle im HGB enthaltenen zwingenden Bestimmungen auszuschließen, wenn die Vertragshändler ihren Sitz im Ausland haben[383].

Die Frage, ob eine Klausel über die Vereinbarung deutschen Rechts auch geeignet ist, die zwingenden Bestimmungen auszuschließen, die in der ausgeschlossenen fremden Rechtsordnung zugunsten des Vertragshändlers enthalten sind, wird jedoch in der Regel zu bejahen sein. Zu einem anderen Ergebnis müßte man nur dann kommen, wenn man annehmen wollte, daß die zwingenden Bestimmungen des ausländischen Rechtes dem ordre public des fremden Rechtes angehörten, wodurch ihre Ausschließung nichtig wäre. Zu einer solchen Annahme besteht regelmäßig kein Anlaß[384].

150 In dem im Anhang abgedruckten Vertragsmuster für Vereinbarungen

380 *BGH,* Urteil vom 22. 9. 1971, NJW 1972 S. 391.

381 Insbesondere die Länder Argentinien, Brasilien, Dominikanische Republik, Ecuador, Guatemala, Honduras, Kolumbien, Nicaragua, Panama; vgl. *Stumpf,* Internationales Handelsvertreterrecht, Teil I, a.a.O., S. 17 ff..

382 Gesetz vom 27. 7. 1961, geändert durch Gesetz vom 13. 4. 1971, siehe Anhang I.

383 § 92 c HGB analog.

384 Eine Ausnahme bilden beispielsweise die Rechtsordnungen der in Fn. 381 genannten Staaten.

mit ausländischen Vertragshändlern ist nicht nur die Vereinbarung deutschen Rechts vorgesehen, es ist ferner auch für Klagen gegen den Unternehmer, entweder das für seinen Sitz zuständige Gericht oder ein Schiedsgericht zuständig.[385].

Diese Gerichte würden bei Vereinbarung deutschen Rechtes im Streitfall einen eventuellen ausländischen ordre public nicht berücksichtigen. Der ausländische Vertragshändler könnte also einen Anspruch mit der Begründung, daß er dem ordre public seines Heimatstaates angehöre, wirksam nur vor einem Gericht seines Staates geltend machen. Diese Gerichte müßten sich aber aufgrund der Gerichtsstandsklausel für unzuständig erklären. Sollten sie das wider Erwarten nicht tun, so würde ein dort ergangenes Urteil, das entgegen der Vereinbarung deutschen Rechts und eines deutschen Gerichtsstandes zustande gekommen ist, in Deutschland nicht vollstreckt werden können[386]. Es muß allerdings darauf hingewiesen werden, daß ein deutscher Unternehmer unter Umständen Vermögen im Ausland haben kann, ohne daß ihm dies auf den ersten Blick klar ist, so z. B., wenn er Forderungen gegen ausländische Kunden hat, die noch nicht beglichen sind, in das dann vollstreckt werden könnte.

Sollte die Vereinbarung deutschen Rechts nicht durchsetzbar sein, weil **151**
z. B. der Vertragshändler seinen Sitz im Ausland hat und auf der Anwendung des Rechts seines Landes besteht, wird der deutsche Vertragspartner zunächst einmal das in Betracht kommende Recht auf seinen Inhalt hin überprüfen müssen. Stellt ein deutscher Unternehmer bei dieser Prüfung fest, daß das ausländische Recht keine zwingenden Bestimmungen, insbesondere keinen Ausgleichsanspruch vorsieht, so erscheint die Vereinbarung einer fremden Rechtsordnung für ihn annehmbar. Bei der dargelegten Situation würde der einzige Nachteil für einen deutschen Unternehmer darin liegen, daß im Fall von Meinungsverschiedenheiten das ausländische Recht meist schwerer feststellbar ist als das deutsche. Das gilt vor allem deswegen, weil die meisten ausländischen Rechtsordnungen kein spezielles Vertragshändlerrecht kennen und man deswegen ganz auf deren Recht-

385 Vgl. Art. 31, 32.

386 Eine Ausnahme besteht insoweit für die Vertragsstaaten des Europäischen Gerichtsstands- und Vollstreckungsübereinkommens im Hinblick auf Art. 28 des Übereinkommens, wonach die mangelnde Zuständigkeit im Anerkennungs- und Vollstreckungsverfahren nicht gerügt werden kann. Die Gerichte dieser Vertragsstaaten sind jedoch nach diesem Abkommen an Gerichtsstandsvereinbarungen gebunden, soweit sie der Schriftform des Art. 17 GVÜ genügen.

sprechung angewiesen ist, wobei einschlägige Entscheidungen oft fehlen. Dieser Nachteil läßt sich aber dadurch ausgleichen, daß die Vertragspartner ihre Rechtsbeziehungen durch einen sorgfältig ausgearbeiteten Vertrag regeln. Die Gerichte bzw. Schiedsgerichte haben dann bei Streitigkeiten von den vertraglichen Vereinbarungen auszugehen. Es dürfte in jedem Fall zu empfehlen sein, den Vertragsentwurf durch einen mit dem ausländischen Recht vertrauten Juristen nachprüfen zu lassen. Eine solche Nachprüfung sollte auch geschehen, soweit ausländische Musterverträge benutzt werden.

Die deutsche Rechtsordnung läßt die Vereinbarung ausländischen Rechtes grundsätzlich zu[387].

Die Frage, nach welchem Recht das Zustandekommen des Vertretervertrages, also der Vertragsabschluß selbst, zu beurteilen ist, soll hier nicht behandelt werden. Das Problem des Vertragsschlusses nach Internationalem Privatrecht, das bei allen Verträgen mit ausländischen Vertragspartnern auftritt, bietet außerordentliche Schwierigkeiten. Es würde zu weit führen, hier darauf einzugehen. Prof. Murad Ferid hat dieses Problem in einer Schrift behandelt[388].

Für die Praxis kann nur empfohlen werden, alle Vereinbarungen möglichst genau schriftlich festzulegen und von beiden Parteien unterzeichnen zu lassen und auf ihre Geltung erst zu vertrauen, wenn die beiderseitige Unterschrift vorliegt. Es ist dringend davor zu warnen, sich auf Stillschweigen als Zustimmung zu verlassen.

2. Verwendung des Vertragsmusters (Ausland)[389]

152 Es ist darauf hinzuweisen, daß das Vertragsmuster zu einzelnen Punkten ausdrücklich eine ergänzende Parteivereinbarung vorsieht oder mehrere Alternativen von Regelungen zur Auswahl stellt[390]. Das Vertragsmuster wurde absichtlich ausführlich gehalten, weil es einfacher ist, im Einzelfall Kürzungen vorzunehmen als Erweiterungen einzufügen.

Es muß jedoch davon abgeraten werden, anstelle schriftlich fest-

387 *Reithmann,* a.a.O., Rand-Nr. 2 ff. m.w.N.

388 *Ferid,* a.a.O.

389 Neben der deutschen Ausgabe können auch englische und französische Übersetzungen des Vertragsmusters vom Maschinenbau-Verlag, Postfach 710109, 6000 Frankfurt/Main 71, bezogen werden.

390 Vgl. z. B. Art. 2.

gelegter Vereinbarungen mündliche Absprachen zu treffen. Es ist unter anderem dabei zu bedenken, daß in manchen Ländern im Prozeßfall der Urkundenbeweis eine viel erheblichere Rolle spielt als in Deutschland. Es empfiehlt sich als Originaltext des Vertrages in jedem Fall, den deutschen Text zu vereinbaren, weil der deutschem Recht unterliegende Vertrag deutsche Rechtsbegriffe verwenden muß, diese sich aber in fremde Sprachen zum Teil nur sehr schwer übersetzen lassen. Das Vertragsmuster paßt nur für Verträge mit Vertragshändlern. Vor seiner Anwendung ist daher zu prüfen, ob derjenige, mit dem der Vertrag geschlossen wird, als Vertragshändler tätig werden soll[391].

Soweit die Regelungen im Vertragsmuster für Vereinbarungen mit Vertragshändlern im Ausland mit denen im Muster für Inlandsverträge übereinstimmen, erübrigen sich gesonderte Bemerkungen und Erläuterungen an dieser Stelle. Zum Teil liegen aber auch die Gründe für eine abweichende Formulierung und die Darbietung der verschiedenen Alternativen im Muster auf der Hand, so daß sich auch insoweit eine Erörterung erübrigt. Die kartellrechtlichen Besonderheiten werden darüber hinaus in gesonderten Abschnitten behandelt[392].

a) Anpassung der Allgemeinen Geschäftsbedingungen des Vertragshändlers an die des Herstellers

Ebenso wie das Vertragsmuster (Inland) sieht das Muster für Verträge **153**
mit ausländischen Vertragshändlern vor, daß der Vertragshändler seine Allgemeinen Geschäftsbedingungen denen des Herstellers angleicht[393]. Das hieran ein bedeutendes Interesse der Vertragsparteien besteht, wurde bereits an anderer Stelle ausgeführt[394]. Bei Verträgen mit ausländischen Vertragshändlern ergeben sich besondere Probleme. Diese rühren unter anderem daher, daß im Verhältnis des Herstellers zum ausländischen Vertragshändler Bedingungen vereinbart werden müssen, die den grenzüberschreitenden Warenverkehr zu berücksichtigen haben, während im Verhältnis des Vertragshändlers zu seinen Kunden regelmäßig Inlandsbedingungen verwandt werden, die sich zudem nach dem Recht des Staates, in dem der Vertragshändler seinen Sitz hat, richten werden. Die sich hieraus ergebende Problematik ist allerdings nicht überzubewerten. Hinsichtlich der vorrangigen Regelungen

391 Vgl. Rand-Nr. 1 ff..
392 Vgl. Rand-Nr. 167 ff. und Rand-Nr. 183 ff.
393 Vgl. Art. 2 des Vertragsmusters (Ausland).
394 Vgl. Rand-Nr. 21 ff..

in Allgemeinen Geschäftsbedingungen wird sich, abgesehen vom Eigentumsvorbehalt, eine Angleichung auch nach den zugrundeliegenden verschiedenen Rechtsordnungen ermöglichen lassen. Dies wird insbesondere für die Gewährleistungs- und Garantiefragen sowie die Problematik der Haftung gelten. Anregungen für die Angleichung werden die Vertragsparteien den von der Wirtschaftskommission der Vereinten Nationen für Europa (ECE) erarbeiteten Bedingungen entnehmen können[395]. Bei der Ausarbeitung dieser Lieferbedingungen waren Sachverständige der wichtigsten europäischen Länder beteiligt, so daß auch auf die Rechtsordnungen dieser Länder Rücksicht genommen werden konnte.

b) Verwendung von Lieferbedingungen gegenüber dem ausländischen Vertragshändler

154 Die Verwendung von Lieferbedingungen im Export muß genau überlegt werden. Besonders wichtig ist es, darauf zu achten, daß die Bedingungen auch tatsächlich Bestandteil des Liefervertrages werden. Dies ist im Auslandsgeschäft häufig schwieriger als beim Handel innerhalb der Bundesrepublik Deutschland. Die im Vertragsmuster[396] vorgesehene Regelung wird ausreichen, die Geltung der Lieferbedingungen für die Vertragsbeziehungen zu vereinbaren, wenn die Bedingungen dem Vertragshändler auch tatsächlich – so wie im Muster vorgesehen – zur Kenntnis gelangen.

Lieferbedingungen werden im Exportgeschäft deshalb häufig nicht Vertragsbestandteil, weil sie in deutscher Sprache übersandt werden, obwohl deutsch weder die Landessprache noch die Korrespondenzsprache des Kunden, d. h. hier des Vertragshändlers ist. Dieses Problem kann natürlich durch eine Übersetzung der Lieferbedingungen ausgeschaltet werden. Es ist jedoch zu beachten, daß eine wörtliche Übertragung oft nicht den juristischen Sinn der Bedingungen wiedergibt, so daß die Übersetzung in jedem Fall qualifizierten Dolmetschern anvertraut werden muß. Im übrigen ist darauf zu achten, daß nicht nur die Lieferbedingungen generell Vertragsinhalt werden, sondern daß

---

395 Allgemeine Lieferbedingungen für den Export von Maschinen und Anlagen (LW 188), Allgemeine Verkaufsbedingungen für den Import und Export von langlebigen Konsumgütern und anderen Serienerzeugnissen der metallverarbeitenden Industrie (LK 730); Bezugsquelle: Maschinenbau-Verlag, Postfach 710109, 6000 Frankfurt/Main 71.

396 Art. 2 des Vertragsmusters (Ausland).

auch alle wichtigen Einzelheiten rechtlich wirksam und zweckmäßig geregelt sind. Gegen diesen Grund wird häufig dadurch verstoßen, daß Inlandsbedingungen unverändert auch für das Auslandsgeschäft übernommen werden. Inländische Lieferbedingungen sind jedoch meistens auf die in Deutschland vorgefundene rechtliche Situation zugeschnitten. Sofern daher auf den Liefervertrag ausländisches Recht zur Anwendung kommt, ist die Verwendung inländischer Lieferbedingungen von vorneherein fragwürdig, Aber selbst wenn grundsätzlich deutsches Recht zur Anwendung gelangt, kann die Verwendung von Inlandsbedingungen zu Pannen führen. So sind in Inlandsbedingungen für Auslandsgeschäfte so wichtige Probleme wie die des grenzüberschreitenden Transports, des anwendbaren Rechts und der zweckmäßigsten prozessualen Regelung oft nicht hinreichend behandelt. Dasselbe gilt für den Eigentumsvorbehalt, der sich regelmäßig nach ausländischem Recht richtet, sobald sich die Ware im Ausland befindet[397]. Diese Probleme entfallen bzw. werden weitgehend entschärft, wenn auf die bereits genannten von der Wirtschaftskommission der Vereinten Nationen für Europa (ECE) herausgegebenen und empfohlenen Lieferbedingungen zurückgegriffen wird[398].

In diesem Zusammenhang erhebt sich die Frage, inwieweit Export- **155**
bedingungen dem seit 1. 4. 1977 in Kraft getretenen AGB-Gesetz unterfallen. Das AGB-Gesetz unterscheidet hinsichtlich den an den Inhalt Allgemeiner Geschäftsbedingungen zu stellenden Anforderungen zwischen der Verwendung gegenüber Kaufleuten einerseits und Nichtkaufleuten andererseits. Die Beziehungen zwischen Hersteller und Vertragshändler sind regelmäßig dem kaufmännischen Geschäftsverkehr zuzurechnen. Nach den Grundsätzen des AGB-Gesetzes bedeutet dies folgendes: Soweit die vertraglichen Beziehungen zwischen Hersteller und Vertragshändler kraft besonderer Vereinbarung oder mangels einer solchen einer ausländischen Rechtsordnung unterliegen, findet das AGB-Gesetz keine Berücksichtigung. Seine Vorschriften gehören nicht dem deutschen ordre public an[399]. Wird dagegen deutsches Recht als auf die Vertragsbeziehungen anwendbar vereinbart, so heißt dies, daß auch das AGB-Gesetz zur Anwendung gelangt. Dies hat, soweit es sich um die Inhaltskontrolle von Allgemeinen Geschäfts-

397 Vgl. dazu Rand-Nr. 156.

398 Die ECE-Lieferbedingungen 188 liegen in acht europäischen Sprachen vor, die Bedingungen LK 730 in fünf europäischen Sprachen, so daß sich eigene Übersetzungen dieser Bedingungen praktisch erübrigen.

399 *Landfermann,* a.a.O., S. 450.

bedingungen handelt, für den hier interessierenden kaufmännischen Geschäftsverkehr zur Folge, daß die Überprüfung der Allgemeinen Geschäftsbedingungen auf ihre rechtliche Wirksamkeit anhand der Generalklausel des AGB-Gesetzes erfolgt. Prüfungsmaßstab ist danach der Schutz des anderen Vertragsteils vor unangemessenen Benachteiligungen, die gegen die Gebote von Treu und Glauben verstoßen.

Die Verbote der in den Klauselkatalogen der §§ 10 und 11 AGB-Gesetz aufgeführten Regelungen sind dagegen auf den kaufmännischen Geschäftsverkehr und damit regelmäßig auf das Verhältnis zwischen Vertragshändler und Hersteller nicht unmittelbar anzuwenden[400].

Im übrigen dürfte es unter Kaufleuten auch zulässig sein, die Anwendbarkeit des deutschen Rechtes unter Ausschluß des AGB-Gesetzes zu vereinbaren. Ist es nämlich den Parteien erlaubt, eine ausländische Rechtsordnung zu wählen und damit das deutsche Recht einschließlich des AGB-Gesetzes auszuschließen, so muß auch der partielle Ausschluß des deutschen Rechtes insoweit möglich sein. Eine andere Beurteilung ergäbe sich nur dann, wenn das AGB-Gesetz insgesamt dem deutschen ordre public zuzuordnen wäre. Wie bereits dargetan, ist dies jedoch nicht der Fall. Die folgt auch daraus, daß der Gesetzgeber im AGB-Gesetz selbst eine abschließende Regelung darüber getroffen hat, wann das AGB-Gesetz bei Verträgen mit Auslandsberührung unabdingbar sein soll[401]. Die Unabdingbarkeit ist dort aber lediglich unter gewissen Voraussetzungen auf Verträge mit Nichtkaufleuten beschränkt. Die Vereinbarung deutschen Rechtes unter Ausschluß des AGB-Gesetzes bedeutet auch keine Rechtlosstellung des Empfängers der Allgemeinen Geschäftsbedingungen, da ihm weiterhin der Schutz verbleibt, der sich aufgrund der allgemeinen Rechtsgrundsätze, des Verbots der Sittenwidrigkeit und der Gebote von Treu und Glauben ergibt[402].

c) Vereinbarung eines Eigentumsvorbehalts

156 Häufig wird davon ausgegangen, daß ein Eigentumsvorbehalt im Ausland in demselben Umfang wie bei einem Inlandsgeschäft wirksam ist. Dies ist jedoch eine Fehleinschätzung, für die oft teuer gezahlt wird.

400 § 24 AGB-Gesetz.
401 § 12 AGB-Gesetz.
402 §§ 242, 138 BGB.

Unabhängig von den vertraglichen Vereinbarungen über die Anwendbarkeit deutschen Rechts kommt dieses hinsichtlich eines Eigentumsvorbehaltes regelmäßig nicht zur Anwendung, wenn die unter Eigentumsvorbehalt gelieferte Ware die Grenze der Bunderepublik Deutschland zum Ausland überschritten hat. Nach dem Recht praktisch aller Länder ist nämlich insoweit das Recht des Staates anzuwenden, in dem sich die verkaufte Sache befindet (lex rei sitae)[403].

Überschreitet die Ware also die Grenze der Bundesrepublik Deutschland, so kommt es darauf an, ob der nach deutschem Recht wirksam vereinbarte Eigentumsvorbehalt nach Form und Inhalt den Erfordernissen der Rechtsordnung des Verbringungsstaates entspricht. Ist das nicht der Fall, wird dem Eigentumsvorbehalt in dem neuen Staat die Anerkennung versagt und lebt erst wieder auf, wenn und falls die Sache in die Bunderepublik Deutschland zurück kommt. Ein in Deutschland formlos vereinbarter Eigentumsvorbehalt an einer aus Deutschland nach Italien verbrachten Werkzeugmaschine, wird in Italien beispielsweise wegen fehlender Registrierung nicht anerkannt, ist aber bei Rückkehr der Maschine nach Deutschland wieder wirksam.

Auch die Frage des gutgläubigen Erwerbs der unter Eigentumsvorbehalt gelieferten Ware durch einen Dritten ebenso, wie z. B. die Wirksamkeit des Eigentumsvorbehaltes im Konkurs richtet sich nach dem Recht des Staates, in dem die Ware sich befindet. Als Fazit läßt sich demnach feststellen, daß die Wirkung eines Eigentumsvorbehaltes als Sicherungsmittel im Auslandsgeschäft nicht überschätzt werden darf. Es bedarf in jedem Fall einer sorgfältigen Prüfung der Rechtslage in dem Verbringungsstaat[404] und gegebenenfalls ein Zurückgreifen auf andere Kreditsicherungsmittel[405].

d) *Steuerliche Behandlung von Provisionen bei Direktgeschäften des Herstellers*

Die umsatzsteuerliche Behandlung von „Provisionen“ weicht aufgrund **157**
der verschiedenen nationalen Rechtsordnungen stark voneinander ab. Allerdings wird es ab 1980 innerhalb der Europäischen Gemeinschaften „harmonisierte“ (vereinheitlichte) Regeln geben. Diese Regeln sehen

---

403 Vgl. *Reichard/Kühnel/Wittig/Grebner,* a.a.O., S. 15.

404 Einen guten Überblick über die Rechtslage in vielen Staaten bieten *Reichard/Kühnel/ Wittig/Grebner,* a.a.O..

405 Vgl. Rand-Nr. 27.

grundsätzlich eine Umsatzsteuerpflicht für Provisionen vor. Die von dem „Vertragshändler" berechnete Provision (die dem Vertragshändler gutgeschriebene Provision) soll hiernach mit Umsatzsteuer belastet sein. Andererseits soll es innerhalb der Europäischen Gemeinschaften allgemein zu einer Erstattung dieser Mehrwertsteuerbeträge aufgrund Antrages beim Finanzamt kommen. Durch die Erstattung „eingekaufter" Mehrwertsteuer auch für Ausländer wird zumindest theoretisch eine Belastung durch die Mehrwertsteuer vermieden.

Außerhalb der Europäischen Gemeinschaften existiert eine Umsatzsteuer nur zum Teil. Auch bei Vorhandensein eines Umsatzsteuersystems wird eine Vertreterprovision (Vertragshändlerprovision) nicht immer versteuert. So kennt die Schweiz keine Umsatzsteuer für Vertreterleistungen (es existiert lediglich eine Waren-Umsatzsteuer).

Um alle steuerlichen Risiken – auch für die Zukunft – auszuschließen, empfiehlt sich generell eine Vertragsklausel, derzufolge Umsatzsteuern, Abgaben gleicher Art oder ähnlicher Art, die im Lande des Vertragshändlers anfallen, grundsätzlich vom Vertragshändler übernommen werden. Dies schließt nicht aus, daß im Hinblick auf die Erstattungsfähigkeit der Umsatzsteuer innerhalb der Europäischen Gemeinschaften auf die Durchführung dieser Vertragsklausel verzichtet wird (und wohl verzichtet werden muß, damit eine Erstattung an den Unternehmer möglich ist).

e) Recht zur außerordentlichen Kündigung bei wesentlichen Änderungen in der Person einer Partei

158 Die Vertragsparteien haben ein Interesse daran zu wissen, wer im Rahmen einer Gesellschaft für sie tätig wird oder Einfluß auf die Gesellschaft ausübt. Bei wesentlichen Änderungen in Geschäftsführung oder Rechtsform der anderen Partei sieht deswegen das Vertragsmuster[406] ein Recht zur außerordentlichen Kündigung vor, sofern die Änderungen geeignet sind, die Ergebnisse wesentlich zu beeinträchtigen, die die kündigende Partei von der Durchführung des Vertrags rechtmäßig erwarten konnte. Dies gilt ebenso für wesentliche Änderungen in der Finanzlage[407].

406 Art. 26 des Vertragsmusters (Ausland).

407 Art. 26 des Vertragsmusters (Ausland); im übrigen vgl. Rand-Nr. 115.

f) Ausgleichsanspruch des ausländischen Vertragshändlers

Die Rechtslage hinsichtlich des Ausgleichsanspruches des Vertragshändlers in den verschiedenen Ländern läßt sich nicht übersehen. Soweit ersichtlich, kennen aber die Rechtsordnungen der meisten wichtigen für den Export in Frage kommenden Länder den Anspruch nicht[408]. Eine Ausnahme bildet z. B. das schon erwähnte belgische Gesetz betreffend der Kündigung von Vertragshändler-Verträgen, in dem der Ausgleichsanpruch ausdrücklich festgelegt ist[409]. Um die Gefahr evtl. Ausgleichansprüche nach Vertragsbeendigung soweit als möglich auszuschließen, wurde im Vertragsmuster[410] die Bestimmung aufgenommen, daß alle Ansprüche ausgeschlossen sind, die sich aufgrund der Beendigung des Vertragsverhältnisses ergeben können, es sei denn, daß sie auf einem Verschulden der Parteien beruhen. Im Zusammenhang mit der Vereinbarung deutschen Rechtes und eines Gerichtsstandes am Sitz des Unternehmers bzw. eines Schiedsgerichtes wird so die bestmögliche Gewähr gegen die Gefahr eines Ausgleichanspruches gegeben[411]. **159**

Zu beachten ist, daß der Ausschluß von Ausgleichsansprüchen ausdrücklich, so wie im Vertragsmuster vorgesehen, erfolgen muß. Ansonsten käme nämlich, da deutsches Recht auf den Vertrag Anwendung findet, die Rechtsprechung des Bundesgerichtshofes zum Zuge, die in bestimmten Fällen einen Ausgleichsanspruch des Vertragshändlers vorsieht[412]. Wenn auch noch nicht abschließend geklärt ist, ob der Ausgleichsanspruch des Vertragshändlers mit Sitz im Inland vertraglich im voraus abdingbar ist[413], so ist dies für den Vertragshändler, der seine Niederlassung nicht innerhalb des deutschen Inlandes hat, möglich[414].

g) Gerichtsstand

Sowohl für die Klage des Unternehmers als auch für die des Vertragshändlers, ist nach dem Vertragsmuster Alternative A Gerichtsstand der **160**

---

408 Eine gewisse Übersicht bietet *Bortolotti,* a.a.O..

409 Vgl. Fn. 382.

410 Art. 30 des Vertragsmusters (Ausland).

411 Zur Frage des Ausgleichsanspruchs nach deutschem Recht vgl. Rand-Nr. 120 ff..

412 Vgl. Rand-Nr. 120 ff..

413 So die hier vertretene Auffassung , vgl. Rand-Nr. 124.

414 § 92 c HGB analog.

Sitz des Unternehmers[415]. Im Auslandsgeschäft muß jedoch auch noch die Möglichkeit bestehen, daß der Unternehmer am Sitz des Vertragshändlers Klage erhebt, weil in zahlreichen Ländern die Vollstreckung deutscher Urteile immer noch nicht möglich ist. Ist im Vertrag über den Gerichtsstand nichts vereinbart, so ist für Klagen des Unternehmers gegen den Vertragshändler örtlich in aller Regel das Gericht zuständig, in dessen Bezirk der Vertragshändler seinen Wohnsitz oder seine Niederlassung hat. Ist der Vertragshändler im Ausland ansässig, so ist die Frage der örtlichen Zuständigkeit nach dem Prozeßrecht des betreffenden Landes zu prüfen. Hat der Vertragshändler keinen Sitz im Inland, so kann er trotzdem dort verklagt werden, wenn er Vermögen in der Bundesrepublik Deutschland hat[416].

161 Eine Besonderheit gilt für Verträge mit Vertragshändlern mit Sitz in einem der sechs alten EG-Mitgliedsstaaten. Im Rechtsverkehr dieser Staaten gilt für Streitigkeiten aus Zivil- und Handelssachen und damit auch für Ansprüche aus Vertragshändlerverträgen das Europäische Gerichtsstands- und Vollstreckungsübereinkommen vom 27. 9. 1969 (GVÜ)[417]. Für die Wirksamkeit von Gerichtsstandsvereinbarungen fordert dieses Abkommen Schriftform[418]. Ist keine Gerichtsstandsvereinbarung getroffen, so gilt grundsätzlich das Gericht am Sitz des Beklagten als zuständig. Als wichtige Ausnahme von diesem allgemeinen Grundsatz werden der Gerichtsstand des Erfüllungsorts und der unerlaubten Handlung bestimmt. Danach kann eine Partei auch dort verklagt werden, wo eine vertragliche Verpflichtung zu erfüllen ist oder an dem Ort, wo das schädigende Ereignis einer unerlaubten Handlung eingetreten ist[419].

162 Das bereits mehrfach erwähnte belgische Vertragshändlergesetz sieht das Recht des belgischen Vertragshändlers vor, auch entgegen anderen Vereinbarungen stets in Belgien gegen den Hersteller klagen zu können; das belgische Gericht würde dann stets belgisches Recht anwenden. Diese Vorschrift steht allerdings nicht mit dem GVÜ in Einklang, das direkte Zuständigkeitsregelungen enthält, die auch den belgischen Richter binden. Den Vorschriften des Übereinkommens gebührt der

415 Art. 32 des Vertragsmusters (Ausland); vgl. auch die Ausführungen unter Rand-Nr. 131 f., 150.

416 § 23 ZPO.

417 BGBl. 1972 II S. 773; 73 II S. 60.

418 Art. 17 GVÜ.

419 Vgl. hierzu die Urteile des *Europäischen Gerichtshofs* vom 6. 10. 1976, NJW 1977 S. 490 ff..

Vorrang vor dem innerstaatlichen belgischen Recht. So wird denn auch in Belgien die Auffassung vertreten, daß das belgische Vertragshändlergesetz, soweit es dem GVÜ widerspricht, nicht mehr anzuwenden ist.[420]. Demnach muß sich ein belgisches Gericht, vor dem ein belgischer Vertragshändler gegen einen Hersteller mit Sitz in Deutschland klagt, auf entsprechende Rüge für unzuständig erklären im Falle von entgegenstehenden wirksamen Gerichtsstandsvereinbarungen oder sonstiger ausschließlicher Zuständigkeit eines anderen Gerichts aufgrund des GVÜ.

h) Vereinbarung eines Schiedsgerichts

Soll über die entstandenen Streitigkeiten nicht durch ordentliche Gerichte, sondern durch Schiedsgerichte entschieden werden, so ist die Alternative B des Art. 32 des Vertragsmusters zu wählen. Kommt hinsichtlich der ICC-Schiedsgerichtsordnung keine Einigkeit zustande, so bietet sich als Alternative die Vereinbarung eines Ad-hoc-Schiedsgerichts an. **163**

Als Text einer solchen Vereinbarung könnte folgende Formulierung dienen:

> „Sämtliche Streitigkeiten zwischen den Parteien, die sich aus diesem Vertrag oder im Zusammenhang damit ergeben, werden unter Ausschluß des ordentlichen Gerichts durch ein Schiedsgericht entschieden, das wie folgt gebildet wird:
>
> Das Schiedsgericht besteht aus zwei Schiedsrichtern, von denen jede Partei je einen benennt, und einem Vorsitzenden.
>
> Die Partei, die das Schiedsgericht anzurufen wünscht (Klägerin), unterrichtet die andere Partei (Beklagte) hiervon durch einen eingeschriebenen Brief, in dem der Vorname, Nachname und die Anschrift des benannten Schiedsrichters sowie der Gegenstand des Streites anzugeben sind.
>
> Die Beklagte ist verpflichtet, innerhalb von 30 Tagen nach Erhalt dieser Mitteilung der Klägerin durch eingeschriebenen Brief den Vornamen, Nachnamen und die Anschrift des von ihr benannten Schiedsrichters bekanntzugeben.
>
> Benennt eine der Parteien keinen Schiedsrichter, so wird vom Präsident der Handelskammer in .... ein Schiedsrichter ernannt.
>
> Die Schiedsrichter wählen binnen 20 Tagen nach ihrer Bestellung den Vorsitzenden des Schiedsgerichts. Sollten sie sich in diesem Zeitraum auf keinen

---

420 *Martiny/Schweickert,* a.a.O., S. 375 m.w.N.

Vorsitzenden einigen, so wird dieser vom Präsidenten der Handelskammer in .... ernannt.

Die Ordnung des Schiedsgerichtsverfahrens und die Verteilung der Kosten, die mit der Tätigkeit des Schiedsgerichts verbunden sind, werden von dem Schiedsgericht selbst bestimmt.

Die Entscheidung des Schiedsgerichts ist endgültig und für beide Parteien bindend."

164 Bei Verträgen mit Vertragshändlern in Lateinamerika empfiehlt es sich, die Ad-hoc-Klausel zu vereinbaren. Gelingt dies nicht, so sollte die Vergleichs- und Schiedsklausel der Internationalen Handelskammer vorgesehen werden. Nur wenn auch dies nicht gelingt, sollte auf die Klausel, die zwischen der Internationalen Handelskammer und der Inter-American Commercial Arbitration Commission vereinbart wurde, zurückgegriffen werden.

Diese Klausel halten wir insofern für ungünstig, weil die Verfahrensordnung davon abhängt, wo die Klage erhoben wird. Entsprechendes gilt auch für die USA und die Klausel, die zwischen der Internationalen Handelskammer und der American Arbitration Association vereinbart ist[421].

Beim zuständigen ordentlichen Gericht kann der Antrag auf Bestätigung des ergangenen Schiedsspruchs bzw. auf Vollstreckbarerklärung zum Zwecke der Zwangsvollstreckung gestellt werden.

165 Ob es sich empfiehlt, die Zuständigkeit der ordentlichen Gerichte zugunsten eines Schiedsgerichts auszuschließen, hängt von dem Einzelfall ab. Wenn eine solche Vereinbarung nicht unter Abwägung aller Umstände stattfindet, müssen die Vertragsparteien mit ihrer Unwirksamkeit oder mit Schwierigkeiten rechnen. Es kann dann der Fall eintreten, daß das staatliche Gericht am Sitz des jeweiligen Beklagten zuständig ist[422].

Ist die Vereinbarung aber zulässig und erfolgt sie unter Beachtung der besonderen Umstände, insbesondere der Rechtsordnung des Landes, in dem der Vertragshändler seinen Sitz hat und in dem deswegen eine eventuelle Vollstreckung stattfinden müßte, so wird eine Schiedsver-

---

421 Die Klauseln sind abgedruckt in *Stumpf,* Internationales Handelsvertreterrecht, Teil 1, a.a.O., S. 142 f..

422 Vgl. zur Zulässigkeit von Schiedsvereinbarungen die Ausführungen in den Länderbeiträgen in *Stumpf/Detzer/Immesberger* Internationales Handelsvertreterrecht, Teil 2, a.a.O..

einbarung regelmäßig zweckmäßiger als eine Gerichtsstandsvereinbarung sein. Zu achten ist u. a. auf die Anerkennungs- und Vollstreckungsmöglichkeiten von Schiedssprüchen in den Ländern der beteiligten Vertragsparteien, wobei die einschlägigen internationalen Übereinkommen zu berücksichtigen sind, deren wichtigste im folgenden noch genannt werden.

Insbesondere bei lateinamerikanischen Staaten ist Aufmerksamkeit geboten. Die Rechtsordnungen vieler lateinamerikanischer Staaten sehen nämlich vor, daß die Vereinbarung eines in- oder ausländischen Schiedsgerichts erst zulässig ist, wenn ein Streitfall entstanden ist. Wird eine Schiedsgerichtsvereinbarung getroffen, bevor der Streitfall entstanden ist, so bedeutet dies die Verpflichtung zum Abschluß eines Schiedsvertrages, sobald es zum Streitfall kommt. Kommt eine Partei dieser Verpflichtung zum Abschluß eines Schiedsvertrages nicht nach, so macht sie sich schadensersatzpflichtig. Der Schadensersatzanspruch muß jedoch dann wieder vor den ordentlichen Gerichten des ausländischen Staates eingeklagt werden. Trotz dieser Möglichkeit, sich einer Schiedsgerichtsvereinbarung zu entziehen, dürfte in der Regel dieser Weg der Vereinbarung eines Schiedsgerichtes noch der günstigste sein, da ansonsten nur der Weg vor die Gerichte des jeweiligen ausländischen Staates übrig bliebe, da deutsche Urteile in der Regel dort hinsichtlich der Vollstreckung auf Schwierigkeiten stoßen.

Auf der anderen Seite aber hat eine wirksam vereinbarte Schiedsklausel gegenüber der Vereinbarung der Zuständigkeit eines staatlichen Gerichts einige auffallende Vorteile: Zunächst steht ein solches Schiedsgericht gegenüber den vertragschließenden Parteien, von denen jede darauf beharrt, daß ein staatliches Gericht in ihrem Lande zuständig sein soll, in stärkerem Maße als staatliche Gerichte im Rufe von Unparteilichkeit. Die Parteien halten diese oft schon dadurch für gewährleistet, daß der Vorsitzende des Schiedsgerichtes eine andere Staatsangehörigkeit besitzt als sie selbst. In der Regel erspart man sich darüber hinaus den sich oft über Jahre erstreckenden Instanzenzug bei den staatlichen Gerichten. Die Schiedsrichter sind meist Fachleute auf dem Gebiet des internationalen Handels im Gegensatz zu den ohnehin sehr überlasteten Richtern an staatlichen Gerichten, die oft schon Schwierigkeiten haben, wenn der streitige Vertrag nicht in ihrer Muttersprache abgefaßt ist. Außerdem bestehen in der Regel nicht so große Vollstreckungsschwierigkeiten, wie bei den Urteilen staatlicher Gerichte, die nicht im Ausland vollstreckt werden können. (Bei IHK-Verfahren

z. B. bedürfen nur etwa 10% der ergehenden Schiedssprüche überhaupt einer Vollstreckung).

166 Die Lage ist bei in einem anderen Staat anzuerkennenden und zu vollstreckenden Schiedssprüchen nicht zuletzt wegen zahlreicher internationaler Abkommen erheblich günstiger als bei der Anerkennung von Urteilen staatlicher Gerichte. Eine rechtliche Beurteilung wird allerdings durch die Vielzahl der sich teilweise überschneidenden Abkommen erheblich erschwert. Im einzelnen handelt es sich um folgende Abkommen:

- Das Genfer Protokoll über die Schiedsklauseln vom 24. 9. 1923[423].
- Das Genfer Abkommen zur Vollstreckung ausländischer Schiedssprüche vom 26. 9. 1927[424].
- Das Europäische Übereinkommen über die internationale Handelsschiedsgerichtbarkeit vom 21. 4. 1961[425].
- Das UN-Übereinkommen über die Anerkennung und Vollstreckung ausländischer Schiedssprüche vom 10. 6. 1958 (sog. New Yorker Abkommen)[426].

Während die ersten drei Abkommen im Rahmen des gestellten Themas nicht besonders erwähnt werden sollen, ist das New Yorker Abkommen vom 10. 6. 1958 wegen seiner Bedeutung besonders hervorzuheben. Es ist zum zentralen multilateralen Abkommen über die internationale Schiedsgerichtsbarkeit schlechthin geworden. Das Übereinkommen wurde geschaffen, weil das Genfer Protokoll und das Genfer Abkommen als teilweise unbefriedigend angesehen wurden. Das Abkommen ist für die Bundesrepublik Deutschland mit Wirkung vom 28. 9. 1961 in Kraft getreten[427]. Dem Übereinkommen sind zwischenzeitlich weit mehr als 40 Staaten beigetreten[428].

Das Übereinkommen regelt die Anerkennung und Vollstreckung von Schiedssprüchen, die in Rechtsstreitigkeiten zwischen natürlichen oder juristischen Personen in dem Hoheitsgebiet eines anderen Staates als desjenigen ergangen sind, in dem die Anerkennung und Vollstreckung

423 Vgl. RGBl. 1925 II S. 47.
424 Vgl. RGBl. 1930 II S. 1068.
425 Vgl. BGBl. 1964 II S. 425 ff..
426 Vgl. BGBl. 1961 II S. 121.
427 Vgl. BGBl. 1962 II S. 102.
428 Vgl. Fundstellennachweis B, BGBl. völkerrechtliche Vereinbarungen und Verträge mit der DDR, abgeschlossen am 31. 12. 1977, S. 290.

nachgesucht wird. Es ist auch auf solche Schiedssprüche anzuwenden, die in dem Staat, in dem ihre Anerkennung und Vollstreckung nachgesucht wird, nicht als inländische anzusehen sind[429].

429 Bezüglich weiterer Einzelheiten zu diesem und den anderen genannten Abkommen vgl. *Schlosser,* a.a.O., Rand-Nr. 44 ff..

XI. Vertragshändlerverträge und deutsches Kartellrecht

1. Ausschließlichkeitsbindungen

a) Allgemeines

167 Für die kartellrechtliche Beurteilung von Ausschließlichkeitsbindungen bei Vertragshändlerverträgen nach deutschen Recht ist § 18 des Gesetzes gegen Wettbewerbsbeschränkungen (GWB) ausschlaggebend[430]. Wie weit daneben auch § 1 GWB Anwendung findet, ist fraglich. Nach § 1 GWB sind Verträge, die Unternehmen oder Vereinigungen von Unternehmen zu einem gemeinsamen Zweck schließen unwirksam, soweit sie geeignet sind, die Erzeugung oder die Marktverhältnisse für den Verkehr mit Waren oder gewerblichen Leistungen durch Beschränkung des Wettbewerbs zu beeinflussen. Ein Anhaltspunkt zur Abgrenzung ergibt sich zunächst aus dem jeweiligen Vertragsinhalt. Das Gesetz hat bestimmte Absprachen ausdrücklich § 18 GWB zugewiesen. Schlichte Kartellverträge unterfallen dagegen dem § 1 GWB. Diese Abgrenzung ist jedoch lückenhaft. Sie muß durch andere Kriterien ergänzt werden.

Die früher herrschende Meinung ging davon aus, das GWB habe eine Unterteilung in horizontale und vertikale Verträge vorgenommen. Die §§ 1 – 14 GWB sollen dabei die horizontalen, die §§ 15 – 21 GWB die vertikalen wettbewerbsbeschränkenden Verträge regeln[431].

Diese Unterscheidung wird in der Regel zu zutreffenden Ergebnissen führen. Kartellverträge, also horizontale Verträge, werden normalerweise von miteinander konkurrierenden Unternehmen abgeschlossen. Dies geschieht auf gleicher Wirtschaftsstufe. Preisabsprachen und Ausschließlichkeitsbindungen kommen häufig in vertikalen Beziehungen vor, also zwischen Unternehmen auf verschiedenen Wirtschaftsstufen.

Eine genaue Unterscheidung vermag dagegen diese Ansicht nicht zu liefern. So lassen sich vertikale Kartelle ebenso denken wie sonstige horizontale Kartellverträge. Das Kriterium „Handeln auf verschiedenen Wirtschaftsstufen" ist somit nicht geeignet, eine prinzipielle Aussage über die wettbewerbsrechtliche Systematik zu machen[432].

---

430 Abgedruckt in Anhang I.

431 *Rasch/Westrick,* a.a.O., § 1 Anm. 7.

432 *Knieper,* a.a.O., S. 37.

Nach einer anderen Auffassung soll der entscheidende Gesichtspunkt für die richtige Abgrenzung in dem in § 1 GWB erwähnten gemeinsamen Zweck liegen[433]. Hiernach kommt § 1 GWB nur zur Anwendung, wenn ein gemeinsamer Zweck dem Vertrag zugrunde liegt, während §§ 15 – 21 GWB herangezogen werden, wenn ein gemeinschaftlicher Zweck nicht vorliegt[434]. Diese Unterscheidung nach dem gemeinsamen Zweck wird im Falle der Unterscheidung zwischen § 1 und § 18 GWB zu brauchbaren Ergebnissen führen. Zwar binden sich bei Alleinvertriebsvereinbarungen Hersteller und Vertragshändler oft gegenseitig, indem der Vertriebsbeschränkung auf ein Gebiet und der Bezugspflicht des Vertragshändlers die Pflicht des Herstellers das Alleinvertriebsrecht des Vertragshändlers zu respektieren gegenübergestellt wird, jedoch kann in dieser gegenseitigen Bindung noch kein gemeinsamer Zweck im Sinne eines gesellschafts- oder gesellschaftsähnlichen Vertrags gesehen werden[435]. Nur am Rande sei erwähnt, daß für das Verhältnis von § 1 zu §§ 20, 21 GWB, d. h. für Know-How- und Patentlizenzverträge eine Abgrenzung nach dem gemeinsamen Zweck kaum befriedigt[436].

Ausschließlichkeitsbindungen in Vertragshändlerverträgen unterfallen also nicht § 1 GWB. Dies ist von Wichtigkeit auch für Schiedsvereinbarungen in diesen Verträgen. § 91 GWB erklärt nämlich Schiedsvereinbarungen über künftige Rechtstreitigkeiten aus Verträgen oder Beschlüssen der in den §§ 1–5, 7 und 8 GWB bezeichneten Art für nichtig, wenn sie nicht jedem Beteiligten das Recht geben, im Einzelfall statt der Entscheidung durch das Schiedsgericht eine solche durch ein ordentliches Gericht zu verlangen. Auf Ausschließlichkeitsbindungen in Vertragshändlerverträgen ist § 91 demnach nicht anwendbar, da diese nicht § 1 GWB unterfallen. Eine analoge Anwendung des § 91 GWB verbietet sich angesichts seines eindeutigen Wortlauts. Die Parteien des Vertragshändlervertrags müssen jedoch im Auge behalten, daß Schiedssprüche, die gegen kartellrechtliche Bestimmungen verstoßen, gemäß § 1041 Abs. 1 Nr. 2 ZPO die Anerkennung versagt werden kann, da sie gegen die öffentliche Ordnung verstoßen. Nach der Rechtsprechung des Bundesgerichtshofes gehören zur öffentlichen Ordnung nämlich auch die Vorschriften des deutschen und des EWG-Kartellrechts[437].

---

433 *Müller/Henneberg/Schwartz,* a.a.O., Vorbemerkung 1 zu § 15 GWB; Frankfurter Kommentar, a.a.O., § 1 Rand-Nr. 9.

434 Vgl. ausführlich *Knieper,* a.a.O., S. 37 ff..

435 Vgl. *Müller/Henneberg/Schwartz,* a.a.O., § 18 GWB Rand-Nr. 9.

436 Vgl. dazu *Stumpf* (Know-How-Vertrag), a.a.O., Rand-Nr. 216.

437 *BGH,* Urteil vom 25. 10. 1966, BGHZ 46 S. 365; Urteil vom 27. 12. 1969, BB 1969, S. 629 mit Anm. *Ulmer.*

b) Schriftform

169 Die Schriftform ist bei Vertragshändlerverträgen nach § 34 GWB erforderlich, soweit sie Beschränkungen im Sinne der §§ 16 und 18 GWB enthalten, d. h. soweit sie Preisbindungen für Vertragserzeugnisse oder Vertriebsbeschränkungen enthalten[438]. Da § 34 GWB auf § 126 Abs. 1 BGB Bezug nimmt, ist die Urkunde vom Aussteller eigenhändig durch Namensunterschrift oder mittels gerichtlich oder notariell beglaubigten Handzeichens zu unterzeichnen. Eine Faksimileunterschrift genügt daher nicht. Auch die stillschweigende Zustimmung oder wiederholte mündliche Bestätigung ist nicht ausreichend.

Da durch § 34 GWB § 126 Abs. 2 BGB für nicht anwendbar erklärt wird, muß die Unterschrift nicht auf ein und derselben Urkunde geleistet werden. Es genügt also, wenn von den beiden Beteiligten die Unterschrift auf verschiedenen Urkunden geleistet wird. Briefwechsel ist daher ausreichend[439].

Die Urkunde muß den wesentlichen rechtlichen Inhalt derjenigen Willenserklärung enthalten, deren schriftliche Niederlegung das Gesetz erfordert.

Darüber hinaus fordert die herrschende Meinung, daß der gesamte Vertrag und nicht nur seine die Beschränkung enthaltenden Teile, schriftlich niederzulegen sind, weil nur die Kenntnis der ganzen Vereinbarungen der zuständigen Kartellbehörde eine ausreichende Überprüfungsmöglichkeit der beschlossenen Wettbewerbsbeschränkungen gibt[440]. Daraus folgt auch, daß Vertragsänderungen der schriftlichen Abfassung bedürfen[441]. Nach Ansicht des Bundesgerichtshofes ist die Schriftform auch für den Eintritt in einen Vertrag, der eine Vertriebsbindung zum Inhalt hat, notwendig, selbst wenn es sich hierbei um die Übernahme der Vertriebsbindung durch eine Schwesterfirma des ursprünglichen Vertragspartners handelt[442].

---

438 Vgl. dazu Rand-Nr. 171 ff.; die §§ 16, 18 und 34 GWB sind in Anhang I abgedruckt; vgl. im übrigen *Müller-Henneberg/Schwartz,* a.a.O., zu § 34 GWB; *Ulmer,* a.a.O., S. 347 Fn. 14.

439 Vgl. *Müller-Henneberg/Schwartz,* a.a.O., § 34 GWB Rand-Nr. 3; ferner *OLG Stuttgart,* Urteil vom 23. 1. 1976, BB 1976 S. 380; *LG Hamburg,* Urteil vom 24. 8. 1972, WRP 1973 S. 352.

440 Vgl. *Müller/Gries/Giessler,* a.a.O., § 34 GWB Rand-Nr. 2 m.w.N.

441 *Müller/Gries/Giessler, a.a.O., § 34 GWB Rand-Nr. 2.*

442 *BGH,* Urteil vom 1. 12. 1977, BB 1978 S. 518 = NJW 1978 S. 823.

Die Schriftform ist jedoch nicht erfüllt, wenn die Beschränkungen nach § 18 GWB sich aus dem Inhalt des Vertrages nicht unmittelbar ergeben, sondern unter Heranziehung von Umständen ermittelt werden müssen, die in diesen nicht enthalten sind[443]. Ulmer ist der Auffassung, daß über das Schriftformerfordernis des § 34 GWB die Bestimmung des § 85 HGB Satz 1 für Handelsvertreter analog auf Vertragshändler anzuwenden ist[444]. Nach dieser Bestimmung kann jeder Vertragspartner verlangen, daß der Inhalt des Vertrages sowie spätere Vereinbarungen zu dem Vertrag in eine vom anderen Teil unterzeichnete Urkunde aufgenommen werden. Es handelt sich hier jedoch um eine Schutzbestimmung für Handelsvertreter, die nicht auf den rechtlich freier gestellten Vertragshändler analog anzuwenden ist. **170**

Verträge mit wettbewerbsbeschränkenden Bindungen, die nicht gemäß § 34 GWB in Schriftform abgefaßt sind, sind nach § 125 BGB nichtig. Im Gegensatz zum GWB machen die EG-Wettbewerbsregeln die Wirksamkeit zulässiger oder zugelassener wettbewerbsbeschränkender Verträge nicht von der Schriftlichkeit abhängig[445].

c) Vertriebsbindung – Begriff und Zulässigkeit nach deutschem Kartellrecht

Um zu verhindern, daß Händler in Gebiete bzw. Länder weiterliefern, für die ein anderer Vertragshändler ein Alleinvertriebsrecht hat, wird verschiedentlich die Verpflichtung auferlegt, nicht an Kunden außerhalb des Vertragsgebietes weiterzuliefern. Für den Fall der Zuwiderhandlung werden häufig Vertragsstrafen vereinbart. Handelt ein Abnehmer dem Verbot zuwider, so kann auf Unterlassung geklagt werden[446]. Bedenken nach deutschem Kartellrecht gegen derartige Exportverbote bestehen u. E. in der Regel nicht[447]. Zwar spricht § 18 Abs. 1 Ziff. 3 GWB davon, daß die Kartellbehörde Verträge zwischen Unternehmen für unwirksam erklären kann, wenn sie einen Vertragsbeteiligten darin beschränken, die gelieferte Ware an Dritte abzugeben. Es handelt sich aber um eine Mißbrauchsaufsicht. Das Kartellamt kann **171**

---

443 *BGH,* Urteil vom 26. 6. 1972, BB 1972 S. 1156 = GRUR 1974 S. 742 = NJW 1972 S. 1713.

444 *Ulmer,* a.a.O., S. 397, Fn. 14.

445 Vgl. *Müller-Henneberg/Schwartz,* a.a.O., S. 14 und 15, sowie Rand-Nr. 183 ff..

446 *LG Passau,* Urteil vom 4. 6. 1958 Az. 2 Q 4/58.

447 Vgl. *Müller/Gries/Giessler,* a.a.O., § 18 GWB Rand-Nr. 26 ff.; *Müller-Henneberg/Schwartz,* a.a.O., § 18 Rand-Nr. 50 f..

nur einschreiten, wenn der Vertragshändler darin beschränkt wird, die gelieferte Ware an Dritte abzugeben und soweit

- dadurch eine für den Wettbewerb auf dem Markt erhebliche Zahl von Unternehmen gleichartig gebunden und in ihrer Wettbewerbsfreiheit unbillig eingeschränkt ist oder
- dadurch für andere Unternehmen der Marktzutritt unbillg beschränkt oder
- durch das Ausmaß solcher Beschränkungen der Wettbewerb auf dem Markt für diese oder andere Waren oder gewerbliche Leistungen wesentlich beeinträchtigt wird.

Die Voraussetzungen mußten früher kumulativ gegeben sein. Durch die Kartellgesetznovelle des Jahres 1965[448] ist jedoch eine Änderung dahin eingetreten, daß es genügt wenn eine der Voraussetzungen gegeben ist. Hinzu kommt , daß das deutsche Kartellgesetz nur auf Wettbewerbsbeschränkungen anwendbar ist, die sich im Inland auswirken[449]. Im Schrifttum wird die Auffassung vertreten, daß eine Wettbewerbsbeschränkung bei Exportverboten gegenüber inländischen Abnehmern nicht vorliegt[450]. Das unter Fußnote 446 erwähnte Urteil des Landgerichts Passau hat zwar nicht ausdrücklich zu dieser Frage Stellung genommen; daraus, daß es ein Ausfuhrverbot für zulässig erachtet, kann jedoch geschlossen werden, daß es der Meinung ist, kartellrechtliche Bestimmungen standen nicht dagegen.

172 Die Vertriebsbindung kann in verschiedenster Weise ausgestaltet werden. So kann z. B. vorgesehen weden, daß nur an bestimmte Personen oder Personengruppen geliefert werden darf (z. B. Fachgeschäfte) oder daß an bestimmte Personen im Vertragsgebiet nicht geliefert werden darf (z. B. an Exporteure oder Behörden)[451].

Die häufigste Bindung ist jedoch die, nicht an Kunden außerhalb des Vertragsgebietes zu liefern. Derartige Vereinbarungen sind im allgemeinen zulässig[452], soweit es sich um Gebiete innerhalb der Bundesrepublik Deutschland handelt.

---

448 Vom 15. 9. 1965, BGBl. I S. 1363; vgl. *Deringer/Tessin,* a.a.O., S. 132, *Gleiss/Hirsch,* WRP 1966 S. 17; *Lutz,* a.a.O., S. 1336.

449 § 98 Abs. 2 GWB.

450 Vgl. *Müller/Gries/Giessler,* a.a.O., § 18 GWB Rand-Nr. 29; *Hagenauer,* a.a.O., S. 124 ff.; *Lehmpfuhl,* a.a.O., S. 53 ff..

451 Vgl. Rand-Nr. 76.

452 Vgl. Fn. 450.

Exportverbote in Vertragshändlerverträgen haben in letzter Zeit aufgrund des EWG-Kartellrechts erheblich an Bedeutung verloren[453].

Vertriebsbindungen, die den Abnehmerkreis personell beschränken (sog. selektive Vertriebssysteme) spielen nur in einigen Branchen eine größere Rolle. Auch gegen solche „Fachhandelsbindungen" werden in der Regel keine Bedenken nach deutschem Kartellrecht geltend gemacht werden können. Das Bundeskartellamt, das schon frühzeitig sich mit dieser Vertriebsform auseinandersetzen mußte, vertritt grundsätzlich die Auffassung, daß die Wahl des Vertriebssystems jedem freisteht[454]. Im Büromaschinenhandel wurden beispielsweise Querlieferungsverbote vom Fachhandel an andere Handelsstufen im Hinblick auf die mit der Garantiehaftung gebotene Überwachung der gekauften Maschinen für zulässig gehalten[455]. Die Zulässigkeit solcher Bindungen ist immer dann gegeben, wenn sie sachlich gerechtfertigt sind. Hierbei sind die Interessen des Herstellers und die der betroffenen Abnehmer gegeneinander abzuwägen. Auch Verstöße gegen das Diskriminierungsverbot des § 26 Abs. 2 GWB dürften selten sein[456].

d) Bezugsbindungen

aa) für den Liefergegenstand

Die Pflicht, keine Waren von Konkurrenzunternehmen zu beziehen, **173**
bezeichnet man als Bezugspflicht[457]. Sie ist üblich und entspricht der gegenseitigen Treuepflicht der Vertragspartner. Sie ist kartellrechtlich nach § 18 Abs. 1 Nr. 2 GWB zu beurteilen. Die Voraussetzung für das Eingreifen des Kartellamtes dürfte aber nur dann gegeben sein, wenn es sich um außergewöhnliche Beschränkungen handelt, die über das übliche Maß hinausgehen.

Ein Eingreifen der Kartellbehörde wird in der Regel dann nicht in Betracht kommen, wenn der Bezugsbindung ein Alleinvertriebsrecht gegenübersteht[458]. Hagenauer spricht in diesem Zusammenhang von

453 Vgl. Rand-Nr. 183 ff..

454 Vgl. *Müller-Henneberg/Schwartz,* a.a.O., § 18 GWB Rand-Nr. 53 m.w.N..

455 Tätigkeitsbericht des Bundeskartellamtes für das Jahr 1961, S. 22.

456 Vgl. hierzu *Hagenauer,* a.a.O., S. 127 ff.; *Müller/Gries/Giessler, a.a.O., § 26 GWB* Rand-Nr. 25 ff., insbes. Rand-Nr. 38.

457 Vgl. *Ulmer,* a.a.O., S. 115 ff..

458 Vgl. *Müller-Henneberg/Schwartz,* a.a.O., § 18 GWB Rand-Nr. 34; Frankfurter Kommentar, a.a.O., § 15, Tz. 37; *Hagenauer,* a.a.O., S. 134.

„markengebunden“[459]. Hier handelt es sich um einen Begriff, der von der Markenartikel-Industrie geprägt wurde, für Bezugsbindungen von Vertragshändlern aber wohl etwas zu eng ist, weil sich auch Industriezweige, die nicht zur Markenartikel-Industrie zählen, der Vertragshändler bedienen. In der Regel dürfte keine Diskriminierung gemäß § 26 Abs. 2 GWB vorliegen.

174 Dies gilt auch im Verhältnis zu Dritten, die durch solche Bezugsbindungen behindert werden, weil sie sich zum Vertrieb ihrer Erzeugnisse nicht der gebundenen Vertragshändler bedienen können. Für den bindenden Hersteller wäre es nämlich unzumutbar, dem Vertragshändler ein Tätigwerden für die Konkurrenz zu gestatten. Auch das Diskriminierungsverbot des § 26 Abs. 2 kann nicht dazu führen, daß der Hersteller innerhalb seiner eigenen Vertriebsorganisation Konkurrenz dulden muß[460].

Ein Fall der Diskriminierung nach § 26 Abs. 2 GWB kann jedoch dann vorliegen, wenn der Hersteller seine Vertragshändler bei der Frage der Erteilung einer Zustimmung zur Übernahme einer Zweitvertretung ungleich behandelt. Im Falle eines Kfz-Herstellers, der es einem seiner Vertragshändler untersagte, eine Zweitvertretung für einen anderen Hersteller zu übernehmen, obwohl solche Zustimmungen in anderen Fällen schon erteilt wurden, hat der Bundesgerichtshof entschieden, daß eine Diskriminierung vorliegen kann. Da von dem Hersteller Nachfrager von Kraftfahrzeugen abhängig seien, da ausreichende und zumutbare Ausweichmöglichkeiten nicht bestünden, könne ein Fall des § 26 Abs. 2 GWB vorliegen, es sei denn, die unterschiedliche Behandlung sei durch sachliche Gründe gerechtfertigt[461]. Nach Ansicht des Bundesgerichtshofes kann auch das Ziel der optimalen Ausgestaltung des Vertriebssystems eine solche Behandlung rechtfertigen, wenn dieses Ziel nicht auf andere Weise erreicht werden kann.

bb) Für Ersatzteile

175 Die Frage der Bezugsbindung für Ersatzteile spielt insbesondere in der Automobil-Industrie eine große Rolle. Insoweit, als es sich hierbei um Ersatzteile handelt, die der Unternehmer herstellt, gilt das Obengesagte. Nun verpflichten aber Hersteller von Kraftfahrzeugen

---

459 *Hagenauer,* a.a.O., S. 132 ff..

460 *Hagenauer,* a.a.O., S. 134.

461 *BGH,* Urteil vom 1. 7. 1976; DB 1976 S. 2059 = GRUR 1977 S. 49.

ihre Vertragshändler und ihre Vertragswerkstätten auch, von ihnen selbst nicht hergestellte Ersatzteile nur über sie zu beziehen. Der Grund hierfür liegt darin, daß sie Wert darauf legen, daß bei der Reparatur an ihren Erzeugnissen nur Original-Ersatzteile Verwendung finden. Hierunter verstehen sie nicht nur Ersatzteile, die die Werke selbst herstellen, sondern auch solche, die sie zwar von Dritten beziehen, die aber vom Werk für einzelne Fahrzeugtypen vorgesehen sind und nach Erprobung für das Modell für gut befunden wurden und laufend stichprobenweise durch das Werk kontrolliert werden[462]. Die Verwendung von Original-Ersatzteilen in diesem Sinne hält die Automobil-Industrie für erforderlich, weil nach ihrer Auffassung jedes Versagen auch von Ersatzteilen, die von Dritten hergestellt werden, letzten Endes doch auf den Kraftfahrzeughersteller zurückfällt. Auch diese Bezugsbindungen stellen in der Regel keinen Verstoß gegen § 18 Abs. 1 Ziff. 2 GWB dar. Es ist auch hier zu prüfen, ob die Bindung unbillig ist oder ob eine wesentliche Beeinträchtigung des Wettbewerbs vorliegt[463].

Der Widerstand gegen die Bezugsbindung für Ersatzteile geht vor allem von den Teile-Händlern und den Teile-Herstellern aus, die auch gebundene Händler mit Ersatzteilen beliefern möchten. Mit dieser Frage hatte sich aufgrund des Kartellgesetzes das OLG Düsseldorf zu befassen. Die Klage war auf § 26 und § 35 GWB gestützt. Durch § 26 Abs. 2 wird marktbeherrschenden Unternehmen, die Diskriminierung anderer untersagt. § 35 GWB gibt Schadensersatz- und Unterlassungsansprüche bei Verstößen gegen die Bestimmungen des GWB. Das Gericht[464] erkannte die Ersatzteile-Bezugsbindung nur für die für die Leistungsfähigkeit und die Fahr- und Verkehrsicherheit wesentlichen Teile der Fahrzeuge an, verneinte jedoch eine Unbilligkeit der Beschränkung, die für die Annahme einer Diskriminierung erfoderlich wäre. Diese Entscheidung wurde jedoch vom BGH aufgehoben[465].

Der BGH erkannte dann die Bezugsbindung für alle Teile an. Er brachte ferner zum Ausdruck, daß sich die §§ 18 und 26 nicht decken und unabhängig nebeneinander stehen. Die Frage ist deshalb von

---

462 *Hagenauer, a.a.O., S. 125.*

463 Vgl. Rand-Nr. 17 f..

464 *OLG Düsseldorf,* Urteil vom 26. 1. 1962, BB 1962 S. 200.

465 *BGH,* Urteil vom 16. 10. 1962, GRUR 1963 S. 142 = DB 1962 S. 1690; *Müller-Henneberg/Schwartz,* a.a.O., § 18 Rand-Nr. 44.

Bedeutung, weil eine Verfügung nach § 18 GWB nur vom Kartellamt getroffen werden kann und die Voraussetzungen dafür sehr streng sind, während nach den §§ 26 und 35 jeder Betroffene Klage erheben kann[466]. Allerdings bejahte in anderen Fällen das Kartellamt nach der Entscheidung des BGH eine Verletzung sowohl von § 18 als auch von § 26 Abs. 1 und GWB. Es führte dazu aus, daß der Entscheidung des BGH ein anders gelagerter Fall zugrunde gelegen habe. Einige Unternehmen der Kraftfahrzeugindustrie, die vom Kartellamt in dieser Sache angeschrieben wurden, haben nach eingehender Erörterung mit dem Amt unter Änderung ihrer Händlerverträge die Ausschließlichkeitsbindung voll aufgehoben[467].

176 Aus § 22 GWB können grundsätzlich keine Bedenken gegen die Zulässigkeit der Bezugsbindung für Ersatzteillieferung hergeleitet werden. Aufgrund dieser Vorschrift ist es marktbeherrschenden Unternehmen untersagt, ihre Stellung auf dem Markt mißbräuchlich auszunutzen. Soweit man den Begriff des „bestimmten Marktes" im Sinne des § 22 GWB auf den Markt mit Ersatzteilen für ein spezielles Produkt beschränkt, ist jedes Unternehmen in gewissem Umfang marktbeherrschend, es kann jedoch davon ausgegangen werden, daß bei technisch komplizierten Anlagen und Maschinen Ersatzteile so spezifisch gefertigt werden, daß sie nur in einem speziellen Produkt Verwendung finden können. Für diese Ersatzteile gibt es keinen eigenständigen allgemeinen Markt. Sie sind deswegen wirtschaftlich als unmittelbarer Bestandteil des Produktes selbst anzusehen und teilen dessen Marktstellung[468].

Sofern also der Hersteller mit seinem Produkt mit anderen Unternehmen in einem irgendwie gearteten Wettbewerb steht, fehlt es bei Bezugsbindungen für Ersatzteile an den Voraussetzungen des § 22 GWB[469]. Im übrigen fehlt es zudem an einem „mißbräuchlichen Ausnutzen" im Sinne des § 22 Abs. 4 GWB. Es stellt keinen Mißbrauch dar, wenn der Hersteller zur Wahrung des guten Rufs und der Qualität seiner Erzeugnisse die Lieferung von Ersatzteilen über seine Absatz-

466 Zu dem ganzen Fragenkomplex siehe im einzelnen *Hagenauer,* a.a.O., S. 137 ff.; *Müller-Henneberg/Schwartz,* a.a.O., § 18 Rand-Nr. 44.

467 Siehe hierzu Tätigkeitsbericht des Bundeskartellamtes für das Jahr 1963, S. 31; auszugsweise auch wiedergegeben in BB 1964 S. 779 ff., insbes. S. 781; ebenso für das Jahr 1970, S. 23 und 1971, S. 60.

468 *Keese,* a.a.O., S. 819 m.w.N.

469 *Keese,* a.a.O., S. 819.

organisation unternimmt. Die Grenze liegt erst dort, wo andere Marktteilnehmer in unzumutbarer Weise behindert werden.

2. Preisbindung und Preisempfehlung

Die vertikale Preisbindung oder, wie sie auch genannt wird, die Preisbindung der zweiten Hand, ist unzulässig[470]. Bis zum Erlaß der zweiten Kartellgesetznovelle war sie aufgrund einer Ausnahme für Markenwaren jedoch weitgehend zugelassen worden[471]. Mit der Neufassung des § 16 GWB durch die Kartellgesetznovelle ist die Preisbindung jetzt nur noch für Verlagserzeugnisse möglich[472]. Der Bundesgerichtshof hat eindeutig festgestellt, daß für Vertragshändler das Preisbindungsverbot gilt[473]. Auf die Frage, ob das Preisbindungsverbot für Vertragshändler, die einem Handelsvertreter vergleichbar sind, keine Anwendung findet, ist der Bundesgerichtshof nicht eingegangen, da die Fallgestaltung nicht zur Entscheidung stand. 177

Solange die rechtlichen und wirtschaftlichen Folgen der Tätigkeit des Vertragshändlers diesen selbst träfen, könne er jedoch nicht mit einem Handelsvertreter verglichen werden und von dem Verbot der Preisbindung ausgenommen werden.

Selbst wenn der Hersteller die bestellte Ware unmittelbar an den Abnehmer des Vertragshändlers liefere und damit weitgehend das Preisausgleichsrisiko, das Lagerrisiko und das Transportrisiko nicht den Vertragshändler treffe, reich das dem Vertragshändler verbleibende Kreditrisiko aus, das Preisbindungsverbot anzuwenden, da der Vertragshändler dann noch als rechtlich und wirtschaftlich selbständig anzusehen sei.

Während durch die zweite Kartellgesetznovelle die Preisbindung mit Ausnahme von Verlagserzeugnissen untersagt worden ist, ist die Preisempfehlung auf eine neue Grundlage gestellt worden. Die neue Regelung ist äußerst kompliziert und für den Nichtfachmann kaum 178

---

470 § 15 GWB.

471 2. Kartellgesetznovelle, BGBl. 1973 I S. 917, § 16 Abs. 1 GWB a.F.

472 Zum Preisbindungsverbot im allgemeinen und zur Preisbindung für Verlagserzeugnisse sei auf die einschlägigen kartellrechtlichen Kommentare verwiesen: vgl. z. B. *Müller/Gries/Giessler,* a.a.O., §§ 15, 16, Anm.

473 *BGH,* Urteil vom 23. 9. 1975 „EDV-Zubehör", BB 1976 S. 6 FF. = GRUR 1976 S. 101.

verständlich. Sie wurde durch eine Neufassung des § 38 Abs. 1 Nr. 11 und 12 und durch eine Einfügung des § 38a GWB erreicht[474]

Da die Regelung so unübersichtlich ist, hat inzwischen die für die Preisempfehlung zuständige 5. Beschlußabteilung des Bundeskartellamtes die Verwaltungspraxis zu den am meisten interessierten Fragen der Preisempfehlungsbestimmungen der Kartellgesetznovelle in einem Merkblatt zusammengefaßt[475].

Preisempfehlungen müssen folgenden Voraussetzungen genügen:

a) sie gelten nur für *Markenwaren,* die im *Preiswettbewerb* mit gleichartigen Erzeugnissen anderer Hersteller stehen, ferner für *Verlagserzeugnisse;*

b) in allen *Unterlagen,* in denen die Preisempfehlung genannt wird, (in Preislisten, Werbeschriften, Katalogen, Zeitungsannoncen, Rechnungen an Wiederverkäufer, Sendungen im Fernsehen, auf Verpackungen), muß der *Unverbindlichkeitsvermerk* („Unverbindlicher empfohlener Preis" oder „Unverbindliche Preisempfehlung") *deutlich* aufgedruckt sein. Mehrseitige Unterlagen müssen auf *jeder Seite* diesen Vermerk enthalten.

c) Unverbindliche Preisempfehlungen müssen künftig *marktgerecht* kalkuliert sein, d. h. der effektive Endverkaufspreis darf nicht wesentlich unter den empfohlenen Preisen liegen. Bestimmte Vom-Hundert-Sätze nennen zwar weder Gesetz noch den Bericht des Wirtschaftsausschusses des Bundestages, doch wird das Bundeskartellamt bei Unterschreitungen von bereits 15 % eine Mondpreisempfehlung annehmen. In diesem Fall kann das Kartellamt sofort ein Bußgeld verhängen.

   Auch bei Unterschreitung dieses Wertes findet eine Mißbrauchsaufsicht durch das Kartellamt statt. Die Zulässigkeitsgrenze liegt dort, wo der empfohlene Preis den effektiven Endverkaufspreis in einer Mehrzahl von Fällen erheblich übersteigt. Als Bemessungsgrenze zieht das Kartellamt den maximalen Barzahlungsrabatt in Höhe von 3 % heran. Die Mißbrauchsaufsicht tritt dann ein, wenn dieser Prozentsatz wesentlich überschritten wird. Ein Mißbrauch – in der Spanne zwischen ca. 5 und 15 % – richtet sich hierbei nach den jeweiligen Besonderheiten eines Industriezweiges und den Umständen des Einzelfalles. Eine Unterschreitung der unverbindlichen Preisempfehlung durch den effektiven Endverkaufspreis um 8 % könnte unter Umständen bereits als Mißbrauch angesehen werden, wenn beispielsweise die handelsübliche Spanne 5 % beträgt.

---

474 2. Kartellgesetznovelle, BGBl. 1973 I, S. 917.

475 Das Merkblatt ist in Anhang III abgedruckt; es kann beim Bundeskartellamt, Mehringdamm 129, 1000 Berlin 61, bezogen werden.

Zum Erfordernis der marktgerechten Kalkulation liegen inzwischen weitere Äußerungen des Bundeskartellamtes und des zuständigen Kammergerichtes in Berlin vor. In seinem Beschluß vom 24. September 1974[476] „Haushaltsmargarine" hat das Kartellamt ausgeführt: **179**

Die Beschlußabteilung hat sich bisher bei der Mißbrauchsaufsicht über unverbindliche Preisempfehlungen für Markenwaren von der Erkenntnis leiten lassen, daß ein einheitlicher, das Eingreifen der Kartellbehörde auslösender Unterschreitungssatz für die gesamte Wirtschaft nicht festgelegt werden kann. Sie geht in ihrer Verwaltungspraxis davon aus, daß es auf die Umstände des Falles ankommt, z. B. auf den Wirtschaftszweig, dessen Marktgepflogenheiten, das preisempfohlene Erzeugnis, dessen Bedeutung, u. a. auch für den Verbraucher, die Anzahl der Preisunterschreitungsverkäufe an den Endabnehmer. Allgemein läßt sich nur sagen, daß Unterschreitungen der empfohlenen Preise, die durch unwesentlich über den Barzahlungsnachlaß von 3% hinausgehen, nicht zu beanstanden sind. Da gedankliche Voraussetzung der Mißbrauchsaufsicht nach § 38a Abs. 3 GWB der marktgerecht kalkulierte und empfohlene Preis ist, lösen andererseits Unterschreitungen von 25% und mehr zunächst den Verdacht ordnungswidriger „Mond"-Preisempfehlungen gemäß § 38 Abs. 1 Nr. 12 GWB i. V. mit § 38a Abs. 1 Nr. 2 GWB aus. Wenn die Beschlußabteilung in den ersten Monaten nach Inkrafttreten der Kartellgesetznovelle 1973 Mondpreise im Interesse der Verbraucher im Wege der Mißbrauchaufsicht beseitigt hat, so können preisempfehlende Unternehmen daraus nicht herleiten, daß nur solche Preisunterschreitungen erheblich im Sinne des § 38a Abs. 3 Nr. 3 GWB sind, die sich auf dem Mondpreisniveau bewegen."

In seinem, in derselben Sache ergangenen Beschluß vom 2. April 1975, hat das Kammergericht[477] die Beurteilung des Unterschreitungssatzes maßgeblich von den durchschnittlichen Handelsspannen der betreffenden Branche abhängig gemacht. Es hat ausgeführt:

„Die durchschnittliche Betriebshandelsspanne im Lebensmitteleinzelhandel lag 1974 bei 16,9% und betrug im gleichen Zeitraum bei den hier interessierenden Produkten der Beschwerdeführer 14%. In diesem Bereich muß eine geringere prozentuale Differenz als erheblicher angesehen werden, als bei Waren mit durchschnittlich hohen Betriebshandelsspannen. Andererseits ist zu berücksichtigen, daß der nach § 2 Rabattgesetz zulässige Barzahlungsnachlaß bereits 3% beträgt, weswegen nur ein deutlich darunter liegender Preis relevant sein kann. Bei ständig benötigten Verbrauchsgütern des Lebensmittelsektors, deren Preise bei den handelsüblichen Verkaufseinheiten relativ gering sind, machen sich weitere Abweichungen

---

476 BB 1975 S. 931.

477 *KG*, Beschluß vom 2. 1. 1975, WuW/E 1975 S. 1593.

nach unten von mehr als 10 % durchaus für den Verbraucher bemerkbar, selbst wenn sie absolut gesehen nur Pfennigbeträge erreichen."

Aus diesen Gründen hat das Gericht Unterschreitungen von mehr als 10 % bei Haushaltsmargarine als erheblich und damit kartellrechtswidrig angesehen. Das Gericht hat den Beschluß des Bundeskartellamtes nur deshalb aufgehoben, weil die Unterschreitungen in weniger als 20 % der Verkaufsstellen, über welche Margarine vertrieben wurde, aufgetreten waren.

Eine Preisempfehlung setzt voraus, daß die preisempfohlenen Erzeugnisse über den Handel abgesetzt werden.

Für den unmittelbaren Vertrieb sind die neuen gesetzlichen Vorschriften gegenstandslos. Da die hierbei geforderten Preise Endabgabepreise sind, ist es ohne Sinn, auf solchen Listen den Unverbindlichkeitsvermerk anzubringen, da man sich selbst nicht einen Preis empfehlen kann.

Die neuen Vorschriften gelten auch dann nicht, wenn sich der Hersteller auf die Erstellung von Werksabgabepreislisten (Nettopreislisten) beschränkt und es dem Händler überläßt, die jeweiligen Handelsspannen hinzuzurechnen.

Empfohlene Preise, die nicht mehr aktuell sind, dürfen auf dem Markt auch nicht mehr in Erscheinung treten. Bestehende Preislisten können deshalb erst nach entsprechender Berichtigung wieder verteilt werden. Auf die Preisstellung wirken sich die kartellrechtlichen Vorschriften wie folgt aus:

a) Preisstellung nach dem Nettopreissystem

180 Der Hersteller stellt hier für seine Ware dem Vertragshändler den Werksabgabepreis in Rechnung, und zwar ohne wesentliche Bruttoelemente. Vom Werksabgabepreis können lediglich eigene Ersparnisse des Herstellers abgezogen werden, z. B. bei Großabnahme in Form eines Mengenrabattes in begrenzter Höhe. Sollte jedoch der Anschein entstehen, der Werksabgabepreis enthalte überhöhte Bruttoelemente, so werden die Kartellbehörden zwangsläufig die Kalkulation des Herstellers auf die Einhaltung der Rechtsvorschriften überprüfen. Der Vertragshändler berechnet auf seinen Einstandspreis (Werksabgabepreis ./· evtl. Mengenrabatte) seine Handelsspanne. Der hieraus resultierende Verkaufspreis darf bei der Abgabe an Letztverbraucher nur nach Maßgabe der Vorschriften des Rabattgesetzes gekürzt werden (Barzahlungsrabatt bis 3 % und handelsüblicher Mengenrabatt).

b) Preisstellung nach dem Bruttopreissystem

Der Hersteller kalkuliert in seinen unverbindlich empfohlenen Preis **181**
Bruttoelemente ein, d. h. einen Zuschlag für die Service-Leistungen des Vertragshändlers. Auf diesen Bruttopreis gewährt der Hersteller dem Vertragshändler bei Kauf der Ware einen Abschlag in Höhe der Handelsspanne und ggf. anschließend weitere Nachlässe bei Barzahlung und Mengenabnahme. Der Vertragshändler kann gegenüber dem Letztverbraucher seinen Abgabepreis nach der jeweiligen Marktlage und gemäß den Vorschriften des Rabattgesetzes reduzieren.

Der Zuschlag des Herstellers auf den Nettopreis muß gemäß den neuen kartellrechtlichen Vorschriften marktgerecht sein, d. h. er hat den tatsächlichen Service-Leistungen des Vertragshändlers zu entsprechen. Der nachfolgend gewährte Abschlag an den Vertragshändler ist damit identisch mit der realistischen Handelsspanne. Der Preisnachlaß des Herstellers enthält keine „Scheinelemente" und entzieht damit dem Vertragshändler die Möglichkeit, aus dem Preisnachlaß des Herstellers überhöhte Rabatte (Scheinrabatte) an den Letztverbraucher zu geben.

Sollten die zunächst für den Vertragshändler ausgearbeiteten unverbindlichen Preisempfehlungen auch dem Endabnehmer gegenüber (gemischtes Vertriebssystem) angewendet werden, so wäre die bereits marktgerecht kalkulierte Preisempfehlung um einen Letztverbraucherabzug zu verringern. Auf den hieraus resultierenden Letztverbraucherpreis könnten anschließend Rabatte nach Maßgabe der Vorschriften des Rabattgesetzes gewährt werden (= effektiver Endverkaufspreis).

Zur Darstellung des Bruttopreissystems muß abschließend hingewiesen werden, daß eine Umgehung der limitierten Abschläge und Rabatte durch eine Überbewertung von in Zahlung genommener Gebrauchtmaschinen verboten ist. Laut Rabattgesetz muß bei der Anrechnung von in Zahlung genommenen Maschinen regelmäßig vom Verkehrswert dieser Maschinen am Tage der Inzahlungnahme ausgegangen werden.

Werden die Voraussetzungen, unter denen Preisempfehlungen zu- **182** lässig sind, nicht beachtet, so kann die Kartellbehörde durch Untersagung oder Bußgeld einschreiten[478]. Geldbußen können bis zur Höhe von 100.000,– DM und darüber hinaus zum dreifachen des durch die ordnungswidrige Preisempfehlung erzielten Mehrerlöses verlangt werden.

478 § 37 a Abs. 2 und § 38 Abs. 1 Nr. 11 und 12 GWB.

2. Teil

Vertragshändlerverträge und EG-Kartellrecht

(Zimmermann)

XII. Vertragshändlerverträge und EG-Kartellrecht

1. Vorbemerkung

Eine große Anzahl von Vertragshändlerverträgen sehen – insbesondere wenn Hersteller und Händler ihren Sitz nicht in demselben Staat haben – gegenseitige gebietsschützende und andere Ausschließlichkeitsvereinbarungen vor. **183**

Der Hersteller ist z. B. auf die besonderen Kenntnisse des Händlers über die Verhältnisse des betreffenden Marktes angewiesen; jener kann auch den Einsatz der Werbung und sonstige Maßnahmen zur Verkaufsförderung häufig mit mehr Übersicht planen und steuern. Aufgrund dieser Abhängigkeit des Herstellers vom Einsatz des Händlers wird letzterem daher in vielen Fällen die Verpflichtung auferlegt, die Vertragsware nur vom Hersteller zu beziehen und – noch weitergehend – auf den Vertrieb von Konkurrenzprodukten zu verzichten. Andererseits soll dem Händler eine ungestörte Erschließung des betreffenden Marktes ermöglicht werden, seine – häufig recht langfristig – geplanten geschäftlichen Bemühungen, finanziellen Aufwendungen und ähnliches sollen nicht vereitelt werden. So wird der Hersteller verpflichtet, sich nur an den Händler zu halten und keine anderen Vertriebswege zu beschreiten. Teilweise wird darüber hinaus dem Händler ein Gebietsschutz gewährt, indem der Hersteller beispielsweise Händlern oder anderen Abnehmern außerhalb des Vertragsgebietes verbietet, den betreffenden Markt direkt oder indirekt zu beliefern. Derartige wechselseitige Bindungen zwischen Hersteller und Händler sind jedoch nach dem Recht der Europäischen Wirtschaftsgemeinschaft nicht unbeschränkt zulässig. Art. 85 Abs. 1 des EWG-Vertrages (EWGV)[479] vom 25. März 1957 – in Kraft getreten am 1. Januar 1958 – enthält ein grundsätzliches Verbot von Vereinbarungen, „welche den Handel zwischen Mitgliedsstaaten zu beeinträchtigen geeignet sind und

479 Abgedruckt in Anhang I.

eine Verhinderung, Einschränkung oder Verfälschung des Wettbewerbs innerhalb des Gemeinsamen Marktes bezwecken oder bewirken".

Bei Verwendung des im Anhang abgedruckten Vertragsmusters (Ausland), gegenüber Vertragshändlern, die in einem Mitgliedstaat des Gemeinsamen Marktes ansässig sind, ist folgendes zu beachten: Das Exportverbot in Kapitel II Artikel 8 A und das Gebot, Parallelimporte in das Vertragsgebiet zu unterlassen und zu unterbinden (Kapitel III Artikel 16 C) können unter das Verbot des Artikels 85 Abs. 1 EWG-Vertrag fallen. Auch die Preisbindung der zweiten Hand (Kapitel II Artikel 2 C) ist in diesem Zusammenhang als problematisch zu betrachten. Diese Klauseln sind im Vertragsmuster mit Fußnoten versehen, die auf die entsprechende Problematik hinweisen. Um das Vertragsmuster jedoch auch hinsichtlich des EWG-Kartellrechts abzusichern, wurden in den genannten drei Artikeln zusätzliche Klauseln vorgesehen (Artikel 2 B; Artikel 8 B und C; Artikel 16 B), die dem EWG-Kartellrecht Rechnung tragen. Wenn die nach EWG-Kartellrecht unzulässigen Klauseln in den Vertrag aufgenommen werden sollen, müßte die Vereinbarung grundsätzlich bei der Kommission angemeldet werden[480].

184 In einigen Rezensionen des Buches: „Vertragshändler- (Alleinvertriebs-) Verträge und EWG-Kartellrecht[481]", das die Vorauflage zu diesem XII. Kapitel darstellt, wurde nicht zu unrecht kritisiert, daß das damals abgedruckte Vertragsmuster nach EWG-Kartellrecht unzulässige Ausschließlichkeitsvereinbarungen und Preisbindungen enthielt, ohne daß dies im Muster kenntlich gemacht war[482]. Die Verfasser der Vorauflage hatten allerdings auf diese Problematik in der Vorbemerkung der Broschüre hingewiesen. Eine Kennzeichnung im Muster war damals nicht möglich, da es sich um ein von ORGALIME, einem losen Zusammenschluß der Verbände der europäischen metallverarbeitenden Industrie, herausgegebenes Muster handelt. Mittlerweile hat die Arbeitsgruppe für Rechtsfragen von ORGALIME jedoch der Problematik des EWG-Kartellrechtes Rechnung getragen, so daß das nunmehr abgedruckte Muster, wie bereits dargestellt, entsprechende Hinweise und Alternativen vorsieht.

480 Vgl. dazu Rand-Nr. 232 ff..

481 *Stumpf/Lösch,* a.a.O..

482 *von Loeper,* Bibliographie Nr. 3, 1974; *Lübbert,* ZHW 1974 S. 575.

2. Vertragshändler und Alleinvertriebsverträge

a) Vertragshändler und Handelsvertreter

Zu unterscheiden vom Vertragshändler ist der Handelsvertreter[483]. 185
Nach der gesetzlichen Definition des § 84 Abs. 1 Handelsgesetzbuch (HGB) ist Handelsvertreter, wer als selbständiger Gewerbetreibender ständig damit betraut ist, für einen anderen Unternehmer Geschäfte zu vermitteln oder in dessen Namen abzuschließen.

Verträge mit Handelsvertretern sind bei der vorliegenden Darstellung von vornherein auszuklammern. Richtungsweisend ist insoweit die „Bekanntmachung über Alleinvertriebsverträge mit Handelsvertretern der EWG-Kommission vom 24. 12. 1962". Danach fallen Verträge mit Handelsvertretern, nach denen diese für den Hersteller Geschäfte vermitteln oder Geschäfte für dessen Rechnung abschließen, nicht unter das Verbot wettbewerbsbeschränkender Vereinbarungen des Art. 85 EWGV. Dabei sieht die Kommission das maßgebliche Unterscheidungskriterium zwischen Vertragshändler und Handelsvertreter darin, daß der Handelsvertreter – abgesehen von einer evtl. Delcredere-Haftung – nicht die mit dem Absatz oder der Vertragsabwicklung verbundenen finanziellen Risiken trägt. Er übt nur Hilfsfunktionen für den Hersteller aus, in dessen Auftrag und Interesse er tätig wird. Die Kommission stellt nicht auf die Form ab (es kommt auch nicht darauf an, ob jemand als Handelsvertreter bezeichnet wird), sondern auf die Funktion. Übernimmt der Handelsvertreter die angeführten Risiken, so nähert er sich nach Ansicht der Kommission funktionsmäßig und wirtschaftlich dem Vertragshändler und muß wettbewerbsrechtlich wie dieser behandelt werden. Eine Abgrenzung zwischen Vertragshändler und Handelsvertreter mag daher möglicherweise in Einzelfällen gewisse Schwierigkeiten aufweisen, da in der Praxis teilweise Übergangsformen bestehen. Sie wird aber erleichtert, wenn von den wesentlichen Funktionen des Handelsvertreters ausgegangen wird. So ist nach der angeführten Bekanntmachung[484] insbesondere dann in Wahrheit statt eines Handelsvertreter- ein Vertragshändler-Verhältnis gegeben, wenn der betreffende Partner

- ein Lager mit in seinem Eigentum stehenden Vertragswaren in erheblichem Umfang unterhalten muß oder unterhält,
- einen erheblichen unentgeltlichen Service auf eigene Kosten ein-

483 Vgl. Rand-Nr. 1 ff..
484 Vgl. Anhang III.

richten, unterhalten oder durchführen muß oder einrichtet, unterhält oder durchführt oder

– die Preise oder die Geschäftsbedingungen für die Handelsgeschäfte bestimmen kann oder bestimmt.

186 In ihrer ersten Entscheidung (Pittsburgh Corning Europe – Formica Belgium/Hertel)[484a] zu dieser Abgrenzung hat sich die Kommission auf die in dieser Bekanntmachung dargelegten Überlegungen bezogen. Sie hat entscheidend auf die Funktion des betreffenden Vertragspartners abgestellt und diesen trotz der vertraglichen Bezeichnung „Handelsvertreter" als Vertragshändler eingestuft.

Es ist darauf hinzuweisen, daß diese Bekanntmachung keine konstitutive Wirkung hat, sondern nur die Rechtsauffassung der Kommission darstellt, die den Gerichtshof also nicht bindet. Der Gerichtshof hat diese Ansicht der Kommission aber im Ergebnis bestätigt[485]. Art. 85 EWGV ist danach wegen fehlender Unternehmereigenschaft des Handelsvertreters auf derartige Verträge nicht anwendbar. Es handelt sich um ein Unternehmen, das durch die Handelsvertreter eine eigene Vertriebsorganisation unterhält[486]. Anmeldungen von Handelsvertreter-Verträgen sind von der Kommission daher als erledigt weggelegt worden[487].

b) Klauseln in Vertragshändler-Verträgen (Alleinvertrieb)

187 Vertragshändler-Verträge sind vertikale Vertriebsverträge. Bei einfachen Vertriebsverträgen wird dem Händler oft ein bestimmtes Vertragsgebiet zugewiesen, er kann u. U. auch Produkte anderer Konkurrenzunternehmen vertreiben. Enthalten sind darin allerdings häufig sogenannte vertriebsfördernde Klauseln[488]. Dazu gehören z. B. Verpflichtungen des Händlers zur Werbung, Lagerhaltung, Garantielei-

---

484a *Kom.*, 23. 11. 1972 – „Pittsburgh Corning Europe-Formica Belgium/Hertel" –, Abl. L 272/35/1972 = WuW/E EV 421.

485 So z. B. *EuGH*, Urteil vom 13. 7. 1966 – „Italienische Klage" –, Slg. 1966 S. 457 = AWD 1966 S. 286 = EuR 1966 S. 338 mit Anm. *Koenigs* = WuW/E EWG/MUV 145.

486 *Spormann*, AWD 1968 S. 132.

487 *Spormann*, AWD 1968 S. 132 Fn. 22 (unter Hinweis auf den Zehnten Gesamtbericht Nr. 44).

488 *Schluep*, a.a.O., S. 22; *Schulte-Mäter*, a.a.O., S. 2f.; vgl. auch das Vertragsmuster (Ausland) – Kap. II Art. 3, 4, 11, 12.

stung, Einstellung von Fachpersonal, Abnahme von vollständigen Warensortimenten oder von Mindestmengen, Vertrieb der Vertragswaren unter dem Warenzeichen oder in vorgeschriebener Ausstattung.

Diese Klauseln oder Auflagen begründen allerdings noch keinen Alleinvertriebsvertrag. Ein derartiger Vertrag enthält regelmäßig zwei Ausschließlichkeitsbindungen[489], und zwar

- die ausschließliche Lieferverpflichtung des Herstellers (der Hersteller verpflichtet sich, innerhalb eines bestimmten Gebietes – Vertragsgebiet – ausschließlich an den Händler zu liefern) und
- die ausschließliche Bezugsverpflichtung des Händlers (der Händler verpflichtet sich, die Vertragsware ausschließlich vom Hersteller zu beziehen).

Diese wechselseitigen Verpflichtungen werden als wesentliche Merkmale bzw. Wesensgehalt des Alleinvertriebsvertrages anzusehen sein[490].

Neben diesen Verpflichtungen finden sich in typischen Alleinvertriebsverträgen – außer den oben angeführten sogenannten vertriebsfördernden Klauseln – noch weitere Vereinbarungen[491], z. B.:

- Konkurrenzklausel (dem Händler ist der Bezug oder Vertrieb jeglicher Ware verboten, die mit der Vertragsware im Wettbewerb steht),
- Export- bzw. Reimportverbot (der Händler verpflichtet sich, die Vertragsware nicht in das Gebiet eines anderen Händlers oder des Herstellers zu liefern),
- Gebietsschutzklausel (der Hersteller verpflichtet sich, seinen übrigen Abnehmern in anderen Gebieten den Export in das betreffende Gebiet zu untersagen).

3. Anwendung von Art. 85 EWG-Vertrag auf Alleinvertriebsverträge

Die Rechtslage für die Beurteilung von Alleinvertriebsverträgen **188**
innerhalb des Gemeinsamen Marktes wird von Art. 85 EWGV be-

489 *Schulte-Mäter,* a.a.O., S. 3; vgl. auch Winkel, a.a.O., S. 3 ff.; siehe Vertragsmuster (Ausland) – Kap. I und II Art. 8.

490 *Schulte-Mäter,* a.a.O., S. 3.

491 *Schluep,* a.a.O., S. 20 ff.; *Schulte-Mäter,* a.a.O., S. 3 ff.; *Winkel,* a.a.O., S. 24 ff.; vgl. Vertragsmuster (Ausland) – Kap. II Art. 5, 8, Kap. III Art. 16 B.

stimmt. Diese Vorschrift enthält zwar keinen ausdrücklichen Bezug auf Alleinvertriebsbindungen zwischen Hersteller und Händler, sondern insoweit nur eine Generalklausel. Nach dieser sind alle Vereinbarungen und Beschlüsse verboten und nichtig, die geeignet sind, den Handel zwischen den Mitgliedsstaaten zu beeinträchtigen und eine Verhinderung, Einschränkung oder Verfälschung des Wettbewerbs im Gemeinsamen Markt bezwecken oder bewirken.

Es ist zwar früher zum Teil die Ansicht vertreten worden[492], daß Alleinvertriebsverträge als vertikale Vertriebsverträge nicht vom Wettbewerbsverbot des Art. 85 EWGV erfaßt werden. Diese Auffassung hat sich aber nicht durchgesetzt [492]. Unter den Begriff des Wettbewerbs in Art. 85 Abs. 1 EWGV fallen insoweit alle Arten des Wettbewerbs, sei es vertikaler oder horizontaler Wettbewerb, sei es Hersteller- oder Händlerwettbewerb, Interbrand-[493](Wettbewerb der Vertragsware mit Konkurrenzware) oder Intrabrand-Wettbewerb[493] (Wettbewerb der Vertragsware mit sich selbst). So hat die Kommission in zahlreichen Entscheidungen[494] und in ihren Verordnungen zu vertikalen Verträgen [495] ausdrücklich die Auffassung vertreten, daß auch vertikale Absprachen und Vereinbarungen – also auch Alleinvertriebsverträge – vom Verbot des Art. 85 EWGV erfaßt werden können.

Diese Auffassung der Kommission hat der Europäische Gerichtshof bestätigt. Schon im Urteil vom 6. 4. 1962 (Bosch)[496] hat er ausgeführt, es könne nicht ausgeschlossen werden, daß vertikale Exportverbote unter Art. 85 Abs. 1 EWGV fallen können und damit indirekt die Anwendbarkeit dieser Vorschrift auf vertikale Verträge bejaht. Im Urteil vom 13. 7. 1966 (Grundig-Consten) [497] hat er dann ausdrücklich festgestellt, daß Art. 85 EWGV keinen Unterschied zwischen vertikalen und horizontalen Verträgen mache und auch auf Vereinbarun-

492 Nachweise bei *Schulte-Mäter,* a.a.O., S. 12 f., und *Winkel,* a.a.O., S. 192 ff..

493 Vgl. *Schulte-Mäter,* a.a.O., S. 11 ff. – nach einer im amerikanischen Recht gebräuchlichen Terminologie.

494 Z. B. *Kom.,* 23. 9. 1964 – „Grundig-Consten" –, ABl. 2545/1964 = AWD 1964 S. 329 mit Anm. *Deringer/Tessin* = WRP 1964 S. 406 = WuW/E EV 95.

495 Z. B. Verordnung Nr. 67/67/EWG – Anhang II.

496 *EuGH,* Urteil vom 6. 4. 1962 – „Bosch"–, Slg. 1962 S. 97 = AWD 1962 S. 108 mit Anm. *Deringer* = WuW/E EWG/MUV 48.

497 *EuGH,* Urteil vom 13. 7. 1966 – „Grundig-Consten" –, Slg. 1966 S. 321 = AWD 1966 S. 307 mit Anm.*Gleiss/Hootz* = EuR 1966 S. 273 mit Anm. *Würdinger*= WuW/E EWG/MUV 125; vgl. dazu auch *Tessin,* a.a.O., S. 1261; *Deringer,* a.a.O., S. 1585.

gen zwischen Unternehmen verschiedener Wirtschaftsstufen anwendbar sei, also auch auf Alleinvertriebsverträge.

„Art. 85 gilt allgemein für alle den Wettbewerb im Gemeinsamen Markt verfälschenden Vereinbarungen und unterscheidet zwischen diesen Vereinbarungen nicht danach, ob sie von Unternehmern abgeschlossen sind, die auf derselben Wirtschaftsstufe miteinander im Wettbewerb stehen, oder ob ihnen nicht miteinander konkurrierende Unternehmer verschiedener Stufen angehören. Es geht grundsätzlich nicht an, da Unterscheidungen zu treffen, wo der Vertrag es nicht tut. Die Anwendung von Art. 85 auf Alleinvertriebsvereinbarungen läßt sich auch nicht mit der Begründung ausschließen, daß Lieferant und Vertriebsberechtigter nicht miteinander im Wettbewerb und nicht auf gleicher Ebene ständen. Verfälschungen i. S. von Art. 85 Abs. 1 werden nicht nur durch Vereinbarungen begründet, die den Wettbewerb zwischen den Beteiligten beschränken, sondern auch durch solche, die den Wettbewerb verhindern oder begrenzen, der zwischen einem Beteiligten und dritten Personen stattfinden könnte. Hierbei ist es unerheblich, ob die Vertragsparteien nach ihrer wirtschaftlichen Stellung und Funktion auf gleicher Ebene stehen. Dies gilt um so mehr, als anderenfalls die Parteien mit Hilfe einer solchen Vereinbarung versuchen könnten, sich zum Schaden des Verbrauchers oder Benutzers einen mit den allgemeinen Zielen des Art. 85 unvereinbaren Vorteil zu sichern, indem sie für das betroffene Erzeugnis den Wettbewerb Dritter verhinderten oder einschränkten."

Wenn auch gegen diese Begründung dogmatische Bedenken geltend gemacht wurden[498], wird man ihr im Ergebnis jedenfalls zustimmen können[499]. Die Entscheidungspraxis des Europäischen Gerichtshofes läßt im übrigen keine Zweifel, daß zumindest in absehbarer Zukunft Artikel 85 Abs. 1 EWG-Vertrag auch auf vertikale Vertriebsverträge anzuwenden ist[499].

4. Alleinvertriebsverträge mit absolutem Gebietsschutz

a) Grundig-Consten-Entscheidung

Nach den Entscheidungen der Kommission und des Europäischen Gerichtshofes ist im wesentlichen bei der Beurteilung von Alleinvertriebs- **189**

498 Vgl. *Reinhart,* a.a.O., S. 188.
499 Vgl. *Gleiss/Hirsch,* a.a.O., Art. 85 EWG-Vertrag m.w.N. Rand-Nr. 242.

verträgen zu unterscheiden, ob sie einen absoluten Gebietsschutz bewirken oder nicht. Von grundsätzlicher Bedeutung dazu ist die sogenannte Grundig-Consten-Entscheidung der Kommission[500] und des Europäischen Gerichtshofs[501], mit der Weichen zur weiteren Entscheidungspraxis gestellt wurden.

Der Händler (Consten) war verpflichtet, ausschließlich Grundig-Erzeugnisse und nur im Staatsgebiet von Frankreich zu vertreiben, eine Reparaturwerkstatt mit einem ausreichenden Ersatzteillager einzurichten und für einen ständigen Kundendienst zu sorgen. Ihm war über dieses Alleinvertriebsrecht hinaus ein absoluter Gebietsschutz gewährt worden: Grundig war verpflichtet, weder direkt noch indirekt andere Personen im Vertragsgebiet zu beliefern, und hatte allen seinen Vertriebsberechtigten in anderen Gebieten den Export in das Vertragsgebiet untersagt. Außerdem war das für Grundig international registrierte Warenzeichen GINT (Grundig international) zugunsten von Consten in Frankreich eingetragen worden, um Parallelimporte abzuwehren. In dritter Entscheidung hat die Kommission festgestellt, daß sowohl die Gebietsschutzklauseln als auch die Vereinbarung über die Eintragung und Benutzung des Warenzeichens GINT gegen das Verbot des Art. 85 Abs. 1 EWGV verstoßen. Auch eine Nichtanwendbarkeitserklärung nach Art. 85 Abs. 3 EWGV hat die Kommission versagt.

190 Der Gerichtshof hat diese Entscheidung im wesentlichen bestätigt (er hat die Entscheidung nur aufgehoben, soweit diese den Vertrag in seiner Gesamtheit als eine Zuwiderhandlung angesehen hat; nach seiner Ansicht können nur die Teile Zuwiderhandlungen sein, die unter das Verbot fallen)[502].

Danach soll der Begriff der Eignung zur Beeinträchtigung des Handels zwischen Mitgliedsstaaten auf dem Gebiet des Kartellrechts den Geltungsbereich des Gemeinschaftsrechts von dem des innerstaatlichen Rechts abgrenzen. „Nur soweit eine Vereinbarung den Handel zwischen Mitgliedsstaaten zu beeinträchtigen vermag, unterliegt die durch sie hervorgerufene Wettbewerbsstörung dem gemeinschaftsrechtlichen Verbot des Artikels 85; anderenfalls fällt sie nicht darunter. In diesem Zusammenhang kommt es insbesondere darauf an, ob die Vereinbarung unmittelbar oder mittelbar, tatsächlich oder der

500 Vgl. Fn. 494.
501 Vgl. Fn. 497.
502 Vgl. dazu Rand-Nr. 235 f..

Möglichkeit nach geeignet ist, die Freiheit des Handels zwischen Mitgliedsstaaten in einer Weise zu gefährden, die der Verwirklichung der Ziele eines einheitlichen zwischenstaatlichen Marktes nachteilig sein kann." Auch wenn die betreffende Vereinbarung zu einer beträchtlichen Ausweitung des Handelsvolumens zwischen den Mitgliedstaaten führt, kann nach Meinung des Gerichtshofs eine derartige Handelsbeeinträchtigung vorliegen.

Damit sind zwar nach der Auffassung des Gerichtshofs Alleinvertriebsvereinbarungen nicht per se geeignet, den Handel zwischen Mitgliedsstaaten zu beeinträchtigen[503]. Im vorliegenden Fall war diese Beeinträchtigung dadurch gegeben, daß durch die betreffende Vereinbarung alle Unternehmen außer Consten daran gehindert waren, Grundig-Erzeugnisse nach Frankreich einzuführen und es andererseits Consten verboten war, die Vertragsware in andere Länder des Gemeinsamen Marktes wieder auszuführen (eine weitere Beeinträchtigung des zwischenstaatlichen Handels lag auch in der Vereinbarung über das Warenzeichen GINT[504]).

Zur Wettbewerbsbeschränkung heißt es dann weiter: „Der Grundsatz der Wettbewerbsfreiheit gilt für alle Wirtschaftsstufen und für alle Erscheinungsformen des Wettbewerbs. Der Wettbewerb zwischen Herstellern mag zwar im allgemeinen augenfälliger in Erscheinung treten als der zwischen den Verteilern von Erzeugnissen einer und derselben Marke. Dies bedeutet aber nicht, daß eine Vereinbarung, die den Wettbewerb zwischen solchen Verteilern beschränkt, schon deswegen nicht unter das Verbot des Artikels 85 Absatz 1 fiele, weil sie den Wettbewerb zwischen Herstellern möglicherweise verstärkt. Andererseits brauchen bei der Anwendung von Artikel 85 Absatz 1 die tatsächlichen Auswirkungen einer Vereinbarung nicht berücksichtigt werden, wenn sich ergibt, daß diese eine Verhinderung, Einschränkung oder Verfälschung des Wettbewerbs bezweckt. Daher stellt es für sich allein noch keinen Rechtsfehler dar, daß die angefochtene Entscheidung die Auswirkungen der Vereinbarung auf den Wettbewerb zwischen gleichartigen Erzeugnissen der verschiedenen Marken nicht untersucht hat."

Die Wettbewerbsbeschränkung lag hier in dem absoluten Gebiets- **191**
schutz, der durch die Vereinbarung mit ihren gegenseitigen Verpflich-

503 *Kirschstein,* WuW 1966 S. 781.
504 Vgl. Rand-Nr. 201.

tungen erreicht wurde. Diese „bewirkt eine Abriegelung des französischen Marktes und ermöglicht es, für die fraglichen Erzeugnisse Preise anzuwenden, die keinem wirksamen Wettbewerb ausgesetzt sind. Außerdem wird der Wettbewerb zwischen den Herstellern in der Regel an Wirksamkeit verlieren, je mehr Erfolg die Hersteller mit ihren Bemühungen haben, ihre Marken in den Augen der Verbraucher deutlich von den übrigen Marken abzuheben. Wegen des erheblichen Anteils der Vertriebskosten am Gesamtgestehungspreis erscheint es wichtig, daß auch der Wettbewerb zwischen den Händlern gefördert wird. Die Händler werden aber gerade durch den Wettbewerb mit Verteilern von Erzeugnissen derselben Marke zu größeren Anstrengungen angeregt. Da die streitige Vereinbarung darauf abzielt, den französischen Markt für Grundig-Erzeugnisse abzuriegeln und innerhalb der Gemeinschaft getrennte nationale Märkte für Erzeugnisse einer weit verbreiteten Marke künstlich aufrechtzuerhalten, verfälscht sie den Wettbewerb innerhalb des gemeinsamen Marktes."

192 Eine Freistellung nach Art. 85 Abs. 3 EWGV ist abgelehnt worden. Die Wettbewerbsbeschränkung war für die Verbesserung der Warenerzeugung oder -verteilung nicht unerläßlich (Art. 85 Abs. 3a EWGV). Zunächst ist nach Ansicht des Gerichtshofs eine Verbesserung der Warenerzeugung oder -verteilung nicht schon jeder Vorteil, der sich aus der Vereinbarung für die Produktion oder den Vertrieb ergibt. Derartige Vorteile werden bei Vertriebssystemen mit absolutem Gebietsschutz für die Vertragspartner in der Regel gegeben sein, so daß die wettbewerbsbeschränkende Vereinbarung für diese immer unerläßlich ist. Diese „subjektive Methode" ist abzulehnen. Die Wettbewerbsbeschränkung muß vielmehr „insbesondere spürbare objektive Vorteile mit sich bringen, die geeignet sind, die mit ihr verbundenen Nachteile für den Wettbewerb auszugleichen". Die Wirkungen der einzelnen Vertragsbestandteile sind daher „im Hinblick auf eine objektiv feststellbare Verbesserung der Warenerzeugung und -verteilung zu beurteilen", und bei den sich ergebenden Vorteilen ist zu prüfen, ob diese „ausreichten, um die Wettbewerbsbeschränkungen als unerläßlich erscheinen zu lassen".

Die von den Parteien vorgebrachten Gesichtspunkte zur Unerläßlichkeit der Wettbewerbsbeschränkung sind dann nacheinander und getrennt voneinander vom Gerichtshof abgelehnt worden[505].

505 Gegen diese Methode *Deringer*, NJW 1966 S. 1590.

b) Weitere Entscheidungen und Folgerungen

Die Grundig-Consten-Entscheidung ist im Schrifttum zum Teil auf Kritik gestoßen[506]. Zumindest im Ergebnis haben sich die darin enthaltenen Ausführungen und Erwägungen aber durchgesetzt und sind auch in weiteren Entscheidungen des Gerichtshofs und der Kommission bestätigt worden[507]. **193**

An dieser Stelle bleibt allerdings anzumerken, daß im konkreten Fall die Entscheidung einen wettbewerbspolitisch eher unerwünschten Nebeneffekt zeitigte. Grundig hat nämlich nach der betreffenden Entscheidung Consten gekauft, um jetzt seine Produkte über die eigene Vertriebsorganisation zu vertreiben.

Auch nach den weiteren Entscheidungen der Kommission und des Gerichtshofs ist für die kartellrechtliche Beurteilung von Gebietsschutzvereinbarungen entscheidend das Vorliegen bzw. Nichtvorliegen eines absoluten Gebietsschutzes.

So hat der Gerichtshof in seiner Entscheidung vom 25. 11. 1971 (Béguelin/Marbach)[508] dazu ausgeführt, daß eine Alleinvertriebsvereinbarung sowohl eine Handelsbeeinträchtigung als auch Wettbewerbsstörung darstellt, wenn sie rechtlich oder tatsächlich verhindert, daß der Händler die fraglichen Waren in andere Mitgliedstaaten wieder ausführt, oder daß diese Waren aus anderen Mitgliedstaaten in das geschützte Gebiet eingeführt und dort von anderen Personen als dem Händler oder seinen Kunden vertrieben werden. Letzteres ist nach Meinung des Gerichtshofs insbesondere dann erfüllt, wenn der Alleinvertriebshändler aufgrund der Vereinbarung in Verbindung mit einer nationalen Gesetzgebung über den unlauteren Wettbewerb Paralleleinfuhren aus anderen Mitgliedsstaaten in das ihm eingeräumte Gebiet unterbinden kann[509].

Ebenso hat die Kommission in einer Stellungnahme (SABA)[510] eine Handelsbeeinträchtigung und Wettbewerbsbeschränkung und daher

---

506 Nachweise bei *Winkel,* a.a.O., S. 220 ff.; vgl. auch *Schulte-Mäter,* a.a.O., S. 25 ff.

507 Auf eine Erfassung der einschlägigen Entscheidungen wurde verzichtet. es sind daher nachfolgend nur Beispiele genannt.

508 *EuGH,* Urteil vom 25. 11. 1971 – „Beguelin/Marbach" –, Slg. 1971 S. 949 = AWD 1972 S. 82 = EuR 1972 S. 159 mit Anm. *Markert* = WuW/E EWG/MUV 277.

509 Vgl. auch *EuGH,* Urteil vom 11. 7. 1974 – „Procureur du Roi/Dassonville" –, Slg. 1974 S. 837 für nationale Vorschriften über Ursprungsbezeichnungen.

510 Stellungnahme der *Kommission* – 14797/1/IV/70-D „SABA" –, AWD 1971 S. 289.

eine Unzulässigkeit der Alleinvertriebsvereinbarungen in folgendem Tatbestand gesehen: Der Hersteller hatte seinen Händlern in Deutschland ein Verbot auferlegt, die Ware nicht in andere EWG-Mitgliedstaaten zu exportieren (Exportverbot) und die Ware nicht zu reimportieren (Reimportverbot). Die Länder in anderen Mitgliedstaaten waren verpflichtet, vor der Abgabe der Ware an Wiederverkäufer in Deutschland die Zustimmung des Herstellers einzuholen und die Ware nur zu den vom Hersteller gebundenen Preisen abzugeben (Reimportpreis- und -vertriebsbindung). Weiter mußten diese ihre Abnehmer verpflichten, beim Verkauf an Endverbraucher in Deutschland die dort gebundenen Preise zu beachten und bei Belieferung deutscher Wiederverkäufer die vorherige Zustimmung vom Hersteller einzuholen (Weiterleitung der Reimportpreis- und Vertriebsbindung). In diesen Verpflichtungen lag nach Ansicht der Kommission eine Handelsbeeinträchtigung und Wettbewerbsbeschränkung, da sie darauf abzielten, den deutschen Markt und die übrigen EWG-Märkte voneinander abzuriegeln. Auch eine Einzelfreistellung nach Art. 85 Abs. 3 EWGV wurde zunächst abgelehnt und erst nach Anpassung des Vertriebssystems (Schaffung der Möglichkeit von Querlieferungen an andere Saba-Händler und von Sprunglieferungen an Endverbraucher sowie Aufgabe der Preisbindung) gewährt[511].

194 Nach Ansicht des Europäischen Gerichtshofes und der Kommission[512] ist daher ein absoluter Gebietsschutz insbesondere dann gegeben, wenn sich der Hersteller verpflichtet, nur den betreffenden Alleinvertriebshändler in seinem Vertragsgebiet zu beliefern und Händlern oder ähnlichen Abnehmern in anderen Gebieten die Lieferung in das Vertragsgebiet zu untersagen. Wenn daher die Gesamtheit der vertraglichen Vereinbarungen einen derartigen absoluten Gebietsschutz festlegt, verstößt diese Alleinvertriebsvereinbarung grundsätzlich gegen das Kartellverbot des Art. 85 Abs. 1 EWGV. Denn die Möglichkeit von Paralleleinfuhren muß gewährleistet bleiben. Sonst sind die Alleinvertriebshändler in bezug auf die Händlerware keinem wirksamen Wettbewerb ausgesetzt und können aus diesem Grund ihre

511 Kom., 15. 12. 1975, ABl. L 28/19/1976 = GRUR int. 1976 S. 305; vgl. dazu auch *EuGH,* Urteil vom 25. 10. 1977 – „Metro/Kommission“ – RIW/AWD 1978 S. 108 mit Anm. *Hootz.*

512 Vgl. auch *Kom.,* Brief vom 30. 6. 1972 – IV 26.839 „Citroen“ –, AWD 1972 S. 419; *Kom.,* 5. 10. 1973 – „Deutsche Philips GmbH“ –, ABl. L 293/40/1973; 4. Bericht, 1. Teil, Kap. II, § 3, S. 76 – „Sperry Rand GmbH“; *Kom.,* 1. 12. 1976 – „Miller International“ –, ABl. L 357/40/1977.

Position bei der Preisgestaltung zum Nachteil des Verbrauchers ausnutzen[513]. Etwaigen überhöhten Preisforderungen soll aber gerade entgegengewirkt werden, damit „zu einer Angleichung der Preise in einem die Merkmale eines Binnenmarktes aufweisenden einheitlichen Markt beigetragen" werden kann[514].

c) Mittelbarer absoluter Gebietsschutz

Ein absoluter Gebietsschutz muß aber nicht unbedingt ausdrücklich vereinbart sein. Er kann sich auch mittelbar aus anderen Vereinbarungen oder Nebenabreden ergeben. Auch auf diese bezieht sich dann das Kartellverbot des Art. 85 EWGV. Als Beispiele derartiger Vereinbarungen, durch die mittelbar ein absoluter Gebietsschutz herbeigeführt wird, sind zu nennen: **195**

aa) Quer-, Sprung- und Rücklieferungsverbote

Mit einem Querlieferungsverbot wird der Alleinvertriebshändler verpflichtet, nicht an Abnehmer der gleichen Handelsstufe zu liefern. Dies kann beispielsweise dadurch geschehen, daß die Händler nur an Letztverbraucher liefern dürfen, so daß ein Handel über die Grenzen der betreffenden Vertragsgebiete hinweg nicht möglich ist. Solche Querlieferungsverbote fallen nach Ansicht der Kommission unter das Verbot des Artikels 85 Abs. 1 EWG-Vertrag[515]. Aber auch sonstige Verbote, Abnehmer derselben Handelsstufe zu beliefern, sind unzulässig, insbesondere dann, wenn die Lieferung an Händler derselben Stufe in anderen EG-Mitgliedsstaaten untersagt ist. Selbst rein nationalen Querlieferungsverboten steht die Kommission ablehnend gegenüber[516]. Entsprechend der Querlieferungsverbote werden Querbezugsverbote (sog. indirekte Importverbote) behandelt[517]. **196**

Im Gegensatz zu den Querlieferungsverboten darf der Händler im Falle des Sprunglieferungsverbots, das allerdings häufig in Verbin- **197**

513 Vgl. hierzu auch *Kom.,* 21. 12. 1976 – „Theal-Watts" –, ABl. L 39/19/1977; *Kom.,* 23. 12. 1977 – „BMW Belgium" –, ABl. L 46/33/1978.

514 Erster Wettbewerbsbericht, Nr. 46, S. 61.

515 4. Wettbewerbsbericht, Nr. 93, S. 71 – „Dior und Lancôme"; Nr. 107, S. 76 – „Sperry Rand".

516 Vgl. z. B. *Kom.,* 5. 10. 1973 – „Deutsche Philips" –, vgl. Fn. 512.

517 4. Wettbewerbsbericht, Nr. 93, S. 71 – „Dior und Lancôme"; im Gegensatz zu den Querlieferungsverboten werden Querbezugsverbote für Alleinvertriebshändler von der VO 67/67 EWG gedeckt, vgl. dazu Rand-Nr. 209 ff..

dung mit Querlieferungs- und Rücklieferungsverboten vorkommt, die nachfolgende Handelsstufe nicht umgehen. Dem Generalimporteur wird beispielsweise verboten, unter Umgehung des Großhandels an die Einzelhändler zu liefern. Auch hierbei handelt es sich nach Ansicht der Kommission in der Regel um eine unter Artikel 85 Abs. 1 EWG-Vertrag fallende Wettbewerbsbeschränkung[518]. Das Vorliegen einer solchen Beschränkung verneint die Kommission allerdings im Falle des Verbotes der Sprunglieferung an private Endverbraucher einschließlich sog. „institutioneller" Endverbraucher, wie Schulen, Krankenhäuser, Kasernen: Diese Begrenzung des Tätigkeitsbereichs des Händlers stehe in Übereinstimmung mit der Aufgabentrennung zwischen Groß- und Einzelhändler. Ohne ein solches Verbot erhalte der Großhändler einen ungerechtfertigten Wettbewerbsvorsprung vor dem Einzelhändler, da die Belastungen auf dessen Handelsstufe in der Regel größer seien. Eine solche Art von Wettbewerb werde durch Artikel 85 Abs. 1 EWG-Vertrag aber nicht geschützt[519]. Diese Entscheidung wurde vom Europäischen Gerichtshof bestätigt[520]. Es bleibt abzuwarten, ob die Kommission und der Europäische Gerichtshof diesen richtigen Gedanken auch in Fällen zwischenstaatlicher Sprunglieferungsverbote anwenden werden[521].

198 Auf Rücklieferungsverbote würde diese Argumentation dagegen nicht anwendbar sein. Rücklieferungsverbote untersagen es dem Händler, die Vertragsware an Händler einer höheren Handelsstufe zu liefern. Sinn solcher Rücklieferungsverbote ist, daß Preisdifferenzen in verschiedenen Vertragsgebieten nicht mittels Rücklieferungen unterlaufen werden. Sie dienen danach der Abschottung von Märkten und stellen deswegen Wettbewerbsbeschränkungen dar[522].

---

518 *Kom.,* 5. 10. 1973 – „Deutsche Philips" –, vgl. Fn. 512; 13. 12. 1974 – „BMW" –, ABl. L 29/1/1975 = RIW/AWD 1975 S. 152; 15. 12. 1975 –, „Saba" –, ABl. L 28/19/1976 = RIW/AWD 1976 S. 167.

519 *Kom.,* 15. 12. 1975 –, „Saba" –, vgl. Fn. 518.

520 *EuGH,* Urteil vom 25. 10. 1977 – „Metro/Saba" – vgl. Fn. 511.

521 Vgl. *Gleiss/Hirsch,* a.a.O., Art. 85 Abs. 1 EWG-Vertrag Rand-Nr. 265; zur Möglichkeit der Freistellung vgl. Rand-Nr. 222 ff., Das Sprunglieferungsverbot zu Lasten des Herstellers, nicht an die Abnehmer des Vertragshändlers zu liefern, wird durch die VO 67/67/EWG gedeckt, dazu vgl. Rand-Nr. 209 ff..

522 *Kom.,* 5. 10. 1973 – „Deutsche Philips" –, vgl. Fn. 512; 15. 12. 1975 – „Saba" –, vgl. Fn. 518.

bb) Ausgleichszahlungen

Lieferungen eines Alleinvertriebshändlers in das Gebiet eines anderen werden nur gegen so hohe Ausgleichszahlungen zugelassen, daß aus wirtschaftlichen Gründen derartige Lieferungen unterbleiben. Diese Vereinbarungen über Ausgleichszahlungen sollen Wettbewerbsbeeinträchtigungen darstellen und – wenn sie prohibitiv wirken – einem absoluten Gebietsschutz gleichkommen. So heißt es in der Entscheidung der Kommission vom 27. 6. 1967 (Transocean Marine Paint Association)[523]. „Die Verpflichtung eines Mitglieds, im Falle der Ausfuhr von Transocean- oder anderen Schiffsfarben in das Vertragsgebiet eines anderen Mitglieds als Ausgleichszahlung eine Provision von ...% des Rechnungsbetrages an dieses Mitglied zu entrichten, bedeutet eine zusätzliche finanzielle Belastung des exportierenden Mitglieds, die dessen Wettbewerbsposition auf diesem Markt zugunsten des dort ansässigen Mitglieds benachteiligt und zur gegenseitigen Beachtung der Vertragsgebiete der Mitglieder beiträgt.“ **199**

Als weiteren Fall führt Spormann[524] den Hersteller von Futtermitteln an. Hier hatte die Kommission „die vereinbarte Ausgleichszahlung als prohibitiv angesehen, obwohl sie anteilig der Höhe der Werbungskosten entsprach; die Verpflichtung mußte aufgegeben werden.“

Dieses Ergebnis dürfte jedoch nicht zu verallgemeinern sein. So wie es zulässig ist, den Vertragshändler zu verpflichten, bei Lieferungen über die Grenzen seines Vertragsgebietes hinweg an andere Händler gegen Nachweis deren Unkosten zu ersetzen, die diesen z. B. durch unentgeltlichen Kundendienst entstehen[525], so muß es im Massengeschäft möglich sein, eine Pauschalabgeltung zu vereinbaren. Sie muß sich allerdings an den durchschnittlich entstehenden Unkosten ausrichten[526]. Ebenso unbedenklich ist die Vereinbarung, wonach der Hersteller dem Vertragshändler, in dessen Gebiet Dritte liefern, Gebietsprovision zu zahlen hat. Denn hierdurch werden die Marktverhältnisse nicht berührt.

---

523 *Kom.,* 27. 6. 1967 – „Transocean Marine Paint Association“ –, ABl. L 163/10/1967 = WuW/E EV 177 mit Anm. *Kirschstein.*

524 *Spormann,* WRP 1971 S. 51 Fn. 19 – unter Berufung auf Pressemitteilung der Kommission vom 22. 5. 1967.

525 *Kom.,* 20. 12. 1974 – „Rank/Sopelem“ –, Abl. L 19/20/1975 = GRUR Int. 1975 S. 255 = WuW/E EV 809.

526 *Gleiss/Hirsch,* a.a.O., Art. 85 Abs. 1 EWG-Vertrag Rand-Nr. 260.

cc) Kundendienstbeschränkungen

200 Auch die Bestimmungen in Bedingungen des Herstellers, daß Garantieleistungen nur in dem Gebiet gewährt werden, in dem die Ware gekauft worden ist, sollen einen mittelbaren absoluten Gebietsschutz darstellen können. Zu bedenken ist dabei aber, daß ein Händler, der meist vertraglich verpflichtet wird, Kundendienst und Garantieleistungen zu gewähren[527], daran interessiert ist, diese Leistungen – insbesondere da ihre Abgeltung in der Regel zum Teil in den Verkaufspreis einbezogen ist – auch nur seinen Kunden gegenüber zu erbringen.

Nach Ansicht der Kommission muß jedoch auch für den Abnehmer parallel importierter Erzeugnisse die gleiche Möglichkeit der Inanspruchnahme des Kundendienstes bestehen, wie für den Käufer, der die Erzeugnisse beim jeweils zuständigen Alleinvertriebshändler bezieht[528]. Soweit die Kommission hieraus die Verpflichtung des Herstellers herleitet, seine Alleinvertriebshändler zum Kundendienst auch für parallel importierte Erzeugnisse zu verpflichten, stößt dies auf Bedenken[529]. Artikel 85 Abs. 1 EWG-Vertrag enthält das Verbot wettbewerbsbeschränkender Maßnahmen, jedoch nicht das Gebot der Wettbewerbsförderung. Das Unterlassen einer Maßnahme, die den Wettbewerb fördern würde, die darüber hinaus über die dem Verbraucher nach den einzelnen nationalen Rechtsordnungen zustehenden Gewährleistungsrechten hinausgeht, kann allenfalls dann unter das Verbot des Artikels 85 Abs. 1 EWG-Vertrag fallen, wenn weitere Umstände hinzukommen, die eine Wettbewerbsbeschränkung ergeben. Eine andere Beurteilung kann nur im Hinblick auf Artikel 86 EWG-Vertrag durchgreifen, also dann, wenn der Hersteller eine marktbeherrschende Stellung innehat[530]. Soweit dem Vertragshändler allerdings verboten wird, Kundendienst für parallel importierte Erzeugnisse zu übernehmen, wird man der Ansicht der Kommission folgen können und einen Verstoß gegen Artikel 85 Abs. 1 EWG-Vertrag annehmen können.

---

527 Vgl. Vertragsmuster (Ausland) Art. 12, S. 63; und Art. 2 Abs. 2 c der VO Nr. 67/67/EWG, Anhang II.

528 *Kom.*, Brief vom 18. 7. 1972 – IV/17.144 „Constructa" –, AWD 1973 S. 328; 7. Wettbewerbsbericht Nr. 17, S. 25.

529 *Gleiss/Hirsch*, a.a.O., Art. 85 Abs. 1 EWG-Vertrag Rand-Nr. 261; a. A. wohl *Reinhart*, a.a.O., S. 192.

530 Zur Allgemeinen Problematik des Art. 86 EWG-Vertrag vgl. z. B. *Gleiss/Hirsch*, a.a.O., Kommentierung zu Art. 86 EWG-Vertrag.

dd) Abtretung von Warenzeichen

Auch durch die Übertragung eines Warenzeichens vom Hersteller auf den Alleinvertriebshändler kann ein absoluter Gebietsschutz eintreten, wenn dadurch Parallelimporte verhindert werden. Wie vorher[531] angesprochen, hatte der Gerichtshof in der Grundig-Consten-Entscheidung[532] auch in der Vereinbarung über das Warenzeichen GINT eine Beeinträchtigung des Handels gesehen. Dazu heißt es: „Zum anderen soll die von Consten in Frankreich bewirkte Eintragung des Warenzeichens GINT – mit dem die Firma Grundig ihre sämtlichen Erzeugnisse versieht – den der streitigen Vereinbarung innewohnenden Schutz gegen Paralleleinfuhren noch durch die sich aus dem Warenzeichenrecht ergebende Schutzwirkung verstärken. So kann kein Dritter Grundig-Erzeugnisse aus anderen Mitgliedstaaten der Gemeinschaft zum Wiederverkauf nach Frankreich einführen, ohne ernste Risiken einzugehen." Diese Grundsätze wurden auch in der Entscheidung der Kommission vom 21. 12. 1976 – „Theal-Watts" bestätigt[533]. **201**

ee) Sonstige gebietsschützende Vereinbarungen

Vertragliche Verbote, die Preise der Vertragsware frei festzulegen, können gebietsschützenden Charakter haben. Die Preisbindung, die in der Bundesrepublik Deutschland zwar mit Ausnahme für Verlagserzeugnisse verboten ist[534], spielt in anderen Mitgliedstaaten eine größere Rolle[535]. Nach Ansicht der Kommission ist jedoch auch hier eine Preisbindung nicht für reimportierte und parallel importierte Waren zulässig[536], ebensowenig wie für Produkte, die in andere Mitgliedstaaten exportiert werden[537]. Damit sind Preisbindungen, soweit Artikel 85 Abs. 1 EWG-Vertrag in Frage steht, nur für das jeweilige Gebiet des Vertragshändlers unbedenklich. **202**

531 Vgl. Rand-Nr. 190.

532 Vgl. Fn. 497.

533 Vgl. Fn. 513, allgemein zum Thema Ausübung und Abtretung von Warenzeichen vgl. *EuGH,* Urteil vom 8. 6. 1971 – „Deutsche Grammophon/Metro-SB-Großmärkte", Slg,. 1971 S. 487; Urteile vom 15. 6. 1976 – „EMI-Records/CBS" –, Slg. 1976 S. 811, 871, 913.

534 Vgl. Rand-Nr. 177 ff..

535 Belgien, Niederlande.

536 *Kom.,* 28. 10. 1970, – „Omega" – ABl. L 242/22/1970 = AWD 1971 S. 40; 5. 10. 1973 – „Deutsche Philips" –, vgl. Fn. 512; 15. 12. 1975 – „Saba" –, vgl. Fn. 518; 21. 12. 1976 – „Junghans" –, ABl. L 30/10/1977; Mitteilung in der Sache Dior und Lacôme, WuW 1975 S. 201.

537 *Kom.,* 21. 12. 1976 – „Junghans" –, vgl. Fn. 536.

203 Verboten sind nach Ansicht der Kommission auch Vereinbarungen, wonach dem Vertragshändler für Waren, die er in andere EG-Staaten exportieren will, höhere Einkaufspreise berechnet werden[538], wenn diese Preise nicht durch sonstige Gründe sachlich gerechtfertigt sind.

Wettbewerbsrechtlich bedenkliche Vereinbarungen zur Verhinderung von Parallelimporten sind nicht nur im eigentlichen Vertragshändlervertrag möglich. Kartellvereinbarungen können vielmehr auch durch sonstiges Verhalten, z. B. durch Rundschreiben an Vertragshändler vorgenommen werden, wenn diese den Empfang des Schreibens bestätigen[539]. Ebenso können kartellrechtliche Vereinbarungen auch über Allgemeine Geschäftsbedingungen, die mit dem Vertragshändler einmal oder von Lieferung zu Lieferung vereinbart werden, erfolgen[540].

d) Bagatellbekanntmachung

204 Aus den in den vorherigen Darlegungen angeführten Entscheidungen ergibt sich aber nicht, daß ein absoluter Gebietsschutz per se verboten ist. Bereits in seinem Urteil vom 30. 6. 1966 (Société Technique Minière/Maschinenbau Ulm)[541] hat der Gerichtshof angeführt, daß eine Vereinbarung nur dann zum Verbot des Art. 85 Abs. 1 EWGV erfaßt wird, wenn der Wettbewerb tatsächlich spürbar behindert, eingeschränkt oder verfälscht wird. Im Urteil vom 9. 7. 1969 (Völk/Vervaecke)[542] hat der Gerichtshof dann ausgesprochen, daß ein Alleinvertriebsvertrag – auch wenn er einen absoluten Gebietsschutz enthält –, dann nicht unter das Kartellverbot fällt, wenn die Parteien auf dem Markt der Vertragserzeugnisse eine schwache Stellung einnehmen. Wörtlich heißt es dort: „Eine Vereinbarung wird daher von der Verbotsvorschrift des Art. 85 nicht erfaßt, wenn sie den Markt mit Rücksicht auf die schwache Stellung der Beteiligten auf dem Markt der fraglichen Erzeugnisse nur geringfügig beeinträchtigt. Somit ist es möglich, daß eine Alleinvertriebsvereinbarung selbst bei absolutem

538 *Kom.,* 30. 6. 1970 – „Kodak" –, ABl. L 147/24/1970.

539 *Kom.,* 22. 12. 1972 – „WEA-Filitacchi Music S. A." –, GRUR Int. 1973 S. 568.

540 *Kom.,* 14. 6. 1973 – „Du Pont de Nemours Deutschland" –, ABl. 194/27/1973 = AWD 1973 S. 481; 22. 12. 1976 – „GEROFABRIEK" –, ABl. L 16/8/1977.

541 *EuGH,* Urteil vom 30. 6. 1966 – „Société Technique Minière/Maschinenbau Ulm" –, Slg. 1966 S. 281 = AWD 1966 S. 265 = EuR 1966 S. 335 mit Anm. *Koenigs* = WuW/E EWG/MUV 177.

542 *EuGH,* Urteil vom 9. 7. 1969 – „Völk/Vervaecke" –, Slg. 1969 S. 295 = AWD 1969 S. 295 = EuR 1969 S. 338 mit Anm. *P. Ulmer* = WuW/E EWG/MUV 219.

Gebietsschutz mit Rücksicht auf die schwache Stellung, welche die Beteiligten auf dem Markt der fraglichen Erzeugnisse in dem Gebiet haben, für das der absolute Schutz besteht, nicht unter die Verbotsvorschrift des Art. 85 Abs. 1 fällt." Diese Auffassung hat der Gerichtshof in den Ausführungen seines Urteils vom 6. 5. 1971 (Cadillon/Höß)[543] noch einmal bestätigt. Dieser Ansicht hat sich auch der Bundesgerichtshof angeschlossen[544].

Bejaht die Kommission trotz einer schwachen Marktstellung der an der Vereinbarung Beteiligten das Vorliegen einer spürbaren Wettbewerbsbeeinträchtigung, so ist sie nicht verpflichtet, die spürbare Auswirkung der beanstandeten Klauseln auf den Wettbewerb nachzuweisen. Die Nachweispflicht bezieht sich nur auf die Gefahr einer spürbaren Wettbewerbsbeeinträchtigung, d. h., die Kommission muß nur darlegen, daß die Vereinbarungen potentiell geeignet sind, den Handel zwischen den Mitgliedstaaten spürbar zu beeinträchtigen[545].

In diesem Zusammenhang ist die sogenannte Bagatellbekanntmachung[546] von besonderer Bedeutung. Danach fallen Vereinbarungen nur dann unter das Kartellverbot des Art. 85 Abs. 1 EWGV, wenn sie spürbare Auswirkungen auf die Marktverhältnisse haben, d. h. wenn die Marktstellung dritter Unternehmen und der Verbraucher, also deren Absatz- und Versorgungsmöglichkeiten spürbar verändert werden (I. Abs. 2 der Bekanntmachung). Die Bekanntmachung soll es den Unternehmen erleichtern festzustellen, ob ein Alleinvertriebsvertrag den Wettbewerb spürbar einschränkt. Alleinvertriebsvereinbarungen sind danach nicht spürbar, wenn **205**

- der Marktanteil der Vertragswaren auf dem relevanten Markt nicht mehr als 5% beträgt und
- der Gesamtumsatz der beteiligten Unternehmen jährlich 50 Mio. Rechnungseinheiten (die nach Art. 207, 209 EWGV in der Haushaltsordnung bestimmt werden) nicht übersteigt.

Darauf hinzuweisen ist, daß beide Voraussetzungen (Marktanteil und Umsatz) erfüllt sein müssen. Örtlich oder räumlich relevanter Markt ist das Gebiet des Gemeinsamen Marktes, auf das sich die Vereinba-

543 *EuGH,* Urteil vom 6. 5. 1971 – „Cadillon/Höss" –, Slg. 1971 S. 351 = AWD 1971 S. 347 = WuW/E EWG/MUV 261.

544 *BGH,* Urteil vom 29. 10. 1970 – „Blitzgeräte", AWD 1971,S. 84 = WuW/E BGH 1168.

545 *EuGH,* Urteil vom 1. 2. 1978 – „Miller International" –, GRUR int. 1978 S. 260.

546 Vgl. Anhang III.

rung auswirkt. Dabei sind aber nur die tatsächlichen Auswirkungen, d. h. die Auswirkungen im Vertragsgebiet zu berücksichtigen. Mittelbare Auswirkungen oder Auswirkungen auf einen größeren Markt, der praktisch nicht beliefert wird, können nicht mitgezählt werden, da sich sonst unzulässigerweise ein geringerer Marktanteil ergeben würde[547]. So heißt es auch in dem angeführten Urteil des Gerichtshofs vom 9. 7. 1969 (Völk/Vervaecke)[548] „... auf dem Markt der fraglichen Erzeugnisse in dem Gebiet ..., für das der absolute Schutz besteht...“. Sachlich relevanter Markt ist der Markt gleicher oder solcher Erzeugnisse, die für den Verbraucher aufgrund ihrer Eigenschaften, ihres Verwendungszwecks oder[549] ihrer Preislage als gleichartig anzusehen sind. Beim gesamten Umsatz[550] ist der Umsatz mit allen (nicht nur den gleichen oder gleichartigen) Waren jeder Art und allen Leistungen der Vertragspartner und der mit ihnen wirtschaftlich verbundenen Unternehmen zu berücksichtigen. Als wirtschaftliche Verbindung gelten dabei – und zwar im Sinne einer Beherrschung sowohl durch den betreffenden Vertragspartner als auch durch das verbundene Unternehmen – eine mindestens 25prozentige Beteiligung, eine Mehrheit der Stimmrechte oder eine Mehrheit in den Organen oder ein Betriebsführungsvertrag. Bestehen also zwischen einem Hersteller und seinen Alleinvertriebshändlern mehrere Verträge, so werden nur die Umsätze des Herstellers und des jeweiligen Händlers (allerdings einschließlich der mit ihnen wirtschaftlich verbundenen Unternehmen) gerechnet. Die Umsätze der anderen Händler werden nicht berücksichtigt, es sei denn, zwischen den Unternehmern besteht eine wirtschaftliche Verbindung im angegebenen Sinne.

Die nach der ursprünglichen Fassung der Bagatellbekanntmachung notwendige Unterscheidung zwischen Handelsunternehmen und sonstigen Unternehmen ist mit der Neufassung der Bagatellbekanntmachung vom 29. 12. 1977 weggefallen.

206 Wie die Kommission in der Bekanntmachung selbst ausführt, stellt diese nur ihre Auffassung dar, die weder den Europäischen Gerichtshof, die nationalen Gerichte noch sie selbst bindet. Es kann aber damit ge-

---

547 *Spormann,* WRP 1971 S. 49 und AWD 1972 S. 437.

548 Vgl. Fn. 542.

549 *Spormann,* AWD 1972 S. 438 –, weist darauf hin, daß es hier „und“ heißen müsse, „oder“ sei ein Druckfehler. Das zeige ein Vergleich mit der französischen Fassung und mit Art. 6 Abs. a) der VO Nr. 67/67/EWG (Anhang II).

550 *Spormann,* WRP 1971 S. 49 und AWD 1972 S. 437.

rechnet werden, daß die genannten Marktanteile und Umsätze allgemeine Beachtung finden werden. Diese haben auch keine ausschließliche Bedeutung, in Einzelfällen können auch oberhalb dieser Schwellen liegende Vereinbarungen nicht spürbar sein (I. Abs. 3 der Bekanntmachung). Umgekehrt bleibt auch die Möglichkeit, daß spürbare Wettbewerbsbeschränkungen auch dann angenommen werden, wenn die Marktanteil- und Umsatzschwellen der Bekanntmachung nicht überschritten werden. In Zweifelsfällen besteht die Möglichkeit, ein Negativattest zu beantragen[550]. Auszugehen ist davon, daß die Anmeldung[551] oder Beantragung eines Negativattestes[552] für eine Vereinbarung, die unterhalb dieser Schwellen liegt, nicht notwendig ist. Sollte in Ausnahmefällen später festgestellt werden, daß die Vereinbarung verboten ist und nicht freigestellt werden kann, ist mangels Verschulden der Beteiligten weder mit Bußgeldern noch mit Schadensersatzansprüchen zu rechnen[553].

e) *Einzelfreistellung nach Art. 85 Abs. 3 EWG-Vertrag*

Trotz eines absoluten Gebietsschutzes ist es aber nicht ausgeschlossen, daß bei derartigen Vereinbarungen eine Einzelfreistellung nach Art. 85 Abs. 3 EWGV erlangt werden kann. **207**

Im angeführten Urteil des Gerichtshofs vom 30. 6. 1966 (Société Technique Minière/Maschinenbau Ulm)[554] hat der Gerichtshof zur Wettbewerbsstörung ausgeführt, daß deren Vorliegen vor allem dann zweifelhaft erscheinen kann, wenn sich die Vereinbarung für das Eindringen eines Unternehmens in ein Gebiet, in dem es bisher nicht tätig gewesen ist, als notwendig erweist. Auch aus dem Urteil vom 13. 7. 1966 (Grundig/Consten)[555] läßt sich nicht völlig ausschließen, daß Alleinvertriebsverträge mit absolutem Gebietsschutz im Einzelfall zugelassen werden[556].

Derartiges schließt auch die Kommission nicht aus. Allerdings wird dies nur in besonders gelagerten Fällen möglich sein. So könnte nach Ansicht der Kommission[557] die zeitlich beschränkte Zulassung eines

551 Vgl. Rand-Nr. 231.

552 Vgl. Rand-Nr. 232 ff..

553 *Spormann,* AWD 1972 S. 437; *Gleiss/Hirsch,* a.a.O., Art. 85 Abs. 1 EWG-Vertrag, Rand-Nr. 95; siehe auch Rand-Nr. 231.

554 Vgl. Fn. 541.

555 Vgl. Fn. 497.

556 *Kirschstein,* WuW 1966 S. 790.

557 Erster Wettbewerbsbericht, Nr. 49, S. 63.

absoluten Gebietsschutzes für solche Alleinvertriebsverträge in Betracht gezogen werden, durch die ein neuer Hersteller auf dem betreffenden Markt eingeführt werden soll. In diesem Zusammenhang verweist die Kommission auf ihre Entscheidung vom 27. 6. 1967 (Transocean Marine Paint Association)[558]. Hier hatte die Kommission bei einer Kooperationsvereinbarung zwischen kleinen und mittleren Unternehmen einen gewissen Gebietsschutz für eine beschränkte Zeit dann für zulässig erklärt, wenn dieser Schutz notwendig ist, um jedem Mitglied des Zusammenschlusses die Möglichkeit zu geben, während der Einführungszeit eine intensive Tätigkeit zu entfalten, die auf den Markt konzentriert wird, in dem es seinen Sitz hat.

Hinsichtlich eines Alleinvertriebsvertrages gibt es allerdings eine derartige Entscheidung noch nicht.

5. Alleinvertriebsverträge ohne absoluten Gebietsschutz

208 Im Urteil vom 30. 6. 1966 (Société Technique Minière/Maschinenbau Ulm[559]) hat der Gerichtshof zwar nicht ausgeschlossen, daß auch Alleinvertriebsverträge ohne absoluten Gebietsschutz unter das Kartellverbot des Art. 85 Abs. 1 EWGV fallen können. „Ein Vertrag, durch den ein Hersteller einem Händler den Alleinvertrieb seiner Erzeugnisse in einem bestimmten Gebiet überträgt, fällt demnach nicht per se unter das Verbot von Art. 85 Abs. 1. Er kann jedoch den Tatbestand dieser Vorschrift erfüllen, wenn besondere tatsächliche Umstände gegeben oder besonders strenge Schutzklauseln für das Alleinvertriebsrecht vorgesehen sind.“ In der Regel kann aber davon ausgegangen werden, daß Alleinvertriebsverträge ohne absoluten Gebietsschutz zulässig sind.

a) Gruppenfreistellungsverordnung Nr. 67/67/EWG

209 Von grundlegender Bedeutung ist insoweit die Gruppenfreistellungsverordnung – VO Nr. 67/67/EWG[560] mit ihrem Katalog von Wettbewerbsbeschränkungen, die nicht vom Kartellverbot erfaßt werden. Grundlage zum Erlaß dieser Gruppenfreistellungsverordnung ist die VO Nr. 19/65 EWG[561] nach der die Kommission ermächtigt ist, durch

558 Vgl. Fn. 523.
559 Vgl. Fn. 541.
560 Vgl. Anhang II.
561 Vgl. Anhang II.

Verordnung Art. 85 Abs. 1 EWGV auf bestimmte Gruppen von zweiseitigen Alleinvertriebsvereinbarungen und aufeinander abgestimmte Verhaltensweisen für nicht anwendbar zu erklären.

Die Gruppenfreistellungsverordnung gilt bis Ende 1982, jedoch kann mit ihrer Verlängerung gerechnet werden. Dabei ist allerdings zu beachten, daß in nächster Zeit die Verordnung wahrscheinlich in verschiedenen Punkten geändert wird. Im nachfolgenden soll deswegen auch auf die bisher vorliegenden Änderungsvorschläge der Kommission[562] eingegangen werden.

Erfüllt ein Vertrag die Voraussetzungen der Gruppenfreistellungsverordnung, ist er vom Kartellverbot des Art. 85 Abs. 1 EWGV freigestellt, ohne daß es einer Anmeldung bedarf. Auch eine zusätzliche Entscheidung der Kommission über die Erfüllung dieser Voraussetzungen ist nicht erforderlich[563]. Der Vertrag kann auch sofort praktiziert werden, er ist zwischen den Parteien und gegenüber Dritten voll wirksam. Wenn sich im Einzelfall ergibt, daß die betreffende Vereinbarung nicht oder nicht mehr mit den Voraussetzungen des Art. 85 Abs. 3 EWGV vereinbar ist, kann die Kommission zwar ein Verfahren einleiten, dabei aber nicht rückwirkend, sondern nur mit Wirkung für die Zukunft (ex nunc) deren Nichtigkeit feststellen[564].

In den Artikeln 1 bis 7 der Verordnung ist zwar nur die Rede von Ver- **210**
einbarungen. Gemäß Art. 8 findet die Verordnung aber auch entsprechende Anwendung auf abgestimmte Verhaltensweisen. Es können daher Beziehungen zwischen den Beteiligten aufgrund einer vertraglichen Vereinbarung oder aufgrund einer rechtlich unverbindlichen Abstimmung bzw. Absprache insoweit gleichgestellt werden, wobei letzteres sicher kaum oder nur selten vorkommen wird[565]. Nach Art. 1 werden nur Alleinvertriebsvereinbarungen freigestellt, an denen nicht mehr als zwei Unternehmen beteiligt sind[566]. Auch wenn ein Hersteller aufgrund eines Mustervertrages ein Netz von Alleinvertriebsvereinbarungen mit seinen Händlern abschließt, ist der Mustervertrag ein

---

562 Vgl. Anhang II.

563 *Kirschstein,* WuW 1967 S. 374.

564 *Spormann,* WPR 1971 S. 51; siehe auch Rand-Nr. 233.

565 *Niederleithinger,* a.a.O., S. 198.

566 Zu den Problemen der Vereinbarungen zwischen Mutter- und Tochtergesellschaft vgl. Rand-Nr. 226.

Vertrag, an dem nur zwei Unternehmer beteiligt sind[567]. Auf ihn ist also die Gruppenfreistellungsverordnung anwendbar[568].

Als Grundvertragsbestandteile nennt Art. 1 Abs. 1 die ausschließliche Liefer- und die ausschließliche Bezugspflicht. Dabei werden sowohl Vereinbarungen erfaßt, die nur eine dieser beiden Verpflichtungen enthalten (Abs. 1 a und b)[569], als auch die Vereinbarungen mit gegenseitigen Verpflichtungen (Abs. 1 c). Auch die gegenseitige Übertragung des Alleinvertriebs zwischen Herstellern fällt darunter[570], hier ist allerdings die Bestimmung des Art 3 a zu beachten (siehe unten). Art. 1 Abs. 1 a spricht ausdrücklich von dem Weiterverkauf innerhalb eines abgegrenzten Gebietes des Gemeinsamen Marktes. Damit fällt ein Alleinvertriebsvertrag z. B. für alle Mitgliedsstaaten mit Ausnahme Luxemburgs[571] unter die Gruppenfreistellung, nicht dagegen einer für das gesamte Gebiet des Gemeinsamen Marktes[572]. Diese Beschränkung gilt nicht bei der ausschließlichen Bezugsbindung, hier wird nicht auf den Vertrieb im Gemeinsamen Markt abgestellt (Art. 1 Abs. 1 b).

Nach der Rechtssprechung des Europäischen Gerichtshofes werden Alleinbezugsvereinbarungen selbst dann von der Gruppenfreistellungsverordnung erfaßt, wenn dem Vertragshändler kein fest umrissenes Absatzgebiet zugewiesen ist[573].

211 Die bisher vorliegenden Änderungsvorschläge der Kommission sehen vor, daß es nicht mehr möglich sein soll, die Gruppenfreistellungsverordnung auf Alleinvertriebsverträge anzuwenden, die für die gesamte Europäische Gemeinschaft mit Ausnahme eines kleinen Gebietes gelten. Vielmehr soll die Anwendbarkeit dann entfallen, wenn „das Vertragsgebiet mehr als 100 Mio. Einwohner umfaßt, es sei denn, daß Zwischenhändler oder Verbraucher sich die Vertragswaren außer bei dem Alleinvertriebshändler bei mindestens zwei weiteren, in verschiedenen Mitgliedstaaten niedergelassenen und auf der Handelsstufe des

567 *EuGH,* Urteil vom 30. 6. 1970 – „Rochas/Bitsch" –, Slg. 1970 S. 515 = AWD 1970 S. 320 = WuW/E EWG/MUV 227.

568 *Spormann,* WRP 1971 S. 52.

569 *EuGH,* Urteil vom 1. 2. 1977 –, „Concordia" –, Slg. 1977 S. 65 = WuW/EWG MuV 413.

570 *Kirschstein,* WuW 1967 S. 374.

571 Von *Spormann,* WRP 1971 S. 53 angeführtes Beispiel.

572 *Kom.,* 19. 12. 1974 – „Duro-Dyne/Europair" –, ABl. L 29/11/1975 = WuW/E EV 573.

573 *EuGH,* Urteil vom 1. 2. 1977 – „Concordia" –, vgl. Fn. 569.

Alleinvertriebshändlers tätigen Unternehmen beschaffen können"[574]. Auf nationale Alleinvertriebsverträge ist die Gruppenfreistellungsverordnung nach ihrem Wortlaut nicht anzuwenden (Artikel 1 Abs. 2)[575]. Der Europäische Gerichtshof wendet die Gruppenfeststellungsverordnung jedoch auch auf rein nationale Alleinvertriebsvereinbarungen an. Dabei setzt er sich über den Wortlaut der Gruppenfreistellungsverordnung mit dem Argument hinweg, daß der Wortlaut der Verordnung 67/67 EWG-Vertrag nur klarstelle, daß nationale Alleinvertriebsverträge in der Regel nicht geeignet sind, sich auf den zwischenstaatlichen Handel spürbar beeinträchtigend auszuwirken. Daraus folgt, daß im Ausnahmefall, in dem der zwischenstaatliche Handel beeinträchtigt wird, die Gruppenfreistellungsverordnung auch auf nationale Verträge anzuwenden ist[576]. Dem tragen auch die Änderungsvorschläge der Kommission für die Neufassung der Gruppenfreistellungsverordnung Rechnung, indem sie empfehlen, den bisherigen Artikel 1 Abs. 2, der die Ausnahme für nationale Verträge postulierte, ersatzlos zu streichen[577]. Der Handel zwischen den EG-Mitgliedstaaten kann durch eine rein nationale Alleinvertriebsvereinbarung etwa dann beeinträchtigt werden, wenn dem Vertragshändler ein Exportverbot für andere EG-Staaten auferlegt wird[578].

Die Gruppenfreistellung erfolgt nur dann, wenn die Alleinvertriebsvereinbarungen außer den in Art. 1 genannten Verpflichtungen lediglich die in Art. 2 abschließend aufgezählten zusätzlichen Nebenabreden enthalten.

Es kann ein Konkurrenzverbot dahingehend vereinbart werden, daß **212**
der Alleinvertriebshändler während der Vertragsdauer[579] oder bis zu einem Jahr danach keine im Wettbewerb mit der Vertragsware stehenden Waren herstellen oder vertreiben darf (Art. 2 Abs. 1 a).

Dem Alleinvertriebshändler kann ein Kundenwerbungsverbot auferlegt werden, nach dem er außerhalb seines Vertragsgebietes für die

574 Vgl. Anhang II, Art. 1 Ziff. 3.

575 So auch *Kom.,* 19. 12. 1974 – „Goodyear Italiana" –, ABl. L 38/10/1975 = WuW/E EV 595.

576 *EuGH,* Urteil vom 3. 2. 1976 – „Roubaix" –, Slg. 1976 S. 111; Urteil vom 1. 2. 1977 – „Concordia" –, vgl. Fn. 569.

577 Vgl. Anhang II, Art. 1, Ziff. 1.

578 Vgl. *Kom.,* 19. 12. 1974 – „Goodyear Italiana" –, vgl. Fn. 575; *Gleiss/Hirsch,* a.a.O., Art. 85 Abs. 1 EWG-Vertrag Rand-Nr. 250.

579 Vgl. Vertragsmuster (Ausland), Art. 5.

Vertragswaren keine Kunden werben, keine Niederlassungen einrichten und keine Auslieferungslager unterhalten darf (Art. 2 Abs. 1 b).

Daneben ist der Hersteller berechtigt zu vereinbaren, daß der Alleinvertriebshändler Auskunft über Geschäfte mit Kunden außerhalb seines Vertragsgebietes geben muß, vorausgesetzt der Hersteller übt sein Auskunftsrecht nicht zu wettbewerbsbeeinträchtigenden Zwecken aus[580].

Weiterhin steht der Freistellung eine Sortiments- und Mindestabnahmeverpflichtung[581] des Alleinvertriebshändlers nicht entgegen (Art. 2 Abs. 2 a). Mit der Verpflichtung, vollständige Warensortimente abzunehmen, sollen allerdings nur Waren derselben Art erfaßt sein, Kopplungsgeschäfte mit anderen Warenarten sollen verboten sein[582].

Auch eine Markenverwendungspflicht ist zulässig, nach der der Alleinvertriebshändler die Vertragswaren nur unter dem Warenzeichen oder der Ausstattung vertreiben darf, die der Hersteller vorschreibt (Art 2 Abs. 2 b). In der Entscheidung vom 28. 10. 1970 (Omega)[583] hat die Kommission die Verpflichtung, die vom Hersteller gelieferten Waren unter dem Warenzeichen des Herstellers zu vertreiben, ausdrücklich als eine Vereinbarung bezeichnet, die keine spürbare Einschränkung des Wettbewerbs innerhalb des Gemeinsamen Marktes bezweckt oder bewirkt.

Bei den vertriebsfördernden Maßnahmen (Art. 2 Abs. 2 c) – Werbung zu treiben[584], ein Verkaufsnetz oder Lager zu unterhalten[585], Kundendienst und Garantieleistungen zu gewähren[586], fachlich oder technisch geschultes Personal zu verwenden – handelt es sich nur um eine beispielhafte Aufzählung, wie das Wort „insbesondere" zeigt. Es können also auch weitere Vertriebsförderungspflichten vereinbart werden, sie dürfen allerdings nicht wettbewerbseinschränkend sein[587].

Zulässig wird es sein, dem Alleinvertriebshändler vorzuschreiben, bei Kundendienstarbeiten nur Originalteile des Herstellers zu verwenden,

---

580 *Kom.,* 13. 12. 1974 – „BMW" –, Vgl. Fn. 518.

581 Vgl. Vertragsmuster (Ausland), Art. 3.

582 *Spormann,* AWD 1967 S. 176 und WRP 1971 S. 53.

583 *Kom.,* 28. 10. 1970 – „Omega" – , vgl. Fn. 536; vgl. dazu auch *Kirschstein,* WRP 1971 S. 504.

584 Vgl. Vertragsmuster (Ausland), Art. 4

585 Vgl. Vertragsmuster (Ausland), Art. 11

586 Vgl. Vertragsmuster (Ausland), Art. 12

587 *Spormann,* WRP 1971 S. 53.

wenn dies aus sachlichen Gründen gerechtfertigt ist, z. B. im Hinblick auf die Wahrung der Qualität der Erzeugnisse und des guten Namens des Herstellers[588]. Nicht freistellungsfähig ist jedoch das Verbot, bei parallelimportierten Erzeugnissen den Kundendienst nicht oder nur zu erschwerten Bedingungen durchzuführen[589].

Da die Gruppenfreistellungsverordnung nicht nur auf Alleinbeliefe- **213**
rungsvereinbarungen sondern auch auf Alleinbezugsvereinbarungen anwendbar ist, die zum Zwecke des Weiterverkaufs abgeschlossen werden, sehen die Änderungsvorschläge der Kommission zu Artikel 2 Abs. 2 die Klarstellung vor, daß die dort aufgezählten Verpflichtungen auch in Alleinbezugsvereinbarungen aufgenommen werden dürfen, ohne daß dies der Gruppenfreistellung entgegensteht[590].

Gemäß Art. 3 a) dürfen sich Hersteller nicht gegenseitig den Allein- **214**
vertrieb von im Wettbewerb stehenden Waren übertragen. In solchen Fällen ist jedoch eine Einzelfreistellung möglich[591]. Bei nicht konkurrierenden Waren ist dagegen ein gegenseitiger Alleinvertrieb zulässig, was insbesondere für eine Sortimentsergänzung von großer Bedeutung sein kann. Wie Spormann[592] allerdings mit Recht hervorhebt, können Hersteller gerade im Grenzbereich der Sortimentsergänzung potentielle Wettbewerber sein. Er weist insoweit aber auf die Entscheidung der Kommission vom 22. 7. 1969 (Jaz-Peter)[593] hin. Hier hatten sich die Partner u. a. darüber geeinigt, daß der eine nur mechanische, der andere nur elektrische Wecker herstellen werde, obwohl jeder auch das Produkt des anderen hätte herstellen können. Die Kommission hatte die Vereinbarung nach Art. 85 Abs. 3 EWGV freigestellt. Daraus sei zu schließen, daß die Kommission die Möglichkeiten eines potentiellen Wettbewerbs eng begrenzen wolle. Es sei davon auszugehen, daß der gegenseitige Alleinvertrieb bei potentiellen Wettbewerbern nur dann ausgeschlossen sei, „wenn die technischen und finanziellen Möglichkeiten der Unternehmen sowie die wirtschaft-

---

588 Vgl. *Gleiss/Hirsch*, a.a.O., Art. 85 Abs. 1 EWG-Vertrag Rand-Nr. 286.

589 Vgl. Rand-Nr. 200.

590 Vgl. Anhang II., Art. 1 Ziff. 2.

591 *Kom.*, 20. 12. 1974 – „Rank/Sopelem" –, vgl. Fn. 525; aber auch 21. 12. 1973 – „Kali und Salz II" –, ABl. L 19/22/1974.

592 *Spormann*, WRP 1971 S. 53.

593 *Kom.*, 22. 7. 1969 – „Jaz-Peter" –, ABl. L 195/5/1969 = WuW/E EV 260; vgl. dazu auch *Kirschstein*, WRP 1970 S. 427; *Kom.*, 23. 12. 1977 – „Jaz-Peter" –, ABl. L 61/17/1978.

lichen Verhältnisse und Marktlage eine alsbaldige Produktion zulassen würden".

Die einseitige Übertragung des Alleinvertriebsrechtes an einen Konkurrenten ist nach dem noch gültigen Wortlaut der Gruppenfreistellungsverordnung dagegen kein Hindernis für ihre Anwendung. Wird die Verordnung gemäß den Änderungsvorschlägen der Kommission neu gefaßt, so werden jedoch sämtliche Vereinbarungen über die Übertragung des Alleinvertriebs oder die ausschließliche Bezugsverpflichtung für Waren, hinsichtlich derer die Beteiligten Wettbewerber sind oder miteinander in Wettbewerb treten können, nur noch im Wege der Einzelfreistellung zugelassen[594]. Innerer Grund dafür soll die generell bestehende Gefahr der Wettbewerbsbeschränkung infolge solcher Vereinbarungen zwischen Konkurrenten sein.

215 Die Vorschrift des Art. 3 b) richtet sich gegen den absoluten Gebietsschutz, gleichgültig ob er nun unmittelbar oder mittelbar herbeigeführt wird. Zur Ausübung gewerblicher Schutzrechte (Art. 3 Abs. 2 a) ist auf die Entscheidung des Gerichtshofs vom 13. 7. 1966 (Grundig-Consten)[595] hinzuweisen. Mit dieser Bestimmung über die Ausübung gewerblicher Schutzrechte und sonstiger Rechte „wird das Verhältnis zwischen Wettbewerbsrecht und den gewerblichen Schutzrechten nicht präjudiziert, da hier nur die Voraussetzungen für die Anwendung der Gruppenfreistellungsverordnung festgelegt werden" (9. Erwägungsgrund der Verordnung). Die Gruppenfreistellung soll lediglich davon abhängig gemacht werden, daß Paralleleinfuhren auch nicht durch gewerbliche Schutzrechte verhindert werden[596]. Unter die Ausübung sonstiger Rechte (Art. 3 Abs. 2 b) fällt z. B. die opposabilité aux tiers[597].

Zu den „Maßnahmen" zählt jedes Verhalten, das geeignet ist, den Bezug der Vertragswaren im zwischenstaatlichen Handel zu erschweren[598].

---

594 Vgl. Anhang II Art. 3 Ziff. 3.

595 Vgl. Fn. 497.

596 *Spormann,* AWD 1967 S. 177; *Niederleithinger,* a.a.O., S. 201.

597 Nach der französischen Rechtsprechung kann ein Alleinvertriebshändler sein Alleinvertriebsrecht Dritten, die davon Kenntnis haben oder haben müssen, auch dann entgegensetzen, wenn ein absoluter Gebietsschutz nicht vereinbart ist (*Spormann,* AWD 1966 S. 333 Fn. 41); vgl. auch EuGH, Urteil vom 25. 11. 1971 – „Béguelin/Marbach" –, vgl. Fn. 508.

598 *Mestmäcker,* a.a.O., S. 333; vgl. auch z. B. *EBGH,* Urteil vom 1. 10. 1975 – „Van Vliet/Dalle Crode", RIW/AWD 1975 S. 637 = GRUR int. 1976 S. 48.

Die Änderungsvorschläge der Kommission sehen vor, Artikel 3 um eine weitere Vorschrift für ausschließliche Bezugsverpflichtungen zu erweitern[599]. Die Kommission sieht eine Wettbewerbsgefährdung darin, daß ein Hersteller eine besonders große Anzahl von Händlern oder die wichtigsten unter ihnen mittels ausschließlicher Bezugsvereinbarungen bindet. Aus diesem Grund soll die Gruppenfreistellungsverordnung in Zukunft auf solche Vereinbarungen dann nicht mehr anwendbar sein, wenn die gebundenen Händler einen Umsatz von mehr als 15% in einem wesentlichen Teil des Gemeinsamen Marktes mit gleichen Erzeugnissen oder doch solchen, die vom Verbraucher aufgrund ihrer Eigenschaften und der Preislage als gleichartig angesehen werden, repräsentieren. 216

Art. 4 über das Wirksamwerden der Gruppenfreistellungsverordnung und Art. 5 über die Anpassung von Vereinbarungen, die bereits am 13. 3. 1962 bestanden haben (sogenannte Altkartelle)[600], kommt jetzt nur noch geringe Bedeutung zu, ebenso wie der aufgrund des Beitritts der drei neuen Staaten erfolgten Ergänzung des Art. 5 Abs. 1, nach der das Kartellverbot des Art. 85 Abs. 1 EWGV nicht für die Vereinbarungen gilt, die zum Zeitpunkt des Beitritts bestanden haben, infolge des Beitritts unter Art. 85 Abs. 1 EWGV fallen und innerhalb von sechs Monaten nach dem Beitritt – also bis zum 30. 6. 1973 – derart abgeändert worden sind, daß sie den Voraussetzungen der VO Nr. 67/67/EWG entsprechen. 217

Wenn die von der Kommission vorgesehenen Änderungen in Kraft treten, sollen Vereinbarungen, auf die zwar vorher die Gruppenfreistellungsverordnung anwendbar war, die nun aber ihren geänderten Voraussetzungen nicht mehr entsprechen, für ein Jahr freigestellt bleiben[601].

Nach Art. 7 der VO Nr. 19/65/EWG[602] kann die Kommission im Einzelfall Vereinbarungen widerrufen, die zwar die Voraussetzungen der Gruppenfreistellungsverordnung erfüllen, trotzdem aber Wirkungen haben, die mit den in Art. 85 Abs. 3 EWGV vorgesehenen Voraussetzungen unvereinbar sind. Rechtsgrundlage für den Widerruf der Freistellung im Einzelfall ist zwar allein dieser Artikel 7 der VO 218

599 Vgl. Anhang II.
600 Vgl. dazu auch Rand-Nr. 237 f..
601 Vgl. Art. 1 Ziff. 4, Anhang II.
602 Vgl. Anhang II.

Nr. 19/65/EWG. In Art. 6 der VO Nr. 67/67/EWG gibt die Kommission aber als Orientierungshilfe eine Aufzählung von Beispielen, bei deren Vorliegen die Kommission prüfen wird, ob sie Art. 7 der VO Nr. 19/65/EWG anwendet[603]:

- die Vertragswaren stehen im Vertragsgebiet nicht mit gleichartigen Waren im Wettbewerb (Art. 6 a);
- anderen Herstellern ist der Absatz gleichartiger Waren auf der Vertriebsstufe des Alleinvertriebshändlers im Vertragsgebiet nicht möglich (Art. 6 b);
- der Alleinvertriebshändler mißbraucht die Freistellung durch Diskriminierung von Abnehmergruppen (Art. 6 c Nr. 1) oder durch unverhältnismäßig hohe Preise (Art. 6 c Nr. 2).

Auch dieser Beispielskatalog soll nach dem Willen der Kommission geändert werden[604]. In Artikel 6 a soll als relevanter Markt nicht mehr das Vertragsgebiet, sondern allgemein ein wesentlicher Teil des Gemeinsamen Marktes angesehen werden. Artikel 6 b soll dergestalt ergänzt werden, daß auch solche Fälle erfaßt werden, in denen das Nebeneinanderbestehen mehrerer Alleinbezugsvereinbarungen, die von verschiedenen Händlern errichtet wurden und die den Zugang zu den Absatzmärkten erschweren[605]. In Artikel 6 c soll deutlich gemacht werden, daß mißbräuchliche Verhaltensweisen im Sinne dieser Vorschrift nicht nur seitens des Alleinvertriebshändlers sondern auch seitens der zum Alleinbezug verpflichteten Händler zum Widerruf der Freistellung führen können.

219 Art. 7 hebt Art. 4 Abs. 2a der VO Nr. 27 vom 3. 5. 1962[606] auf, wonach für bestimmte zweiseitige Alleinvertriebsverträge eine vereinfachte Anmeldung vorgesehen war. Da diese Vereinbarungen in der Regel unter die Freistellung fallen, war der betreffende Art. 4 Abs. 2 a überflüssig (11. Erwägungsgrund der VO Nr. 67/67). Die Übergangsregelung des Art. 7 Abs. 2 hat jetzt keine Bedeutung mehr.

Die Gruppenfreistellungsverordnung galt ursprünglich nur bis zum 31. 12. 1972 (Art. 1 Abs. 1). Sie ist durch VO (EWG) Nr. 2591/72 der

603 *Spormann,* AWD 1967 S. 178; *Kirschstein,* WUW 1967 S. 378; *Niederleithinger,* a.a.O., S. 203.

604 Vgl. Art. 1 Ziff. 5, Anhang II.

605 Vgl. auch *EuGH,* Urteil vom 1. 2. 1977 – „Concordia" –, vgl. Fn. 569.

606 Vgl. Anhang II.

Kommission vom 8. 12. 1972 [607] bis zum 31. 12. 1982 verlängert worden.

Es kann damit gerechnet werden, daß die Verordnung verlängert wird, wobei jedoch die gezeigten Änderungen in dieser oder ähnlicher Form sicherlich schon vorher in Kraft treten werden.

b) Einzelfreistellung nach Art. 85 Abs. 3 EWG-Vertrag

Nach Art. 1 Abs. 1 der VO Nr. 19/65/EWG[608] ergeht eine Gruppen- **220**
freistellungsverordnung unbeschadet der Anwendung der VO Nr. 17 des Rates vom 6. 2. 1962[609]. Damit bleibt das Recht der Unternehmen, eine Einzelfreistellung nach Art. 85 Abs. 3 EWGV zu begehren[610], unberührt (3. Erwägungsgrund der VO Nr. 67/67/EWG)[611].

Erfüllt ein Alleinvertriebsvertrag die Voraussetzungen der Gruppenfreistellungsverordnung nicht und wollen die Vertragspartner auch keine entsprechende Änderung vornehmen, dann müssen sie eine Einzelfreistellung verlangen. Dazu müssen die Voraussetzungen des Art. 85 Abs. 3 EWGV vorliegen. Diese Bestimmung verlangt, daß zwei positive Bedingungen erfüllt und zwei negative Umstände nicht gegeben sein dürfen, andernfalls ist eine Freistellung ausgeschlossen[612].

Die beiden positiven Voraussetzungen sind:

– die Vereinbarungen, Beschlüsse oder aufeinander abgestimmte Verhaltensweisen müssen zur Verbesserung der Warenerzeugung oder -verteilung oder zur Förderung des technischen oder wirtschaftlichen Fortschritts beitragen,

---

607 VO (EWG) Nr. 2591/72 der Kommission vom 8. 12. 1972 zur Änderung der VO Nr. 67/67/EWG vom 22. 3. 1967 über die Anwendung von Art. 85 Abs. 3 des Vertrages auf Gruppen von Alleinvertriebsvereinbarungen, ABl. Nr. L 276/15/1972.

608 Vgl. Anhang II.

609 Vgl. Anhang II.

610 Vgl. dazu Rand-Nr. 232 ff..

611 Nach *Kirschstein,* WuW 1967 S. 373, 374, sollte es in den Fällen, in denen die betreffende Vereinbarung die Voraussetzungen der VO Nr. 67/67 EWG erfüllt, aber genügen, daß die Kommission durch Entscheidung eine Einzelfreistellung mit der Begründung ablehnt, daß diese Vereinbarung bereits durch die VO Nr. 67/67/EWG vom Verbot des Artikels 85 Abs. 1 EWGV ausgenommen sei (ähnlich auch *Niederleithinger,* a.a.O., S. 203).

612 *Müller-Henneberg/Schwartz,* a.a.O., Art. 85 Rand-Nr. 56; vgl. auch *EuGH,* Urteil vom 13. 7. 1966 – „Grundig-Consten" –, siehe Fn. 497.

– die Vereinbarungen, Beschlüsse oder aufeinander abgestimmte Verhaltensweisen müssen gleichzeitig den Verbrauchern eine angemessene Beteiligung an dem durch diese Verbesserung oder diesem Fortschritt entstehenden Gewinn sichern.

Die beiden negativen Voraussetzungen sind:

– den beteiligten Unternehmen dürfen nur solche Beschränkungen auferlegt werden, die für die Verwirklichung dieser Ziele unerläßlich sind[613],
– diesen Unternehmen darf nicht die Möglichkeit eröffnet werden, für einen wesentlichen Teil der betreffenden Waren den Wettbewerb auszuschalten.

Bei der Erlangung einer Einzelfreistellung ist allerdings davon auszugehen, daß diese kaum möglich ist, wenn der Vertrag Klauseln enthält, die von der VO Nr. 67/67/EWG nicht gedeckt sind, und wenn durch diese Klauseln auf eine Abriegelung der Märkte abgezielt wird[614].

221 Für die Feststellung der Vorteile kommt es darauf an, daß diese nicht nur bei den an der Vereinbarung Beteiligten eintreten, sondern, daß die Verbraucher hieran partizipieren[615]. Die Vorteile müssen im übrigen die mit solchen Vereinbarungen verbundenen Nachteile überwiegen. Als Vorteile kommen z. B. der Aufbau und die Betreibung von Kundendiensten mit Garantie, Reparaturleistungen und Ersatzteilbevorratung, die Erleichterung von Vorausdispositionen und der Marktbearbeitung in Betracht[616].

Die Beteiligung der Abnehmer an den Vorteilen der Vereinbarungen wird in der Regel als Preisvorteil, Qualitäts- oder Kundendienstverbesserung zutage treten, wobei dieser Gewinn eine angemessene Beteiligung an den Vorteilen der an der Vereinbarung Beteiligten darstellen muß. Hier hat die Kommission einen Ermessensspielraum. Es kommt auf eine umfassende Abwägung der Umstände des Einzelfalles an[617].

---

613 Vgl. dazu *EuGH,* Urteil vom 13. 7. 1966 – „Grundig-Consten“ –, siehe Fn. 497.

614 *Gleiss/Hirsch,* a.a.O., Art. 85 Abs. 3 EWG-Vertrag Rand-Nr. 502; vgl. u. a. auch *Kom.,* 8. 10. 1973 – „Prym/Beka“ –, ABl. L 296/24/1973.

615 *Gleiss/Hirsch,* a.a.O., Art. 85 Abs. 3 EWG-Vertrag Rand-Nr. 481.

616 *Gleiss/Hirsch,* a.a.O., zu Art. 85 Abs. 3 EWG-Vertrag, Rand-Nr. 497; vgl. auch VO 67/67 EWG, 6. Erwägungsgrund, Anhang II.

617 Zur Erteilung der Freistellung unter Auflagen und Bedingungen sowie Befristungen vgl. Rand-Nr. 233.

Eine Sonderstellung nehmen die sogenannten selektiven Vertriebssysteme oder Fachhandelsbindungen ein[618], die es je nach ihrer Ausgestaltung dem Hersteller erlauben, den Absatz seines Produktes zum Letztverbraucher zu kontrollieren. Problematisch im Hinblick auf das EG-Kartellrecht werden sie, wo sie den Vertragshändler in der Freiheit seiner Kundenwahl beschränken, indem sie ihm auferlegen, über einen Fachhändler zu liefern. Diese Vereinbarungen fallen nicht unter die Gruppenfreistellungsverordnung. Die Voraussetzungen, eine Einzelfreistellung zu erhalten, sind jedoch günstig[619]. So hatte in einem Fall[620] der Hersteller seinen Alleinimporteuren die Verpflichtung auferlegt, die Zahl der Einzelhändler, die zum Verkauf der Vertragsware berechtigt waren, in ihren Vertragsgebieten zu begrenzen. Es sollten nur solche Einzelhändler als Wiederverkäufer zugelassen werden, die bestimmte Voraussetzungen hinsichtlich der Fachkenntnisse und der Lage und Ausstattung ihrer Geschäfte erfüllten, und deren Zahl sollte entsprechend der Zahl und Vermögensverhältnisse der Bevölkerung im Gebiet des Alleinimporteurs beschränkt werden. Die Kommission hielt diesen Ausschluß einer Reihe von Händlern für zulässig, obwohl eine derartige Vereinbarung durch die VO Nr. 67/67/EWG nicht gedeckt ist und nach Ansicht der Kommission zudem eine Wettbewerbsbeschränkung darstellt. Die Kommission sah die Voraussetzungen des Artikel 85 Abs. 3 EWG-Vertrag erfüllt, und zwar im wesentlichen deswegen, weil es sich hier um eine langlebige Ware von höherer Preislage handele, die lediglich in verhältnismäßig geringer Zahl hergestellt werden könne, so daß nur durch eine Begrenzung der Verkaufsstellen ein ausreichendes Angebot und ein wirksamer Kundendienst erreicht werden könne, und weil auf der Vertriebsstufe ein hinreichender Wettbewerb erhalten bleibe. **222**

An diesem Fall wird deutlich, daß zwischen zwei Arten der Auswahlbeschränkung zu unterscheiden ist, nämlich der nach qualitativen und der nach quantitativen Gesichtspunkten. Hinsichtlich der Anforderung an den Alleinvertriebshändler oder Großhändler, nur an qualifizierte Unterhändler zu liefern, geht die Kommission von einer Wettbewerbsbeschränkung aus, wenn die geforderten Eigenschaften über das hinausgehen, was der fachgerechte Absatz der Vertragsware erfordert. Denn mittels solcher Bindungen werden ansonsten nur die Händler **223**

618 Vgl. auch Rand-Nr. 172.

619 Vgl. *Gleiss/Hirsch* a.a.O., Art. 85 Abs. 1 EWG-Vertrag, Rand-Nr. 300.

620 *Kom.*, 28. 10. 1970 – „Omega“ –, siehe Fn. 536.

ausgeschieden, die ohnehin nicht für den Vertrieb in Frage kommen[621]. Ein Verstoß gegen Artikel 85 Abs. 1 liegt bei Auswahlbeschränkungen nach quantitativen Gesichtspunkten dagegen regelmäßig vor. Solche Bindungen sehen vor, daß nur mit einer bestimmten Anzahl qualitativ ausreichender Händler Liefergeschäfte getätigt werden dürfen[623].

Soweit diese Bindungen geeignet sind, die Händler zur intensiven und kontinuierlichen Marktbearbeitung anzuhalten, können sie freigestellt werden[623]. Die Voraussetzungen des Artikel 85 Abs. 3 EWG-Vertrag werden allerdings im allgemeinen nur für selektive Vertriebssysteme für solche Vertragswaren erfüllt sein, die wegen ihrer hohen technischen Entwicklung einen besonders zuverlässigen Kundendienst benötigen, oder die wegen ihrer begrenzten Haltbarkeit einer ständigen Kontrolle bedürfen, oder die ausgesprochene Luxusartikel sind[624]. Sie dürfen jedoch keine Querlieferungs-, Sprunglieferungs- und Rücklieferungsverbote[625] enthalten, die Parallelimporte in andere EG-Staaten verhindern[626], d. h., die selektiven Vertriebssysteme dürfen nicht zum absoluten Gebietsschutz der beteiligten Alleinvertriebshändler führen. Querlieferungs-, Sprunglieferungs- und Rücklieferungsverbote, die sich auf den rein nationalen Markt eines Mitgliedstaates beschränken, werden allerdings als freistellungsfähig angesehen[627]. Im übrigen dürfen Fachhandelsbindungen jedoch in der Regel Beschränkungen entsprechend Art. 2 der Gruppenfreistellungsverordnung enthalten[628].

224 Soweit der Hersteller nur an Einzelhändler liefert, bestehen keine kartellrechtlichen Bedenken, wenn er nur mit solchen Händlern Verträge schließt, die bestimmte vom Hersteller geforderte Voraussetzungen erfüllen. Grundsätzlich ist der Hersteller in der Wahl seiner Kunden frei[629]. Ein Kontrahierungszwang könnte allenfalls bei Vorliegen

621 *Kom.,* 15. 12. 1975 – „Saba" –, vgl. Fn. 518; 2. 12. 1976 – „Junghans" –, ABl. L 30/10/1977 = RIW/AWD 1977 S. 158 = GRUR int. 1977, S. 245; *EuGH,* Urteil vom 25. 10. 1977 – „Metro/Saba", – vgl. Fn. 511.

622 Vgl. Fn. 536; *Kom.,* 13. 12. 1974 – „BMW" – ABl. L 29/1/1975 = RIW/AWD 1975 S. 152 = GRUR int. 1975 S. 217.

623 Siehe Fn. 622.

624 So auch *Spormann,* WRP 1971 S. 54 und AWD 1972 S. 441.

625 Vgl. Rand-Nr. 196.

626 *Kom.,* 23. 12. 1977 – „BMW-Belgien" –, siehe Fn. 513.

627 *Kom.,* 15. 12. 1975 – „Saba" –, ABl. L 28/19/1976, siehe Fn. 518.

628 Vgl. Anhang II.

629 Siehe Fn. 536; *Kom.,* 30. 6. 1970 – „Kodak" –, ABl. L 147/24/1970, siehe Fn. 538.

einer marktbeherrschenden Stellung im Sinne des Artikels 86 EWG-Vertrag[630] bestehen, wenn die Nichtbelieferung wettbewerbswidrigen Zwecken dienen würde.

c) Negativattest

Den Unternehmern bleibt auch die Möglichkeit zu versuchen, ein Negativattest zu erlangen[631]. Bei diesem, das die Kommission gemäß Art. 2 der VO Nr. 17[632] auf Antrag abgeben kann, wird erklärt, daß ein Tatbestand die Voraussetzungen des Art. 85 Abs. 1 EWGV nicht erfüllt. Nach den bisherigen Entscheidungen des Gerichtshofs und der Kommission und nach Erlaß der VO Nr. 67/67/EWG und der sogenannten Bagatellbekanntmachung[633] wird aber die Beantragung eines Negativattests bei Alleinvertriebsvereinbarungen nur in begrenzten Fällen von Bedeutung sein; so z. B. wenn Zweifel bestehen, ob die Voraussetzungen der Bagatellbekanntmachung erfüllt bzw. ob eine Vereinbarung den Handel zwischen Mitgliedstaaten oder den Wettbewerb spürbar einschränkt[634], ob und welche konzerninternen Vereinbarungen eine Handels- oder Wettbewerbsbeeinträchtigung bezwecken oder bewirken [635] oder ob sich Alleinvertriebsvereinbarungen außerhalb des Gebietes des Gemeinsamen Marktes doch auf diesen auswirken[636]. **225**

Zu erwähnen ist in diesem Zusammenhang die Entscheidung der Kommission vom 30. 6. 1970 (Kodak)[637]. Hier hatte die Kommission ein Negativattest für ein Alleinvertriebssystem ohne Gebietsschutz innerhalb des Gemeinsamen Marktes erteilt. Die Verkaufsbedingungen sahen dabei vor, daß die Erzeugnisse von allen Handelsstufen nur durch ausgebildetes Personal und in Räumen verkauft werden durften, die zufriedenstellende Lagerung, Ausstellung und Geschäftstätigkeit gewährleisten, daß die Erzeugnisse bei jedem Alleinvertriebshändler im Gemeinsamen Markt zu in dessen Gebiet geltenden Preisen

630 Anhang I.
631 Vgl. dazu Rand-Nr. 231.
632 Vgl. Anhang II.
633 Vgl. Anhang III.
634 Vgl. Rand-Nr. 204 f..
635 Vgl. Rand-Nr. 226.
636 Vgl. Rand-Nr. 229.
637 *Kom.*, 30. 6. 1970 – „Kodak“ –, ABl. L 147/24/1970 = AWD 1970 S. 321 = WuW/E EV 303.

gekauft und an jeden Abnehmer innerhalb des Gemeinsamen Marktes zu beliebigen Preisen verkauft werden konnten, daß ein Export in Drittländer verboten war. Nach Ansicht der Kommission liegt in diesen Vereinbarungen (abgesehen von dem Exportverbot in Drittländer, das hier aber nicht geeignet sei, den Handel zwischen Mitgliedstaaten zu beeinträchtigen) keine Handels- und keine Wettbewerbsbeeinträchtigung. Die Abnehmer könnten dort kaufen, wo die Preise am günstigsten seien. Auf die Dauer werde es daher nicht möglich sein, im Gemeinsamen Markt ein unterschiedliches Preisniveau aufrechtzuerhalten.

6. Sonderfragen

a) Alleinvertriebsverträge zwischen Mutter- und Tochtergesellschaft (konzerninterne Vereinbarungen)

226 Bei der Beurteilung von Alleinvertriebsverträgen zwischen Mutter- und Tochtergesellschaft ist davon auszugehen, daß diese Verträge dann nicht unter das Verbot des Art. 85 Abs. 1 EWGV fallen, wenn die Tochtergesellschaft keine wirtschaftliche Selbständigkeit besitzt. Die Kommission hat in ihrer Entscheidung vom 18. 6. 1969 (Christiani & Nielsen)[638] bei der Prüfung eines Marktaufteilungsabkommens zwischen einer dänischen Muttergesellschaft und ihrer niederländischen Tochtergesellschaft festgestellt, daß eine derartige Vereinbarung keine Wettbewerbsbeschränkung, -einschränkung oder -verfälschung innerhalb des Gemeinsamen Marktes bezwecken oder bewirken kann. Danach kann zwischen den Beteiligten kein Wettbewerb bestehen. Eine von der Muttergesellschaft unabhängige Maßnahme der Tochtergesellschaft ist auf wirtschaftlichem Gebiet – auch bei eigener Rechtspersönlichkeit der Tochtergesellschaft – nicht möglich. Die Anteile an der Tochtergesellschaft waren in vollem Umfang in Händen der Muttergesellschaft, und letztere war berechtigt, der Tochtergesellschaft Weisungen zu erteilen und deren Vorstandsmitglieder zu ernennen.

Diese Auffassung hat der Gerichtshof bestätigt. In seinem Urteil vom 25. 11. 1971 (Béguelin/Marbach)[639] hat er zu dieser Frage ausge-

638 *Kom.,* 18. 6. 1969 – „Christiani & Nielsen“ –, ABl. L 165/12/1969 = AWD 1969 S. 367 mit Anm. *Treeck* = WuW/E EV 274; vgl. dazu *Emmerich,* a.a.O., S. 309 ff..

639 *EuGH,* Urteil vom 25. 11. 1971 – „Béguelin/Marbach“ –, siehe Fn. 508; nach Ansicht von *Markert,* a.a.O., S. 165, fehlt es bei derartigen Verträgen am Tatbestandsmerkmal „Vereinbarung zwischen Unternehmen“.

führt: „Art. 85 Abs. 1 untersagt Kartelle, wenn sie eine Wettbewerbsstörung bezwecken oder bewirken. Bei einem Alleinvertriebsvertrag fehlt diese Voraussetzung, wenn ein solches Alleinvertriebsrecht de facto von einer Muttergesellschaft auf eine Tochtergesellschaft übertragen wird, die zwar eigene Rechtspersönlichkeit, jedoch keine wirtschaftliche Selbständigkeit besitzt."

Allgemein läuft die Praxis der Kommission und des Europäischen Gerichtshofes darauf hinaus, Artikel 85 Abs. 1 EWG-Vertrag dann nicht anzuwenden, wenn die Muttergesellschaft ständig die Geschäftspolitik der Tochtergesellschaft bestimmen und deren unerwünschte Konkurrenz ausschalten kann. Das heißt, Artikel 85 Abs. 1 EWG-Vertrag ist nicht nur dann unanwendbar, wenn die Muttergesellschaft eine 100%ige Beteiligung an der Tochtergesellschaft hat, sondern auch aufgrund geringerer Beteiligungen immer dann, wenn die Muttergesellschaft in personeller und finanzieller Hinsicht die ausschlaggebende Macht über die Tochtergesellschaft hat[640].

b) Alleinvertriebsverträge in bezug auf Drittstaaten

aa) Hersteller in Mitgliedstaat/Händler in Drittstaat

Zu den sich aus dieser Fallkonstellation ergebenden Fragen ist die **227**
Entscheidung der Kommission vom 11. 3. 1964 (Grosfillex-Fillistorf)[641] von Interesse.

Der zwischen dem französischen Hersteller (Grosfillex) und der Schweizer Vertriebsfirma (Fillistorf) abgeschlossene Alleinvertriebsvertrag enthielt zwei Ausschließlichkeitsbindungen. Der Hersteller durfte Vertragsware in der Schweiz nur über den Händler vertreiben und sicherte zu, ihm zur Kenntnis gelangte Verkäufe durch Dritte im Schweizer Gebiet zu unterbinden. Der Händler verpflichtete sich, nur an Kunden in der Schweiz zu verkaufen und keine Artikel herzustellen oder zu vertreiben, die geeignet waren, mit der Vertragsware in Konkurrenz zu treten. Das vom Hersteller beantragte Negativattest wurde von der Kommission erteilt.

---

640 Vgl. auch *EuGH,* Urteil vom 31. 10. 1974 – „Centrapharm" –, Slg. 1974 S. 1147; allgemein zu diesem Problem auch *Huber,* a.a.O., S. 429, *Mestmäcker,* a.a.O., S. 405; zur Rechtsvergleichung mit dem USA-Anti-Trust-Recht *Harms,* a.a.O., S. 230.

641 *Kom.,* 11. 3. 1964 – „Grosfillex-Fillistorf" –, ABl. 915/1964 = WuW/E EV 90 mit Anm. *Kirschstein;* vgl. dazu *Tessin,* a.a.O., S. 114

Aus dieser Entscheidung ist zwar zu entnehmen, daß die Anwendbarkeit des Art. 85 EWGV grundsätzlich nicht dadurch ausgeschlossen wird, daß ein Vertragspartner seinen Sitz außerhalb der EWG hat[642]. Alleinvertriebsverträge mit Unternehmen in Drittstaaten können unter Art. 85 Abs. 1 EWGV fallen, wenn sie sich auf den Wettbewerb im Gemeinsamen Markt auswirken. Eine verbotene Wettbewerbsbeschränkung liegt aber nicht schon immer dann vor, wenn ein Händler vom Wettbewerb im Gemeinsamen Markt ausgeschlossen wird. Es ist vielmehr entscheidend, ob der Wettbewerb innerhalb des Gemeinsamen Marktes spürbar beschränkt wird. Das verneinte hier die Kommission. Die dabei angestellte nachfolgende Haupterwägung ist von grundsätzlicher Bedeutung, die in vielen Fällen Anwendung finden wird[643].

Dem Händler war es zwar in diesem Fall untersagt, auf dem Gemeinsamen Markt als Anbieter und damit als Wettbewerber aufzutreten. Diese rechtliche Bindung wirkte sich aber aufgrund der tatsächlichen Gegebenheiten nicht auf die Marktverhältnisse innerhalb der EWG aus. „Die von Fillistorf gekauften Waren, die ihr in der Schweiz von Grosfillex geliefert wurden, dürften mit Rücksicht auf die Tatsache, daß sie bei einer Weiterlieferung in den Gemeinsamen Markt eine weitere Zollgrenze überschreiten müßten, nicht geeignet sein, mit den gleichen, unmittelbar bezogenen Waren auf dem Gebiet des Gemeinsamen Marktes in Wettbewerb zu treten; es sei denn, es lägen anormale Umstände vor, von denen die Kommission aber keine Kenntnis hat.“[644]

Die zweite von der Kommission ergänzend herangezogene Erwägung – sowohl von der Hersteller- als auch Handelsstufe seien wegen der bedeutenden Zahl von Herstellern bzw. Händlern in den Mitgliedstaaten oder anderen Staaten keine spürbaren Wettbewerbsbeschränkungen gegeben – ist allerdings auf die konkrete Wettbewerbssituation bezogen und kann nicht ohne weiteres auf andere Fälle übertragen werden.

642 Vgl. auch *Kom.,* 19. 12. 1974 –, „Goodyear Italiana“ –, siehe Fn. 575.

643 Vgl. dazu allerdings im Hinblick auf die mit einigen Drittstaaten abgeschlossenen Freihandelsabkommen Rand-Nr. 243.

644 So auch *Kom.,* 15. 12. 1975 – „SABA“ –, ABl. L 28/19/1976 = RIW/AWD 1976 S. 167 = GRUR int. 1976 S. 305; 2. 12. 1976 – „Junghans“ –, siehe Fn. 621.

bb) Hersteller in Drittstaat/Händler in Mitgliedstaat

Zu dieser Frage hat die Kommission schon in ihrer Entscheidung vom 1. 6. 1964 (Bendix-Mertens & Straet)[645] ausgeführt, „an sich ist die Tatsache, daß der Hersteller seinen Sitz außerhalb des Gemeinsamen Marktes hat, kein Hindernis für die Anwendbarkeit von Art. 85 des EWG-Vertrages, da die Vereinbarung sich innerhalb des Gemeinsamen Marktes auswirkt". **228**

Auch der Gerichtshof hat in seinem Urteil vom 25. 11. 1971 (Béguelin/Marbach)[646] u.a. dazu – es handelte sich hier um einen japanischen Hersteller und einen französischen Alleinvertriebshändler – eindeutig Stellung genommen und die Anwendung von Art. 85 EWGV bejaht. Wörtlich hat er ausgeführt: „Daß einer der Vertragspartner in einem dritten Land ansässig ist, steht der Anwendung dieser Vorschrift (Art. 85 EWGV) nicht entgegen, wenn die Wirkungen der Vereinbarung sich auf das Hoheitsgebiet des Gemeinsamen Marktes erstrecken. Eine Alleinvertriebsvereinbarung zwischen einem Hersteller aus einem dritten Staat und einem Händler aus dem Gemeinsamen Markt erfüllt die beiden genannten Tatbestandsmerkmale, wenn sie rechtlich oder tatsächlich verhindert, daß der Händler die fraglichen Waren in andere Mitgliedstaaten wieder ausführt, oder daß diese Waren aus anderen Mitgliedstaaten in das geschützte Gebiet eingeführt und dort von anderen Personen als dem Konzessionär oder seinen Kunden vertrieben werden". Wegen des hier vorliegenden absoluten Gebietsschutzes fiel der Vertrag unter das Kartellverbot des Art. 85 Abs. 1 EWGV.

cc) Hersteller und Händler in Mitgliedstaat/ Alleinvertrieb für Drittstaat

Bei Alleinvertriebsvereinbarungen für den Export außerhalb des Gemeinsamen Marktes ist die Lage weitgehend durch die Entscheidung der Kommission vom 6. 11. 1968 (Rieckermann – AEG-Elotherm)[647] geklärt worden, mit der sie ein Negativattest erteilt hat. In diesem Fall handelte es sich um einen Alleinvertriebsvertrag zwischen einem **229**

645 *Kom.,* 1. 6. 1964 – „Bendix-Mertens & Straet" –, ABl. 1426/1964 = AWD 1964 S. 294 = WuW/E EV 105 mit Anm. *Kirschstein.*

646 *EuGH,* Urteil vom 25. 11. 1971 – „Béguelin/Marbach" –, siehe Fn. 508.

647 *Kom.,* 6. 11. 1968 – „Rieckermann-AEG-Elotherm" –, ABl. L 276/25/1968 = WuW/E EV 295.

deutschen Hersteller und einem deutschen Exporteur bzw. Händler für Japan. Dem Alleinvertriebshändler war ein absoluter Gebietsschutz für das Drittland gewährt und ein generelles Exportverbot – also auch für den Gemeinsamen Markt – auferlegt worden. Nach Ansicht der Kommission wurden durch diese Ge- und Verbote keine spürbaren Wettbewerbsbeeinträchtigungen innerhalb des Gemeinsamen Marktes bezweckt oder bewirkt.

Im übrigen gilt auch hier, daß solche Vereinbarungen zwar geeignet sind, gegen Artikel 85 Abs. 1 EWG-Vertrag zu verstoßen, daß jedoch in der Regel aus tatsächlichen Gründen (doppelte Zollbelastung, Transportkosten) eine Wettbewerbsbeeinträchtigung zu verneinen ist[648].

c) Alleinvertriebsverträge für den gesamten Gemeinsamen Markt

230 Die Gruppenfreistellungsverordnung gilt nicht für Vereinbarungen, die dem Vertragshändler das Alleinvertriebsrecht für das gesamte Gebiet des Gemeinsamen Marktes einräumen[649]. Solche Verträge sind indessen geeignet, den Handel zwischen den EG-Mitgliedstaaten zu beeinträchtigen und unterfallen deswegen dem Kartellverbot des Artikel 85 Abs. 1 EWG-Vertrag. Denn der Absatzweg der Vertragsware läuft in diesem Fall anders, als beim Vertrieb über mehrere Alleinvertriebshändler in der EG, da die übrigen Wiederverkäufer im Gemeinsamen Markt die Waren nun entweder von außerhalb oder innerhalb der EG von einem einzigen Alleinvertriebsberechtigten beziehen müssen[650]. In der einzigen bisher hierzu bekanntgewordenen Entscheidung der Kommission vom 19. 12. 1974 (Duro-Dyne/Europair) gewährte die Kommission allerdings eine Einzelfreistellung nach Artikel 85 Abs. 3 EWG-Vertrag [651]. Von entscheidender Bedeutung hierfür war, daß das Alleinvertriebsrecht nicht als absoluter Gebietsschutz ausgestaltet war und auch auf der unteren Handelsstufe (Endverteilerstufe) Parallelimporte zwischen den einzelnen Gebieten innerhalb der Europäischen Gemeinschaft möglich waren.

---

648 Vgl. Rand-Nr. 227; im Hinblick auf Drittstaaten, mit denen ein Freihandelsabkommen abgeschlossen wurde, vgl. Rand-Nr. 248.

649 *Kom.*, 19. 12. 1974 – „Duro-Dyne/Europair" –, ABl. L 29/11/1975 = WuW/E EV 573.

650 Vgl. allgemein hierzu auch *Mestmäcker,* a.a.O., S. 336.

651 Vgl. Fn. 649.

7. Formelle Fragen und Erfordernisse, Rechtsfolgen

a) Anträge und Anmeldungen

aa) Antrag auf Erteilung eines Negativattests

Wie angesprochen[652] ist das Verfahren auf Erteilung eines Negativattests ein Antragsverfahren. Dieser Antrag zur Feststellung, daß eine Vereinbarung die Voraussetzungen des Art. 85 Abs. 1 EWGV nicht erfüllt, ist bei der Kommission zu stellen (Art. 2 der VO Nr. 17)[653]. Dazu ist jedes Unternehmen berechtigt, das an Vereinbarungen, Beschlüssen oder Verhaltensweisen der in Art. 85 EWGV bezeichneten Art beteiligt ist (Art. 1 Abs. 1 Satz 1 der VO Nr. 27).[654] Stellt nur ein einzelnes der beteiligten Unternehmen einen Antrag, sind die übrigen beteiligten Unternehmen zu unterrichten (Art. 1 Abs. 1 Satz 2 der VO Nr. 27). Unterbleibt die Unterrichtung, ändert dies nichts an der Wirksamkeit des Antrags[655]. **231**

Für derartige Anträge muß ein ordnungsgemäß in einer der Amtssprachen der Gemeinschaft ausgefülltes und unterzeichnetes Formblatt A/B in siebenfacher Ausfertigung bei der Kommission der Europäischen Gemeinschaften, Generaldirektion Wettbewerb, eingereicht werden (Art. 1 Abs. 2, Art. 2 und 4 der VO Nr. 27). Dieses Formblatt kann bei der Kommission, Generaldirektion Wettbewerb, 200 rue de la Loi, Brüssel, oder beim Verbindungsbüro der Europäischen Gemeinschaften, 53 Bonn, Zitelmannstr. 22 bezogen werden.

Ein formlos eingereichter Antrag ist unwirksam[656]. Das Verfahren ist gebührenfrei.

Bei Negativattesten entscheidet die Kommission nur aufgrund der ihr bekannten Tatsachen. Sie stellt fest, „daß nach den ihr bekannten Tatsachen für sie kein Anlaß besteht, gegen eine Vereinbarung, einen Beschluß oder eine Verhaltensweise aufgrund von Art. 85 Abs. 1 . . . des Vertrages einzuschreiten“ (Art. 2 der VO Nr. 17). Wenn also später zusätzliche Tatsachen auftreten, die zur Zeit der Entscheidung der Kommission nicht bekannt waren, ist die Bedeutung des Negativattests in Frage gestellt, gegebenenfalls kann die Kommission gegen die Vereinbarung einschreiten.

---

652 Vgl. Rand-Nr. 225.

653 Vgl. Anhang II.

654 Vgl. Anhang II.

655 *Gleiss/Hirsch,* a.a.O., Art. 2 VO 17 Rand-Nr. 2.

656 Vgl. *Kom.,* 25. 6. 1969 – „VVVF“ –, ABl. L 168/220/1969 = WuW/E EV 285.

Die Erteilung eines Negativattestes hat nur deklaratorische Bedeutung. Jedoch ist die Kommission bei unveränderter Tatsachenlage an ihre Entscheidung gebunden, d. h., sie kann nach Erteilung des Negativattestes kein Untersagungs- oder Bußgeldverfahren bei unveränderter Tatsachenlage einleiten. Die Kommission ist allerdings der Ansicht, daß auch eine Änderung ihrer Rechtsauffassung oder der Rechtsprechung des Europäischen Gerichtshofes ihre Bindung an das Negativattest aufhebe[657]. In einem solchen Falle wird jedoch kaum ein nachträgliches Bußgeldverfahren zu befürchten sein, da es in der Regel an dem hierzu notwendigen Verschulden der Beteiligten fehlen wird.

bb) Anmeldung und Antrag auf Freistellung nach Art. 85 Abs. 3 EWG-Vertrag

232 Anmeldebedürftige Vereinbarungen

Anzumelden sind alle diejenigen Vereinbarungen, Beschlüsse und aufeinander abgestimmte Verhaltensweisen der in Art. 85 Abs. 1 EWGV bezeichneten Art, für welche die Beteiligten Art. 85 Abs. 3 EWGV in Anspruch nehmen wollen (Art. 4 Abs. 1 der VO Nr. 17)[658]. Für eine derartige Entscheidung ist die Kommission ausschließlich zuständig (Art. 9 Abs. 1 der VO Nr. 17). Die nationalen Behörden einschließlich der Gerichte [659] sind gemäß Art. 9 Abs. 3 der VO Nr. 17 zur Entscheidung über diese Vereinbarung nur zuständig, solange die Kommission kein Verfahren deretwegen nach Art. 2, 3 oder 6 der VO Nr. 17 eingeleitet hat. Zur Frage, wann ein Verfahren eingeleitet ist, hat der Gerichtshof in der Entscheidung vom 6. 2. 1973 (Brasserie de Haecht/Wilkin-Janssen III)[660] Stellung genommen. Danach ist die einfache Eingangsbestätigung der Kommission noch keine Einleitung des Verfahrens. Es heißt dazu, „. . . daß Art. 9, in dem er von der Einleitung eines Verfahrens nach Art. 2, 3 und 6 spricht, offensichtlich einen hoheitlichen Rechtsakt der Kommission voraussetzt, der deren

657 Siehe Antwort der Kommission auf die schriftliche Anfrage Nr. 61, ABl. 2135/1962.

658 Vgl. Anhang II.

659 Zur Frage der Zuständigkeit nach deutschem Recht – Bundeskartellamt oder Zivilgerichte – vgl. Rand-Nr. 237.

660 *EuGH,* Urteil vom 6. 2. 1973 – „Brasserie de Haecht/Wilkin-Janssen II“ –, AWD 1973 S. 329 mit Anm. *Ullrich* = NJW 1973 S. 963 mit Anm. *Deringer* = WuW/E, EWG/MUV 303; vgl. auch *Deringer/Sedemund,* NJW 1973 S. 411; *Hackenberger/Schmidt,* a.a.O., S. 188; *Rauschenbach,* a.a.O., S. 138; *Markert,* Blick durch die Wirtschaft vom 26. 3. 1973, S. 4.

Willen zum Ausdruck bringt, eine Entscheidung nach den genannten Artikeln herbeizuführen.“ Offen geblieben ist damit allerdings noch die Frage, welche Arten von Hoheitsakten hierfür in Betracht kommen.

In der Regel wird es sich um den Beschluß der Kommission handeln, das Verfahren einzuleiten, der dann den beteiligten Unternehmen und zuständigen nationalen Behörden mitgeteilt wird.

Auch beim Antrag auf Freistellung gelten die beim Antrag auf Erteilung eines Negativattests angeführten Bestimmungen der VO Nr. 27[661]. Darauf hinzuweisen ist in diesem Zusammenhang noch einmal, daß nach der jetzt geltenden Fassung der VO Nr. 27 Negativattest und Anmeldung auf dem gleichen Formblatt A/B erfolgen (früher Formblatt A bzw. Formblatt B). Ziff. IV und V dieses Formblatts geben ausdrücklich die Möglichkeit einer vorsorglichen Anmeldung, auch wenn man der Meinung ist, daß schon Art. 85 Abs. 1 nicht anwendbar ist. Frühere Unsicherheiten bei der Entscheidung, ein Negativattest zu beantragen oder die Vereinbarung anzumelden, die sich z. B. dadurch ergaben, daß nur die Anmeldung die Verhängung von Sanktionen suspendiert (Art. 15 Abs. 5 der VO Nr. 17) sind damit beseitigt.

Erklärt die Kommission das Verbot für nicht anwendbar, so bezeichnet sie den Zeitpunkt, von dem an die Erklärung wirksam wird. Dieser Zeitpunkt kann nicht vor dem Tag der Anmeldung liegen (Art. 6 Abs. 1 der VO Nr. 17).

Die Erklärung nach Art. 85 Abs. 3 wird für eine bestimmte Zeit abge- **233**
geben, sie kann auch mit Bedingungen und Auflagen versehen werden. Auflagen können insbesondere Berichtspflichten sein, Bedingungen stellt die Kommission oft in der Form, daß bestimmte Vereinbarungen aufgehoben werden müssen oder umgekehrt nicht geändert werden dürfen. Will die Kommission eine Freistellung unter Bedingungen und Auflagen ergehen lassen, so muß sie die beteiligten Unternehmen „rechtzeitig über den wesentlichen Inhalt“ unterrichten, um ihnen Gelegenheit zur Stellungnahme zu geben[662].

Wenn die erforderlichen Voraussetzungen weiterhin erfüllt sind, kann die Erklärung auf Antrag erneuert werden. Die Kommission kann ihre Entscheidung widerrufen oder ändern, und zwar mit Wirkung für die Zukunft und rückwirkend

---

661 Vgl. Anhang II und Rand-Nr. 231.

662 *EuGH,* Urteil vom 23. 10. 1974 – „Transocean Marine Paint“ –, Slg. 1974 S. 1063.

– wenn die Beteiligten einer mit der Erklärung verbundenen Auflage zuwiderhandeln,

– wenn die Erklärung auf unrichtigen Angaben beruht oder arglistig herbeigeführt worden ist,

– wenn die Beteiligten die durch die Erklärung erlangte Freistellung mißbrauchen,

und nur mit Wirkung für die Zukunft, wenn sich die tatsächlichen Verhältnisse in einem für die Erklärung wesentlichen Punkt geändert haben (Art. 8 der VO Nr. 17). Das Verfahren ist wie alle Verfahren nach der VO Nr. 17 gebührenfrei.

Zu erwähnen ist hier noch, daß zu den anmeldebedürftigen Vereinbarungen und Beschlüssen an sich auch die in der VO Nr. 67/67/EWG angeführten zählen, die nur im Wege der gruppenweisen Legalausnahme vom Verbot des Art. 85 Abs. 1 EWGV freigestellt worden sind[663]. Dies hat vor allem insoweit Bedeutung[664]: Die befreiende Wirkung für eine Absprache, die zwar die Voraussetzungen der VO Nr. 67/67/EWG erfüllt, bei der sich aber trotzdem herausstellt, daß sie in ihren Wirkungen ausnahmsweise nicht oder nicht mehr mit den in Art. 85 Abs. 3 EWGV vorgesehenen Voraussetzungen vereinbar ist (vgl. Art. 7 der VO Nr. 19/65/EWG; Art. 6 der VO Nr. 67/67/EWG), kann nur mit Wirkung für die Zukunft widerrufen werden[665].

Nicht anmeldebedürftige Vereinbarungen

234 Es gibt allerdings auch nicht anmeldebedürftige Vereinbarungen. Diese ergeben sich aus Art. 4 Abs. 2 der VO Nr. 17[666], nach der es in den für die vorliegenden Darlegungen in Betracht kommenden Ziffern 1 und 2 a heißt[667], daß Vereinbarungen, Beschlüsse und aufeinander abgestimmte Verhaltensweisen nicht anzumelden sind, wenn

– an ihnen nur Unternehmen aus einem Mitgliedstaat beteiligt sind und die Vereinbarungen, Beschlüsse und aufeinander abgestimmte Verhaltensweisen nicht die Ein- oder Ausfuhr zwischen Mitgliedstaaten betreffen;

– an ihnen nur zwei Unternehmen beteiligt sind und die Vereinbarun-

663 *Müller-Henneberg/Schwartz,* a.a.O., Art. 85 Rand-Nr. 75.

664 Vgl. Rand-Nr. 240.

665 *Kirschstein,* WuW 1965, S. 368; *Spormann,* WRP 1971 S. 51.

666 Vgl. Anhang II.

667 Diese Bestimmungen haben allerdings bei Alleinvertriebsverträgen mit Vertragshändlern durch die VO Nr. 67/67/EWG kaum noch Bedeutung.

gen lediglich einen Vertragsbeteiligten bei der Weiterveräußerung von Waren, die er von dem anderen Vertragsbeteiligten bezieht, in der Freiheit der Gestaltung von Preisen oder Geschäftsbedingungen beschränken.

Zu unterscheiden von diesen nicht anmeldebedürftigen Vereinbarungen im Sinne des Art. 4 Abs. 2 der VO Nr. 17 sind die Vereinbarungen, die unter die Bagatellbekanntmachung fallen[668], und die Vereinbarungen, die die Voraussetzungen der VO Nr. 67/67/EWG erfüllen[669]. Auch diese beiden Arten brauchen zwar nicht angemeldet zu werden[670], bei ihnen ergeben sich aber, wenn sie im Einzelfall unter das Kartellverbot des Art. 85 Abs. 1 EWGV fallen, andere Rechtsfolgen[671].

b) Wirkungen der Anmeldung bzw. Nichtanmeldung (Nichtigkeit und vorläufige Gültigkeit)

aa) Nicht angemeldete, anmeldebedürftige Vereinbarungen

Die sich nach den vorstehenden Darlegungen[672] ergebenden anmelde- **235**
bedürftigen Vereinbarungen und Beschlüsse sind – wenn sie nicht angemeldet werden – verboten und nach Art. 85 Abs. 2 EWGV nichtig[673] (Die Nichterwähnung von aufeinander abgestimmten Verhaltensweisen in Art. 85 Abs. 2 EWGV findet seinen Grund darin, daß eine Nichtigkeit von Verhaltensweisen, die keine Rechtsgeschäfte sind, begrifflich ausgeschlossen ist[674]. Deren Verbot ist aber in Art. 85 Abs. 1 EWGV ausgesprochen)[675]. Nach Art. 1 der VO Nr. 17 [676] sind die Vereinbarungen, Beschlüsse und aufeinander abgestimmten Verhaltensweisen der in Art. 85 Abs. 1 EWGV bezeichneten Art verboten, „ohne daß dies einer vorherigen Entscheidung bedarf". Dieses

668 Vgl. Anhang III und Rand-Nr. 205.
669 Vgl. Anhang II und Rand-Nr. 209 ff..
670 Vgl. 3. Erwägungsgrund der VO Nr. 67/67/EWG; Abschnitt I, zweitletzter Absatz am Ende der Bagatellbekanntmachung; Anhang II und III.
671 Vgl. Rand-Nr. 240.
672 Vgl. Rand-Nr. 231 ff..
673 *Müller-Henneberg/Schwartz,* a.a.O., Art. 85 Rand-Nr. 79 ff..
674 *Ipsen,* a.a.O., S. 622; *Müller-Henneberg/Schwartz,* a.a.O., Art. 85 Rand-Nr. 79.
675 Vgl. zum Begriff „abgestimmte Verhaltensweisen" *EuGH,* Urteil vom 16. 12. 1975 – „Zucker" –, Slg. 1975, S. 1663 = WuW/EWG/MUV 347.
676 Vgl. Anhang II.

Verbot gilt selbst dann, wenn die Voraussetzungen des Art. 85 Abs. 3 EWGV vorliegen, da die Kommission das Verbot ohne Anmeldung nicht für nicht anwendbar erklären kann (Art. 4 Abs. 1 der VO Nr. 17).

Zum Umfang der Nichtigkeit, ob also nur die betreffende gegen Art. 85 Abs. 1 EWGV verstoßende Vereinbarung oder – da sie meist nur Teil eines umfassenderen Vertrages ist – der gesamte Vertrag nichtig ist, hat der Gerichtshof in den beiden Urteilen vom 30. 6. 1966 (Société Technique Minière/Maschinenbau Ulm)[677] und 13. 7. 1966 (Grundig-Consten)[678] Stellung genommen. Wörtlich heißt es dazu in der erstgenannten Entscheidung: „Ohne weiteres nichtig sind nur diejenigen Teile der Vereinbarung, die unter das Verbot fallen; die gesamte Vereinbarung ist es nur dann, wenn sich diese Teile nicht von den anderen Teilen der Vereinbarung trennen lassen. Alle hiernach nicht von dem Verbot betroffenen vertraglichen Bestimmungen werden nicht vom EWG-Vertrag erfaßt und sind daher nicht nach Gemeinschaftsrecht zu beurteilen."

236 Grundlage für die weiteren Auswirkungen einer nichtigen Vereinbarung auf die anderen Vertragsbestimmungen ist daher nicht das Gemeinschaftsrecht, sondern das Zivilrecht in den Mitgliedstaaten. Bei der Anwendung deutschen Rechts ist somit § 139 Bürgerliches Gesetzbuch (BGB) maßgebend[679]. Nach dieser Bestimmung zieht die Nichtigkeit eines trennbaren Teils des Rechtsgeschäfts die Nichtigkeit des gesamten Rechtsgeschäfts nach sich, es sei denn, daß der übrigbleibende Teil von den Parteien auch ohne den nichtigen Teil abgeschlossen worden wäre. Da allerdings in den einzelnen Mitgliedstaaten unterschiedliche Regelungen gelten[680], ist insoweit eine einheitliche Rechtslage innerhalb des Gemeinsamen Marktes nicht gewährleistet.

Die Folgen der Nichtigkeit ergeben sich ebenfalls nach dem nationalen Recht. Nach deutschem Recht entfallen die Ansprüche auf Erfüllung ebenso wie Schadensersatzansprüche wegen Nichterfüllung. Soweit Leistungen infolge der nichtigen Vereinbarungen gewährt und emp-

---

677 *EuGH,* Urteil vom 30. 6. 1966 – „Société Technique Minière/Maschinenbau Ulm" –, siehe Fn. 541.

678 *EuGH,* Urteil vom 13. 7. 1966 – „Grundig-Consten" –, siehe Fn. 497.

679 *BGH,* Urteil 27. 2. 1969 – „Fruchtsäfte" –, BB 1969 S. 692 mit Anm. *P. Ulmer;* der *BGH* hat hier die Nichtigkeit des gesamten Vertriebsvertrages als Folge der Nichtigkeit von Alleinvertriebs- und Gebietsschutzabrede angenommen – kritisch dazu *Ulmer.*

680 Vgl. dazu *Müller-Henneberg/Schwartz,* a.a.O., Art. 85 Rand-Nr. 95.

fangen wurden, erfolgte dies ohne Rechtsgrund. Die Rückgewähr richtet sich demnach nach den Grundsätzen der ungerechtfertigten Bereicherung[681]. Danach wird eine Rückgewähr in der Regel ausgeschlossen sein, weil beide Beteiligte gegen ein gesetzliches Verbot verstoßen haben[682].

bb) Angemeldete, anmeldebedürftige und nicht angemeldete, nicht anmeldebedürftige Vereinbarungen

Nach der früheren Rechtsprechung des Gerichtshofes war bei derartigen Vereinbarungen von dem Grundsatz der vorläufigen Gültigkeit auszugehen. **237**

Schon in seinem Urteil vom 6. 4. 1962 (Bosch)[683] hatte der Gerichtshof festgestellt, daß nicht anmeldebedürftige Altkartelle – d. h. solche Vereinbarungen und Beschlüsse, die bei Inkrafttreten der VO Nr. 17[684] (13. 3. 1962) bestanden haben – gültig und rechtzeitig angemeldete, anmeldebedürftige Altkartelle vorläufig gültig sind. Neu- und Altkartelle waren dann gleichgestellt worden. In seinem Urteil vom 9. 7. 1969 (Portelange/Smith Corona)[685] hatte er ausgeführt, daß ordnungsgemäß angemeldete, anmeldebedürftige Vereinbarungen und Beschlüsse solange voll wirksam sind, bis die Kommission eine Entscheidung getroffen hat – sei es nach Art. 15 Abs. 6 der VO Nr. 17 (vorläufige Prüfung) oder nach Art. 85 Abs. 3 EWGV. Eine Unterscheidung zwischen Alt- und Neukartellen wurde nicht vorgenommen. Es hieß in den Entscheidungsgründen auch ausdrücklich „. . . muß jede angemeldete Vereinbarung als wirksam gelten". Diese vorläufige volle Wirksamkeit bedeutete also, daß derartige Vereinbarungen bis zu einer gegenteiligen Entscheidung der Kommission als zivilrechtlich voll wirksam anzusehen waren[686].

---

681 § 812 ff. BGB.

682 § 817 Satz 2 BGB.

683 *EuGH,* Urteil vom 6. 4. 1962 – „Bosch" –, siehe Fn. 496.

684 Vgl. Anhang II.

685 *EuGH,* Urteil vom 9. 7. 1969 – „Portelange/Smith Corona" –, Slg. 1969 S. 309 = AWD 1969 S. 326 mit Anm. *Deringer* = EuR 1969 S. 341 mit Anm. *P. Ulmer* = WuW/E, EWG/MUV 213; vgl. dazu *BGH,* Urteil vom 14. 6. 1963 – „Trockenrasierer II" –, BB 1963 S. 1393 = WuW/E BGH 916; *Steindorff,* a.a.O., S. 980; *P. Ulmer,* EuR 1970 S. 252 und AWD 1970 S. 193.

686 Vgl. *Hackenberger/Schmidt,* a.a.O., S. 189.

Mit Urteil von 18. 3. 1970 (Bilger/Jehle)[687] hatte der Gerichtshof dann entschieden, daß eine nicht angemeldete, nicht anmeldebedürftige Vereinbarung „solange voll wirksam ist, wie ihre Nichtigkeit nicht festgestellt ist "; wenn später festgestellt wird, daß sie unter Art. 85 Abs. 1 und 2 EWGV fällt, kann dies nicht zu einer rückwirkenden Nichtigkeit führen. Das betraf sowohl Alt- als auch Neukartelle. Weiter hatte der Gerichtshof ausgeführt, daß die Feststellung der damit nur ex nunc (d. h. für die Zukunft) eintretenden Nichtigkeit auch von den Behörden der Mitgliedstaaten, zu denen ebenfalls die nationalen Gerichte zählen[688], getroffen werden kann [689].

238 Diese Rechtslage hat sich durch das Urteil vom 6. 2. 1973 (Brasserie de Haecht/Wilkin-Janssen II)[690] – zumindest zum größten Teil – geändert. Der Europäische Gerichtshof hat hier seine bisherige Rechtsprechung ohne nähere Begründung aufgegeben.

Nur bei Altkartellen, – d. h. solchen, die schon vor dem Inkrafttreten der VO Nr. 17 (13. 3. 1962) bestanden haben[691] – bleibt es bei der dargestellten Rechtslage. Ordnungsgemäß angemeldete oder nicht anmeldebedürftige Altkartelle sind bis zu einer Entscheidung der Kommission (nach Art. 85 Abs. 3 EWGV oder nach Art. 15 Abs. 6 der VO Nr. 17) voll wirksam[692], und im Falle der Ablehnung einer Freistellung durch die Kommission tritt bei nicht anmeldebedürftigen Vereinbarun-

---

687 *EuGH,* Urteil vom 18. 3. 1970 – „Bilger/Jehle" – Slg. 1970 S. 127 = AWD 1970 S. 118 mit Anm. *Deringer* = EuR 1970 S. 248 mit Anm. *P. Ulmer* = GRUR int. 1970 S. 382 mit Anm. *Ullrich;* vgl. auch *P. Ulmer,* AWD 1970 S. 193; *EuGH,* Urteil vom 25. 11. 1971 – „Béguelin/Marbach" –, siehe Fn. 508.

688 *Nach BGH,* 9. 4. 1970 – „Biesenkate II" –, BGHZ 54 S. 145 = AWD 1970 S. 416 = WuW/E BGH 1113, fällt nach deutschem Recht, das aufgrund Art. 88 EWGV hier dann Anwendung findet, jedoch eine derartige, auf die Beseitigung der Wirksamkeit einer Vereinbarung ex nunc gerichtete Entscheidung nicht in den Zuständigkeitsbereich der Gerichte, sondern des Bundeskartellamtes.

689 So auch *EuGH,* Urteil vom 30. 1. 1974 – „SABAM" –, Slg. 1974 S. 51.

690 *EuGH,* Urteil vom 6. 2. 1973 – „Brasserie de Haecht/Wilkin-Janssen II" – siehe Fn. 660.

691 Im Hinblick auf die neu beigetretenen Staaten sind Altkartelle diejenigen Vereinbarungen, die zum Zeitpunkt des Beitritts (1. 1. 1973) bestanden haben. Der Ablauf der Frist für die ordnungsgemäße Anmeldung ist hier der 30. 6. 1973 (vgl. Art. 25 der VO Nr. 17).

692 *EuGH,* Urteil vom 14. 12. 1977 – „De Bloos/Bouyer" –, Slg. 1977, S. 2359 = RIW/AWD 1978 S. 259.

gen die Nichtigkeit nur ex nunc (für die Zukunft) ein[693], ansonsten auch rückwirkend bis zum 13. 3. 1962[694].

Anders ist es aber danach bei Neukartellen. Der Gerichtshof hat ausdrücklich festgestellt, daß „Anmeldungen nach Art. 4 Abs. 1 der VO Nr. 17 keine aufschiebende Wirkung" entfalten. Eine beim Freistellungsverfahren festgestellte Nichtigkeit nach Art. 85 Abs. 2 EWGV durch die Kommission äußert auch „Wirkungen für die Vergangenheit", erfolgt also rückwirkend. Dies gilt sowohl bei angemeldeten als auch bei nicht anmeldebedürftigen Neukartellen.

Bis zur Entscheidung der Kommission gelten sie als schwebend unwirksam.

Wenn sich Rechtsuchende vor der Entscheidung der Kommission auf die Nichtigkeit berufen, muß der nationale Richter entscheiden,

- ob er das Verfahren aussetzen soll, „damit die Parteien Gelegenheit erhalten, eine Stellungnahme der Kommission einzuholen",
- oder ob er in der Sache entscheidet, weil das Kartell „keine spürbare Wirkung auf den freien Wettbewerb oder den Verkehr zwischen den Mitgliedstaaten äußert" (dann ist es wirksam) oder weil „seine Unvereinbarkeit mit Artikel 85 außer Zweifel steht" (dann ist es unwirksam)[695].

Die geänderte Rechtsprechung des Europäischen Gerichtshofes mag zwar „dem Geist und Wortlaut von Artikel 85 EWG-Vertrag voll" entsprechen[696], in der Praxis dürfte sie aber im Hinblick auf die Grundsätze von Vertrauensschutz und Rechtssicherheit zu keinem befriedigenden Ergebnis führen[697]. Angesichts der langen Bearbeitungszeit für Freistellungen durch die Kommission müssen sich die Beteiligten von Neukartellen nämlich über lange Zeiträume mit zivilrechtlich unwirksamen Vereinbarungen begnügen[698]. Auch die Möglichkeit einer Untätigkeitsklage nach Artikel 175 EWG-Vertrag hat hier nur theoretischen Wert, da auch sie eine gewisse Zeit beansprucht. 239

693 *Deringer,* NJW 1973 S. 965; *Hackenberger/Schmidt,* a.a.O., S. 192; vgl. dazu Fn. 688.

694 *Gleiss/Hirsch,* a.a.O., zu Art. 85 Abs. 2 EWG-Vertrag Rand-Nr. 449.

695 *EuGH,* Urteil vom 30. 1. 1974 – „SABAM" –, siehe Fn. 689.

696 *P. Ulmer,* BB 1974 S. 1215.

697 So auch *Gleiss/Hirsch,* a.a.O., Art. 85 Abs 2 EWG-Vertrag Rand-Nr. 460.

698 *Gleiss/Hirsch,* a.a.O., Art. 85 Abs. 2 EWG-Vertrag Rand-Nr. 460, sprechen von einer durchschnittlichen Bearbeitungszeit für Freistellungen nach 1969 von 6,5 Jahren.

240 Ob aufgrund der neuen Rechtsprechung alle Neukartelle schwebend unwirksam sind[699] oder nicht[700] ist zweifelhaft. Wichtig ist aber die Folge, daß sowohl angemeldete, anmeldebedürftige Vereinbarungen (Art. 4 Abs. 1 der VO Nr. 17) als auch nicht anmeldebedürftige Vereinbarungen (Art. 4 Abs. 2 der VO Nr. 17) bis zu einer Freistellung von den Parteien nur auf eigene Gefahr und auf eigenes Risiko durchgeführt werden können.

Weiterhin bestehen bleibt allerdings der in Art. 15 Abs. 5 der VO Nr. 17 vorgesehene Schutz gegen Bußgeldsanktionen. Danach darf für Handlungen, die nach erfolgter Anmeldung begangen werden und in den Grenzen der in der Anmeldung dargelegten Tätigkeit liegen, bis zur endgültigen Entscheidung (Art. 85 Abs. 3 EWGV) oder vorläufigen Mitteilung (Art. 15 Abs. 6 der VO Nr. 17) kein Bußgeld verhängt werden.

Wie bereits vorher angesprochen[701], sind aber von den nicht anmeldebedürftigen Vereinbarungen im Sinne des Art. 4 Abs. 2 der VO Nr. 17 die Vereinbarungen zu unterscheiden, die unter die Bagatellbekanntmachung[702] fallen, und die Vereinbarungen, die die Voraussetzungen der VO Nr. 67/67/EWG[703] erfüllen. Zwar brauchen auch diese angeführten Vereinbarungen nicht angemeldet zu werden[704].

Erstere fallen aber an sich nicht unter das Kartellverbot des Art. 85 Abs. 1, da sie keine spürbaren Auswirkungen auf die Marktverhältnisse haben. Diese Spürbarkeit hat die Kommission durch die angeführten Schwellen dann näher definiert. Diese Definition hat zwar keine ausschließliche Bedeutung und diese Auffassung der Kommission bindet den Gerichtshof nicht. Wenn aber in Ausnahmefällen festgestellt werden sollte, daß eine Vereinbarung, die die genannten Schwellen nicht überschreitet, doch verboten ist und nicht freigestellt werden kann, sind die oben dargestellten Grundsätze zu den nicht anmeldebedürftigen Vereinbarungen im Sinne des Art. 4 Abs. 2 der VO Nr. 17 bei den „Bagatellvereinbarungen“ nicht oder nur in beschränktem

---

699 *Hackenberger/Schmidt,* a.a.O., S. 191; *Markert,* Blick durch die Wirtschaft vom 26. 3. 1973, S. 4.

700 *Deringer,* NJW 1973 S. 965.

701 Vgl. Rand-Nr. 205 f, 209 ff, 234.

702 Vgl. Anhang III.

703 Vgl. Anhang II.

704 Vgl. Abschnitt I zweitletzter Satz der Bagatellbekanntmachung; 3. Erwägungsgrund der VO Nr. 67/67/EWG; Anhang III und II.

Umfang anzuwenden. Hier brauchen unserer Meinung nach die Beteiligten wegen mangelnden Verschuldens weder mit Bußgeldern noch mit Schadensersatzansprüchen zu rechnen[705], da sonst die Bagatellbekanntmachung sinnlos wäre.

Ähnliches gilt auch in Bezug auf die Vereinbarungen, die die Voraussetzungen der VO Nr. 67/67/EWG erfüllen. Diese sind an sich zu den anmeldebedürftigen Vereinbarungen zu zählen, die nur im Wege der gruppenweisen Legalausnahme vom Verbot des Art. 85 Abs. 1 EWGV freigestellt sind[706]. Damit kann die befreiende Wirkung für eine Vereinbarung, die zwar die Voraussetzungen der VO Nr. 67/67/EWG erfüllt, bei der sich aber trotzdem herausstellt, daß sie in ihrer Wirkung ausnahmsweise nicht oder nicht mehr mit den in Art. 85 Abs. 3 EWGV vorgesehenen Voraussetzungen vereinbar ist (vgl. Art. 6 der VO Nr. 67/67/EWG, Art. 7 der VO Nr. 19/65/EWG), nur mit Wirkung ex nunc (für die Zukunft) widerrufen werden[707].

c) Rechte der Kommission, Rechtsmittel[708].

aa) Nachprüfung und Kontrolle

Gemäß Art. 11 Abs. 1 der VO Nr. 17 kann die Kommission zur Erfüllung der ihr übertragenen Aufgaben von den Regierungen und den zuständigen Behörden der Mitgliedstaaten sowie von den Unternehmen und Unternehmensvereinigungen alle erforderlichen Auskünfte einholen. Zur Erteilung der Auskünfte seitens der Unternehmen sind die Inhaber und deren Vertreter, bei juristischen Personen, Gesellschaften und nicht rechtsfähigen Vereinen die nach Gesetz oder Satzung zur Vertretung berufenen Personen, verpflichtet (Art. 11 Abs. 4 der VO Nr. 17). Wird eine verlangte Auskunft innerhalb einer von der Kommission festgesetzten Frist nicht oder nicht vollständig erteilt, so kann die Kommission diese durch eine formelle Entscheidung anfordern (Art. 11 Abs. 5 der VO Nr. 17), bei deren Nichtbefolgung die Kommission zu Zwangsmaßnahmen greifen kann. **241**

---

705 *Spormann,* AWD 1972 S. 437; *Gleiss/Hirsch,* a.a.O., Art. 85 Abs. 1 EWG-Vertrag Rand-Nr. 95, vgl. auch Rand-Nr. 206

706 *Müller-Henneberg/Schwartz,* a.a.O., Art. 85 EWGV Rand-Nr. 75.

707 *Kirschstein,* WuW 1965 S. 368; *Spormann,* WRP 1971 S. 51; siehe Rand-Nr. 233.

708 Hier soll nur ein kurzer Überblick über dieses Thema gegeben werden, im einzelnen ist dazu insbesondere auf die Bestimmungen des EWG-Vertrages und der VO Nr. 17 (siehe Anhang II) zu verweisen.

Nach Ansicht der Kommission zählt zu dem Auskunftsrecht auch das Recht, die Herausgabe von Dokumenten zu verlangen[709]. Diese Auffassung ist jedoch nicht mehr von Artikel 11 der VO Nr. 17 gedeckt[710]. Die betroffenen Unternehmen können die Auskünfte nicht verweigern, und zwar nach Ansicht der Kommission selbst dann nicht, wenn die Auskunft nach dem Recht eines Drittstaates mit Strafe bedroht ist[709].

Die Kommission ist auch befugt, in den Geschäftsräumen der Unternehmen selbst alle erforderlichen Nachprüfungen, z. B. Prüfung der Bücher und sonstiger Geschäftsunterlagen, vorzunehmen (Art. 14 der VO Nr. 17). Durch Entscheidung kann die Kommission die Unternehmen verpflichten, diese Nachprüfungen zu dulden (Art. 14 Abs. 3 der VO Nr. 17). Sie kann ebenfalls die zuständigen Behörden der Mitgliedstaaten ersuchen, die Nachprüfungen vorzunehmen (Art. 13 der VO Nr. 17).

bb) Sanktionen

242 Durch Entscheidung kann der Kommission gemäß Art. 15 Abs. 1 der VO Nr. 17 gegen Unternehmen und Unternehmensvereinigungen Geldbußen in Höhe von 100 bis 5000 Rechnungseinheiten (die nach Art. 207, 209 EWGV in der Haushaltsordnung bestimmt wird)[711] festsetzen, wenn diese vorsätzlich oder fahrlässig

- in einem Antrag auf Erteilung eines Negativattests oder in einer Anmeldung unrichtige oder entstellte Angaben machen,
- eine Auskunft unrichtig oder nicht innerhalb der in der Entscheidung festgesetzten Frist erteilen,
- die angeforderten Bücher oder Geschäftsunterlagen nicht vollständig vorlegen oder eine durch Entscheidung angeordnete Nachprüfung nicht dulden.

So hat die Kommission beispielsweise in einem Fall ein Bußgeld in Höhe von 5000 Rechnungseinheiten verhängt, weil der Alleinver-

---

709 *Kom.,* 25. 6. 1976 – „CSV“ –, ABl. L 192/27/1976 = WuW/E EV 677.

710 *Gleiss/Hirsch,* a.a.O., Art. 11 VO Nr. 17 Rand-Nr. 22.

711 In der Praxis gibt die *Kommission* zudem den Betrag in der jeweiligen Währung an. Dagegen bestehen keine Bedenken. Die Zahlung kann auch in einer anderen Währung des Gemeinsamen Marktes erfolgen; vgl. dazu *EuGH,* Urteil vom 9. 3. 1977 – „Zucker“ –, Slg. 1977 S. 445 = WuW/EWG/MUV 419.

triebshändler in der Anmeldung der Vereinbarung sein Recht auf Verwendung des Warenzeichens des Herstellers nicht erwähnte[712].

Wesentlich höhere Geldbußen – in Höhe von 1000 bis 1 Million Rechnungseinheiten oder darüber hinaus bis zu 10% des von dem einzelnen an der Zuwiderhandlung beteiligten Unternehmen im letzten Geschäftsjahr erzielten Umsatzes – kann die Kommission nach Art. 15 Abs. 2 der VO Nr. 17 gegen Unternehmen festsetzen, wenn sie vorsätzlich oder fahrlässig **243**

- gegen Art. 85 Abs. 1 EWGV verstoßen,
- einer bei der Freistellungserklärung erteilten Auflage zuwiderhandeln.

Ferner kann die Kommission durch Entscheidung gemäß Art. 16 der VO Nr. 17 Zwangsgelder gegen Unternehmen oder Unternehmensvereinigungen festsetzen – und zwar in Höhe von 50 bis 1000 Rechnungseinheiten für jeden Tag des Verzugs von dem in der Entscheidung bestimmten Zeitpunkt an –, um sie anzuhalten

- eine Zuwiderhandlung gegen Art. 85 EWGV zu unterlassen, deren Abstellung die Kommission angeordnet hat,
- eine Handlung zu unterlassen, die die Kommission gemäß Art. 8 Abs. 3 der VO Nr. 17 angeordnet hat,
- eine angeordnete Auskunft vollständig und richtig zu erteilen,
- eine angeordnete Nachprüfung zu dulden.

cc) Rechtsmittel[713]

Der Gerichtshof sichert gemäß Art. 164 EWGV die Wahrung des Rechts bei der Auslegung und Anwendung des Vertrages. Nach Art. 173 EWGV überwacht er daher die Rechtmäßigkeit des Handelns der Kommission, soweit es sich nicht um Empfehlungen oder Stellungnahmen handelt. Zu diesem Zweck ist er für Klagen zuständig, die wegen Unzuständigkeit, Verletzung wesentlicher Formvorschriften, Verletzung des Vertrages oder einer bei seiner Durchführung anzuwendenden Rechtsnorm oder wegen Ermessensmißbrauchs erhoben werden (Art. 173 Abs. 1 Satz 2 EWGV). Jede natürliche oder juristische Person kann aus diesen Gründen Nichtigkeits-(Anfech- **244**

712 *Kom.*, 21. 12. 1976 – „Theal-Watts“ –, siehe Fn. 513.

713 Vgl. dazu die ausführlichen Darlegungen bei *Ipsen,* a.a.O., S. 365 ff. und S. 752 ff.

tungs-)Klage gegen die an sie ergangenen Entscheidungen sowie gegen diejenigen Entscheidungen erheben, die – obwohl sie als Verordnung oder als eine an eine andere Person gerichtete Entscheidung ergangen sind – sie unmittelbar und individuell betreffen (Art. 173 Abs. 2 EWGV).

Das ist z. B. immer dann der Fall, wenn der Dritte berechtigt war, einen Antrag nach Artikel 3 der VO Nr. 17 auf Feststellung einer Zuwiderhandlung gegen Artikel 85 oder 86 EWG-Vertrag zu stellen und dieser Antrag ganz oder teilweise von der Kommission abgelehnt wurde[714]. Damit besteht die Klagebefugnis immer dann, wenn der Dritte durch die Wettbewerbsbeeinträchtigung in seinem Interesse beeinträchtigt wird oder doch werden kann. In Frage kommen also in der Hauptsache Konkurrenten, Kunden, Lieferanten oder sonstige im Geschäftsverkehr mit dem an der eventuellen Wettbewerbsbeschränkung Beteiligten stehende Unternehmen. Dazu können z. B. auch solche Unternehmen zählen, deren Belieferung der Hersteller aufgrund von Alleinvertriebsvereinbarungen ablehnt[714].

245 Auch bei Klagen gegen die Festsetzung einer Geldbuße oder eines Zwangsgeldes hat der Gerichtshof die Befugnis zu unbeschränkter Nachprüfung der Entscheidung der Kommission; er kann die Geldbuße oder das Zwangsgeld aufheben, herabsetzen oder erhöhen (Art. 17 der VO Nr. 17).

Die Klage ist binnen 2 Monaten zu erheben. Die Frist läuft von der Bekanntgabe der betreffenden Handlung, ihrer Mitteilung an den Kläger oder – in Ermangelung dessen – von dem Zeitpunkt an, zu dem der Kläger von dieser Handlung Kenntnis erlangt hat (Art. 173 Abs. 3 EWGV).

Nach Art. 175 EWGV kann weiter jede natürliche oder juristische Person durch die sogenannte Untätigkeitsklage vor dem Gerichtshof Beschwerde darüber führen, daß ein Organ der Gemeinschaft (also auch die Kommission) unter Verletzung des Vertrages es unterlassen hat, einen anderen Akt als eine Empfehlung oder eine Stellungnahme an sie zu richten. Diese Klage ist nur zulässig, wenn das betreffende Organ zuvor aufgefordert worden ist, tätig zu werden. Hat es binnen zwei Monaten nach dieser Aufforderung nicht Stellung genommen, so kann die Klage innerhalb einer weiteren Frist von zwei Monaten erhoben werden.

---

714 *EuGH,* Urteil vom 25. 10. 1977 – „Metro/Saba" –, RIW/AWD 1978 S. 108 mit Anm. *Hootz.*

Die Vorschriften des EWG-Vertrages werden insoweit ergänzt durch die Satzung des Gerichtshofs vom 17. April 1957[715] und die Verfahrensordnung vom 3. März 1959[716] und der zusätzlichen Verfahrensordnung vom 9. März 1962[717], aus denen sich beispielsweise die Formalien der Klageerhebung und ähnliches ergeben.

In diesem Zusammenhang ist noch anzuführen, daß gemäß Art. 185 EWGV Klagen beim Gerichtshof keine aufschiebende Wirkung haben. Wenn also die Kommission beispielsweise eine Freistellung nach Art. 85 Abs. 3 EWGV versagt hat oder eine Mitteilung gemäß Art 15 Abs. 6 der VO Nr. 17 erlassen hat, bleibt die Unwirksamkeit bzw. vorläufige Unwirksamkeit der betreffenden Entscheidung bis zur Entscheidung des Gerichtshofs bestehen.[718].

dd) Verjährung

Seit dem 1. 1. 1975 ist die VO Nr. 2988/74[719] in Kraft, die die Befugnis **246** der Kommission zur Verhängung und Beitreibung von Geldbußen und Zwangsgeldern zeitlich begrenzt. Die Verordnung legt die jeweils anwendbaren Verjährungsfristen, den Beginn der Fristen und die Unterbrechung und Hemmung der Verjährung fest. Dabei unterscheidet sie zwischen Verfolgungs- und Vollstreckungsverjährung.

Verstöße im Bereich der Auskünfte und Nachprüfungen verjähren in drei Jahren, alle übrigen Zuwiderhandlungen gegen das EG-Wettbewerbsrecht in fünf Jahren. Der Beginn der Verjährung ist der Tag, an dem die Zuwiderhandlung begangen ist, bei dauernden oder fortgesetzten Zuwiderhandlungen die Beendigung des Verstoßes (Artikel 1 VO 2988/74).

Ist die Zuwiderhandlung verjährt, kann die Kommission keine Geldbußen mehr verhängen. Auch sonstige Entscheidungen der Kommission in dieser Sache sind nicht mehr zulässig. Die Verjährung wird unterbrochen durch auf Ermittlung oder Verfolgung der Zuwiderhandlung gerichtete Maßnahmen, sobald sie einem der Betei-

715 BGBl. 1957 II S. 1166, 1194.

716 Neuveröffentlichung nach Änderung vom 11. 11. 1959 in ABl. 17/1960; Änderung vom 19. 6. 1962, ABl. 1605/1962.

717 ABl. 1113/1962, BGBl. 1962 II S. 770.

718 *Müller-Henneberg/Schwartz,* a.a.O., Art. 85 EWGV Rand-Nr. 92; *Steindorff,* a.a.O., S. 980.

719 Vgl. Anhang II.

ligten bekanntgegeben wurden. Selbst wenn die Verjährung unterbrochen ist, muß die Sanktion der Kommission spätestens innerhalb der doppelten Verjährungsfrist verhängt worden sein. Diese Frist kann sich nur verlängern, wenn die Verjährung ruht, weil wegen der Entscheidung der Kommission ein Verfahren vor dem Europäischen Gerichtshof anhängig ist (Artikel 3 VO 2988/74).

Für die Vollstreckungsverjährung gelten diese Grundsätze entsprechend. Die Frist beträgt allerdings einheitlich fünf Jahre und beginnt mit dem Tag, an dem die zu vollstreckende Entscheidung unanfechtbar wurde. Auch die Vollstreckungsverjährung kann unterbrochen werden oder ruhen (Artikel 6 und 5 VO 2988/74).

Die Verordnung gilt auch für vor ihrem Inkrafttreten begangene Verstöße (Artikel 7 VO 2988/74). Damit sind grundsätzlich alle vor dem 1. 1. 1972 beendigte verfahrensrechtliche Verstöße und alle vor dem 1. 1. 1969 beendete Zuwiderhandlungen gegen Artikel 85 und 86 verjährt[720].

8. Geltung des EWG-Wettbewerbsrechts

a) Gebundene und assoziierte Staaten

247 Gemäß Art. 227 Abs. 1 EWGV gilt das Wettbewerbsrecht der Art. 85 ff. EWGV in den Mitgliedstaaten der Gemeinschaft.

Die Geltung für West-Berlin ist durch Geltung für die Bundesrepublik Deutschland eingeschlossen[721]. Die Inanspruchnahme von Vertragsrechten für alle Deutschen im Sinne des Grundgesetzes – also einschließlich der Bewohner der DDR – hat die Bundesregierung sich bei der Unterzeichnung der Verträge vorbehalten[722].

Auf die französischen überseeischen Départments (Réunion, Guyana, Guadeloupe, Martinique) sind gemäß Art. 227 Abs. 2 EWGV die Wettbewerbsregeln anwendbar[723].

Für das Verhältnis der Gemeinschaft zu denjenigen in Art. 131 EWGV

720 *Gleiss/Hirsch,* a.a.O., Art. 8 VO 2988/74 nehmen an, daß vor dem Inkrafttreten der Verordnung verjährungsunterbrechende Maßnahmen nicht möglich waren.

721 *Müller-Henneberg/Schwartz,* a.a.O., EWG-Grundzüge Rand-Nr. 8; vgl. dazu *Meibom,* a.a.O., S. 2096; *Jahn,* a.a.O., S. 232.

722 BGBl. 1957 II S. 764; zu weiteren Fragen vgl. *v. Arnim,* a.a.O., S. 500.

723 So auch *Kom.,* 22. 10. 1964 – „DECA“ –, Abl. 2761/1964 = AWD 1964 S. 369 = WuW/E EV 107 mit Anm. *Kirschstein.*

(vgl. Art. 227 Abs. 3 EWGV) genannten überseeischen Ländern und Hoheitsgebieten, die Selbständigkeit noch nicht erlangt haben und deshalb zu einzelnen Mitgliedsstaaten weiterhin in „besonderer Beziehung“ stehen, ist der Beschluß des Rates vom 29. Sept. 1970 über die Assoziation der überseeischen Länder und Gebiete mit der Europäischen Wirtschaftsgemeinschaft ergangen[724]. Er enthält aber keine Bestimmungen über die Anwendung der Wettbewerbsregeln.

In den europäischen Staaten, deren auswärtige Beziehungen ein Mitgliedstaat wahrnimmt, gelten gemäß Art. 227 Abs. 4 EWGV die Wettbewerbsregeln. Eindeutig ist das für Monaco und San Marino, zweifelhaft dagegen für Andorra[725].

Hinsichtlich der mit der EG assoziierten Staaten bestimmt sich die Geltung jeweils nach dem Inhalt der Assoziierungsabkommen. Die meisten dieser Abkommmen sehen aber für die Geltung der Wettbewerbsregelungen keine Bestimmungen vor.

In den Assoziierungsabkommen mit Griechenland[726] und der Türkei[727] sind zwar Bestimmungen enthalten, daß die Grundsätze der Bestimmungen über den Wettbewerb zu einem späteren Zeitpunkt zur Anwendung gebracht werden sollen. Dies ist bisher allerdings noch nicht geschehen[728].

b) Freihandelsabkommen und EWG-Wettbewerbsrecht

Mit den Beitrittsabkommen sind am 1. 1. 1973 auch die Freihandels- **248**
abkommen zwischen der Europäischen Wirtschaftsgemeinschaft und den Rest-EFTA-Staaten Österreich[729], Portugal[730], Schweden[731],

724 ABl. L 282/83/1970.

725 *Müller-Henneberg/Schwartz,* a.a.O., EWG-Grundzüge, Rand-Nr. 8 m.w.N.

726 Abkommen von Athen vom 9. 7. 1961 (ABl. 294/1963; Gesetz vom 18. 8. 1962, BGBl. 1962 II S. 1141).

727 Abkommen von Ankara vom 12. 9. 1963 (ABl. 3687/1964; Gesetz vom 13. 5. 1964, BGBl. 1964 II S. 509).

728 *Gleiss/Hirsch,* a.a.O., Einleitung Rand-Nr. 15 f.; Griechenland hat aber den Art. 85 und 86 EWGV entsprechende Vorschriften in sein nationales Recht übernommen (Gesetz Nr. 703 vom 20. 9. 1977, in Kraft seit dem 26. 3. 1978).

729 ABl. L 300/1 ff. / 1972; vgl. auch Interimsabkommen vom 25. 9. 1972, ABl. L 223/1 ff./1972.

730 ABl. L 301/164 ff./1972.

731 ABl. L 300/96 ff./1972.

Schweiz[732] und Liechtenstein[733], am 1. 4. 1973 das mit Island[734] und am 1. 7. 1973 das mit Norwegen[735] in Kraft getreten[736].

Zusätzlich bestehen Freihandelsabkommen mit Finnland[737] und Israel[738].

In allen diesen Abkommen finden sich Vorschriften über die Aufnahme von Wettbewerbsregeln für beschränkende und mißbräuchliche Verhaltensweisen, die den Handel zwischen der Gemeinschaft und dem jeweiligen Land beeinträchtigen können und daher mit der reibungslosen Durchführung dieser Abkommen unvereinbar sind.

So lautet z. B. Art. 23 des Abkommens mit der Schweiz:

> „(1) Mit dem guten Funktionieren dieses Abkommens sind unvereinbar, soweit sie geeignet sind, den Warenverkehr zwischen der Gemeinschaft und der Schweiz zu beeinträchtigen,
>
> j) alle Vereinbarungen zwischen Unternehmen, Beschlüsse von Unternehmensvereinigungen und aufeinander abgestimmte Verhaltensweisen zwischen Unternehmen, welche eine Verhinderung, Einschränkung oder Verfälschung des Wettbewerbs bezüglich der Produktion und des Warenverkehrs bezwecken oder bewirken."

Diese Vorschriften bedeuten zwar nicht, daß die Unternehmen im Rahmen der Freihandelsabkommen unmittelbar den betreffenden Wettbewerbsregeln unterliegen[739]. Die Durchführungsvorschriften (vgl. den angeführten Art. 27 Abs. 3 a) zu den Abkommen sehen nämlich vor, „daß die Vertragspartei, nach deren Auffassung eine bestimmte Verhaltensweise mit den Wettbewerbsregeln unvereinbar ist, den vom Abkommen eingesetzten Gemischten Ausschuß anruft, um die beanstandete Maßnahme gegebenenfalls aufheben zu lassen. Es obliegt dann der betreffenden Vertragspartei, von sich aus die geeigneten Vorkehrungen zu treffen, um dem Verstoß ein Ende zu setzen"[740].

Das bedeutet zwar, daß zur Zeit – so in der Schweiz – ein Zwischenstadium besteht, daß aber letzten Endes die EWG-Regelung zu übernehmen sein wird, „in der Praxis wird man nicht darum herumkommen,

732 ABl. L 300/188 ff./1972.

733 ABl. L 300/281/1972 mit Verweis auf das Abkommen mit der Schweiz.

734 ABl. L 301/1 ff./1972 und L 61/21/1973.

735 ABl. L 171/1 ff./1973.

736 Vgl. dazu auch *Deringer/Sedemund,* NJW 1973 S. 409 und NJW 1973 S. 941.

737 ABl. L 328/2/1973.

738 ABl. L 136/1/1975.

739 Vgl. auch *Bechtold,* a.a.O., S. 469.

740 Zweiter Wettbewerbsbericht, S. 16 ff..

das EWG-Kartellrecht bereits als geltendes Recht in der Schweiz zu beachten"[741].

Die Kommission versucht, den Wettbewerbsregeln auch im Verhältnis zu den Freihandelsländern unmittelbare Bedeutung zu verschaffen. Exportbeschränkungen nach Freihandelsländern sieht die Kommission als geeignet an, den Handel zwischen den EG-Mitgliedstaaten zu beeinträchtigen. Da nämlich die Zollschranken weggefallen sind, ist nach Ansicht der Kommission die Möglichkeit des wettbewerbsfähigen Reimportes ohne das Exportverbot gegeben, womit sich eine solche Vereinbarung in der Regel auch für den Gemeinsamen Markt spürbar auswirke[742].

c) Verhältnis des EWG-Wettbewerbsrechts zum Wettbewerbsrecht der einzelnen Mitgliedstaaten[743].

Die früher herrschende Meinung vertrat zu diesem Thema die sogenannte Zweischrankentheorie, daß also nationales und europäisches Wettbewerbsrecht grundsätzlich gleichen Rang besitzt. Vor allem in der Rechtsprechung des Europäischen Gerichtshofes hat sich aber mittlerweile die Ansicht durchgesetzt[744], daß das Kartellrecht der Gemeinschaft Vorrang vor dem der Mitgliedstaaten habe. Im Ergebnis bedeutet dies: **249**

- Jedes Kartell kann Gegenstand zweier paralleler Verfahren nach Gemeinschaftsrecht und nationalem Recht sein, da sich Kartellrecht der Gemeinschaft und des Einzelstaats nach unterschiedlichen Gesichtspunkten beurteilt. Die Möglichkeit einer Doppelsanktion[745] steht der Zulässigkeit zweier Parallelverfahren, die verschiedenen Zwecken dienen, nicht entgegen. Soweit allerdings die damit bestehende Möglichkeit, gleichzeitig zwei Verfahren zu betreiben, zu einer Doppelsanktion führen könnte, gebietet ein allgemeiner Bil-

---

741 *Hug,* a.a.O., S. 11.

742 *Kom.,* 2. 12. 1976 – „Junghans", vgl. Fn. 621.

743 Eingehend dazu *Ipsen,* a.a.O., S. 255 ff; *Müller-Henneberg/Schwartz,* EWG-Grundzüge, Rand-Nr. 16 ff.

744 *EuGH,* Urteil vom 13. 2. 1969 – „Farbenhersteller" –, Slg. 1969 S. 1 = AWD 1969 S. 114 = EuR 1969 S. 147 mit Anm. *Hootz* = WuW/E EWG/MUV 201.

745 Zur Anrechnung amerikanischer Kartellstrafen auf EWG-Kartellrecht vgl. *EuGH,* Urteil vom 14. 12. 1972 – „Boehringer" –, AWD 1973 S. 169 = WuW/E EWG/MUV 291; *Winkler,* a.a.O., S. 565.

ligkeitsgedanke, die frühere Sanktionsentscheidung bei der Bemessung der später zu verhängenden Sanktion zu berücksichtigen.

Voraussetzung ist allerdings, daß die Sanktion von einem EG-Mitgliedstaat und nicht von einem Drittland verhängt wurde. Diese Grundsätze gelten auch für das Bußgeldverfahren nach deutschem Kartellrecht, wenn bereits eine Sanktion aufgrund des EWG-Wettbewerbsrechtes verhängt wurde[746].

- Die gleichzeitige Anwendung des nationalen Rechts neben dem Gemeinschaftsrecht ist allerdings nur statthaft, soweit sie die einheitliche Anwendung des Gemeinschaftsrechts und die volle Wirksamkeit der zu seinem Vollzug ergangenen Maßnahmen auf dem gesamten Gemeinsamen Markt nicht beeinträchtigt.
- Normenkonflikte zwischen Gemeinschafts- und innerstaatlichem Kartellrecht sind nach dem Grundsatz des Vorrangs des Gemeinschaftsrechts zu lösen.
- Den Wirkungen der Entscheidung, durch die die Kommission ein von ihr eingeleitetes Verfahren abgeschlossen hat, müssen die nationalen Kartellbehörden Rechnung tragen. Sie haben auch geeignete Maßnahmen zu ergreifen, um die Vereinbarkeit ihrer Entscheidung mit derartigen erst künftigen Entscheidungen sicherzustellen.

Hierfür bestehen vornehmlich zwei Möglichkeiten, nämlich die der Aussetzung des innerstaatlichen Verfahrens bis zur Entscheidung der Kommission oder die Konsultation der Kommission vor dem Erlaß der nationalen Entscheidung[747].

Für die Praxis ergibt sich damit[748]:

250 – Wenn die Kommission eine Verbotsentscheidung erlassen hat, sind entgegenstehende Entscheidungen der nationalen Behörden unzulässig oder hinfällig. Das Kartellverbot des Art. 85 Abs. 1 EWGV mit der Nichtigkeitsfolge des Art. 85 Abs. 2 EWGV gilt unmittelbar in allen Mitgliedstaaten.

– Wenn die Kommission eine Freistellungserklärung nach Art. 85 Abs. 3 EWGV abgegeben hat, sind die nationalen Behörden daran

746 Vgl. *BGH,* Urteil vom 17. 12. 1970, AWD 1971 S. 82.

747 Vierter Wettbewerbsbericht, S. 30 ff..

748 *Spormann,* AWD 1970 S. 157; *Müller-Henneberg/Schwartz,* a.a.O., EWG-Grundzüge Rand-Nr. 21 ff.; darauf hinzuweisen ist hier noch einmal, daß nach Art. 9 Abs. 3 der VO Nr. 17 die nationalen Behörden Art. 85 EWGV nur anwenden dürfen, solange die Kommission kein Verfahren eingeleitet hat, siehe Rand-Nr. 232 ff..

gebunden und müssen gegebenenfalls geeignete Maßnahmen ergreifen. Verbots- und Bußgeldentscheidungen nach nationalem Kartellrecht sind nicht möglich. Diese Vorrangwirkung der Freistellungsentscheidung gilt für den durch sie bestimmten gesamten Zeitraum in Vergangenheit und Zukunft (vgl. Art. 6 VO Nr. 17) und auch für die Durchsetzung der mit einer Freistellungsentscheidung verbundenen Bedingungen und Auflagen (vgl. Art. 8 der VO Nr. 17). Dasselbe gilt auch für Vereinbarungen, die durch eine Gruppenfreistellungsverordnung der Kommission vom Kartellverbot freigestellt sind, da in Art. 85 Abs. 3 EWGV Gruppen- und Einzelfreistellungen vollkommen gleichbehandelt sind und es nicht angeht, dort Unterscheidungen zu treffen, wo es durch den Gesetzgeber nicht geschieht[749].

– Wenn die Kommission ein Negativattest erteilt hat, sind die Behörden der Mitgliedstaaten in der Anwendung ihres nationalen Rechts frei. Das gleiche gilt für Bekanntmachungen der Kommission, in denen sie ihre Auffassung über die Anwendbarkeit von Art. 85 Abs. 1 EWGV auf bestimmte Vereinbarungen erläutert[750].

---

749 *Spormann,* AWD 1970 S. 157; im Ergebnis ebenso *Gleiss/Hirsch,* a.a.O., Einleitung Rand-Nr. 67; a. A. offenbar *Müller-Henneberg/Schwartz,* a.a.O., EWG-Grundzüge Rand-Nr. 21.

750 Z. B. Bagatellbekanntmachung (Anhang III) und Bekanntmachung über Alleinvertriebsverträge mit Handelsvertretern (Anhang III).

Anhang I

Gesetzliche Bestimmungen

Auszug aus dem Handelsgesetzbuch (Recht der Handelsvertreter)

§ 84

I. Handelsvertreter ist, wer als selbständiger Gewerbetreibender ständig damit betraut ist, für einen anderen Unternehmer (Unternehmer) Geschäfte zu vermitteln oder in dessen Namen abzuschließen. Selbständig ist, wer im wesentlichen frei seine Tätigkeit gestalten und seine Arbeitszeit bestimmen kann.

II. Wer, ohne selbständig im Sinne des Absatzes 1 zu sein, ständig damit betraut ist, für einen Unternehmer Geschäfte zu vermitteln oder in dessen Namen abzuschließen, gilt als Angestellter.

III. Der Unternehmer kann auch ein Handelsvertreter sein.

§ 85

Jeder Teil kann verlangen, daß der Inhalt des Vertrages sowie spätere Vereinbarungen zu dem Vertrag in eine vom anderen Teil unterzeichnete Urkunde aufgenommen werden. Dieser Anspruch kann nicht ausgeschlossen werden.

§ 86

I. Der Handelsvertreter hat sich um die Vermittlung oder den Abschluß von Geschäften zu bemühen; er hat hierbei das Interesse des Unternehmers wahrzunehmen.

II. Er hat dem Unternehmer die erforderlichen Nachrichten zu geben, namentlich ihm von jeder Geschäftsvermittlung und von jedem Geschäftsabschluß unverzüglich Mitteilung zu machen.

III. Er hat seine Pflichten mit der Sorgfalt eines ordentlichen Kaufmanns wahrzunehmen.

§ 86a

I. Der Unternehmer hat dem Handelsvertreter die zur Ausübung seiner Tätigkeit erforderlichen Unterlagen, wie Muster, Zeichnungen, Preislisten, Werbedrucksachen, Geschäftsbedingungen, zur Verfügung zu stellen.

II. Der Unternehmer hat dem Handelsvertreter die erforderlichen Nachrichten zu geben. Er hat ihm unverzüglich die Annahme oder Ablehnung eines vermittelten oder ohne Vertretungsmacht abgeschlossenen Geschäfts mitzuteilen. Er hat ihn zu unterrichten, wenn er Geschäfte voraussichtlich nur in erheblich geringerem Umfange abschließen kann oder will, als nach den Umständen zu erwarten ist; dieser Anspruch kann nicht ausgeschlossen werden.

§ 86b

I. Verpflichtet sich ein Handelsvertreter, für die Erfüllung der Verbindlichkeit aus einem Geschäft einzustehen, so kann er eine besondere Vergütung (Delkredereprovision) beanspruchen; der Anspruch kann im voraus nicht ausgeschlossen werden. Die Verpflichtung kann nur für ein bestimmtes Geschäft oder für solche Geschäfte mit bestimmten Dritten übernommen werden, die der Handelsvertreter vermittelt oder abschließt. Die Übernahme bedarf der Schriftform.

II. Der Anspruch auf die Delkredereprovision entsteht mit dem Abschluß des Geschäfts.

III. Absatz 1 gilt nicht, wenn der Unternehmer oder der Dritte seine Niederlassung oder beim Fehlen einer solchen seinen Wohnsitz im Ausland hat. Er gilt ferner nicht für Geschäfte, zu deren Abschluß und Ausführung der Handelsvertreter unbeschränkt bevollmächtigt ist.

§ 87

I. Der Handelsvertreter hat Anspruch auf Provision für alle während des Vertragsverhältnisses abgeschlossenen Geschäfte, die auf seine Tätigkeit zurückzuführen sind oder mit Dritten abgeschlossen werden, die er als Kunden für Geschäfte der gleichen Art geworben hat. Ein Anspruch auf Provision besteht für ihn nicht, wenn die Provision nach Absatz 3 dem ausgeschiedenen Handelsvertreter zusteht.

II. Ist dem Handelsvertreter ein bestimmter Bezirk oder ein bestimmter Kundenkreis zugewiesen, so hat er Anspruch auf Provision auch für die Geschäfte, die ohne seine Mitwirkung mit Personen seines Bezirkes oder seines Kundenkreises während des Vertragsverhältnisses abgeschlossen sind. Dies gilt nicht, wenn die Provision nach Absatz 3 dem ausgeschiedenen Handelsvertreter zusteht.

III. Für ein Geschäft, das erst nach Beendigung des Vertragsverhältnisses abgeschlossen ist, hat der Handelsvertreter Anspruch auf Provision nur, wenn er es vermittelt hat oder es eingeleitet und so vorbereitet hat, daß der Abschluß überwiegend auf seine Tätigkeit zurückzuführen ist, und wenn das Geschäft innerhalb einer angemessenen Frist nach Beendigung des Vertragsverhältnisses abgeschlossen worden ist.

IV. Neben dem Anspruch auf Provision für abgeschlossene Geschäfte hat der Handelsvertreter Anspruch auf Inkassoprovision für die von ihm auftragsgemäß eingezogenen Beträge.

§ 87a

I. Der Handelsvertreter hat Anspruch auf Provision, sobald und soweit der Unternehmer das Geschäft ausgeführt hat. Eine abweichende Vereinbarung kann getroffen werden, jedoch hat der Handelsvertreter mit der Ausführung des Geschäfts durch den Unternehmer Anspruch auf einen angemessenen Vorschuß, der spätestens am letzten Tag des folgenden Monats fällig ist. Unabhängig von einer Vereinbarung hat jedoch der Handelsvertreter Anspruch auf Provision, sobald und soweit der Dritte das Geschäft ausgeführt hat. Der Anspruch auf Teilprovision für ein nur teilweise ausgeführtes Geschäft kann ausgeschlossen werden, wenn vereinbart ist, daß der Unternehmer dem Handelsvertreter Provision für das ganze Geschäft gewährt, sobald dieses in bestimmtem Umfange ausgeführt ist.

II. Steht fest, daß der Dritte nicht leistet, so entfällt der Anspruch auf Provision; bereits empfangene Beträge sind zurückzugewähren.

III. Der Handelsvertreter hat auch dann einen Anspruch auf Provision, wenn feststeht, daß der Unternehmer das Geschäft ganz oder teilweise nicht oder nicht so ausführt, wie es abgeschlossen worden ist. Das gilt nicht, wenn und soweit die Ausführung des Geschäfts unmöglich geworden ist, ohne daß der Unternehmer die Unmöglichkeit zu vertreten hat, oder die Ausführung ihm nicht zuzumuten ist, insbesondere weil in der Person des Dritten ein wichtiger Grund für die Nichtausführung vorliegt.

IV. Der Anspruch auf Provision wird am letzten Tag des Monats fällig, in dem nach § 87c Abs. 1 über den Anspruch abzurechnen ist.

V. Von Absatz 3 und 4 abweichende für den Handelsvertreter nachteilige Vereinbarungen können nicht getroffen werden.

§ 87b

I. Ist die Höhe der Provision nicht bestimmt, so ist der übliche Satz als vereinbart anzusehen.

II. Die Provision ist von dem Entgelt zu berechnen, das der Dritte oder der Unternehmer zu leisten hat. Nachlässe bei Barzahlung sind nicht abzuziehen; dasselbe gilt für Nebenkosten, namentlich für Fracht, Verpackung, Zoll, Steuern, es sei denn, daß die Nebenkosten dem Dritten besonders in Rechnung gestellt sind. Die Umsatzsteuer, die lediglich aufgrund der steuerrechtlichen Vorschriften in der Rechnung gesondert ausgewiesen ist, gilt nicht als besonders in Rechnung gestellt.

III. Bei Gebrauchsüberlassungs- und Nutzungsverträgen von bestimmter Dauer ist die Provision vom Entgelt für die Vertragsdauer zu berechnen. Bei unbestimmter Dauer ist die Provision vom Entgelt bis zu dem Zeitpunkt zu berechnen, zu dem erstmals von dem Dritten gekündigt werden kann; der Handelsvertreter hat Anspruch auf weitere entsprechend berechnete Provisionen, wenn der Vertrag fortbesteht.

§ 87c

I. Der Unternehmer hat über die Provision, auf die der Handelsvertreter Anspruch hat, monatlich abzurechnen; der Abrechnungszeitraum kann auf höchstens drei Monate erstreckt werden. Die Abrechnung hat unverzüglich, spätestens bis zum Ende des nächsten Monats, zu erfolgen.

II. Der Handelsvertreter kann bei der Abrechnung einen Buchauszug über alle Geschäfte verlangen, für die ihm nach § 87 Provision gebührt.

III. Der Handelsvertreter kann außerdem Mitteilung über alle Umstände verlangen, die für den Provisionsanspruch, seine Fälligkeit und seine Berechnung wesentlich sind.

IV. Wird der Buchauszug verweigert oder bestehen begründete Zweifel an der Richtigkeit oder Vollständigkeit der Abrechnung oder des Buchauszuges, so kann der Handelsvertreter verlangen, daß nach Wahl des Unternehmers entweder ihm oder einem von ihm zu bestimmenden Wirtschaftsprüfer oder verdigten Buchsachverständigen Einsicht in die Geschäftsbücher oder die sonstigen Urkunden soweit gewährt wird, wie dies zur Feststellung der Richtigkeit oder Vollständigkeit der Abrechnung oder des Buchauszuges erforderlich ist.

V. Diese Rechte des Handelsvertreters können nicht ausgeschlossen oder beschränkt werden.

§ 87d

Der Handelsvertreter kann den Ersatz seiner im regelmäßigen Geschäftsbetrieb entstandenen Aufwendungen nur verlangen, wenn dies handelsüblich ist.

§ 88

Die Ansprüche aus dem Vertragsverhältnis verjähren in vier Jahren, beginnend mit dem Schluß des Jahres, in dem sie fällig geworden sind.

§ 88 a

I. Der Handelsvertreter kann nicht im voraus auf gesetzliche Zurückbehaltungsrechte verzichten.

II. Nach Beendigung des Vertragsverhältnisses hat der Handelsvertreter ein nach allgemeinen Vorschriften bestehendes Zurückbehaltungsrecht an ihm zur Verfügung gestellten Unterlagen (§ 86 a Abs. 1) nur wegen seiner fälligen Ansprüche auf Provision und Ersatz von Aufwendungen.

§ 89

I. Ist das Vertragsverhältnis auf unbestimmte Zeit eingegangen, so kann es in den ersten drei Jahren der Vertragsdauer mit einer Frist von sechs Wochen für den Schluß eines Kalendervierteljahres gekündigt werden. Wird eine andere Kündigungsfrist vereinbart, so muß sie mindestens einen Monat betragen; es kann nur für den Schluß eines Kalendermonats gekündigt werden.

II. Nach einer Vertragsdauer von drei Jahren kann das Vertragsverhältnis nur mit einer Frist von mindestens drei Monaten zum Schluß eines Kalendervierteljahres gekündigt werden.

III. Eine vereinbarte Kündigungsfrist muß für beide Teile gleich sein. Bei Vereinbarung ungleicher Fristen gilt für beide Teile die längere Frist.

§ 89 a

I. Das Vertragsverhältnis kann von jedem Teil aus wichtigem Grunde ohne Einhaltung einer Kündigungsfrist gekündigt werden. Dieses Recht kann nicht ausgeschlossen oder beschränkt werden.

II. Wird die Kündigung durch ein Verhalten veranlaßt, das der andere Teil zu vertreten hat, so ist dieser zum Ersatz des durch die Aufhebung des Vertragsverhältnisses entstehenden Schadens verpflichtet.

§ 89 b

I. Der Handelsvertreter kann von dem Unternehmer nach Beendigung des Vertragsverhältnisses einen angemessenen Ausgleich verlangen, wenn und soweit

1. der Unternehmer aus der Geschäftsverbindung mit neuen Kunden, die der Handelsvertreter geworben hat, auch nach Beendigung des Vertragsverhältnisses erhebliche Vorteile hat,
2. der Handelsvertreter infolge der Beendigung des Vertragsverhältnisses Ansprüche auf Provision verliert, die er bei Fortsetzung desselben aus bereits abgeschlossenen oder künftig zustande kommenden Geschäften mit den von ihm geworbenen Kunden hätte, und
3. die Zahlung eines Ausgleichs unter Berücksichtigung aller Umstände der Billigkeit entspricht.

Der Werbung eines neuen Kunden steht es gleich, wenn der Handelsvertreter die Geschäftsverbindung mit einem Kunden so wesentlich erweitert hat, daß dies wirtschaftlich der Werbung eines neuen Kunden entspricht.

II. Der Ausgleich beträgt höchstens eine nach dem Durchschnitt der letzten fünf Jahre der Tätigkeit des Handelsvertreters berechnete Jahresprovision oder sonstige Jahresvergütung; bei kürzerer Dauer des Vertragsverhältnisses ist der Durchschnitt während der Dauer der Tätigkeit maßgebend.

III. Der Anspruch besteht nicht, wenn der Handelsvertreter das Vertragsverhältnis gekündigt hat, es sei denn, daß ein Verhalten des Unternehmers hierzu begründeten Anlaß gegeben hat oder dem Handelsvertreter eine Fortsetzung seiner Tätigkeit wegen seines Alters oder wegen Krankheit nicht zugemutet werden kann. Der Anspruch besteht ferner nicht, wenn der Unternehmer das Vertragsverhältnis gekündigt hat und für die Kündigung ein wichtiger Grund wegen schuldhaften Verhaltens des Handelsvertreters vorlag.

IV. Der Anspruch kann im voraus nicht ausgeschlossen werden. Er ist innerhalb von drei Monaten nach Beendigung des Vertragsverhältnisses geltend zu machen.

V. Absatz 1 bis 4 gelten für Versicherungsvertreter mit der Maßgabe, daß an Stelle der Geschäftsverbindung mit neuen Kunden, die der Handelsvertreter geworben hat, die Vermittlung neuer Versicherungsverträge durch den Versicherungsvertreter tritt und der Anspruch höchstens drei Jahresprovisionen oder Jahresvergütungen beträgt.

§ 90

Der Handelsvertreter darf Geschäfts- und Betriebsgeheimnisse, die ihm anvertraut oder als solche durch seine Tätigkeit für den Unternehmer bekanntgeworden sind, auch nach Beendigung des Vertragsverhältnisses nicht verwerten oder anderen mitteilen, soweit dies nach den gesamten Umständen der Berufsauffassung eines ordentlichen Kaufmannes widersprechen würde.

§ 90 a

I. Eine Vereinbarung, die den Handelsvertreter nach Beendigung des Vertragsverhältnisses in seiner gewerblichen Tätigkeit beschränkt (Wettbewerbsabrede), bedarf der Schriftform und der Aushändigung einer vom Unternehmer unterzeichneten, die vereinbarten Bestimmungen enthaltenden Urkunde an den Handelsvertreter. Die Abrede kann nur für längstens zwei Jahre von der Beendigung des Vertragsverhältnisses an getroffen werden. Der Unternehmer ist verpflichtet, dem Handelsvertreter für die Dauer der Wettbewerbsbeschränkung eine angemessene Entschädigung zu zahlen.

II. Der Unternehmer kann bis zum Ende des Vertragsverhältnisses schriftlich auf die Wettbewerbsbeschränkung mit der Wirkung verzichten, daß er mit dem Ablauf von sechs Monaten seit der Erklärung von der Verpflichtung zur Zahlung der Entschädigung frei wird. Kündigt der Unternehmer das Vertragsverhältnis aus wichtigem Grund wegen schuldhaften Verhaltens des Handelsvertreters, so hat dieser keinen Anspruch auf Entschädigung.

III. Kündigt der Handelsvertreter das Vertragsverhältnis aus wichtigem Grund wegen schuldhaften Verhaltens des Unternehmers, so kann er sich durch schriftliche Erklärung binnen einem Monat nach der Kündigung von der Wettbewerbsabrede lossagen.

IV. Abweichende für den Handelsvertreter nachteilige Vereinbarungen können nicht getroffen werden.

§ 91

I. § 55 gilt auch für einen Handelsvertreter, der zum Abschluß von Geschäften von einem Unternehmer bevollmächtigt ist, der nicht Kaufmann ist.

II. Ein Handelsvertreter gilt, auch wenn ihm keine Vollmacht zum Abschluß von Geschäften erteilt ist, als ermächtigt, die Anzeige von Mängeln einer Ware, die Erklärung, daß eine Ware zur Verfügung gestellt werde, sowie ähnliche Erklärungen, durch die ein Dritter seine Rechte aus mangelhafter Leistung geltend macht oder sich vorbehält, entgegenzunehmen; er kann die dem Unternehmer zustehenden Rechte auf Sicherung des Beweises geltend machen. Eine Beschränkung dieser Rechte braucht ein Dritter gegen sich nur gelten zu lassen, wenn er sie kannte oder kennen mußte.

§ 91 a

I. Hat ein Handelsvertreter, der nur mit der Vermittlung von Geschäften betraut ist, ein Geschäft im Namen des Unternehmens abgeschlossen, und war dem Dritten der Mangel an Vertretungsmacht nicht bekannt, so gilt das Geschäft als von dem Unternehmer genehmigt, wenn dieser nicht unverzüglich, nachdem er von dem Handelsvertreter oder dem Dritten über Abschluß und wesentlichen Inhalt benachrichtigt worden ist, dem Dritten gegenüber das Geschäft ablehnt.

II. Das gleiche gilt, wenn ein Handelsvertreter, der mit dem Abschluß von Geschäften betraut ist, ein Geschäft im Namen des Unternehmers abgeschlossen hat, zu dessen Abschluß er nicht bevollmächtigt ist.

§ 92

I. Versicherungsvertreter ist, wer als Handelsvertreter damit betraut ist, Versicherungsverträge zu vermitteln oder abzuschließen.

II. Für das Vertragsverhältnis zwischen dem Versicherungsvertreter und dem Versicherer gelten die Vorschriften für das Vertragsverhältnis zwischen dem Handelsvertreter und dem Unternehmer vorbehaltlich der Absätze 3 und 4.

III. In Abweichung von § 87 Abs. 1 Satz 1 hat ein Versicherungsvertreter Anspruch auf Provision nur für Geschäfte, die auf seine Tätigkeit zurückzuführen sind. § 87 Abs. 2 gilt nicht für Versicherungsvertreter.

IV. Der Versicherungsvertreter hat Anspruch auf Provision (§ 87 a Abs. 1), sobald der Versicherungsnehmer die Prämie gezahlt hat, aus der sich die Provision nach dem Vertragsverhältnis berechnet.

V. Die Vorschriften der Absätze 1 bis 4 gelten sinngemäß für Bausparkassenvertreter.

§ 92 a

I. Für das Vertragsverhältnis eines Handelsvertreters, der vertraglich nicht für weitere Unternehmer tätig werden darf oder dem dies nach Art und Umfang der von ihm verlangten Tätigkeit nicht möglich ist, kann der Bundesminister der Justiz im Einvernehmen mit den Bundesministern für Wirtschaft und für Arbeit nach Anhörung von Verbänden der Handelsvertreter und der Unternehmer durch Rechtsverordnung, die nicht der Zustimmung des Bundesrates bedarf, die untere Grenze der vertraglichen Leistungen des Unternehmers festsetzen, um die notwendigen sozialen und wirtschaftlichen Bedürfnisse dieser Handelsvertreter oder einer bestimmten Gruppe von ihnen sicherzustellen. Die festgesetzten Leistungen können vertraglich nicht ausgeschlossen oder beschränkt werden.

II. Absatz 1 gilt auch für das Vertragsverhältnis eines Versicherungsvertreters, der aufgrund eines Vertrages oder mehrerer Verträge damit betraut ist, Geschäfte für mehrere Versicherer zu vermitteln oder abzuschließen, die zu einem Versicherungskonzern oder zu einer zwischen ihnen bestehenden Organisationsgemeinschaft gehören, sofern die Beendigung des Vertragsverhältnisses mit einem dieser Versicherer im Zweifel auch die Beendigung des Vertragsverhältnisses mit den anderen Versicherern zur Folge haben würde. In diesem Falle kann durch Rechtsverordnung, die nicht der Zustimmung des Bundesrates bedarf, außerdem bestimmt werden, ob die festgesetzten Leistungen von allen Versicherern als Gesamtschuldnern oder anteilig oder nur von einem der Versicherer geschuldet werden und wie der Ausgleich unter ihnen zu erfolgen hat.

§ 92 b

I. Auf einen Handelsvertreter im Nebenberuf sind §§ 89, 89 b nicht anzuwenden. Ist das Vertragsverhältnis auf unbestimmte Zeit eingegangen, so kann es mit einer Frist von einem Monat für den Schluß eines Kalendermonats gekündigt werden; wird eine andere Kündigungsfrist vereinbart, so muß sie für beide Teile gleich sein. Der Anspruch auf einen angemessenen Vorschuß nach § 87 a Abs. 1 Satz 2 kann ausgeschlossen werden.

II. Auf Absatz 1 kann sich nur der Unternehmer berufen, der den Handelsvertreter ausdrücklich als Handelsvertreter im Nebenberuf mit der Vermittlung oder dem Abschluß von Geschäften betraut hat.

III. Ob ein Handelsvertreter nur als Handelsvertreter im Nebenberuf tätig ist, bestimmt sich nach der Verkehrsauffassung.

IV. Die Vorschriften der Absätze 1 bis 3 gelten sinngemäß für Versicherungsvertreter und für Bausparkassenvertreter.

§ 92 c

I. Hat der Handelsvertreter keine Niederlassung im Inland, so kann hinsichtlich aller Vorschriften dieses Abschnittes etwas anderes vereinbart werden.

II. Das gleiche gilt, wenn der Handelsvertreter mit der Vermittlung oder dem Abschluß von Geschäften betraut wird, die die Befrachtung, Abfertigung oder Ausrüstung von Schiffen oder die Buchung von Passagen auf Schiffen zum Gegenstand haben.

Auszug aus dem GWB

§ 1. (Unwirksamkeit wettbewerbsbeschränkender Vereinbarungen)
(1)[1] Verträge, die Unternehmen oder Vereinigungen von Unternehmen zu einem gemeinsamen Zweck schließen, und Beschlüsse von Vereinigungen von Unternehmen sind unwirksam, soweit sie geeignet sind, die Erzeugung oder die Marktverhältnisse für den Verkehr mit Waren oder gewerblichen Leistungen durch Beschränkung des Wettbewerbs zu beeinflussen.[2] Dies gilt nicht, soweit in diesem Gesetz etwas anderes bestimmt ist.

(2) Als Beschluß einer Vereinigung von Unternehmen gilt auch der Beschluß der Mitgliederversammlung einer juristischen Person, soweit ihre Mitglieder Unternehmen sind.

§ 15. (Nichtigkeit von Verträgen über Preisgestaltung oder Geschäftsbedingungen) Verträge zwischen Unternehmen über Waren oder gewerbliche Leistungen, die sich auf Märkten innerhalb des Geltungsbereichs dieses Gesetzes beziehen, sind nichtig, soweit sie einen Vertragsbeteiligten in der Freiheit der Gestaltung von Preisen oder Geschäftsbedingungen bei solchen Verträgen beschränken, die er mit Dritten über die gelieferten Waren, über andere Waren oder über gewerbliche Leistungen schließt.

§ 16. (Zulässigkeit der Preisbindung bei Verlagserzeugnissen) § 15 gilt nicht, soweit ein Unternehmen die Abnehmer seiner Verlagserzeugnisse rechtlich oder wirtschaftlich bindet, bei der Weiterveräußerung bestimmte Preise zu vereinbaren oder ihren Abnehmern die gleiche Bindung bis zur Weiterveräußerung an den letzten Verbraucher aufzuerlegen.

§ 18. (Aufhebung von Ausschließlichkeitsbindungen) (1) Die Kartellbehörde kann Verträge zwischen Unternehmen über Waren oder gewerbliche Leistungen mit sofortiger Wirkung oder zu einem von ihr zu bestimmenden künftigen Zeitpunkt für unwirksam erklären und die Anwendung neuer, gleichartiger Bindungen verbieten, soweit sie einen Vertragsbeteiligten

1. in der Freiheit der Verwendung der gelieferten Waren, anderer Waren oder gewerblicher Leistungen beschränken oder
2. darin beschränken, andere Waren oder gewerbliche Leistungen von Dritten zu beziehen oder an Dritte abzugeben, oder
3. darin beschränken, die gelieferten Waren an Dritte abzugeben, oder
4. verpflichten, sachlich oder handelsüblich nicht zugehörige Waren oder gewerbliche Leistungen abzunehmen,

und soweit

a) dadurch eine für den Wettbewerb auf dem Markt erhebliche Zahl von Unternehmen gleichartig gebunden und in ihrer Wettbewerbsfreiheit unbillig eingeschränkt ist oder
b) dadurch für andere Unternehmen der Marktzutritt unbillig beschränkt oder
c) durch das Ausmaß solcher Beschränkungen der Wettbewerb auf dem Markt für diese oder andere Waren oder gewerbliche Leistungen wesentlich beeinträchtigt wird.

(2) Als unbillig im Sinne des Absatzes 1 Buchstabe b ist nicht eine Beschränkung anzusehen, die im Verhältnis zu den Angebots- oder Nachfragemöglichkeiten, die den anderen Unternehmen verbleiben, unwesentlich ist.

§ 26. (Verbot von Liefer- oder Bezugssperren; Diskriminierung) (1) Unternehmen und Vereinigungen von Unternehmen dürfen nicht ein anderes Unternehmen oder Vereinigungen von Unternehmen in der Absicht, bestimmte Wettbewerber unbillig zu beeinträchtigen, zu Liefersperren oder Bezugssperren auffordern.

(2)[1] Marktbeherrschende Unternehmen, Vereinigungen von Unternehmen im Sinne der §§ 2 bis 8, 99 Abs. 2, § 100 Abs. 1 und 7, §§ 102 bis 103 und Unternehmen, die Preise nach den §§ 16, 100 Abs. 3 oder § 103 Abs. 1 Nr. 3 binden, dürfen ein anderes Unternehmen in einem Geschäftsverkehr, der gleichartigen Unternehmen üblicherweise zugänglich ist, weder unmittelbar noch mittelbar unbillig behindern oder gegenüber gleichartigen Unternehmen ohne sachlich gerechtfertigten Grund unmittelbar oder mittelbar unterschiedlich behandeln.[2] Satz 1 gilt auch für Unternehmen und Vereinigungen von Unternehmen, soweit von ihnen Anbieter oder Nachfrager einer bestimmten

Art von Waren oder gewerblichen Leistungen in der Weise abhängig sind, daß ausreichende und zumutbare Möglichkeiten, auf andere Unternehmen auszuweichen, nicht bestehen.

§ 34. (Form der Kartellverträge und -beschlüsse)[1] Kartellverträge und Kartellbeschlüsse (§§ 2 bis 8) sowie Verträge, die Beschränkungen der in den §§ 16, 18, 20 und 21 bezeichneten Art enthalten, sind schriftlich abzufassen.[2] § 126 Abs. 1 des Bürgerlichen Gesetzbuchs findet Anwendung.[3] Es genügt, wenn die Beteiligten Urkunden unterzeichnen, die auf einen schriftlichen Beschluß, auf eine schriftliche Satzung oder auf eine Preisliste Bezug nehmen.[4] § 126 Abs. 2 des Bürgerlichen Gesetzbuches findet keine Anwendung.

§ 38. (Ordnungswidrigkeiten) (1) Ordnungswidrig handelt, wer sich über

1. die Unwirksamkeit oder Nichtigkeit eines Vertrages oder Beschlusses hinwegsetzt, der nach den §§ 1, 15, 20 Abs. 1, §§ 21, 100 Abs. 1 Satz 3, § 103 Abs. 2 oder § 106 unwirksam oder nichtig ist,
2. sich vorsätzlich oder fahrlässig über die Unwirksamkeit eines Vertrages oder Beschlusses hinwegsetzt, den die Kartellbehörde nach § 3 Abs. 4, § 12 Abs. 2 Nr. 3, § 17 Abs. 1, §§ 18, 22 Abs. 5, § 24 Abs. 7 Nr. 3, § 102 Abs. 2 oder 3, § 102a Abs. 2 oder § 104 Abs. 2 Nr. 3 durch unanfechtbar gewordene Verfügung für unwirksam erklärt hat,
3. entgegen § 14 Abs. 1 ohne Erlaubnis Sicherheiten verwertet,
4. vorsätzlich oder fahrlässig einer unanfechtbar gewordenen Verfügung der Kartellbehörde zuwiderhandelt, die auf Absatz 3, § 12 Abs. 2 Nr. 1, § 17 Abs. 1, §§ 18, 22 Abs. 5, § 24 Abs. 7 Nr. 2, §§ 27, 37a, 38a Abs. 3 oder 6, § 102 Abs. 2 oder 3, § 102a Abs. 2 oder § 104 Abs. 2 Nr. 1 gestützt ist und ausdrücklich auf diese Bußgeldvorschrift verweist,
5. vorsätzlich oder fahrlässig einer einstweiligen Anordnung nach den §§ 56 oder 63 Abs. 3 oder einer Anordnung nach § 63a zuwiderhandelt, die ausdrücklich auf diese Bußgeldvorschrift verweist,
6. vorsätzlich oder fahrlässig Auflagen der Kartellbehörde zuwiderhandelt, sofern die Verfügung, mit der die Auflage erteilt ist, unanfechtbar geworden ist und ausdrücklich auf diese Bußgeldvorschrift verweist,
7. unrichtige oder unvollständige Angaben macht oder benutzt, um für sich oder einen anderen eine Erlaubnis nach diesem Gesetz oder die Eintragung einer Wettbewerbsregel zu erschleichen oder um die Kartellbehörde zu veranlassen, in den Fällen der §§ 2, 3, 5a Abs. 1 und 3 oder § 5b Abs. 2 nicht zu widersprechen oder eine Untersagung nach § 24 Abs. 2 Satz 1 oder eine Mitteilung nach § 24a Abs. 2 Satz 1 zu unterlassen,
8. einem Verbot des § 24 Abs. 2 Satz 4 oder des § 24a Abs. 4 zuwiderhandelt oder an einer Zuwiderhandlung gegen diese Verbote mitwirkt oder einem Verbot der §§ 25 oder 26 zuwiderhandelt,
9. einem anderen wirtschaftlichen Nachteil zufügt, weil dieser Verfügungen der Kartellbehörde beantragt oder angeregt oder von den ihm nach § 13 zustehenden Rechten Gebrauch gemacht hat,

10. durch Empfehlungen daran mitwirkt, daß eine der in den Nummern 1 bis 9 genannten Ordnungswidrigkeiten begangen wird,
11. Empfehlungen ausspricht, die eine Umgehung der in diesem Gesetz ausgesprochenen Verbote oder der von der Kartellbehörde auf Grund dieses Gesetzes erlassenen Verfügungen durch gleichförmiges Verhalten bewirken,
12. Abnehmern seiner Waren empfiehlt, bei der Weiterveräußerung an Dritte bestimmte Preise zu fordern oder anzubieten oder bestimmte Arten der Preisfestsetzung anzuwenden.

(2) Absatz 1 Nr. 11 und, in den Fällen der Nummer 1, Absatz 1 Nr. 12 gilt nicht für

1. Empfehlungen, die von Vereinigungen kleiner oder mittlerer Unternehmen unter Beschränkung auf den Kreis der Beteiligten ausgesprochen werden, wenn die Empfehlungen
   a) dazu dienen, die Leistungsfähigkeit der Beteiligten gegenüber Großbetrieben oder großbetrieblichen Unternehmensformen zu fördern und dadurch die Wettbewerbsbedingungen zu verbessern und
   b) gegenüber dem Empfehlungsempfänger ausdrücklich als unverbindlich bezeichnet sind und zu ihrer Durchsetzung kein wirtschaftlicher, gesellschaftlicher oder sonstiger Druck angewendet wird,
2. Empfehlungen, die lediglich die einheitliche Anwendung von Normen und Typen zum Gegenstand haben, wenn
   a) die Voraussetzungen der Nummer 1 Buchstabe b vorliegen und
   b) die Empfehlungen von demjenigen, der sie ausgesprochen hat, bei der Kartellbehörde angemeldet worden sind und der Anmeldung die Stellungnahme eines Rationalisierungsverbandes beigefügt worden ist; die Anmeldung gilt nur als bewirkt, wenn ihr die Stellungnahme beigefügt ist;

   Empfehlungen eines Rationalisierungsverbandes bedürfen nicht der ausdrücklichen Bezeichnung, daß sie unverbindlich sind, und auch nicht der Anmeldung bei der Kartellbehörde,
3. Empfehlungen von Wirtschafts- und Berufsvereinigungen, die lediglich die einheitliche Anwendung allgemeiner Geschäfts-, Lieferungs- und Zahlungsbedingungen einschließlich der Skonti im Sinne des § 2 Abs. 1 zum Gegenstand haben; Nummer 1 Buchstabe b und Nummer 2 Buchstabe b gelten entsprechend, letztere mit der Abweichung, daß der Anmeldung die Stellungnahmen der betroffenen Wirtschafts- und Berufsvereinigungen beizufügen sind.

(3) Die Kartellbehörde kann Empfehlungen der in Absatz 2 bezeichneten Art für unzulässig erklären und neue, gleichartige Empfehlungen verbieten, soweit sie feststellt, daß die Voraussetzungen des Absatzes 2 nicht oder nicht mehr vorliegen oder die Empfehlungen einen Mißbrauch der Freistellung von Absatz 1 Nr. 11 oder 12 darstellen.

(4) Die Ordnungswidrigkeit kann mit einer Geldbuße bis zu 100000 Deut-

sche Mark, über diesen Betrag hinaus bis zur dreifachen Höhe des durch die Zuwiderhandlung erzielten Mehrerlöses, geahndet werden.

§ 38a (Mißbrauchsaufsicht über Unverbindliche Preisempfehlungen) (1) § 38 Abs. 1 Nr. 11 und 12 gilt nicht für Unverbindliche Preisempfehlungen eines Unternehmens für die Weiterveräußerung seiner Markenwaren, die mit gleichartigen Waren anderer Hersteller im Preiswettbewerb stehen, wenn die Empfehlungen

1. ausdrücklich als unverbindlich bezeichnet sind und zu ihrer Durchsetzung kein wirtschaftlicher, gesellschaftlicher oder sonstiger Druck angewendet wird und
2. in der Erwartung ausgesprochen werden, daß der empfohlene Preis dem von der Mehrheit der Empfehlungsempfänger voraussichtlich geforderten Preis entspricht.

(2)[1] Markenwaren im Sinne des Absatzes 1 sind Erzeugnisse, deren Lieferung in gleichbleibender oder verbesserter Güte von dem preisempfehlenden Unternehmen gewährleistet wird und

1. die selbst oder
2. deren für die Abgabe an den Verbraucher bestimmte Umhüllung oder Ausstattung oder
3. deren Behältnisse, aus denen sie verkauft werden,

mit einem ihre Herkunft kennzeichnenden Merkmal (Firmen-, Wort- oder Bildzeichen) versehen sind.[2] Satz 1 ist auf landwirtschaftliche Erzeugnisse mit der Maßgabe anzuwenden, daß geringfügige naturbedingte Qualitätsschwankungen, die vom Erzeuger durch ihm zuzumutende Maßnahmen nicht abgewendet werden können, außer Betracht bleiben.

(3)[1] Die Kartellbehörde kann Empfehlungen der in Absatz 1 bezeichneten Art für unzulässig erklären und neue, gleichartige Empfehlungen verbieten, wenn sie feststellt, daß die Empfehlungen einen Mißbrauch der Freistellung von § 38 Abs. 1 Nr. 11 oder 12 darstellen.[2] Ein Mißbrauch liegt insbesondere vor, wenn

1. die Empfehlung allein oder in Verbindung mit anderen Wettbewerbsbeschränkungen geeignet ist, in einer durch die gesamtwirtschaftlichen Verhältnisse nicht gerechtfertigten Weise die Waren zu verteuern oder ein Sinken ihrer Preise zu verhindern oder ihre Erzeugung oder ihren Absatz zu beschränken oder
2. die Empfehlung geeignet ist, den Verbraucher über den von der Mehrheit der Empfehlungsempfänger geforderten Preis zu täuschen oder
3. der empfohlene Preis in einer Mehrzahl von Fällen die tatsächlich geforderten Preise erheblich übersteigt oder
4. durch Vertriebsregelungen oder andere Maßnahmen des empfehlenden Unternehmens bestimmte Unternehmen oder bestimmte Abnehmergruppen ohne sachlich gerechtfertigten Grund vom Vertrieb der Waren ausgeschlossen sind.

(4)[1] Die Kartellbehörde kann von preisempfehlenden Unternehmen Auskunft verlangen, soweit dies zur Prüfung der Voraussetzungen des Absatzes 3 erforderlich ist.[2] § 46 Abs. 2, 5, 8 und 9 sowie § 47 gelten entsprechend.[3] Zur Erteilung der Auskunft hat die Kartellbehörde eine angemessene Frist zu bestimmen.[4] Die Befugnisse der Kartellbehörde nach § 46 bleiben unberührt.

(5) Vor einer Verfügung nach Absatz 3 soll die Kartellbehörde das preisempfehlende Unternehmen auffordern, den beanstandeten Mißbrauch abzustellen.

(6)[1] Die Kartellbehörde kann einem Unternehmen die Anwendung von Empfehlungen der im Absatz 1 bezeichneten Art verbieten, wenn gegen das Unternehmen bereits zwei unanfechtbar gewordene Verfügungen nach Absatz 3 ergangen sind und zu besorgen ist, daß das Unternehmen Empfehlungen weiterhin mißbräuchlich handhaben wird.[2] Die Kartellbehörde kann das Verbot auf Antrag des Unternehmens aufheben, wenn besondere Umstände die Annahme rechtfertigen, daß ein erneuter Mißbrauch der in Absatz 3 bezeichneten Art nicht mehr zu erwarten ist.

Auszug aus dem EWG-Vertrag

Art. 85

(1) Mit dem Gemeinsamen Markt unvereinbar und verboten sind alle Vereinbarungen zwischen Unternehmen, Beschlüsse von Unternehmensvereinigungen und aufeinander abgestimmte Verhaltensweisen, welche den Handel zwischen Mitgliedstaaten zu beeinträchtigen geeignet sind und eine Verhinderung, Einschränkung oder Verfälschung des Wettbewerbs innerhalb des Gemeinsamen Marktes bezwecken oder bewirken, insbesondere

a) die unmittelbare oder mittelbare Festsetzung der An- oder Verkaufspreise oder sonstiger Geschäftsbedingungen;

b) die Einschränkung oder Kontrolle der Erzeugung, des Absatzes, der technischen Entwicklung oder der Investitionen;

c) die Aufteilung der Märkte oder Versorgungsquellen;

d) die Anwendung unterschiedlicher Bedingungen bei gleichwertigen Leistungen gegenüber Handelspartnern, wodurch diese im Wettbewerb benachteiligt werden;

e) die an den Abschluß von Verträgen geknüpfte Bedingung, daß die Vertragspartner zusätzliche Leistungen annehmen, die weder sachlich noch nach Handelsbrauch in Beziehung zum Vertragsgegenstand stehen.

(2) Die nach diesem Artikel verbotenen Vereinbarungen oder Beschlüsse sind nichtig.

(3) Die Bestimmungen des Absatzes 1 können für nicht anwendbar erklärt werden auf

– Vereinbarungen oder Gruppen von Vereinbarungen zwischen Unternehmen,

– Beschlüsse oder Gruppen von Beschlüssen von Unternehmensvereinigungen,
– aufeinander abgestimmte Verhaltensweisen oder Gruppen von solchen,

die unter angemessener Beteiligung der Verbraucher an dem entstehenden Gewinn zur Verbesserung der Warenerzeugung oder -verteilung oder zur Förderung des technischen oder wirtschaftlichen Fortschritts beitragen, ohne daß den beteiligten Unternehmen

a) Beschränkungen auferlegt werden, die für die Verwirklichung dieser Ziele nicht unerläßlich sind, oder

b) Möglichkeiten eröffnet werden, für einen wesentlichen Teil der betreffenden Waren den Wettbewerb auszuschalten.

Art. 86

Mit dem Gemeinsamen Markt unvereinbar und verboten ist die mißbräuchliche Ausnutzung einer beherrschenden Stellung auf dem Gemeinsamen Markt oder auf einem wesentlichen Teil desselben durch ein oder mehrere Unternehmen, soweit dies dazu führen kann, den Handel zwischen Mitgliedstaaten zu beeinträchtigen.

Dieser Mißbrauch kann insbesondere in folgendem bestehen:

a) der unmittelbaren oder mittelbaren Erzwingung von unangemessenen Einkaufs- oder Verkaufspreisen oder sonstigen Geschäftsbedingungen;

b) der Einschränkung der Erzeugung, des Absatzes oder der technischen Entwicklung zum Schaden der Verbraucher;

c) der Anwendung unterschiedlicher Bedingungen bei gleichwertigen Leistungen gegenüber Handelspartnern, wodurch diese im Wettbewerb benachteiligt werden;

d) der an den Abschluß von Verträgen geknüpften Bedingung, daß die Vertragspartner zusätzliche Leistungen annehmen, die weder sachlich noch nach Handelsbrauch in Beziehung zum Vertragsgegenstand stehen.

Belgisches Vertragshändler-Gesetz

Loi du 13 avril 1971 relative à la résiliation unilatérale des concessions de vente
Gesetz vom 13. April 1971 über die Kündigung von Vertragshändler-Verträgen

Artikel 1

Den Bestimmungen dieses Gesetzes unterliegen ungeachtet anderer vertraglicher Vereinbarungen:

1. Alleinvertriebsverträge (Verträge mit Alleinhändlern);
2. Vertragshändler-Verträge, aufgrund deren der Vertragshändler in dem ihm überlassenen Gebiet quasi alle Erzeugnisse, die Gegenstand des Vertrags sind, verkauft;

3. Vertragshändler-Verträge, in denen der Unternehmer dem Vertragshändler bedeutende Verpflichtungen auferlegt, die mit dem eingeräumten Vertriebsrecht in strikter und besonderer Weise verbunden sind und deren Belastung derart ist, daß der Vertragshändler bei Kündigung des Vertragshändler-Vertrags eine schwere Einbuße erleiden würde.

Ein Vertragshändler-Vertrag im Sinne dieses Gesetzes ist jede Vereinbarung, aufgrund deren ein Unternehmer einem oder mehreren Vertragshändlern das Recht einräumt, in ihrem eigenen Namen und auf ihre eigene Rechnung die von ihm hergestellten und vertriebenen Erzeugnisse zu verkaufen.

Artikel 2

Wird ein diesem Gesetz unterliegendes Vertriebsrecht auf bestimmte Zeit gewährt, so kann es – sofern eine der Parteien ihre Verpflichtungen nicht grob verletzt hat – nur nach einer angemessenen Kündigungsfrist oder unter Zahlung einer angemessenen Entschädigung, die von den Parteien zum Zeitpunkt der Vertragskündigung zu bestimmen ist, entzogen werden.

Erzielen die Parteien keine Einigung, so entscheidet der Richter nach Billigkeit und ggf. unter Berücksichtigung des Handelsbrauches.

Artikel 3

Kündigt der Unternehmer den in Art. 2 genannten Vertragshändler-Vertrag und liegt ein grobes Verschulden des Vertragshändlers nicht vor, oder beendet letzterer den Vertrag wegen eines groben Verschuldens des Unternehmers, so kann der Vertragshändler eine angemessene zusätzliche Entschädigung verlangen. Diese wird unter Berücksichtigung folgender Umstände errechnet:

1. Wesentliche Erhöhung des Wertes des Kundenstammes, den der Vertragshändler geworben hat und der dem Unternehmer nach Vertragskündigung erhalten bleibt;
2. vom Vertragshändler im Hinblick auf die Auswertung des Vertriebsrechts gemachte Aufwendungen, die dem Unternehmer nach Vertragskündigung Vorteile bringen;
3. Entschädigungen (Abfindungen), die der Vertragshändler dem Personal schuldet, das er infolge der Kündigung des Vertragshändler-Vertrags entlassen muß.

Erzielen die Parteien keine Einigung, so entscheidet der Richter nach Billigkeit und ggf. unter Berücksichtigung des Handelsbrauches.

Artikel 3 bis

Wird ein diesem Gesetz unterliegendes Vertriebsrecht für eine bestimmte Zeit eingeräumt, so gilt die Zustimmung der beiden Parteien im Hinblick auf eine Vertragserneuerung als gegeben – und zwar entweder für eine unbestimmte Zeit, oder für eine Zeit, die in einer evtl. Klausel über eine stillschweigende Erneuerung vorgesehen ist – es sei denn, die Parteien haben durch eingeschriebenen Brief, der mindestens drei und höchstens sechs Monate vor Ablauf der vereinbarten Vertragsdauer zur Post gegeben wurde, eine Kündigung zugehen lassen.

Ist ein auf bestimmte Zeit eingeräumtes Vertriebsrecht zweimal erneuert worden, wobei es ohne Bedeutung ist, ob die Bestimmungen des ursprünglichen Vertrags zwischen denselben Parteien abgeändert wurden oder nicht, bzw. ist ein solches Vertriebsrecht aufgrund einer Vertragsklausel zweimal stillschweigend erneuert worden, so gilt jede weitere Verlängerung als auf unbestimmte Zeit vereinbart.

Artikel 4

Bei Kündigung des Vertragshändler-Vertrags, deren Auswirkungen das ganze belgische Hoheitsgebiet oder Teile desselben berühren, kann der geschädigte Vertragshändler den Unternehmer in jedem Fall in Belgien verklagen, und zwar entweder vor dem für seinen Wohnsitz zuständigen Gericht oder vor dem Gericht, das für den Wohnsitz bzw. für den Sitz des Unternehmers zuständig ist.

Wird der Streitfall vor ein belgisches Gericht gebracht, so wendet dieses ausschließlich belgisches Recht an.

Artikel 5

Die in den vorhergehenden Artikeln enthaltenen Bestimmungen gelten für Vertriebsrechte, die ein Vertragshändler einem oder mehreren Unter-Vertragshändlern eingeräumt hat.

Wird der mit einem Unter-Vertragshändler auf unbestimmte Zeit abgeschlossene Vertrag gekündigt als Folge einer Kündigung des Vertragshändler-Vertrags (Hauptvertrag), die unabhängig vom Willen des Vertragshändlers und ohne dessen Verschulden erfolgte, so kann der Unter-Vertragshändler die in Art. 2 und 3 vorgesehenen Rechte jedoch nur gegenüber dem Urheber der ursprünglichen Kündigung geltend machen.

Läuft der mit einem Unter-Vertragshändler auf bestimmte Zeit abgeschlossene Vertrag normalerweise zum gleichen Zeitpunkt wie der Hauptvertrag aus, so verfügt der Vertragshändler, der eine Kündigung vom Unternehmer erhält, in jedem Fall über eine Frist von vierzehn vollen Tagen gerechnet vom Eingang der Kündigung, um dem Unter-Vertragshändler eine Kündigung zugehen zu lassen.

Artikel 6

Die Bestimmungen dieses Gesetzes gelten ungeachtet anderer Vereinbarungen, die vor Ende des Vertragshändler-Vertrags getroffen worden sind.

Sie gelten für Vertriebsrechte, die vor Inkrafttreten dieses Gesetzes eingeräumt worden sind.

Artikel 7

Die Bestimmungen dieses Gesetzes gelten für Vertragshändler-Verträge, die zum Zeitpunkt des Inkrafttretens dieses Gesetzes bestehen, mit Ausnahme von Art. 4, Abs. 1, der nicht auf Vertragshändler-Verträge anwendbar ist, die in dem dem Inkrafttreten dieses Gesetzes folgenden Jahr auslaufen.

Anhang II

Verordnungen der EG

Verordnung Nr. 17

Erste Durchführungsverordnung zu den Artikeln 85 und 86 des Vertrages

Vom 6. Februar 1962

(BGBl. II S. 93/ABl. S. 204, geänd. durch VO Nr. 59 v. 3. 7. 1962, BGBl. II S. 931/ABl. S. 1655, VO Nr. 118/63 v. 5. 11. 1963, BGBl. II 1964 S. 62/ABl. S. 2696, VO Nr. 2822 v. 20. 12. 1971, ABl. Nr. L 285/49, und Anh. I zu Art. 29 Beitritts- und Anpassungsakte zum Vertragswerk v. 22. 1. 1972, BGBl. II S. 1127/1144/1273, in Kraft getr. am 1. 1. 1973)

Der Rat der Europäischen Wirtschaftsgemeinschaft –

gestützt auf den Vertrag zur Gründung der Europäischen Wirtschaftsgemeinschaft, insbesondere auf Artikel 87,

auf Vorschlag der Kommission,

nach Anhörung des Wirtschafts- und Sozialausschusses,

nach Anhörung des Europäischen Parlaments,

in Erwägung nachstehender Gründe:

Um ein System zu errichten, das den Wettbewerb innerhalb des gemeinsamen Marktes vor Verfälschungen schützt, ist es angebracht, für eine ausgewogene Anwendung der Artikel 85 und 86 in einheitlicher Weise in den Mitgliedstaaten Sorge zu tragen.

Die Einzelheiten der Anwendung des Artikels 85 Absatz (3) müssen festgelegt werden, wobei dem Erfordernis einer wirksamen Überwachung bei möglichst einfacher Verwaltungskontrolle Rechnung zu tragen ist.

Es erscheint deshalb notwendig, die Unternehmen, die Artikel 85 Absatz (3) in Anspruch nehmen wollen, grundsätzlich zu verpflichten, ihre Vereinbarungen, Beschlüsse und aufeinander abgestimmten Verhaltensweisen bei der Kommission anzumelden. Es ist jedoch zu berücksichtigen, daß einerseits diese Vereinbarungen, Beschlüsse und aufeinander abgestimmten Verhaltensweisen wahrscheinlich sehr zahlreich sind und daher nicht gleichzeitig geprüft werden können, daß andererseits einige von ihnen besondere Merkmale aufweisen, die sie weniger gefährlich für die Entwicklung des gemeinsamen Markts machen können.

Es ist deshalb angebracht, vorläufig für bestimmte Gruppen von Vereinbarungen, Beschlüssen und aufeinander abgestimmten Verhaltensweisen ein elastischeres System einzuführen, ohne die Frage ihrer Gültigkeit nach Artikel 85 zu präjudizieren.

Die Unternehmen können ein Interesse daran haben zu erfahren, ob Vereinbarungen, Beschlüsse oder Verhaltensweisen, an denen sie beteiligt sind oder sich zu beteiligen beabsichtigen, der Kommission Anlaß geben können, auf Grund des Artikels 85 Absatz (1) oder des Artikels 86 einzuschreiten.

Um eine einheitliche Anwendung der Artikel 85 und 86 im Gemeinsamen Markt zu gewährleisten, ist es notwendig, die Vorschriften festzulegen, nach denen die Kommission in enger und stetiger Verbindung mit den zuständigen Behörden der Mitgliedstaaten die zur Anwendung der Artikel 85 und 86 erforderlichen Maßnahmen treffen kann.

Zu diesem Zweck muß die Kommission die Mitwirkung der zuständigen Behörden der Mitgliedstaaten erhalten und außerdem im gesamten Bereich des Gemeinsamen Markts über die Befugnis verfügen, Auskünfte zu verlangen und Nachprüfungen vorzunehmen, die erforderlich sind, um die durch Artikel 85 Absatz (1) verbotenen Vereinbarungen, Beschlüsse und aufeinander abgestimmten Verhaltensweisen sowie die durch Artikel 86 verbotene mißbräuchliche Ausnutzung einer beherrschenden Stellung zu ermitteln.

Zur Erfüllung ihrer Aufgabe, für die Anwendung des Vertrages Sorge zu tragen, muß die Kommission das Recht haben, an Unternehmen oder Unternehmensvereinigungen Empfehlungen und Entscheidungen zu richten mit dem Ziel, Zuwiderhandlungen gegen Artikel 85 und 86 abzustellen.

Die Beachtung der Artikel 85 und 86 und die Erfüllung der in Anwendung dieser Verordnung den Unternehmen und Unternehmensvereinigungen auferlegten Pflichten müssen durch Geldbußen und Zwangsgelder sichergestellt werden können.

Es ist zweckdienlich, das Recht der beteiligten Unternehmen zu gewährleisten, von der Kommission angehört zu werden, dritten Personen, deren Interessen durch eine Entscheidung betroffen werden können, vorher Gelegenheit zur Äußerung zu geben sowie eine weitgehende Veröffentlichung der getroffenen Entscheidungen sicherzustellen. Alle Entscheidungen, welche die Kommission in Anwendung dieser Verordnung erläßt, unterliegen unter den im Vertrag bestimmten Voraussetzungen der Überwachung durch den Gerichtshof; darüber hinaus ist es angebracht, dem Gerichtshof nach Artikel 172 eine Zuständigkeit zu übertragen, welche die Befugnis zu unbeschränkter Ermessensnachprüfung bei solchen Entscheidungen umfaßt, durch welche die Kommission Geldbußen und Zwangsgelder auferlegt.

Diese Verordnung kann unbeschadet des späteren Erlasses weiterer Vorschriften nach Artikel 87 in Kraft treten –

hat folgende Verordnung erlassen:

Art. 1

Vereinbarungen, Beschlüsse und aufeinander abgestimmte Verhaltensweisen der in Artikel 85 Absatz (1) des Vertrages bezeichneten Art und die mißbräuchliche Ausnutzung einer marktbeherrschenden Stellung im Sinne des Artikels 86 des Vertrages sind verboten, ohne daß dies einer vorherigen Entscheidung bedarf: die Artikel 6, 7 und 23 dieser Verordnung bleiben unberührt.

Art. 2

Die Kommission kann auf Antrag der beteiligten Unternehmen und Unternehmensvereinigungen feststellen, daß nach den ihr bekannten Tatsachen für sie kein Anlaß besteht, gegen eine Vereinbarung, einen Beschluß oder eine Verhaltensweise auf Grund von Artikel 85 Absatz (1) oder von Artikel 86 des Vertrages einzuschreiten.

Art. 3

(1) Stellt die Kommission auf Antrag oder von Amts wegen eine Zuwiderhandlung gegen Artikel 85 oder 86 des Vertrages fest, so kann sie die beteiligten Unternehmen und Unternehmensvereinigungen durch Entscheidung verpflichten, die festgestellte Zuwiderhandlung abzustellen.

(2) Zur Stellung eines Antrags sind berechtigt:

a) Mitgliedstaaten,

b) Personen und Personenvereinigungen, die ein berechtigtes Interesse darlegen.

(3) Unbeschadet der sonstigen Bestimmungen dieser Verordnung kann die Kommission, bevor sie eine Entscheidung nach Absatz (1) erläßt, Empfehlungen zur Abstellung der Zuwiderhandlungen an die beteiligten Unternehmen und Unternehmensvereinigungen richten.

Art. 4

(1) Vereinbarungen, Beschlüsse und aufeinander abgestimmte Verhaltensweisen der in Artikel 85 Absatz (1) des Vertrages bezeichneten Art, die nach Inkrafttreten dieser Verordnung zustande kommen und für welche die Beteiligten Artikel 85 Absatz (3) in Anspruch nehmen wollen, sind bei der Kommission anzumelden. Solange sie nicht angemeldet worden sind, kann eine Erklärung nach Artikel 85 Absatz (3) nicht abgegeben werden.

(2) Absatz (1) gilt nicht für Vereinbarungen, Beschlüsse und aufeinander abgestimmte Verhaltensweisen, wenn

1. an ihnen nur Unternehmen aus einem Mitgliedstaat beteiligt sind und die Vereinbarungen, Beschlüsse oder Verhaltensweisen nicht die Ein- oder Ausfuhr zwischen Mitgliedstaaten betreffen;

2. an ihnen nur zwei Unternehmen beteiligt sind und die Vereinbarungen lediglich

a) einen Vertragsbeteiligten bei der Weiterveräußerung von Waren, die er von dem anderen Vertragsbeteiligten bezieht, in der Freiheit der Gestaltung von Preisen oder Geschäftsbedingungen beschränken,

b) dem Erwerber oder dem Benutzer von gewerblichen Schutzrechten – insbesondere von Patenten, Gebrauchsmustern, Geschmacksmustern oder Warenzeichen – oder dem Berechtigten aus einem Vertrag zur Übertragung oder Gebrauchsüberlassung von Herstellungsverfahren oder von zum Gebrauch und zur Anwendung von Betriebstechniken dienenden Kenntnissen Beschränkungen hinsichtlich der Ausübung dieser Rechte auferlegen;

3. sie lediglich zum Gegenstand haben:
a) die Entwicklung oder einheitliche Anwendung von Normen und Typen,
b) die gemeinsame Forschung und Entwicklung,
c) die Spezialisierung bei der Herstellung von Erzeugnissen, einschließlich der zu ihrer Durchführung erforderlichen Abreden,
– wenn die Erzeugnisse, die Gegenstand der Spezialisierung sind, in einem wesentlichen Teil des Gemeinsamen Marktes mehr als 15 v. H. des Umsatzes mit gleichen Erzeugnissen und solchen, die für den Verbraucher auf Grund ihrer Eigenschaften, ihrer Preislage und ihres Verwendungszwecks als gleichartig anzusehen sind, nicht ausmachen und
– wenn der gesamte jährliche Umsatz der beteiligten Unternehmen 200 Millionen Rechnungseinheiten nicht überschreitet.
Diese Vereinbarungen, Beschlüsse und Verhaltensweisen können bei der Kommission angemeldet werden.

Art. 5

(1) Vereinbarungen, Beschlüsse und aufeinander abgestimmte Verhaltensweisen der in Artikel 85 Absatz (1) des Vertrages bezeichneten Art, die bei Inkrafttreten dieser Verordnung bestehen und für welche die Beteiligten Artikel 85 Absatz (3) in Anspruch nehmen wollen, sind bei der Kommission vor dem 1. November 1962 anzumelden. Jedoch sind abweichend hiervon Vereinbarungen, Beschlüsse und aufeinander abgestimmte Verhaltensweisen, an denen nur zwei Unternehmen beteiligt sind, vor dem 1. Februar 1963 anzumelden.

(2) Absatz (1) gilt nicht, wenn die Vereinbarungen, Beschlüsse und aufeinander abgestimmten Verhaltensweisen zu den in Artikel 4 Absatz (2) genannten Gruppen gehören; sie können bei der Kommission angemeldet werden.

Art. 6

(1) Gibt die Kommission eine Erklärung nach Artikel 85 Absatz (3) des Vertrages ab, so bezeichnet sie darin den Zeitpunkt, von dem an die Erklärung wirksam wird. Dieser Zeitpunkt kann nicht vor dem Tage der Anmeldung liegen.

(2) Absatz (1) Satz 2 gilt weder für die in Artikel 4 Absatz (2) und in Artikel 5 Absatz (2) genannten Vereinbarungen, Beschlüsse und aufeinander abgestimmten Verhaltensweisen noch für diejenigen der in Artikel 5 Absatz (1) bezeichneten Art, die innerhalb der in letzterer Bestimmung vorgesehenen Frist angemeldet worden sind.

Art. 7

(1) Sind bei Vereinbarungen, Beschlüssen und aufeinander abgestimmten Verhaltensweisen, die bei Inkrafttreten dieser Verordnung bestehen und vor dem in Artikel 5 Absatz 1 bezeichneten Zeitpunkt angemeldet werden, die Voraussetzungen des Artikels 85 Absatz (3) des Vertrages nicht erfüllt und setzen die beteiligten Unternehmen und Unternehmensvereinigungen ihre Vereinbarungen, Beschlüsse und aufeinander abgestimmten Verhaltensweisen nicht fort oder ändern sie diese derart ab, daß sie nicht mehr unter das Verbot des Artikels 85 Absatz (1) fallen oder daß sie die Voraussetzungen des Artikels 85 Absatz (3) erfüllen, so gilt das Verbot des Artikels 85 Absatz (1) nur für den Zeitraum, den die Kommission festsetzt. Eine Entscheidung der Kommission nach Satz 1 kann denjenigen Unternehmen und Unternehmensvereinigungen nicht entgegengehalten werden, die der Anmeldung nicht ausdrücklich zugestimmt haben.

(2) Auf Vereinbarungen, Beschlüsse und aufeinander abgestimmte Verhaltensweisen, die bei Inkrafttreten dieser Verordnung bestehen und zu den in Artikel 4 Absatz (2) genannten Gruppen gehören, ist Absatz (1) anwendbar, wenn sie vor dem 1. Januar 1967 angemeldet werden.

Art. 8

(1) Die Erklärung nach Artikel 85 Absatz (3) des Vertrages ist für eine bestimmte Zeit abzugeben; sie kann mit Bedingungen und Auflagen verbunden werden.

(2) Die Erklärung kann auf Antrag erneuert werden, wenn die Voraussetzungen des Artikels 85 Absatz (3) des Vertrages weiterhin erfüllt sind.

(3) Die Kommission kann die Erklärung widerrufen oder ändern oder den Beteiligten bestimmte Handlungen untersagen:
a) wenn sich die tatsächlichen Verhältnisse in einem für die Erklärung wesentlichen Punkt geändert haben,
b) wenn die Beteiligten einer mit der Erklärung verbundenen Auflage zuwiderhandeln,
c) wenn die Erklärung auf unrichtigen Angaben beruht oder arglistig herbeigeführt worden ist,
d) wenn die Beteiligten die durch die Erklärung erlangte Freistellung von den Vorschriften des Artikels 85 Absatz (1) des Vertrages mißbrauchen. In den Fällen der Buchstaben b), c) und d) kann die Erklärung auch mit rückwirkender Kraft widerrufen werden.

Art. 9

(1) Vorbehaltlich der Nachprüfung der Entscheidung durch den Gerichtshof ist die Kommission ausschließlich zuständig, Artikel 85 Absatz (1) nach Artikel 85 Absatz (3) des Vertrages für nicht anwendbar zu erklären.
(2) Die Kommission ist zuständig, Artikel 85 Absatz (1) und Artikel 86 des Vertrages anzuwenden, auch wenn die für die Anmeldung nach Artikel 5

Absatz (1) und Artikel 7 Absatz (2) vorgesehenen Fristen noch nicht abgelaufen sind.

(3) Solange die Kommission kein Verfahren nach Artikel 2, 3 oder 6 eingeleitet hat, bleiben die Behörden der Mitgliedstaaten zuständig, Artikel 85 Absatz (1) und Artikel 86 nach Artikel 88 des Vertrages anzuwenden, auch wenn die für die Anmeldung nach Artikel 5 Absatz (1) und Artikel 7 Absatz (2) vorgesehenen Fristen noch nicht abgelaufen sind.

Art. 10

(1) Die Kommission übermittelt den zuständigen Behörden der Mitgliedstaaten unverzüglich eine Abschrift der Anträge und Anmeldungen sowie der wichtigsten Schriftstücke, die zur Feststellung von Verstößen gegen Artikel 85 oder 86 des Vertrages zur Erteilung eines Negativattests oder zur Abgabe einer Erklärung nach Artikel 85 Absatz (3) bei ihr eingereicht werden.

(2) Sie führt die in Absatz (1) genannten Verfahren in enger und stetiger Verbindung mit den zuständigen Behörden der Mitgliedstaaten durch; diese sind berechtigt, zu diesen Verfahren Stellung zu nehmen.

(3) Ein Beratender Ausschuß für Kartell- und Monopolfragen ist vor jeder Entscheidung, die ein Verfahren nach Absatz (1) abschließt, sowie vor jeder Entscheidung über Erneuerung, Änderung oder Widerruf einer nach Artikel 85 Absatz (3) des Vertrages abgegebenen Erklärung anzuhören.

(4) Der Beratende Ausschuß setzt sich aus für Kartell- und Monopolfragen zuständigen Beamten zusammen. Jeder Mitgliedstaat bestimmt als seinen Vertreter einen Beamten, der im Falle der Verhinderung durch einen anderen Beamten ersetzt weden kann.

(5) Die Anhörung erfolgt in einer gemeinsamen Sitzung, zu der die Kommission einlädt; diese Sitzung findet frühestens vierzehn Tage nach Absendung der Einladung statt. Der Einladung sind eine Darstellung des Sachverhalts unter Angabe der wichtigsten Schriftstücke sowie ein vorläufiger Entscheidungsvorschlag für jeden zu behandelnden Fall beizufügen.

(6) Der Beratende Ausschuß kann seine Stellungnahme abgeben, auch wenn Mitglieder des Ausschusses oder ihre Vertreter nicht anwesend sind. Das Ergebnis des Anhörungsverfahrens ist schriftlich niederzulegen und wird dem Entscheidungsvorschlag beigefügt. Es wird nicht veröffentlicht.

Art. 11

(1) Die Kommission kann zur Erfüllung der ihr in Artikel 89 und in Vorschriften nach Artikel 87 des Vertrages übertragenen Aufgaben von den Regierungen und den zuständigen Behörden der Mitgliedstaaten sowie von Unternehmen und Unternehmensvereinigungen alle erforderlichen Auskünfte einholen.

(2) Richtet die Kommission ein Auskunftverlangen an ein Unternehmen oder an eine Unternehmensvereinigung, so übermittelt sie der zuständigen Behörde des Mitgliedstaats, in dessen Hoheitsgebiet sich der Sitz des Unternehmens oder

der Unternehmensvereinigung befindet, gleichzeitig eine Abschrift dieses Verlangens.

(3) In ihrem Verlangen weist die Kommission auf die Rechtsgrundlage und den Zweck des Verlangens sowie auf die in Artikel 15 Absatz (1) Buchstabe b) für den Fall der Erteilung einer unrichtigen Auskunft vorgesehenen Zwangsmaßnahmen hin.

(4) Zur Erteilung der Auskunft sind die Inhaber der Unternehmen oder deren Vertreter, bei juristischen Personen, Gesellschaften und nicht rechtsfähigen Vereinen die nach Gesetz oder Satzung zur Vertretung berufenen Personen, verpflichtet.

(5) Wird eine von Unternehmen oder Unternehmensvereinigungen verlangte Auskunft innerhalb einer von der Kommission festgesetzten Frist nicht oder nicht vollständig erteilt, so fordert die Kommission die Auskunft durch Entscheidung an. Die Entscheidung bezeichnet die geforderten Auskünfte, bestimmt eine angemessene Frist zur Erteilung der Auskünfte und weist auf die in Artikel 15 Absatz (1) Buchstabe b) und Artikel 16 Absatz (1) Buchstabe c) vorgesehenen Zwangsmaßnahmen sowie auf das Recht hin, vor dem Gerichtshof gegen die Entscheidung Klage zu erheben.

(6) Die Kommission übermittelt der zuständigen Behörde des Mitgliedstaats, in dessen Hoheitsgebiet sich der Sitz des Unternehmens oder der Unternehmensvereinigung befindet, gleichzeitig eine Abschrift der Entscheidung.

Art. 12

(1) Lassen in einem Wirtschaftszweig die Entwicklung des Handels zwischen Mitgliedstaaten, Preisbewegungen, Preiserstarrungen oder andere Umstände vermuten, daß der Wettbewerb des Gemeinsamen Markts in dem betreffenden Wirtschaftszweig eingeschränkt oder verfälscht ist, so kann die Kommission beschließen, eine allgemeine Untersuchung dieses Wirtschaftszweigs einzuleiten und im Rahmen dieser Untersuchung von den diesem Wirtschaftszweig angehörenden Unternehmen die Auskünfte verlangen, die zur Verwirklichung der in den Artikeln 85 und 86 des Vertrages niedergelegten Grundsätze und zur Erfüllung der der Kommission übertragenen Aufgaben erforderlich sind.

(2) Die Kommission kann insbesondere von allen Unternehmen und Gruppen von Unternehmen des betroffenen Wirtschaftszweigs verlangen, ihr sämtliche Vereinbarungen, Beschlüsse und aufeinander abgestimmte Verhaltensweisen mitzuteilen, die auf Grund von Artikel 4 Absatz (2) und Artikel 5 Absatz (2) von der Anmeldepflicht befreit sind.

(3) Leitet die Kommission die in Absatz (2) vorgesehene Untersuchung ein, so verlangt sie gleichfalls von den Unternehmen und Gruppen von Unternehmen, deren Größe zu der Vermutung Anlaß gibt, daß sie eine beherrschende Stellung auf dem Gemeinsamen Markt oder auf einem wesentlichen Teil desselben innehaben, der Kommission die sich auf die Struktur der Unternehmen und

ihr Verhalten beziehenden Faktoren anzugeben, die erforderlich sind, um sie im Hinblick auf Artikel 86 des Vertrages zu beurteilen.

(4) Artikel 10 Absätze (3) bis (6) und die Artikel 11, 13 und 14 finden entsprechende Anwendung.

Art. 13

(1) Auf Ersuchen der Kommission nehmen die zuständigen Behörden der Mitstaaten Nachprüfungen vor, welche die Kommission auf Grund von Artikel 14 Absatz (1) für angezeigt hält oder in einer Entscheidung nach Artikel 14 Absatz (3) angeordnet hat. Die mit der Durchführung der Nachprüfung beauftragten Bediensteten der zuständigen Behörden der Mitgliedstaaten üben ihre Befugnisse unter Vorlage eines schriftlichen Prüfungsauftrags der zuständigen Behörde desjenigen Mitgliedstaats aus, in dessen Hoheitsgebiet die Nachprüfung vorgenommen werden soll. In dem Prüfungsauftrag sind der Gegenstand und der Zweck der Nachprüfung zu bezeichnen.

(2) Bedienstete der Kommission können auf Antrag der Kommission oder auf Antrag der zuständigen Behörde des Mitgliedstaats, in dessen Hoheitsgebiet die Nachprüfung vorgenommen werden soll, die Bediensteten dieser Behörde bei der Erfüllung ihrer Aufgabe unterstützen.

Art. 14

(1) Die Kommission kann zur Erfüllung der ihr in Artikel 89 und in Vorschriften nach Artikel 87 des Vertrages übertragenen Aufgaben bei Unternehmen und Unternehmensvereinigungen alle erforderlichen Nachprüfungen vornehmen.

Zu diesem Zweck verfügen die beauftragten Bediensteten der Kommission über folgende Befugnisse:

a) die Bücher und sonstigen Geschäftsunterlagen zu prüfen;

b) Abschriften oder Auszüge aus Büchern und Geschäftsunterlagen anzufertigen;

c) mündliche Erklärungen an Ort und Stelle anzufordern;

d) alle Räumlichkeiten, Grundstücke und Transportmittel der Unternehmen zu betreten.

(2) Die mit der Nachprüfung beauftragten Bediensteten der Kommission üben ihre Befugnisse unter Vorlage eines schriftlichen Prüfungsauftrags aus, in dem der Gegenstand und der Zweck der Nachprüfung bezeichnet sind und in dem auf die in Artikel 15 Absatz (1) Buchstabe c) vorgesehenen Zwangsmaßnahmen für den Fall hingewiesen wird, daß die angeforderten Bücher oder sonstigen Geschäftsunterlagen nicht vollständig vorgelegt werden. Die Kommission unterrichtet die zuständige Behörde des Mitgliedstaats, in dessen Hoheitsgebiet die Nachprüfung vorgenommen werden soll, rechtzeitig vor der Nachprüfung über den Prüfungsauftrag und die Person des beauftragten Bediensteten.

(3) Unternehmen und Unternehmensvereinigungen sind verpflichtet, die

Nachprüfungen zu dulden, welche die Kommission in einer Entscheidung angeordnet hat. Die Entscheidung bezeichnet den Gegenstand und den Zweck der Nachprüfung, bestimmt den Zeitpunkt des Beginns der Nachprüfung und weist auf die Artikel 15 Absatz (1) Buchstabe c) und Artikel 16 Absatz (1) Buchstabe d) vorgesehenen Zwangsmaßnahmen sowie auf das Recht hin, vor dem Gerichtshof gegen die Entscheidung Klage zu erheben.

(4) Die Kommission erläßt die in Absatz (3) bezeichneten Entscheidungen nach Anhörung der zuständigen Behörde des Mitgliedstaats, in dessen Hoheitsgebiet die Nachprüfung vorgenommen werden soll.

(5) Bedienstete der zuständigen Behörde des Mitgliedstaats, in dessen Hoheitsgebiet die Nachprüfung vorgenommen werden soll, können auf Antrag dieser Behörde oder auf Antrag der Kommission die Bediensteten der Kommission bei der Erfüllung ihrer Aufgaben unterstützen.

(6) Widersetzt sich ein Unternehmen einer auf Grund dieses Artikels angeordneten Nachprüfung, so gewährt der betreffende Mitgliedstaat den beauftragten Bediensteten der Kommission die erforderliche Unterstützung, damit diese ihre Nachprüfungen durchführen können. Zu diesem Zweck treffen die Mitgliedstaaten vor dem 1. Oktober 1962 nach Anhörung der Kommission die erforderlichen Maßnahmen.

Art. 15

(1) Die Kommission kann gegen Unternehmen und Unternehmensvereinigungen durch Entscheidung Geldbußen in Höhe von einhundert bis fünftausend Rechnungseinheiten festsetzen, wenn sie vorsätzlich oder fahrlässig:
a) in einem Antrag nach Artikel 2 oder in einer Anmeldung nach den Artikeln 4 und 5 unrichtige oder entstellte Angaben machen,

b) eine nach Artikel 11 Absatz (3) oder (5) oder nach Artikel 12 verlangte Auskunft unrichtig oder nicht innerhalb der in einer Entscheidung nach Artikel 11 Absatz (5) gesetzten Frist erteilen,
c) bei Nachprüfungen nach Art. 13 oder 14 die angeforderten Bücher oder sonstigen Geschäftsunterlagen nicht vollständig vorlegen oder die in einer Entscheidung nach Artikel 14 Absatz (3) angeordnete Nachprüfung nicht dulden.

(2) Die Kommission kann gegen Unternehmen und Unternehmensvereinigungen durch Entscheidung Geldbußen in Höhe von eintausend bis einer Million Rechnungseinheiten oder über diesen Betrag hinaus bis zu zehn vom Hundert des von dem einzelnen an der Zuwiderhandlung beteiligten Unternehmen im letzten Geschäftsjahr erzielten Umsatzes festsetzen, wenn sie vorsätzlich oder fahrlässig:
a) gegen Artikel 85 Absatz (1) oder Artikel 86 des Vertrages verstoßen,
b) einer nach Artikel 8 Absatz (1) erteilten Auflage zuwiderhandeln.
Bei der Festsetzung der Höhe der Geldbuße ist neben der Schwere des Verstoßes auch die Dauer der Zuwiderhandlung zu berücksichtigen.

(3) Artikel 10 Absätze (3) bis (6) sind anzuwenden.

(4) Die Entscheidungen auf Grund der Absätze (1) und (2) sind nicht strafrechtlicher Art.

(5) Die in Absatz (2) Buchstabe a) vorgesehene Geldbuße darf nicht für Handlungen festgesetzt werden:
a) die nach der bei der Kommission vorgenommenen Anmeldungen und vor der Entscheidung der Kommission nach Artikel 85 Absatz (3) des Vertrages begangen werden, soweit sie in den Grenzen der in der Anmeldung dargelegten Tätigkeit liegen,
b) die im Rahmen von bei Inkrafttreten dieser Verordnung bestehenden Vereinbarungen, Beschlüssen und aufeinander abgestimmten Verhaltensweisen vor der Anmeldung begangen werden, falls diese innerhalb der in Artikel 5 Absatz (1) und Artikel 7 Absatz 2 vorgesehenen Fristen erfolgt.

(6) Absatz (5) findet keine Anwendung, sobald die Kommission den betreffenden Unternehmen mitgeteilt hat, daß sie auf Grund vorläufiger Prüfung der Auffassung ist, daß die Voraussetzungen des Artikels 85 Absatz (1) des Vertrages vorliegen und eine Anwendung des Artikels 85 Absatz (3) nicht gerechtfertigt ist.

Art. 16

(1) Die Kommission kann gegen Unternehmen und Unternehmensvereinigungen durch Entscheidung Zwangsgelder in Höhe von fünfzig bis eintausend Rechnungseinheiten für jeden Tag des Verzuges von dem in der Entscheidung bestimmten Zeitpunkt an festsetzen, um sie anzuhalten:
a) eine Zuwiderhandlung gegen Artikel 85 oder 86 des Vertrages zu unterlassen, deren Abstellung sie in einer Entscheidung nach Artikel 3 angeordnet hat.
b) eine nach Artikel 8 Absatz (3) untersagte Handlung zu unterlassen,
c) eine Auskunft vollständig und richtig zu erteilen, die sie in einer Entscheidung nach Artikel 11 Absatz (5) angefordert hat,
d) eine Nachprüfung zu dulden, die sie in einer Entscheidung nach Artikel 14 Absatz (3) angeordnet hat.

(2) Sind die Unternehmen oder Unternehmensvereinigungen der Verpflichtung nachgekommen, zu deren Erfüllung das Zwangsgeld festgesetzt worden war, so kann die Kommission die endgültige Höhe des Zwangsgeldes auf einen Betrag festsetzen, der unter dem Betrag liegt, der sich aus der ursprünglichen Entscheidung ergeben würde.

(3) Artikel 10 Absätze (3) bis (6) sind anzuwenden.

Art. 17

Bei Klagen gegen Entscheidungen der Kommission, in denen eine Geldbuße oder ein Zwangsgeld festgesetzt ist, hat der Gerichtshof die Befugnis zu unbeschränkter Nachprüfung der Entscheidung im Sinne von Artikel 172 des Vertrages; er kann die festgesetzte Geldbuße oder das festgesetzte Zwangsgeld aufheben, herabsetzen oder erhöhen.

Art. 18

Für die Anwendung der Artikel 15 bis 17 gilt die für die Aufstellung des Haushaltsplans der Gemeinschaft nach den Artikel 207 und 209 des Vertrages vorgesehene Rechnungseinheit.

Art. 19

(1) Vor Entscheidungen auf Grund der Artikel 2, 3, 6, 7, 8, 15 und 16 gibt die Kommission den beteiligten Unternehmen und Unternehmensvereinigungen Gelegenheit, sich zu den von der Kommission in Betracht gezogenen Beschwerdepunkten zu äußern.

(2) Soweit die Kommission oder die zuständigen Behörden der Mitgliedstaaten es für erforderlich halten, können sie auch andere Personen oder Personenvereinigungen anhören. Beantragen Personen oder Personenvereinigungen, daß sie angehört werden, so ist diesem Antrag stattzugeben, wenn sie ein ausreichendes Interesse glaubhaft machen.

(3) Will die Kommission ein Negativattest nach Artikel 2 erteilen oder eine Erklärung nach Artikel 85 Absatz (3) des Vertrages abgeben, so veröffentlicht sie den wesentlichen Inhalt des Antrags oder der Anmeldung mit der Aufforderung an alle betroffenen Dritten, der Kommission innerhalb einer von ihr auf mindestens einen Monat festzusetzenden Frist Bemerkungen mitzuteilen. Die Veröffentlichung muß den berechtigten Interessen der Unternehmen an der Wahrung ihrer Geschäftsgeheimnisse Rechnung tragen.

Art. 20

(1) Die bei Anwendung der Artikel 11, 12, 13 und 14 erlangten Kenntnisse dürfen nur zu dem mit der Auskunft oder Nachprüfung verfolgten Zweck verwertet werden.

(2) Die Kommission und die zuständigen Behörden der Mitgliedstaaten sowie ihre Beamten und sonstigen Bediensteten sind verpflichtet, Kenntnisse nicht preiszugeben, die sie bei Anwendung dieser Verordnung erlangt haben und die ihrem Wesen nach unter das Berufsgeheimnis fallen; die Artikel 19 und 21 bleiben unberührt.

(3) Die Vorschriften der Absätze (1) und (2) stehen der Veröffentlichung von Übersichten oder Zusammenfassungen, die keine Angaben über einzelne Unternehmen oder Unternehmensvereinigungen enthalten, nicht entgegen.

Art. 21

(1) Die Kommission veröffentlicht die Entscheidungen, die sie nach den Artikeln 2, 3, 6, 7 und 8 erläßt.

(2) Die Veröffentlichung erfolgt unter Angabe der Beteiligten und des wesentlichen Inhalts der Entscheidung; sie muß den berechtigten Interessen der Unternehmen an der Wahrung ihrer Geschäftsgeheimnisse Rechnung tragen.

Art. 22

(1) Die Kommission legt dem Rat Vorschläge vor, nach denen bestimmte

Gruppen von Vereinbarungen, Beschlüssen und aufeinander abgestimmten Verhaltensweisen der in Artikel 4 Absatz (2) und Artikel 5 Absatz (2) bezeichneten Art der in den Artikeln 4 und 5 vorgesehenen Anmeldepflicht unterworfen werden.

(2) Binnen eines Jahres nach Inkrafttreten dieser Verordnung prüft der Rat auf Vorschlag der Kommission die besonderen Bestimmungen, die in Abweichung von den Vorschriften dieser Verordnung für die Vereinbarungen, Beschlüsse und aufeinander abgestimmten Verhaltensweisen der in Artikel 4 Absatz (2) und Artikel 5 Absatz (2) bezeichneten Art getroffen werden können.

Art. 23

(1) Vereinbarungen, Beschlüsse und aufeinander abgestimmte Verhaltensweisen der in Artikel 85 Absatz (1) des Vertrages bezeichneten Art, auf die vor dem Inkrafttreten dieser Verordnung die zuständige Behörde eines Mitgliedstaats Artikel 85 Absatz (1) nach Artikel 85 Absatz (3) für nicht anwendbar erklärt hat, unterliegen nicht der in Artikel 5 vorgesehenen Anmeldepflicht. Die Entscheidung der zuständigen Behörde des Mitgliedstaats gilt als Erklärung im Sinne von Artikel 6; sie verliert ihre Gültigkeit spätestens zu dem in ihr festgesetzten Zeitpunkt, in jedem Falle drei Jahre nach Inkrafttreten dieser Verordnung. Artikel 8 Absatz (3) findet Anwendung.

(2) Über Anträge auf Erneuerung von Entscheidungen der in Absatz (1) bezeichneten Art entscheidet die Kommission nach Artikel 8 Absatz (2).

Art. 24

Die Kommission ist ermächtigt, Ausführungsbestimmungen über Form, Inhalt und andere Einzelheiten der Anträge nach den Artikeln 2 und 3 und der Anmeldung nach den Artikeln 4 und 5 sowie über die Anhörung nach Artikel 19 Absätze (1) und (2) zu erlassen.

Art. 25

(1) In bezug auf die Vereinbarungen, Beschlüsse und aufeinander abgestimmten Verhaltensweisen, die infolge des Beitritts in den Anwendungsbereich von Artikel 85 des Vertrags fallen, gilt der Zeitpunkt des Beitritts als Zeitpunkt des Inkrafttretens dieser Verordnung in allen Fällen, in denen in dieser Verordnung auf diesen Zeitpunkt verwiesen wird.

(2) Vereinbarungen, Beschlüsse und aufeinander abgestimmte Verhaltensweisen, die zum Zeitpunkt des Beitritts bestehen und die infolge des Beitritts in den Anwendungsbereich von Artikel 85 des Vertrags fallen, müssen vor Ablauf der Frist von sechs Monaten nach dem Beitritt gemäß Artikel 5 Absatz 1 und Artikel 7 Absätze 1 und 2 angemeldet werden.

(3) Die in Artikel 15 Absatz 2 Buchstabe a vorgesehenen Geldbußen dürfen nicht für Handlungen festgelegt werden, die vor der Anmeldung im Rahmen von Vereinbarungen, Beschlüssen und Praktiken, die unter Absatz 2 fallen und innerhalb der in diesem Absatz vorgesehenen Fristen angemeldet worden sind, begangen werden.

(4) Die neuen Mitgliedstaaten treffen vor Ablauf einer Frist von sechs Monaten nach dem Beitritt nach Anhörung der Kommission die in Artikel 14 Absatz 6 vorgesehenen Maßnahmen.

Diese Verordnung ist in allen ihren Teilen verbindlich und gilt unmittelbar in jedem Mitgliedstaat.

Verordnung Nr. 19/65/EWG

über die Anwendung von Artikel 85 Absatz (3) des Vertrages auf Gruppen von Vereinbarungen und aufeinander abgestimmten Verhaltensweisen

Vom 2. März 1965

(ABl. S. 533, geänd. durch Anh. I zu Art. 29 Beitritts- und Anpassungsakte zum Vertragswerk v. 22. 1. 1972, BGBl. II S. 1127/1144/1273)

Der Rat der Europäischen Wirtschaftsgemeinschaft –

gestützt auf den Vertrag zur Gründung der Europäischen Wirtschaftsgemeinschaft, insbesondere auf Artikel 87,

auf Vorschlag der Kommission,

nach Stellungnahme des Europäischen Parlaments,

nach Stellungnahme des Wirtschafts- und Sozialausschusses,

in Erwägung nachstehender Gründe:

Die Erklärung der Nichtanwendbarkeit des Artikels 85 Absatz (1) des Vertrages kann sich nach Artikel 85 Absatz (3) auf Gruppen von Vereinbarungen, Beschlüssen und aufeinander abgestimmten Verhaltensweisen beziehen, die den in diesen Bestimmungen genannten Voraussetzungen entsprechen.

Die Durchführungsbestimmungen zu Artikel 85 Absatz (3) müssen durch Verordnung auf der Grundlage des Artikels 87 erlassen werden.

Bei der großen Zahl von Anmeldungen, die gemäß der Verordnung Nr. 17 eingereicht worden sind, sollte die Kommission, damit ihre Aufgabe erleichtert wird, in die Lage versetzt werden, durch Verordnung den Artikel 85 Absatz (1) auf gewisse Gruppen von Vereinbarungen und aufeinander abgestimmten Verhaltensweisen für nicht anwendbar zu erklären.

Die Voraussetzungen, unter denen die Kommission diese Befugnis in enger und stetiger Verbindung mit den zuständigen Behörden der Mitgliedstaaten ausüben kann, sind näher zu bestimmen, wenn auf Grund von Einzelentscheidungen ausreichende Erfahrungen gewonnen sind und sich bestimmen läßt, für welche Gruppen von Vereinbarungen und aufeinander abgestimmten Verhaltensweisen die Voraussetzungen des Artikels 85 Absatz (3) als erfüllt angesehen werden können.

Die Kommission hat durch ihre Praxis, insbesondere durch ihre Verordnung Nr. 153, zu erkennen gegeben, daß bei bestimmten Gruppen von Vereinbarungen und aufeinander abgestimmten Verhaltensweisen, die zur Verfälschung des Wettbewerbs im Gemeinsamen Markt besonders geeignet sind, keine Erleichterung der in der Verordnung Nr. 17 vorgesehenen Verfahren in Betracht gezogen werden kann.

Nach Artikel 6 der Verordnung Nr. 17 kann die Kommission bestimmen, daß eine Erklärung nach Artikel 85 Absatz (3) des Vertrages rückwirkende Kraft hat; es ist angebracht, daß die Kommission eine solche Bestimmung auch in einer Verordnung treffen kann.

Nach Artikel 7 der Verordnung Nr. 17 können Vereinbarungen, Beschlüsse und aufeinander abgestimmte Verhaltensweisen insbesondere dann durch Entscheidung der Kommission von dem Verbot freigestellt werden, wenn sie derart geändert werden, daß sie die Voraussetzungen für die Anwendung des Artikels 85 Absatz (3) erfüllen; es ist angebracht, daß die Kommission diesen Vereinbarungen und aufeinander abgestimmten Verhaltensweisen durch Verordnung die gleiche Vergünstigung gewähren kann, wenn sie in der Weise abgeändert werden, daß sie unter eine in einer freistellenden Verordnung festgelegte Gruppe fallen.

Da eine Freistellung jedoch nicht bestehen kann, wenn die in Artikel 85 Absatz (3) aufgezählten Voraussetzungen nicht erfüllt sind, muß die Kommission die Möglichkeit haben, durch Entscheidung die Voraussetzungen festzulegen, denen eine Vereinbarung oder eine aufeinander abgestimmte Verhaltensweise, die infolge bestimmter Umstände gewisse mit Artikel 85 Absatz (3) nicht zu vereinbarende Wirkungen hat, genügen muß –

hat folgende Verordnung erlassen:

Art. 1

(1) Unbeschadet der Anwendung der Verordnung Nr. 17 des Rates kann die Kommission gemäß Artikel 85 Absatz (3) des Vertrages durch Verordnung Artikel 85 Absatz (1) auf Gruppen von Vereinbarungen für nicht anwendbar erklären, an denen nur zwei Unternehmen beteiligt sind und

a) – in denen sich ein Vertragspartner dem anderen gegenüber verpflichtet, zum Zwecke des Weiterverkaufs innerhalb eines abgegrenzten Gebietes des Gemeinsamen Marktes bestimmte Waren nur an ihn zu liefern, oder
– in denen ein Vertragspartner sich dem anderen gegenüber verpflichtet, zum Zwecke des Weiterverkaufs bestimmte Waren nur von ihm zu beziehen, oder
– in denen zwischen den beiden Unternehmen zum Zwecke des Weiterverkaufs ausschließliche Liefer- oder Bezugspflichten im Sinne der beiden vorstehenden Unterabsätze vereinbart worden sind;

b) die Beschränkungen enthalten, die im Zusammenhang mit dem Erwerb oder der Nutzung von gewerblichen Schutzrechten – insbesondere von Patenten, Gebrauchsmustern, Geschmacksmustern oder Warenzeichen – oder im Zusammenhang mit den Rechten aus einem Vertrag zur Übertragung oder Gebrauchsüberlassung von Herstellungsverfahren oder von zum Gebrauch und zur Anwendung von Betriebstechniken dienenden Kenntnissen auferlegt sind.

(2) Die Verordnung muß eine Beschreibung der Gruppen von Vereinbarungen enthalten, auf die sie Anwendung findet, und insbesondere bestimmen:

a) die Beschränkungen oder die Bestimmungen, die nicht in den Vereinbarungen enthalten sein dürfen;

b) die Bestimmungen, die in den Vereinbarungen enthalten sein müssen, oder die sonstigen Voraussetzungen, die erfüllt sein müssen.

(3) Die Absätze (1) und (2) finden entsprechende Anwendung auf Gruppen von aufeinander abgestimmten Verhaltensweisen, an denen nur zwei Unternehmen beteiligt sind.

Art. 2

(1) Eine Verordnung aufgrund des Artikels 1 wird für einen bestimmten Zeitraum erlassen.

(2) Sie kann aufgehoben oder geändert werden, wenn sich die Verhältnisse in einem Punkt geändert haben, der für den Erlaß der Verordnung wesentlich war; in diesem Fall wird eine Anpassungsfrist für die unter die ursprüngliche Verordnung fallenden Vereinbarungen und aufeinander abgestimmten Verhaltensweisen bestimmt.

Art. 3

In einer auf Grund des Artikels 1 erlassenen Verordnung kann bestimmt werden, daß sie mit rückwirkender Kraft für Vereinbarungen und aufeinander abgestimmte Verhaltensweisen gilt, für die am Tage des Inkrafttretens der Verordnung eine Erklärung mit rückwirkender Kraft nach Artikel 6 der Verordnung Nr. 17 hätte abgegeben werden können.

Art. 4

(1) In einer auf Grund des Artikels 1 erlassenen Verordnung kann bestimmt werden, daß das Verbot des Artikels 85 Absatz 1 des Vertrages für einen in der Verordnung festgesetzten Zeitraum nicht für Vereinbarungen und aufeinander abgestimmte Verhaltensweisen gilt, die zum Zeitpunkt des Beitritts bestehen und infolge des Beitritts in den Anwendungsbereich von Artikel 85 fallen und die Voraussetzungen des Artikels 85 Absatz 3 nicht erfüllen, wenn

– sie binnen drei Monaten nach Inkrafttreten der Verordnung derart abgeändert werden, daß sie diese Voraussetzungen gemäß den Bestimmungen der Verordnung erfüllen, und

– die Abänderung der Kommission innerhalb einer in der Verordnung festgesetzten Frist mitgeteilt werden.

(2) Absatz 1 gilt für Vereinbarungen und aufeinander abgestimmte Verhaltensweisen, die infolge des Beitritts in den Anwendungsbereich von Artikel 85 Absatz 1 des Vertrags fallen und die gemäß den Artikeln 5 und 25 der Verordnung Nr. 17 vor dem 1. Juli 1973 angemeldet werden müssen, nur dann, wenn dies vor diesem Zeitpunkt geschehen ist.

(3) In Rechtsstreitigkeiten, die bei Inkrafttreten einer auf Grund des Artikels 1

erlassenen Verordnung anhängig sind, können die auf Grund von Absatz (1) ergangenen Bestimmungen nicht geltend gemacht werden; auch zur Begründung von Schadensersatzansprüchen gegen Dritte können sie nicht geltend gemacht werden.

Art. 5

Vor Erlaß einer Verordnung veröffentlicht die Kommission den Verordnungsentwurf mit der Aufforderung an alle Betroffenen, ihr innerhalb einer Frist, die sie auf mindestens einen Monat festsetzt, Bemerkungen mitzuteilen.

Art. 6

(1) Die Kommission hört den Beratenden Ausschuß für Kartell- und Monopolfragen an

a) bevor sie einen Verordnungsentwurf veröffentlicht,
b) bevor sie eine Verordnung erläßt.

(2) Artikel 10 Absätze (5) und (6) der Verordnung Nr. 17 betreffend die Anhörung des Beratenden Ausschusses sind mit der Maßgabe entsprechend anzuwenden, daß die gemeinsamen Sitzungen mit der Kommission frühestens einen Monat nach Absendung der Einladung stattfinden.

Art. 7

Stellt die Kommission von Amts wegen oder auf Antrag eines Mitgliedstaats oder von Personen oder Personenvereinigungen, die ein berechtigtes Interesse geltend machen, fest, daß im Einzelfall Vereinbarungen oder aufeinander abgestimmte Verhaltensweisen, die unter eine auf Grund des Artikels 1 erlassene Verordnung fallen, gleichwohl Wirkungen haben, die mit den in Artikel 85 Absatz (3) des Vertrages vorgesehenen Voraussetzungen unvereinbar sind, so kann sie unter Entzug des Vorteils der Anwendung der Verordnung eine Erklärung nach den Artikeln 6 und 8 der Verordnung Nr. 17 abgeben, ohne daß es einer Anmeldung nach Artikel 4 Absatz (1) der Verordnung Nr. 17 bedarf.

Art. 8

Die Kommission übermittelt dem Rat vor dem 1. Januar 1970 einen Verordnungsvorschlag mit dem Ziel, an der vorliegenden Verordnung die Änderungen vorzunehmen, die nach den gewonnenen Erfahrungen erforderlich erscheinen.

Diese Verordnung ist in allen ihren Teilen verbindlich und gilt unmittelbar in jedem Mitgliedstaat.

Verordnung Nr. 27

Erste Ausführungsverordnung zur Verordnung Nr. 17 des Rats vom 6. Februar 1962

(Form, Inhalt und andere Einzelheiten von Anträgen und Anmeldungen)

Vom 3. Mai 1962

(BGBl. II S. 894/ABl. S 1118, geänd. durch VO Nr. 153 v. 21. 12. 1962. BGBl. 1963 II S. 70/ABl. S. 2918. VO Nr. 67/67 v. 22. 3. 1967 – Nr. 41 –, und VO Nr. 1133/68 v. 26. 7. 1968, ABl. Nr. L 189/1)

Die Kommission der Europäischen Wirtschaftsgemeinschaft –

gestützt auf den Vertrag zur Gründung der Europäischen Wirtschaftsgemeinschaft, insbesondere die Artikel 87 und 155,

gestützt auf Artikel 24 der Verordnung Nr. 17 des Rats vom 6. Februar 1962 (Erste Durchführungsverordnung zu den Artikeln 85 und 86 des Vertrages),

in Erwägung nachstehender Gründe:

Nach Artikel 24 der Verordnung Nr. 17 des Rats ist die Kommission ermächtigt, Ausführungsbestimmungen über Form, Inhalt und andere Einzelheiten der Anträge nach Artikel 2 und 3 der Anmeldungen nach Artikel 4 und 5 zu erlassen.

Da von der Einreichung dieser Anträge und Anmeldungen wichtige Rechtsfolgen für jedes Unternehmen abhängen können, das an einer Vereinbarung, einem Beschluß oder an Verhaltensweisen beteiligt ist, muß jedes Unternehmen für sich berechtigt sein, derartige Anträge und Anmeldungen bei der Kommission einzureichen. Andererseits ist es notwendig, daß ein Unternehmen, das von diesem Recht Gebrauch macht, die übrigen an der Vereinbarung, dem Beschluß oder den Verhaltensweisen beteiligten Unternehmen unterrichtet, damit diese ihre Interessen wahrnehmen können.

Es obliegt den Unternehmen und Unternehmensvereinigungen, die Kommission über diejenigen Tatsachen und Verhältnisse zu unterrichten, die die Anträge nach Artikel 2 und die Anmeldungen nach Artikel 4 und 5 rechtfertigen.

Es empfiehlt sich, für Anträge auf Erteilung eines Negativattestes in bezug auf Artikel 85 Abs. 1 und für Anmeldungen in bezug auf Artikel 85 Abs. 3 des Vertrages die Verwendung von Formblättern vorzuschreiben, um im Interesse aller Beteiligten die Prüfung durch die zuständigen Stellen zu vereinfachen oder zu beschleunigen –

hat folgende Verordnung erlassen:

Art. 1

(1) Zur Stellung eines Antrags nach Artikel 2 und zur Anmeldung nach Artikel 4 und 5 der Verordnung Nr. 17 ist jedes Unternehmen berechtigt, das an Vereinbarungen, Beschlüssen oder Verhaltensweisen der in Artikel 85 und 86 des Vertrages bezeichneten Art beteiligt ist. Wenn nur einzelne der beteiligten

Unternehmen den Antrag stellen oder die Anmeldung vornehmen, unterrichten sie die übrigen beteiligten Unternehmen.

(2) Wenn Vertreter von Unternehmen, Personen oder Vereinigungen die in Artikel 2, 3 Absatz 1 und 2b), Artikel 4 und 5 der Verordnung Nr. 17 vorgesehenen Anträge und Anmeldungen unterzeichnen, so müssen sie ihre Vertretungsbefugnisse durch Urkunden nachweisen.

(3) Bei gemeinsamen Anträgen oder Anmeldungen soll ein gemeinsamer Vertreter bestellt werden.

Art. 2

(1) Die Anträge und Anmeldungen sowie ihre Anlagen sind bei der Kommission in zehnfacher Ausfertigung einzureichen.

(2) Als Anlage beigefügte Urkunden sind im Original oder in Abschrift einzureichen. Die Übereinstimmung der Abschrift mit dem Original ist zu bestätigen.

(3) Die Anträge und Anmeldungen sind in einer der Amtssprachen der Gemeinschaft abzufassen. Urkunden sind in der Originalsprache einzureichen. Wenn die Originalsprache nicht eine der Amtssprachen ist, ist eine Übersetzung in eine der Amtssprachen beizufügen.

Art. 3

Der Antrag oder die Anmeldung ist im Zeitpunkt des Eingangs bei der Kommission bewirkt. Jedoch gilt im Falle der Aufgabe zur Post als eingeschriebener Brief das Datum des Poststempels des Aufgabeorts als Zeitpunkt des Eingangs.

Art. 4

(1) Für Anträge nach Artikel 2 der Verordnung Nr. 17 in Verbindung mit Artikel 85 Absatz 1 des Vertrages und für Anmeldungen nach Artikel 4 oder 5 Absatz 2 der Verordnung Nr. 17 ist das als Anlage abgedruckte Formblatt A/B zu verwenden.

(2) Die Anträge und Anmeldungen müssen die in Formblatt A/B geforderten Angaben enthalten.

(3) Mehrere beteiligte Unternehmen können für den Antrag oder die Anmeldung ein Formblatt verwenden.

(4) In Anträgen nach Artikel 2 der Verordnung Nr. 17 in Verbindung mit Artikel 86 des Vertrages ist der Sachverhalt vollständig darzulegen; insbesondere ist anzugeben, um welche Verhaltensweisen es sich handelt und welche Stellung das beteiligte oder die beteiligten Unternehmen auf dem Gemeinsamen Markt oder auf einem wesentlichen Teil desselben hinsichtlich der Waren oder Dienstleistungen haben, auf die sich die Verhaltensweise bezieht.

Art. 5

(1) Die vor Inkrafttreten dieser Verordnung ohne Verwendung der Formblätter eingereichten Anträge und Anmeldungen gelten als ordnungsgemäß im Sinne des Artikels 4 dieser Verordnung.

(2) Die Kommission kann verlangen, daß bei ihr binnen einer von ihr festgesetzten Frist ein ausgefülltes Formblatt eingereicht wird. In diesem Falle gelten der Antrag und die Anmeldung nur dann als ordnungsgemäß, wenn die Formblätter innerhalb der festgesetzten Frist nach Maßgabe dieser Verordnung eingereicht werden.

Art. 6

Diese Verordnung tritt am Tage nach der Veröffentlichung im Amtsblatt der Europäischen Gemeinschaften in Kraft.

Diese Verordnung ist in allen Teilen verbindlich und gilt unmittelbar in jedem Mitgliedstaat.

Formblatt A/B

Dieses Formblatt und die Anlagen sind in siebenfacher Ausfertigung, der Nachweis der Vertretungsbefugnis in zweifacher Ausfertigung einzureichen.

Wenn der neben jeder Frage freigelassene Raum nicht ausreicht, bitte zusätzliche Blätter verwenden, wobei der genaue Bezug auf den im Formblatt angeführten Punkt anzugeben ist.

An die
KOMMISSION DER EUROPÄISCHEN GEMEINSCHAFTEN
Generaldirektion Wettbewerb
200, rue de la Loi – 1040 Brüssel

A. Antrag auf Erteilung eines Negativattests nach Artikel 2 der Verordnung Nr. 17 des Rates vom 6. Februar 1962 in Verbindung mit Artikel 85 Absatz 1 des Vertrages.

B. Anmeldung von Vereinbarungen, Beschlüssen oder aufeinander abgestimmten Verhaltensweisen nach Artikel 4 und 5 der Verordnung Nr. 17 des Rates vom 6. Februar 1962.

I. Angaben über die Beteiligten

1. Name, Vorname und Anschrift desjenigen, der den Antrag stellt bzw. die Anmeldung einreicht. Wenn dieser als Vertreter handelt, außerdem Name und Anschrift des vertretenen Unternehmens oder der vertretenen Unternehmensvereinigung sowie Name, Vorname und Anschrift der Inhaber oder Gesellschafter, bei juristischen Personen der gesetzliche Vertreter.

   Die Vertretungsbefugnis ist nachzuweisen.

   Wird der Antrag bzw. die Anmeldung von mehreren Personen oder für mehrere Unternehmen eingereicht, so sind die Angaben für alle Personen und Unternehmen zu machen.

2. Name und Anschrift derjenigen Unternehmen, die an der Vereinbarung,

dem Beschluß oder den aufeinander abgestimmten Verhaltensweisen beteiligt sind, sowie Name, Vorname und Anschrift der Inhaber oder Gesellschafter, bei juristischen Personen der gesetzlichen Vertreter (soweit nicht schon unter I. 1. angegeben).

Wenn nicht alle beteiligten Unternehmen den Antrag stellen bzw. die Anmeldung vornehmen, geben Sie an, in welcher Weise die übrigen beteiligten Unternehmen von der Anmeldung unterrichtet worden sind.

Diese Angaben entfallen bei Musterverträgen (siehe unten unter II. 1. b).

3. Wenn durch die Vereinbarung eine Gesellschaft oder eine gemeinsame Stelle gegründet wird, Name und Anschrift dieser Gesellschaft oder Stelle sowie Name, Vorname und Anschrift ihrer gesetzlichen oder sonstigen Vertreter.

4. Wenn die Ausführung der Vereinbarung einer Gesellschaft oder einer gemeinsamen Stelle übertragen wird, Name und Anschrift dieser Gesellschaft oder Stelle sowie Name, Vorname und Anschrift ihrer gesetzlichen oder sonstigen Vertreter.

   Abschriften der Satzung sind als Anlage beizufügen.

5. Bei Beschlüssen von Unternehmensvereinigungen: Name und Anschrift der Vereinigungen sowie Name, Vornamen und Anschrift ihrer gesetzlichen Vertreter.

   Abschriften der Satzung sind als Anlage beizufügen.

6. Bei Unternehmen, die den Ort ihrer Niederlassung oder ihren Sitz außerhalb des Gebietes des Gemeinsamen Marktes (Art. 227 Abs. 1 und 2 des Vertrages) haben: Name und Anschrift eines innerhalb des Gebietes des Gemeinsamen Marktes ansässigen Vertreters oder Zweigunternehmens.

II. *Angaben über den Inhalt der Vereinbarungen, des Beschlusses oder der aufeinander abgestimmten Verhaltensweisen*

1. Soweit der Inhalt schriftlich festgelegt ist, fügen Sie als Anlage Abschriften des vollständigen Textes bei, wenn nicht unter a) bis c) etwas anderes bestimmt ist.

   a) Handelt es sich dabei lediglich um eine Rahmenvereinbarung oder einen Rahmenbeschluß?

      Wenn ja, fügen Sie als Anlage auch Abschriften der vollständigen Texte der einzelnen Vereinbarungen und Ausführungsmaßnahmen bei.

   b) Handelt es sich dabei um einen Mustervertrag, d. h. um einen Vertrag den das die Anmeldung vornehmende Unternehmen regelmäßig mit bestimmten Personen oder Personengruppen abschließt (z. B. um einen Vertrag, der einen Vertragsbeteiligten bei der Weiterveräußerung von Waren, die er von dem anderen Vertragsbeteiligten bezieht, in der Freiheit der Gestaltung von Preisen oder Geschäftsbedingungen beschränkt)?

      Wenn ja, genügt es, wenn Sie Muster des Vertrages beifügen.

c) Handelt es sich dabei um einen Lizenzvertrag der in Artikel 4 Absatz 2 Ziffer 2 b) der Verordnung Nr. 17 bezeichneten Art, brauchen die Vertragsbestimmungen, die lediglich eine Beschreibung eines technischen Herstellungsverfahrens enthalten und nicht selbst Gegenstand der Wettbewerbsbeschränkung sind, nicht wiedergegeben zu werden; in diesem Fall ist jedoch die Auslassung kenntlich zu machen.

2. Soweit der Inhalt nicht oder nicht vollständig schriftlich festgelegt ist, geben Sie ihn nebenstehend wieder.

3. Geben Sie in jedem Fall zusätzlich folgendes an:
   a) Zeitpunkt des Zustandekommens der Vereinbarung oder des Beschlusses oder der Abstimmung der Verhaltensweisen
   b) Zeitpunkt des Inkrafttretens und gegebenenfalls vorgesehene Gültigkeitsdauer
   c) Gegenstand: genaue Bezeichnung der betreffenden Ware(n) oder Dienstleistung(en)
   d) Ziele der Vereinbarung, des Beschlusses oder der aufeinander abgestimmten Verhaltensweisen
   e) Bedingungen für Beitritt, Kündigung, Rücktritt und Austritt
   f) Maßnahmen, die gegen die beteiligten Unternehmen verhängt werden können (Vertragsstrafen, Ausschluß, Liefersperre usw.)

III. *Die Mittel, mit denen die Ziele der Vereinbarung, des Beschlusses oder der aufeinander abgestimmten Verhaltensweisen erreicht werden sollen*

1. Geben Sie an, ob und inwieweit die Vereinbarung, der Beschluß oder die aufeinander abgestimmten Verhaltensweisen betreffen:
   – die Einhaltung bestimmter Ein- oder Verkaufspreise, Rabatte oder Geschäftsbedingungen
   – eine Einschränkung oder Kontrolle der Erzeugung, der technischen Entwicklung oder der Investitionen
   – eine Aufteilung der Märkte oder Versorgungsquellen
   – eine Einschränkung der Freiheit zum Bezug von Dritten oder zur Veräußerung an Dritte (Ausschließlichkeitsverträge)
   – eine Anwendung unterschiedlicher Bedingungen bei gleichwertigen Leistungen.

2. Betreffen die Vereinbarung, der Beschluß oder die aufeinander abgestimmten Verhaltensweisen Lieferungen oder Dienstleistungen:
   a) lediglich innerhalb eines Mitgliedstaats?
   b) lediglich zwischen einem Mitgliedstaat und Drittstaaten?
   c) zwischen Mitgliedstaaten?

IV. *Falls Sie der Meinung sind, daß Artikel 85 Absatz I nicht anwendbar ist und Sie die Vereinbarung, den Beschluß oder die aufeinander abgestimmten Verhaltensweisen nur vorsorglich anmelden:*

a) Geben Sie in einer Anlage eine zusammenhängende Darstellung der Tatsachen und Gründe, aus denen sich Ihrer Ansicht nach die Nichtanwendbarkeit von Artikel 85 Absatz 1 ergibt, zum Beispiel, daß die Vereinbarung, der Beschluß oder die aufeinander abgestimmten Verhaltensweisen:
   1. keine Verhinderung, Einschränkung oder Verfälschung des Wettbewerbs bezwecken oder bewirken oder
   2. nicht geeignet sind, den Handel zwischen Mitgliedstaaten zu beeinträchtigen.

b) Beantragen Sie die Erteilung eines Negativattests nach Artikel 2 der Verordnung Nr. 17?

V. *Melden Sie die Vereinbarung, den Beschluß oder die aufeinander abgestimmten Verhaltensweisen – gegebenenfalls nur vorsorglich – an, um eine Freistellungserklärung nach Artikel 85 Absatz 3 zu erlangen?*

In diesem Fall geben Sie eine Darstellung, aus der hervorgeht,

1. inwieweit die Vereinbarung, der Beschluß oder die aufeinander abgestimmten Verhaltensweisen
   - zur Verbesserung der Erzeugung oder Verteilung oder
   - zur Förderung des technischen oder wirtschaftlichen Fortschritts beitragen,
2. inwieweit die Verbraucher in angemessener Weise an dem durch diese Verbesserung oder diesen Fortschritt entstehenden Gewinn beteiligt sind,
3. inwieweit die Vereinbarung, der Beschluß oder die aufeinander abgestimmten Verhaltensweisen für die Verwirklichung der unter 1) angegebenen Ziele unerläßlich sind,

   und
4. inwieweit die Vereinbarung, der Beschluß oder die aufeinander abgestimmten Verhaltensweisen nicht für einen wesentlichen Teil der betreffenden Waren den Wettbewerb ausschalten.

VI. *Geben Sie an, ob und gegebenenfalls zu welchen Punkten Sie die Begründung ergänzen werden.*

Die Unterzeichneten erklären, daß die oben und in den beigefügten .... Anlagen gemachten Angaben den Tatsachen entsprechen. Sie haben von der Vorschrift des Artikels 15 Absatz 1 a) der Verordnung Nr. 17 Kenntnis genommen.

Unterschriften:

.... , den ....

....

....

....

....

....

Verordnung Nr. 67/67/EWG
über die Anwendung von Artikel 85 Absatz (3) des Vertrages auf Gruppen von Alleinvertriebsvereinbarungen

Vom 22. März 1967

(ABl. S. 849, geänd. durch Verordnung Nr. 2591/72 v. 8. 12. 1972, ABl. Nr. L 276/15, und Anh. I zu Art. 29 Beitritts- und Anpassungsakte zum Vertragswerk v. 22. 1. 1972, BGBl. II S. 1127/1144/1273)

Die Kommission der Europäischen Wirtschaftsgemeinschaft –

gestützt auf den Vertrag zur Gründung der Europäischen Wirtschaftsgemeinschaft, insbesondere auf die Artikel 87 und 155,

gestützt auf die Artikel 24 der Verordnung Nr. 17 vom 6. Februar 1962,

gestützt auf die Verordnung Nr. 19/65/EWG vom 2. März 1965 über die Anwendung von Artikel 85 Absatz (3) des Vertrages auf Gruppen von Vereinbarungen und aufeinander abgestimmten Verhaltensweisen,

im Hinblick auf die Stellungnahmen des Beratenden Ausschusses für Kartell- und Monopolfragen gemäß Artikel 6 der Verordnung Nr. 19/65/EWG,

in Erwägung folgender Gründe:

Die Kommission ist nach der Verordnung Nr. 19/65/EWG zuständig, durch Verordnung Artikel 85 Absatz (3) des Vertrages auf bestimmte unter Artikel 85 fallende Gruppen von zweiseitigen Alleinvertriebsvereinbarungen und aufeinander abgestimmten Verhaltensweisen anzuwenden.

Auf Grund der bisherigen durch Einzelentscheidungen gewonnenen Erfahrungen läßt sich eine erste Gruppe von Vereinbarungen und aufeinander abgestimmten Verhaltensweisen bestimmen, für die die Voraussetzungen des Artikels 85 Absatz (3) regelmäßig als erfüllt angesehen werden können.

Da eine solche Verordnung unbeschadet der Anwendung der Verordnung Nr. 17 ergeht, bleibt das Recht der Unternehmen, im Einzelfall eine Erklärung der Kommission nach Artikel 85 Absatz (3) des Vertrages zu begehren, unberührt.

Alleinvertriebsvereinbarungen der in Artikel 1 dieser Verordnung umschriebenen Gruppe können unter das Verbot des Artikels 85 Absatz (1) des Vertrages fallen. Da Alleinvertriebsvereinbarungen innerhalb eines Mitgliedstaats nur ausnahmsweise geeignet sind, den Handel zwischen Mitgliedstaaten zu beeinträchtigen, besteht kein Bedürfnis, sie in diese Verordnung einzubeziehen. Es ist nicht erforderlich, diejenigen Vereinbarungen, welche den Tatbestand des Artikels 85 Absatz (1) des Vertrages nicht erfüllen, ausdrücklich von der umschriebenen Gruppe auszunehmen.

Alleinvertriebsvereinbarungen im grenzüberschreitenden Verkehr haben bei der gegenwärtigen Situation des Handels im allgemeinen eine Verbesserung der Verteilung zur Folge, weil der Unternehmer seine Verkaufstätigkeit konzentrieren kann, nicht eine Vielzahl von Geschäftsverbindungen mit einer größeren Anzahl von Händlern zu unterhalten braucht und durch den Geschäftsverkehr mit nur einem Händler Absatzschwierigkeiten, die sich aus sprachlichen, rechtlichen oder sonstigen Unterschieden ergeben, leichter überwinden kann. Alleinvertriebsvereinbarungen erleichtern die Absatzförderung einer Ware und führen zu einer intensiven Bearbeitung des Marktes und zu einer kontinuierlichen Versorgung unter gleichzeitiger Rationalisierung der Verteilung. Außerdem gibt die Bestellung eines Alleinvertriebshändlers oder ausschließlichen Beziehers, der für den Hersteller Aufwendungen für Absatzförderung, Kundendienst und Lagerhaltung übernimmt, vielfach kleinen und mittleren Unternehmen erst die Möglichkeit, auf dem Markt als Wettbewerber in Erscheinung zu treten. Es muß den Vertragspartnern überlassen bleiben, ob und inwieweit sie absatzfördernde Verpflichtungen in ihre Vereinbarungen aufnehmen wollen. Die Verbesserungen in der Warenverteilung treten allerdings nur ein, wenn mit dem Vertrieb der Waren kein Wettbewerber betraut wird.

Derartige Alleinvertriebsvereinbarungen tragen in der Regel auch zu einer angemessenen Beteiligung der Verbraucher an dem entstehenden Gewinn bei, weil diesen die Verbesserung der Verteilung unmittelbar zugute kommt und dadurch ihre wirtschaftliche oder versorgungsmäßige Situation verbessert wird, indem sie in anderen Staaten hergestellte Erzeugnisse rascher und bequemer beziehen können.

Die Verordnung muß die wettbewerbsbeschränkenden Verpflichtungen bestimmen, die in einer Alleinvertriebsvereinbarung enthalten sein dürfen. Es kann den Vertragspartnern überlassen bleiben, welche dieser Bestimmungen sie im einzelnen in die Alleinvertriebsverträge aufnehmen, um die mit dem Alleinvertrieb erstrebten Vorteile am besten zu erreichen.

Die Freistellung muß von bestimmten Voraussetzungen abhängig gemacht werden, insbesondere muß durch die Möglichkeit von Parallelimporten gewährleistet werden, daß die Verbraucher angemessen an den durch den Alleinvertrieb entstehenden Vorteilen beteiligt werden. Es kann daher nicht zugelassen werden, daß gewerbliche Schutzrechte und sonstige Rechte mißbraucht werden, um einen absoluten Gebietsschutz herbeizuführen. Dadurch wird das Verhältnis zwischen Wettbewerbsrecht und den gewerblichen Schutzrechten nicht präjudiziert, da hier nur die Voraussetzungen für die Anwendung der Gruppenfreistellungsverordnung festgelegt werden.

Da durch die Möglichkeit von Parallelimporten der Wettbewerb auf der Handelsstufe gewährleistet ist, wird durch die unter diese Verordnung fallenden Alleinvertriebsverträge in der Regel keine Möglichkeit eröffnet, für einen wesentlichen Teil der betreffenden Waren den Wettbewerb auszuschließen.

Es ist zweckmäßig, den Vertragspartnern gemäß Artikel 4 der Verordnung Nr. 19/65/EWG Gelegenheit zu geben, ihre Vereinbarungen und Verhaltensweisen an die Voraussetzungen dieser Verordnung bis zu einem bestimmten Zeitpunkt anzupassen; jedoch ist eine Berufung darauf in Rechtsstreitigkeiten, die bei Inkrafttreten dieser Verordnung anhängig sind, und zur Begründung von Schadensersatzansprüchen gegen Dritte gemäß Artikel 4

Absatz (3) der Verordnung Nr. 19/65/EWG nicht möglich. Vereinbarungen und aufeinander abgestimmte Verhaltensweisen, die die Voraussetzungen dieser Verordnung erfüllen, brauchen nicht mehr angemeldet zu werden. Artikel 4 Absatz (2) a) der Verordnung Nr. 27[1] in der Fassung der Verordnung Nr. 153 kann aufgehoben werden, da Vereinbarungen, die auf Formblatt B 1 angemeldet werden konnten, in der Regel unter die Freistellung fallen.

Für die auf Formblatt B 1 angemeldeten Vereinbarungen, die nicht an die Voraussetzungen dieser Verordnung angepaßt werden, muß eine Überleitung in das normale Anmeldungsverfahren vorgesehen werden, damit ihre Überprüfung im Einzelfall erfolgen kann –

hat folgende Verordnung erlassen:

Art. 1

(1) Artikel 85 Absatz (1) des Vertrages wird gemäß Artikel 85 Absatz (3) unter den in dieser Verordnung genannten Voraussetzungen bis zum 31. Dezember 1982 für nicht anwendbar erklärt auf Vereinbarungen, an denen nur zwei Unternehmen beteiligt sind und

a) in denen sich ein Vertragspartner dem anderen gegenüber verpflichtet, zum Zwecke des Weiterverkaufs innerhalb eines abgegrenzten Gebietes des Gemeinsamen Marktes bestimmte Waren nur an ihn zu liefern, oder

b) in denen sich ein Vertragspartner dem anderen gegenüber verpflichtet, zum Zwecke des Weiterverkaufs bestimmte Waren nur von ihm zu beziehen, oder

c) in denen zwischen den beiden Unternehmen zum Zwecke des Weiterverkaufs ausschließliche Liefer- und Bezugspflichten im Sinne der Absätze a) und b) vereinbart worden sind.

(2) Absatz (1) ist nicht anwendbar auf Vereinbarungen, an denen nur Unternehmen aus einem Mitgliedstaat beteiligt sind und die den Weiterverkauf von Waren innerhalb dieses Mitgliedstaats betreffen.

Art. 2

(1) Dem Alleinvertriebshändler dürfen außer der in Artikel 1 genannten Verpflichtung keine anderen Wettbewerbsbeschränkungen auferlegt werden als a) die Verpflichtung, mit den Vertragswaren im Wettbewerb stehende Waren während der Vertragsdauer oder bis zu einem Jahr nach Beendigung des Vertrages nicht herzustellen oder zu vertreiben; b) die Verpflichtung, außerhalb seines Vertragsgebiets für die Vertragswaren keine Kunden zu werben, keine Niederlassungen einzurichten und keine Auslieferungslager zu unterhalten.

(2) Der Anwendbarkeit des Artikels 1 Absatz (1) stehen die folgenden Verpflichtungen des Alleinvertriebshändlers nicht entgegen:

a) vollständige Warensortimente oder Mindestmengen abzunehmen;

b) Vertragswaren unter den Warenzeichen oder in der Ausstattung zu vertreiben, die der Hersteller vorschreibt;

c) vertriebsfördernde Maßnahmen zu ergreifen, insbesondere

– Werbung zu treiben,

– ein Verkaufsnetz oder ein Lager zu unterhalten,
– Kundendienst und Garantieleistungen zu gewähren,
– fachlich oder technisch geschultes Personal zu verwenden.

Art. 3

Artikel 1 Absatz (1) dieser Verordnung ist nicht anwendbar, wenn
a) Hersteller von im Wettbewerb stehenden Waren sich gegenseitig den Alleinvertrieb dieser Waren übertragen;
b) die Vertragspartner es Zwischenhändlern oder Verbrauchern erschweren, sich die Vertragswaren bei anderen Händlern innerhalb des Gemeinsamen Marktes zu beschaffen, insbesondere wenn die Vertragspartner
1. gewerbliche Schutzrechte ausüben, um Händler oder Verbraucher daran zu hindern, in anderen Teilen des Gemeinsamen Marktes rechtmäßig gekennzeichnete oder rechtmäßig in Verkehr gebrachte Vertragswaren zu beziehen oder im Vertragsgebiet zu veräußern;
2. sonstige Rechte ausüben oder Maßnahmen treffen, um Händler oder Verbraucher daran zu hindern, Vertragswaren anderweitig im Gemeinsamen Markt zu beziehen oder im Vertragsgebiet zu veräußern.

Art. 4

(1) Für Vereinbarungen, die am 13. März 1962 bestanden und die vor dem 1. Februar 1963 angemeldet worden sind, gilt die in Artikel 1 Absatz (1) erklärte Nichtanwendbarkeit des Artikels 85 Absatz (1) des Vertrages rückwirkend von dem Zeitpunkt ab, in dem die Voraussetzungen für die Anwendbarkeit dieser Verordnung erfüllt waren.
(2) Für alle übrigen vor dem Inkrafttreten dieser Verordnung angemeldeten Vereinbarungen gilt die in Artikel 1 Absatz (1) erklärte Nichtanwendbarkeit des Artikels 85 Absatz (1) des Vertrages rückwirkend von dem Zeitpunkt ab, in dem die Voraussetzungen der Anwendung dieser Verordnung erfüllt waren, jedoch frühestens vom Tage der Anmeldung ab.

Art. 5

Das Verbot des Artikels 85 Absatz (1) des Vertrags gilt nicht für Vereinbarungen, Beschlüsse und aufeinander abgestimmte Verhaltensweisen, die zum Zeitpunkt des Beitritts bestehen und infolge des Beitritts in den Anwendungsbereich von Artikel 85 Absatz (1) fallen und innerhalb von sechs Monaten nach dem Beitritt derart abgeändert worden sind, daß sie die in dieser Verordnung genannten Voraussetzungen erfüllen. Die Mitteilung ist im Zeitpunkt des Eingangs bei der Kommission bewirkt. Im Falle der Aufgabe zur Post als eingeschriebener Brief gilt das Datum des Poststempels des Aufgabeortes als Tag des Eingangs.

Art. 6

Die Kommission prüft, ob Artikel 7 der Verordnung Nr. 19/65/EWG im Einzelfall anwendbar ist, insbesondere dann, wenn die Vermutung besteht, daß
a) die Vertragswaren im Vertragsgebiet nicht mit Waren im Wettbewerb

stehen, die für den Verbraucher auf Grund ihrer Eigenschaften, ihres Verwendungszweckes und ihrer Preislage als gleichartig anzusehen sind;
b) anderen Herstellern der Absatz gleichartiger Waren auf der Handelsstufe des Alleinvertriebshändlers im Vertragsgebiet nicht möglich ist;
c) der Alleinvertriebshändler die Freistellung dadurch mißbraucht, daß er
1. in seinem Vertragsgebiet Gruppen von Abnehmern, denen ein anderweitiger Bezug von Vertragswaren zu angemessenen Bedingungen nicht möglich ist, ohne sachlich gerechtfertigten Grund von der Belieferung ausschließt;
2. die Vertragswaren zu unverhältnismäßig hohen Preisen verkauft.

Art. 7

(1) Artikel 4 Absatz (2) a) der Verordnung Nr. 27 vom 3. Mai 1962 in der Fassung der Verordnung Nr. 153 wird aufgehoben.
(2) Eine auf Formblatt B 1 bewirkte Anmeldung einer Alleinvertriebsvereinbarung, die den Voraussetzungen der Artikel 1 bis 3 dieser Verordnung nicht entspricht, muß, soweit sie diesen Voraussetzungen nicht angepaßt wird, vor dem 3. Oktober 1967 durch Einreichung des Formblatts B mit Anlagen nach den Vorschriften der Verordnung Nr. 27 ergänzt werden.

Art. 8

Die Artikel 1 bis 7 dieser Verordnung finden entsprechende Anwendung auf einander abgestimmte Verhaltensweisen der in Artikel 1 Absatz (1) genannten Art.

Art. 9

Diese Verordnung tritt am 1. Mai 1967 in Kraft.

Entwurf einer Verordnung der Kommission zur Änderung der Verordnung Nr. 67/67/EWG über die Anwendung von Artikel 85 Absatz 3 des Vertrages auf Gruppen von Alleinvertriebsvereinbarungen

DIE KOMMISSION DER EUROPÄISCHEN GEMEINSCHAFTEN –

gestützt auf den Vertrag zur Gründung der Europäischen Wirtschaftsgemeinschaft, insbesondere auf die Artikel 87 und 155,

gestützt auf die Verordnung Nr. 19/65 EWG des Rates vom 2. März 1965 über die Anwendung von Artikel 85 Absatz 3 des Vertrages auf Gruppen von Vereinbarungen und aufeinander abgestimmten Verhaltensweisen[1], geändert durch Artikel 29 in Verbindung mit Anhang I, Abschnitt V Nr. 2 der Akte über die Beitrittsbedingungen und die Anpassung der Verträge[2],

1 ABl. Nr. 36 vom 6. 3. 1965, S. 533.
2 ABl. Nr. L 73 vom 27. 3. 1972, S. 20, 92.

nach Veröffentlichung des Verordnungsentwurfs gemäß Artikel 5 der Verordnung Nr. 19/65/EWG,

nach Anhörung des Beratenden Ausschusses für Kartell- und Monopolfragen gemäß Artikel 6 der Verordnung Nr. 19/65/EWG,

in Erwägung folgender Gründe:

Die Kommission ist nach der Verordnung Nr. 19/65/EWG zuständig, durch Verordnung Artikel 85 Absatz 3 des Vertrags auf bestimmte unter Artikel 85 Absatz 1 fallende Gruppen von Ausschließlichkeitsvereinbarungen anzuwenden. Eine solche Verordnung kann geändert werden, wenn sich die für den Erlaß der Verordnung wesentlichen Umstände gewandelt haben.

Durch Verordnung Nr. 67/67/EWG vom 22. März 1967[3] – geändert durch Artikel 29 in Verbindung mit Anhang I, Abschnitt V Nr. 4 der Akte über die Beitrittsbedingungen und die Anpassungen der Verträge[4] und verlängert durch Verordnung (EWG) Nr. 2591/72 vom 8. Dezember 1972[5] – hat die Kommission bestimmte Gruppen von Alleinvertriebs- und Alleinbezugsvereinbarungen bis zum 31. Dezember 1982 von dem Verbot des Artikel 85 Absatz 1 des Vertrages freigestellt. Der Gerichtshof hat den Gegenstand und die Tragweite der gesamten Verordnung durch Auslegung einzelner ihrer Vorschriften neu bestimmt. Die aufgrund der Verordnung gewonnenen Erfahrungen lassen zudem erkennen, daß Wortlaut und Zweck einzelner ihrer Vorschriften nicht voll übereinstimmen. Es ist daher geboten, die Verordnung den veränderten Verhältnissen anzupassen.

Gemäß Artikel 1 Absatz 2 der Verordnung ist deren Artikel 1 Absatz 1 nicht anwendbar auf Vereinbarungen, an denen nur Unternehmen aus einem Mitgliedstaat beteiligt sind und die den Weiterverkauf von Waren innerhalb dieses Mitgliedstaates betreffen. Nach der Rechtsprechung des Gerichtshofs liegt die Bedeutung dieser Vorschrift allein darin, Vereinbarungen mit reinem Inlandsbezug, die nicht geeignet sind, den Handel zwischen Mitgliedstaaten spürbar zu beeinträchtigen, vom Anwendungsbereich des Artikels 85 des Vertrages und folglich von der Verordnung auszunehmen. Soweit die in Artikel 1 Absatz 2 umschriebenen Vereinbarungen dagegen unter das Verbot des Artikels 85 Absatz 1 des Vertrages fallen, ist die Verordnung auf sie anwendbar. Im Hinblick auf diese Auslegung ist es angezeigt, Artikel 1 Absatz 2 der Verordnung zu streichen.

Nach der Rechtsprechung des Gerichtshofes ist die Verordnung auf Alleinbelieferungs- und Alleinbezugsvereinbarungen anwendbar, die zum Zwecke des Weiterverkaufs abgeschlossen werden, auf letztere selbst dann, wenn dem Wiederverkäufer kein Vertragsgebiet zugewiesen wurde.

Um dieser Auslegung Rechnung zu tragen, sind die Vorschriften des Artikels 2 Absatz 2, des Artikels 3 und des Artikels 6 der Verordnung in der Weise

3 ABl. Nr. 57 vom 25. 3. 1967, S. 849.

4 ABl. Nr. L 73 vom 27. 3. 1972, S. 20, 93.

5 ABl. Nr. L 276 vom 9. 12. 1972, S. 15.

zu ergänzen, daß zum Zwecke des Weiterverkaufs abgeschlossene Alleinbezugsvereinbarungen in den Gegenstand der Regelung mit einbezogen werden.

In Artikel 2 Absatz 2 der Verordnung ist klarzustellen, daß die dort aufgezählten Verpflichtungen auch in Alleinbezugsvereinbarungen aufgenommen werden dürfen, ohne daß dies der Gruppenfreistellung entgegensteht.

Artikel 3 Buchstabe a) der Verordnung schließt die Anwendung des Artikels 1 für den Fall aus, daß Hersteller von im Wettbewerb stehenden Waren sich gegenseitig den Alleinvertrieb dieser Waren übertragen; die Vorschrift läßt mithin die einseitige Übertragung des Alleinvertriebs an einen Wettbewerber zu. Nach den Gründen der Verordnung treten jedoch Verbesserungen in der Warenverteilung nur dann ein, wenn mit dem Vertrieb der Waren kein Wettbewerber betraut wird. Es ist deshalb angebracht, Artikel 3 Buchstabe a) der Verordnung dahin zu berichtigen, daß Alleinvertriebs- und Alleinbezugsvereinbarungen zwischen konkurrierenden Herstellern ausnahmslos von der Gruppenfreistellung ausgeschlossen sind.

Die Verordnung sieht in Artikel 3 Buchstabe b) Bestimmungen vor, welche gewährleisten sollen, daß durch die unter die Gruppenfreistellung fallenden Vereinbarungen regelmäßig keine Möglichkeiten eröffnet werden, für einen wesentlichen Teil der betreffenden Waren den Wettbewerb auszuschalten. Die aufgrund der Verordnung und in Einzelfällen gewonnenen Erfahrungen zeigen, daß die geltenden Regeln nicht genügen, um dieses Ziel zu erreichen. Es ist daher geboten, durch eine Ergänzung des Artikels 3 den Anwendungsbereich von Artikel 1 der Verordnung einzuengen.

Nach Artikel 1 Buchstabe a) der Verordnung sind Alleinvertriebsvereinbarungen für ein abgegrenztes Gebiet des Gemeinsamen Marktes vom Verbot des Artikels 85 Absatz 1 des Vertrages ausgenommen, nicht dagegen Alleinvertriebsvereinbarungen, die für die gesamte Gemeinschaft gelten.

Der Zweck dieser Vorschrift kann dadurch vereitelt werden, daß ein Unternehmen einem anderen Unternehmen den Alleinvertrieb seiner Waren für den gesamten Gemeinsamen Markt mit Ausnahme eines kleinen Gebietes überträgt. Es ist deshalb angezeigt, die Gruppenfreistellung grundsätzlich davon abhängig zu machen, daß das Vertragsgebiet eine bestimmte Größe nicht überschreitet, und Ausnahmen von dieser Regel nur dann zuzulassen, wenn Zwischenhändler oder Verbraucher die Vertragswaren im Gemeinsamen Markt bei mehreren auf der Handelsstufe des Alleinvertriebshändlers tätigen Unternehmen beziehen können.

Die Verordnung sieht bisher keine Bestimmungen vor, welche die Einhaltung der in Artikel 85 Absatz 3 Buchstabe b) des Vertrages umschriebenen Freistellungsvoraussetzungen auch im Hinblick auf Alleinbezugsvereinbarungen gewährleistet. Derartige Vereinbarungen können in bestimmten Fällen den Zugang dritter Unternehmen zu den Absatzmärkten erheblich erschweren oder sogar verhindern.

Die Aufrechterhaltung eines wirksamen Wettbewerbs wird insbesondere dann gefährdet, wenn ein Hersteller durch gleichartige Verträge, die ausschließliche Bezugsverpflichtung enthalten, die wichtigsten Wiederverkäufer oder eine besonders große Anzahl von Händlern an sich bindet. Es ist deshalb erforderlich, die Gruppenfreistellung an die Bedingung zu knüpfen, daß die Waren, die ein Hersteller mit Hilfe von Alleinbezugsvereinbarungen absetzt, einen bestimmten Anteil am Gesamtumsatz mit gleichen und gleichartigen Erzeugnissen in einem wesentlichen Teil des Gemeinsamen Marktes nicht überschreiten.

Artikel 6 der Verordnung erläutert anhand einer Liste von Beispielen, in welchen Fällen die Kommission den Widerruf der Gruppenfreistellung in Erwägung zieht. Es ist angezeigt, diese Vorschrift in der Weise zu ergänzen, daß sie auch Fälle erfaßt, in denen durch das Nebeneinanderbestehen mehrerer Netze von Alleinbezugsvereinbarungen, die von verschiedenen Herstellern errichtet wurden, der Zugang zu den Absatzmärkten übermäßig erschwert wird. Ferner ist klarzustellen, daß auch mißbräuchliche Verhaltensweisen des zum Alleinbezug verpflichteten Händlers zum Widerruf der Gruppenfeststellung führen können.

Nach der Verordnung Nr. 19/65/EWG ist eine Übergangsregelung für die unter die ursprüngliche Fassung der Verordnung fallenden Vereinbarungen zu treffen –

HAT FOLGENDE VERORDNUNG ERLASSEN:

Artikel 1

Die Verordnung Nr. 67/67/EWG wird wie folgt geändert:

1. Artikel 1 Absatz 2 wird gestrichen; der bisherige Wortlaut von Artikel 1 Absatz 1 wird Artikel 1.
2. Der Eingangsteil von Artikel 2 Absatz 2 wird wie folgt gefaßt:

   ‚Der Anwendbarkeit des *Artikels 1* stehen die folgenden Verpflichtungen des Alleinvertriebshändlers oder *des zum Alleinbezug verpflichteten Händlers* nicht entgegen.'
3. Artikel 3 wird wie folgt gefaßt:

   ‚Artikel 1 dieser Verordnung ist nicht anwendbar, wenn

   a) *ein Hersteller einen anderen Hersteller für Waren, hinsichtlich derer sie Wettbewerber sind oder miteinander in Wettbewerb treten können, den Alleinvertrieb überträgt oder eine ausschließliche Bezugsverpflichtung auferlegt;*

   b) die Vertragspartner *oder einer von ihnen* es Zwischenhändlern oder Verbrauchern erschweren, sich die Vertragswaren bei anderen Händlern innerhalb des Gemeinsamen Marktes zu beschaffen, insbesondere wenn sie

      1. gewerbliche Schutzrechte ausüben, um Händler oder Verbraucher daran zu hindern, in anderen Teilen des Gemeinsamen Marktes recht-

mäßig gekennzeichnete oder rechtmäßig in Verkehr gebrachte Vertragswaren zu beziehen oder im Vertragsgebiet zu veräußern;

2. sonstige Rechte ausüben oder Maßnahmen treffen, um Händler oder Verbraucher daran zu hindern, Vertragswaren anderweitig im Gemeinsamen Markt zu beziehen oder im Vertragsgebiet zu veräußern;

c) *das Vertragsgebiet mehr als 100 Millionen Einwohner umfaßt, es sei denn, daß Zwischenhändler oder Verbraucher sich die Vertragswaren außer bei dem Alleinvertriebshändler bei mindestens zwei weiteren, in verschiedenen Mitgliedstaaten niedergelassenen und auf der Handelsstufe des Alleinvertriebshändlers tätigen Unternehmen beschaffen können;*

d) *ein Hersteller durch ausschließliche Bezugsverpflichtungen, die er einem oder mehreren Händlern auferlegt, in einem wesentlichen Teil des Gemeinsamen Marktes mehr als 15% des Umsatzes mit gleichen Erzeugnissen und solchen, welche vom Verbraucher aufgrund ihrer Eigenschaften, ihrer Preislage und ihres Verwendungszwecks als gleichwertig angesehen werden, an sich bindet.‘*

4. Artikel 5 wird wie folgt geändert:

Der bisherige Wortlaut wird Absatz 1 und erhält die Ziffer 1; er wird durch folgenden Absatz 2 ergänzt:

‚2. Das Verbot des Artikels 85 Absatz 1 des Vertrages gilt in der Zeit vom . . . (1 Jahr) nicht für Vereinbarungen, die am . . . bestehen und den in der ursprünglichen Fassung der Verordnung Nr. 67/67/EWG bezeichneten Voraussetzungen entsprechen.‘

5. Artikel 6 wird wie folgt gefaßt:

‚Die Kommission prüft, ob Artikel 7 der Verordnung Nr. 19/65/EWG im Einzelfall anwendbar ist, insbesondere dann, wenn die Vermutung besteht, daß

a) die Vertragswaren *in einen wesentlichen Teil des Gemeinsamen Marktes* nicht mit gleichen Waren oder solchen in Wettbewerb stehen, die vom Verbraucher aufgrund ihrer Eigenschaften, ihrer Preislage und ihres Verwendungszwecks als gleichartig *angesehen werden;*

b) anderen Herstellern der Absatz gleicher oder gleichartiger Waren auf Handelsstufe des Alleinvertriebshändlers *oder der zum Alleinbezug verpflichteten Händler in einem wesentlichen Teil des Gemeinsamen Marktes übermäßig erschwert wird;*

c) der Alleinvertriebshändler *oder der zum Alleinbezug verpflichtete Händler* die Freistellung dadurch mißbraucht, daß er

1. *Gruppen von Abnehmern, denen ein anderweitiger Bezug von Vertragswaren zu angemessenen Bedingungen nicht möglich ist, ohne sachlich gerechtfertigten Grund von der Belieferung ausschließt;*

2. die Vertragswaren zu unverhältnismäßig hohen Preisen verkauft.‘

Artikel 2

Diese Verordnung tritt am . . . 1978 in Kraft.

Diese Verordnung ist in allen Teilen verbindlich und gilt unmittelbar in jedem Mitgliedstaat.

Verordnung (EWG) Nr. 2988/74

des Rates über die Verfolgungs- und Vollstreckungsverjährung im Verkehrs- und Wettbewerbsrecht der Europäischen Wirtschaftsgemeinschaft

Vom 26. November 1974

(ABl. Nr. L 319/1)

Der Rat der Europäischen Gemeinschaften –

gestützt auf den Vertrag zur Gründung der Europäischen Wirtschaftsgemeinschaft, insbesondere auf die Artikel 75, 79 und 87,

auf Vorschlag der Kommission,

nach Stellungnahme des Europäischen Parlaments,

nach Stellungnahme des Wirtschafts- und Sozialausschusses,

in Erwägung nachstehender Gründe:

Die Vorschriften des Verkehrs- und Wettbewerbsrechts der Europäischen Wirtschaftsgemeinschaft räumen der Kommission die Befugnis ein, gegen Unternehmen und Unternehmensvereinigungen Geldbußen, Sanktionen und Zwangsgelder festzusetzen, wenn sie gegen das Gemeinschaftsrecht im Bereich der Auskünfte oder Nachprüfungen oder des Diskriminierungsverbots, des Kartellverbots oder des Verbots der mißbräuchlichen Ausnutzung beherrschender Stellungen verstoßen. Diese Vorschriften sehen keine Verjährung vor.

Im Interesse der Rechtssicherheit ist es geboten, den Grundsatz der Verjährung einzuführen und die Einzelheiten seiner Anwendung zu regeln. Eine solche Regelung muß, um vollständig zu sein, sowohl die Befugnis zur Festsetzung von Geldbußen und Sanktionen als auch die Befugnis zur Vollstreckung der Entscheidung erfassen, durch die Geldbußen, Sanktionen und Zwangsgelder festgesetzt werden. In ihr sind die Dauer der Verjährungsfrist, der Zeitpunkt, an dem die Verjährung beginnt, sowie die Handlungen zu bestimmen, welche zur Unterbrechung oder zum Ruhen der Verjährung führen. Dabei ist einerseits den Interessen der Unternehmen und Unternehmensvereinigungen, andererseits den Bedürfnissen der Verwaltungspraxis Rechnung zu tragen. Diese Verordnung muß für die einschlägigen Vorschriften der Verordnung Nr. 11 über die Beseitigung von Diskriminierungen auf dem Gebiet der Frachten und Beförderungsbedingungen gemäß Artikel 79 Absatz 3 des Vertrages zur Gründung der Europäischen Wirtschaftsgemeinschaft, der Verordnung Nr. 17 – Erste Durchführungsverordnung zu den Artikel 85 und 86 des Vertrages und der Verordnung (EWG) Nr. 1017/68 des Rates vom 19. Juli 1968 über die Anwendung von Wettbewerbsregeln auf dem Gebiet des Eisenbahn-, Straßen- und Binnenschiffsverkehrs gelten. Sie muß auch auf die einschlägigen Bestimmungen künftiger Verordnungen im Verkehrs- oder Wettbewerbsrecht der Europäischen Wirtschaftsgemeinschaft Anwendung finden –

hat folgende Verordnung erlassen:

Art. 1

(1) Die Befugnis der Kommission, wegen Zuwiderhandlungen gegen Vorschriften des Verkehrs- oder Wettbewerbsrechts der Europäischen Wirtschaftsgemeinschaft Geldbußen oder Sanktionen festzusetzen, verjährt

a) in drei Jahren bei Zuwiderhandlungen gegen Vorschriften über Anträge oder Anmeldungen von Unternehmen oder Unternehmensvereinigungen, über die Einholung von Auskünften oder die Vornahme von Nachprüfungen;

b) in fünf Jahren bei den übrigen Zuwiderhandlungen.

(2) Die Verjährung beginnt mit dem Tag, an dem die Zuwiderhandlung begangen worden ist. Bei dauernden oder fortgesetzten Zuwiderhandlungen beginnt die Verjährung jedoch erst mit dem Tag, an dem die Zuwiderhandlung beendet ist.

Art. 2

(1) Die Verfolgungsverjährung wird durch jede auf Ermittlung oder Verfolgung der Zuwiderhandlung gerichtete Handlung der Kommission oder eines Mitgliedstaats auf Antrag der Kommission unterbrochen. Die Unterbrechung tritt mit dem Tag ein, an dem die Handlung mindestens einem an der Zuwiderhandlung beteiligten Unternehmen oder einer beteiligten Unternehmensvereinigung bekanntgegeben wird.

Die Verjährung wird insbesondere durch folgende Handlungen unterbrochen:

a) schriftliche Auskunftsverlangen der Kommission oder der zuständigen Behörde eines Mitgliedstaats auf Antrag der Kommission sowie Entscheidungen der Kommission, durch welche die verlangten Auskünfte angefordert werden;

b) ihren Bediensteten erteilte schriftliche Aufträge der Kommission oder der zuständigen Behörde eines Mitgliedstaats auf Antrag der Kommission zur Vornahme von Nachprüfungen sowie Entscheidungen der Kommission, durch welche Nachprüfungen angeordnet werden;

c) die Einleitung eines Verfahrens durch die Kommission;

d) die Mitteilung der von der Kommission in Betracht gezogenen Beschwerdepunkte.

(2) Die Unterbrechung wirkt gegenüber allen an der Zuwiderhandlung beteiligten Unternehmen und Unternehmensvereinigungen.

(3) Nach jeder Unterbrechung beginnt die Verjährung von neuem. Die Verjährung tritt jedoch spätestens mit dem Tag ein, an dem eine Frist von der Dauer

der doppelten Verjährungsfrist verstrichen ist, ohne daß die Kommission eine Geldbuße oder Sanktion festgesetzt hat; diese Frist verlängert sich um den Zeitraum, in dem nach Artikel 3 die Verjährung ruht.

Art. 3

Die Verfolgungsverjährung ruht, solange wegen der Entscheidung der Kommission ein Verfahren vor dem Gerichtshof der Europäischen Gemeinschaften anhängig ist.

Art. 4

(1) Die Befugnis der Kommission zur Vollstreckung von Entscheidungen durch die wegen Zuwiderhandlungen gegen Vorschriften des Verkehrs- oder Wettbewerbsrechts der Europäischen Wirtschaftsgemeinschaft Geldbußen, Sanktionen oder Zwangsgelder festgesetzt worden sind, verjährt in fünf Jahren.

(2) Die Verjährung beginnt mit dem Tag, an dem die Entscheidung unanfechtbar geworden ist.

Art. 5

(1) Die Vollstreckungsverjährung wird unterbrochen

a) durch die Bekanntgabe einer Entscheidung, durch die der ursprüngliche Betrag der Geldbuße, der Sanktion oder des Zwangsgeldes geändert oder ein Antrag auf eine solche Änderung abgelehnt wird;

b) durch jede auf zwangsweise Beitreibung der Geldbuße, der Sanktion oder des Zwangsgeldes gerichtete Handlung der Kommission oder eines Mitgliedstaats auf Antrag der Kommission.

(2) Nach jeder Unterbrechung beginnt die Verjährung von neuem.

Art. 6

Die Vollstreckungsverjährung ruht,

a) solange eine Zahlungserleichterung bewilligt ist;

b) solange die Zwangsvollstreckung durch eine Entscheidung des Gerichtshofes der Europäischen Gemeinschaft ausgesetzt ist.

Art. 7

Diese Verordnung findet auch auf vor ihrem Inkrafttreten begangene Zuwiderhandlungen Anwendung.

Art. 8

Diese Verordnung tritt am 1. Januar 1975 in Kraft.

Anhang III

Richtlinien und Bekanntmachungen

Merkblatt über die Verwendung von Unverbindlichen Preisempfehlungen

Nach dem Gesetz gegen Wettbewerbsbeschränkungen in der Fassung vom 4. April 1974 (GWB), abgedruckt im Bundesgesetzblatt 1974 Teil I S. 869, sind Preisbindungen nur für Verlagserzeugnisse und Unverbindliche Preisempfehlungen nur für Markenwaren (in entsprechender Anwendung des Gesetzes auch für Verlagserzeugnisse) zulässig.

I. Voraussetzungen für die Verwendung von unverbindlichen Preisempfehlungen

Wer seinen Wiederverkäufern Preise für den Weiterverkauf seiner Waren empfehlen möchte, hat nach § 38 a GWB folgende Einzelheiten zu beachten:

1. Vertrieb über den Handel

Eine Preisempfehlung setzt voraus, daß die preisempfohlenen Erzeugnisse über den Handel abgesetzt werden. Daneben ist unmittelbarer Vertrieb an Endabnehmer ohne Preisempfehlung zulässig.

2. Keine Anmeldung

Eine Anmeldung von Preisempfehlungen *beim Bundeskartellamt* ist nicht möglich. Die frühere Unterscheidung zwischen anmeldepflichtigen Verbraucherempfehlungen (Empfehlungen, die das empfehlende Unternehmen über seine Wiederverkäufer oder direkt in seiner Werbung den Verbrauchern zur Kenntnis bringt) und nicht anmeldepflichtigen Handelsempfehlungen (Empfehlungen, die das empfehlende Unternehmen auf seine Wiederverkäufer beschränkt) ist entfallen. Beide Empfehlungsarten unterliegen, soweit sie sich auf Markenwaren beziehen, der gleichen gesetzlichen Behandlung.

3. Für welche Erzeugnisse?

Unverbindliche Preisempfehlungen dürfen für Nichtmarkenwaren sowie für gewerbliche Leistungen *nicht* ausgesprochen werden. Sie dürfen ausgesprochen werden:

a) für *Markenwaren:*

Markenwaren sind Erzeugnisse, deren Lieferung in gleichbleibender oder verbesserter Güte von dem preisempfehlenden Unternehmern gewährleistet wird und die selbst, deren für die Abgabe an den Verbraucher bestimmte Umhüllung oder Ausstattung oder deren Behältnisse, aus denen sie verkauft werden, mit einem ihre Herkunft kennzeichnenden Merkmal (Firmen-, Wort- oder Bildzeichen) versehen sind.

b) für *Verlagserzeugnisse* im Sinne des § 16 GWB.

c) bei sogenannten *Kleinpreisartikeln* ohne Herkunftsmerkmal, für die an sich als markenlose Ware keine Preisempfehlungen ausgesprochen werden dürften, ist das Bundeskartellamt in der Regel bereit, von Verfolgungsmaßnahmen abzusehen. Voraussetzung dafür ist jedoch, daß die sonstigen Einzelheiten des Preisempfehlungsrechts beachtet werden und die Preisempfehlungen nur an den Handel gerichtet sind (Handelspreisempfehlungen), d. h. die empfohlenen Verkaufspreise Endabnehmern nicht durch Aufdruck auf der Ware selbst oder deren Verpackung, durch Pressewerbung, durch Vorlage von Werbedruckschriften mit Preisangaben oder Preislisten bekannt werden. Um das sicherzustellen, ist erforderlich, daß das preisempfehlende Unternehmen die Wiederverkäufer durch Rundschreiben unterrichtet, daß seine Preislisten und sonstigen Werbeunterlagen mit empfohlenen Preisen Endabnehmern nicht überlassen oder zur Einsicht vorgelegt werden dürfen. Statt des Rundschreibens kann auch ein entsprechender Vermerk auf der Titelseite der Preislisten und Werbeunterlagen mit Preisangaben eingedruckt werden.

4. Markenwaren im Preiswettbewerb

Nicht für jede Markenware darf eine Preisempfehlung ausgesprochen werden, sondern nur für solche, die mit gleichartigen Waren anderer Hersteller im Preiswettbewerb stehen. Für Kleinpreisartikel gilt das gleiche.

5. Wer darf Preisempfehlungen aussprechen?

a) Zum Aussprechen von Preisempfehlungen ist jeder *Hersteller* befugt, der seine Markenwaren vertreibt, d. h. Waren, deren Herkunftsmerkmal ihn kenntlich macht *(Herstellermarke)*.

b) Ein *Großhändler* oder *Importeur*, der Ware ohne ein Herkunftsmerkmal einkauft (markenlose Ware) und mit einem auf ihn selbst hinweisenden Herkunftsmerkmal versieht und weitervertreibt (Handelsmarke), darf ebenfalls Preisempfehlungen aussprechen. Das gleiche gilt für Hersteller, die markenlose Erzeugnisse zur Abrundung ihres Sortiments zukaufen und mit ihrer Marke versehen absetzen.

c) Bei importierten Markenwaren eines ausländischen Herstellers ist ein Allein*importeur* oder Importeur *mit entsprechender Ermächtigung* berechtigt, entweder im Namen und im Auftrag des ausländischen Herstellers oder im eigenen Namen Preisempfehlungen auszusprechen. Das darf nicht dazu führen, daß der ausländische Hersteller mehrere Importeure in diesem Sinn ermächtigt und dadurch unterschiedliche Unverbindliche Preisempfehlungen für die gleichen Markenwaren ausgesprochen werden. Der ausländische Hersteller hat diese schriftliche Ermächtigung alle zwei Jahre zu erneuern. Die Kartellbehörde behält sich vor, von dem Importeur die Vorlage der Unterlagen zu verlangen, aus denen sich ergibt, daß er ermächtigt ist, im Namen und Auftrag des ausländischen Herstellers die Preisempfehlungen auszusprechen.

d) Ein *Großhändler* darf für Markenware mit Herstellermarke oder markenlose Ware *keine* Preisempfehlungen aussprechen. Ebensowenig ist ein Importeur berechtigt, im eigenen Namen Preisempfehlungen für importierte Erzeugnisse zu verwenden. Großhändler und Importeure sind nicht gehindert, ihnen gegenüber ausgesprochene Preisempfehlungen von Herstellern und sonstigen Unternehmern, die Preisempfehlungen verwenden dürfen, an ihre Wiederverkäufer weiterzugeben.

6. Unverbindlichkeitskennzeichnung

Die „Unverbindlichen Preisempfehlungen" (so die Formulierung des Gesetzgebers) sind *ausdrücklich als unverbindlich zu bezeichnen.* Dafür sind die dem Gesetzwortlaut selbst zu entnehmenden Formulierungen *„Unverbindliche Preisempfehlung"* oder *„Unverbindlich empfohlener Preis"* zu verwenden. Von anderen Formulierungen – z. B. Richtpreis – ist abzusehen. Zusätze, die den Empfehlungscharakter einschränken, sind unzulässige (z. B. „Unverbindliche Preisempfehlungen nicht unter DM . . ."; Hinweise aus Skonto-Gewährung). Das gilt gleichermaßen für alle Empfehlungen, also für die Empfehlung von Endverbraucher- wie von Großhandelsabgabepreisen; für Verbraucher- wie für Handelsempfehlungen.

Der *Unverbindlichkeitsvermerk* muß *in allen Unterlagen,* in denen die Unverbindliche Preisempfehlung *genannt* wird (z. B. in Preislisten, Werbeschriften, Katalogen, auf der Verpackung, in Zeitungsannoncen, Rechnungen an Wiederverkäufer, auch bei Sendungen im Werbefernsehen), enthalten sein. *Mehrseitige Unterlagen* müssen *auf jeder Seite,* die Unverbindliche Preisempfehlungen nennt, den Vermerk enthalten. Er darf nicht weggelassen werden, weil ein Wiederverkäufer erklärt, er mache sich den empfohlenen Preis zu eigen und bitte um Preisgabe ohne Hinweis auf die Unverbindlichkeit.

Der Unverbindlichkeitsvermerk selbst wie sein enger Zusammenhang mit dem empfohlenen Preis muß *für den flüchtigen Leser ohne weiteres erkennbar sein;* er muß *deutlich gedruckt* und *grundsätzlich unabgekürzt* sein. Zu einer auffallenden Preisangabe z. B. gehört also ein auffallender Unverbindlichkeitsvermerk.

Eine *Abkürzung* des Vermerks auf der Markenware selbst, ihrer Verpackung oder dem Preisetikett in der Weise, daß allein das Wort „Unverbindlich" verwendet wird, kann hingenommen werden, wenn die betreffende Markenware oder ihre Verpackung nach Größe und Format nur Preisangaben im Kleinformat zulassen und deren Vergrößerung dem preisempfehlenden Unternehmen nicht zumutbar ist.

Auch bei *mündlichen Preisempfehlungen* muß ausdrücklich auf die Unverbindlichkeit aufmerksam gemacht werden – wenn z. B. ein Hersteller Preisempfehlungen durch seinen Außendienst den Händlern mitteilen läßt. In der

Fernsehwerbung z. B. genügt es nicht, den empfohlenen Preis im gesprochenen Text nennen zu lassen und den Unverbindlichkeitsvermerk nur einzublenden.

Mit der Bestimmtheit des empfohlenen Preises verträgt es sich nicht, wenn der Unverbindlichkeitsvermerk mit einer *Preisangabe „ab . . . DM“* gekoppelt wird. Vielmehr ist dann, wenn für ein bestimmtes Erzeugnis aus einer Artikelreihe, einer Serie oder einem Sortiment geworben wird, dieses Erzeugnis – vor allem, wenn es abgebildet wird – genau zu bezeichnen (z. B. durch den Zusatz „Grundausstattung“) und mit seinem bestimmten empfohlenen Preis zu versehen.

7. Keine Druckausübung

Auf Wiederverkäufer darf kein wirtschaftlicher, gesellschaftlicher oder sonstiger Druck ausgeübt werden, um sie zur Einhaltung der Unverbindlichen empfohlenen Preise oder dazu zu veranlassen, von diesen Preisempfehlungen nur geringfügig abzuweichen.

8. Marktgerechte Preise

Die Preisempfehlung muß in der Erwartung ausgesprochen werden, daß der empfohlene Preis dem von der Mehrheit der Empfehlungsempfänger voraussichtlich geforderten Preis entspricht. Der empfohlene Preis muß marktgerecht sein. Er darf nicht oberhalb des Marktpreises gewollt überhöht angesetzt werden, um den Wiederverkäufern die Möglichkeit zu geben, mit erheblichen Unterschreitungen des empfohlenen Preises zu werben (Mondpreisempfehlung).

9. Empfehlung bestimmter Preise

Für jede Markenware kann nur *ein bestimmter Endverbraucherpreis* empfohlen werden. Die Empfehlung von Höchstpreisen, Mindestpreisen, ca.-Preisen, sowie von Rahmenpreisen (Von-Bis-Preise) ist nicht möglich. Ebensowenig dürfen den Wiederverkäufern bei Absehen von direkten Preisempfehlungen Kalkulations- oder Handelsspannenempfehlungen gegeben werden, mit deren Hilfe diese ihre Endverbraucherpreise errechnen sollen.

II. Folgen mangelhafter Unverbindlicher Preisempfehlungen

Der Gesetzgeber hat dem Bundeskartellamt und den Landeskartellbehörden die Befugnis übertragen, gegen unzulässige und damit *ordnungswidrige Preisempfehlungen* im Wege des *Bußgeldverfahrens* einzuschreiten. Die wesentlichen Einzelheiten ergeben sich aus § 38 Abs. 1 Nr. 12, Abs. 4 GWB in Verbindung mit § 38a Abs. 1 und 2 GWB und dem Gesetz über Ordnungswidrigkeiten in der Fassung des Einführungsgesetzes zum Strafgesetzbuch vom 2. 3. 1974 (Bundesgesetzblatt 1968 Teil I S. 481; 1974 Teil I S. 535). Geldbußen bis zur Höhe von 100000 DM, darüber hinaus bis zum Dreifachen des durch die ordnungswidrige Preisempfehlung erzielten Mehrerlöses sind möglich. Diesen Bußgeldbestimmungen kann sich ein Unternehmen nicht dadurch entziehen, daß es seinen Wiederverkäufern formell keine Preise empfiehlt und ihnen statt dessen „Verrechnungspreise" oder sonstwie bezeichnete Bruttopreise bekannt gibt. Solche Preisangaben sind als ordnungswidrige Preisempfehlungen anzusehen, wenn in sie Nachlässe für Wiederverkäufer in dem Umfang einkalkuliert sind, daß alle oder ein beachtlicher Teil von ihnen sich den Bruttopreis beim Verkauf zu eigen machen können.

Gegenüber an sich zulässigen, jedoch *mißbräuchlich gehandhabten Preisempfehlungen* übt das Bundeskartellamt allein die *Mißbrauchsaufsicht* aus. Es geht hier im Rahmen eines *Verwaltungsverfahrens* vor, für das vor allem die §§ 38a Abs. 3 bis 6, 39 Abs. 1 Nr. 1, Abs. 2, 46, 51 bis 75 sowie 80 Abs. 2 Nr. 2, Abs. 3 Nr. 5 GWB bedeutsam sind.

Zur *Erläuterung der kartellbehördlichen Befugnisse* werden die an Unverbindlichen Preisempfehlungen interessierten Unternehmen auf folgendes aufmerksam gemacht:

1. Jedes Unternehmen, das Preisempfehlungen aussprechen möchte, sollte zuvor zur Vermeidung eines Bußgeldverfahrens prüfen, ob es im Sinne von Abschnitt I Nr. 5 dieses Merkblattes befugt ist, Preisempfehlungen zu verwenden.

2. Aus dem gleichen Grunde sollte es bei einem positiven Ergebnis dieser Prüfung untersuchen, ob es gemäß Abschnitt I Nr. 3 und 4 berechtigt ist, gerade für die Erzeugnisse Preisempfehlungen zu verwenden, für die es das Aussprechen solcher Empfehlung ins Auge gefaßt hat.

3. Bei der Bildung der empfohlenen Preise wird dringend angeraten, die Preishöhe aufgrund einer sorgfältigen Marktbeobachtung auf einer Mittellinie festzulegen, die das Preisverhalten *aller* belieferten Handelsformen, also auch der Niedrigpreisgeschäfte, berücksichtigt, um überhöhte Preise (Mißbrauch!) oder Mondpreise (Ordnungswidrigkeit!) zu vermeiden. Bei der Bekanntgabe der Preisempfehlung ist auf die ordnungsgemäße Kennzeichnung der Unverbindlichkeit zu achten und durch unternehmensinterne Anweisungen sicherzustellen, daß die mit der Schaffung von Werbeunterlagen betrauten Mitarbeiter oder Abteilungen die Einhaltung dieser Verpflichtung nicht vernachlässigen.

4. Der Gesetzgeber hat nicht ausdrücklich definiert, wann eine Unverbindliche *Preisempfehlung mißbräuchlich gehandhabt* wird. Er zählt in § 38a Abs. 3 GWB nur einige *Beispielsfälle* auf. Es sind dies – schlagwortartig abgekürzt:

a) *die ungerechtfertigte Verteuerung durch erhebliche Überhöhung* der Preisempfehlung auch in Verbindung mit Erzeugungs- oder Absatzbeschränkungen;

b) die *Täuschung der Verbraucher über den geforderten Preis;*

c) der *sachlich ungerechtfertigte Ausschluß von Wiederverkäufern* vom Vertrieb.

Wann im Fall a) eine erhebliche Überhöhung angenommen werden kann, läßt sich nicht allgemein sagen. Vielmehr kommt es auf die Umstände des Einzelfalles an (z. B. auf die Branche, deren Marktgepflogenheiten, das betroffene Erzeugnis, die Anzahl und der Umfang der Unterschreitungen der empfohlenen Preise). Ein Unterschreiten der empfohlenen Preise, das unwesentlich über den nach dem Rabattgesetz zulässigen Barzahlungsnachlaß von 3% hinausgeht, wird grundsätzlich nicht zu einer Beanstandung der Unverbindlichen Preisempfehlung führen.

Soweit die empfohlenen Preise durch *Sonderangebotspreise* unterschritten werden, wird das Bundeskartellamt diese Unterschreitungen dem preisempfehlenden Unternehmen unter angemessener Berücksichtigung der in den betreffenden Einzelhandelsbereichen üblichen Gepflogenheiten nicht zur Last legen, wenn sie bestimmte Fristen nicht überschreiten. Wenn ein preisempfehlendes Unternehmen auf Wunsch eines Händlers dessen Sonderangebotspreise auszeichnet, wird ihm angeraten, im Zusammenhang mit dem Preisaufdruck zum Ausdruck zu bringen, daß es sich hier um den (befristeten) Händler-Sonderangebotspreis handelt. Damit kann sich das preisempfehlende Unternehmen die Überprüfung dieser Preisangabe wegen des Verdachts einer ordnungswidrigen Preisempfehlung ohne Unverbindlichkeitskennzeichnung ersparen.

Der Mißbrauchsfall c) wird in erster Linie dann bedeutsam sein, wenn durch Vertriebsregelungen oder sonstige Maßnahmen erreicht werden soll, daß nur „preistreue" Abnehmer beliefert werden, daß Handelsunternehmen und Abnehmergruppen, bei denen das empfehlende Unternehmen mit Unterschreitung des empfohlenen Preises rechnet, aus dem Vertrieb ausgeschaltet werden und daß dadurch die Bildung von Marktpreisen, die unter dem empfohlenen Preis liegen, verhindert werden soll.

5. Mißbrauchsverfügungen

Sobald das Bundeskartellamt feststellt, daß ein Unternehmen seine *Preisempfehlungen mißbräuchlich handhabt,* kann es diese *Empfehlung für unzulässig erklären* und neue, gleichartige Empfehlungen für die betroffenen Markenwaren verbieten. Vor dem Erlaß einer solchen Mißbrauchsverfügung wird das Amt das Unternehmen auffordern, den beanstandeten Mißbrauch abzustellen *(Abmahnung).*

Gegen die Mißbrauchsverfügung hat das Unternehmen das Rechtsmittel der *Beschwerde.* Die Beschwerde hat jedoch *keine aufschiebende Wirkung.* Das bedeutet, daß das preisempfehlende Unternehmen vom Zeitpunkt der Zustellung der Mißbrauchsverfügung an die Unverbindliche Preisempfehlung nicht mehr aussprechen darf, wenn es sich nicht einem Bußgeld aussetzen will.

Einem Unternehmen, gegen das zwei unanfechtbare Mißbrauchsverfügungen ergangen sind, kann das Bundeskartellamt die Verwendung von Unverbindlichen Preisempfehlungen überhaupt verbieten, wenn die Befürchtung besteht, daß es Preisempfehlungen weiterhin mißbräuchlich handhaben wird.

Mißbrauchsverfügungen sind gebührenpflichtig. Die Gebühr kann bis zu 5000,– DM, in Ausnahmefällen bis zu 10000,– DM betragen.

6. Aufbrauchfristen

Empfohlene Preise, die nicht mehr aktuell sind, dürfen auf dem Markt auch nicht mehr in Erscheinung treten. Das gilt in gleicher Weise für Preisempfehlungen, die ein preisempfehlendes Unternehmen von sich aus aufhebt, als auch für solche, die es auf eine Abmahnung hin aufgibt, und solche, die das Bundeskartellamt durch eine Mißbrauchsverfügung für *unzulässig erklärt.*

Ein empfohlener Preis, der nicht aktuell ist, darf daher z. B. in Zeitungsanzeigen nicht mehr genannt werden; Preislisten, die ihn noch enthalten, dürfen erst nach entsprechender Berichtigung wieder verteilt werden (z. B. nach Streichung des Preises oder nach Einlage eines berichtigenden Blattes).

Soweit bereits verpackte Ware oder Verpackungsmaterial mit den überholten empfohlenen Preisen beim preisempfehlenden Unternehmen noch vorhanden ist, kann diesem eine angemessene Aufbrauchfrist, in der Regel bis zu einem Monat, zugestanden werden. Ausnahmsweise kann eine Verlängerung nach Darlegung dringender Gründe im Einzelfall eingeräumt werden.

III. Ergänzende Erläuterungen

1. Mit dem Wesen der Unverbindlichen Preisempfehlung als unternehmensbezogenes Vertriebsinstrument verträgt es sich nicht, daß preisempfehlende Unternehmen untereinander, Wiederverkäufer untereinander oder preisempfehlende Unternehmen zusammen mit Wiederverkäufern Absprachen über deren Handhabung treffen. Eine Vereinbarung, mit Unverbindlichen Preisempfehlungen zu arbeiten oder die empfohlenen Preise in einer bestimmten Höhe festzusetzen oder sie gemeinsam zu erhöhen, ist ebenso ordnungswidrig wie ein Beschluß von Händlern, bestimmte Unverbindliche Preisempfehlungen sich zu eigen zu machen, sie nur in einem gewissen Umfang zu unterschreiten oder sie in der Werbung als eigene Preise zu verwenden (§§ 1, 25 Abs. 1, 38 Abs. 1 Nr. 1 oder Nr. 8 GWB).

2. Die in § 38 Abs. 2 GWB zugelassenen *Mittelstands-Preisempfehlungen* können – sofern alle gesetzlichen Voraussetzungen beachtet werden (vgl. das bei den Kartellbehörden zu erhaltende „Merkblatt über die Anwendungsmöglichkeiten der neuen Mittelstandsempfehlung vom 5. Dezember 1974“) – von Mittelstandsvereinigungen parallel zu den Unverbindlichen Preisempfehlungen für dieselben Markenwaren ausgesprochen werden. Sofern die mittelstandsempfohlenen Preise niedriger sein sollten als die Unverbindlichen Preisempfehlungen des Markenwaren-Unternehmens, stellt sich die Frage, ob letztere als mißbräuchlich gehandhabt anzusehen sind.

3. Nicht als Preisempfehlung sind einwandfreie *Informationen über Marktpreise* anzusehen, sei es als Anhang zu Kalkulationsrichtlinien, sei es als Be-

standteil der eigenen Werbung des Herstellers in Zeitung, Fernsehen und sonstigen Werbemedien. Doch muß es sich um echte Marktinformationen handeln. Sie liegen nur vor, wenn die bekanntgegebenen Preise in einer repräsentativen, modernen wissenschaftlichen Grundsätzen der Marktforschung entsprechenden Untersuchung ermittelt worden sind. Es muß jedenfalls eine gewogene Zahl von Händlern in ausreichender struktureller und regionaler Streuung befragt worden sein. Darüber hinaus muß die Marktuntersuchung laufend betrieben werden, damit die Preisveränderungen erfaßt werden. Diese Änderungen müssen alsbald bekannt gemacht werden. Bei den Fortsetzungsuntersuchungen müssen die befragten Händler gegenüber den früheren Befragungen ausgewechselt werden. Andernfalls kann eine einseitige Festschreibung der einmal ermittelten Daten eintreten und der Verdacht einer Preisempfehlung entstehen. Selbstverständlich müssen die Angaben wahr sein, d. h. auch eindeutig zum Ausdruck bringen, daß es sich um einen oberen, unteren Preis oder um einen Von-Bis-Preis handelt.

Auch sollte zur Vermeidung von Mißverständnissen und zur Unterscheidung von einer Preisempfehlung klar zum Ausdruck gebracht werden, daß die Angaben auf einer Marktuntersuchung beruhen.

IV. Schlußbemerkung

Das vorstehende Merkblatt ist nicht erschöpfend. Es ist nicht geeignet, die Gerichte bei der Entscheidung von Einzelfällen zu binden.

Die für Preisempfehlungen zuständige 5. Beschlußabteilung behält sich vor, bei Vertiefung der Verwaltungspraxis unter Berücksichtigung der Rechtsprechung die Ausführungen dieses Merkblattes zu verdeutlichen, zu ändern und zu ergänzen.

Bekanntmachung der Kommission vom 19. Dezember 1977 über Vereinbarungen von geringer Bedeutung, die nicht unter Artikel 85 Absatz 1 des Vertrages zur Gründung der Europäischen Wirtschaftsgemeinschaft fallen[1]

I. Die Kommission hat schon bei mehreren Gelegenheiten gezeigt, daß sie es als eine wichtige Aufgabe ansieht, die Zusammenarbeit zwischen Unternehmen zu fördern, soweit sie wirtschaftlich erwünscht und wettbewerbspolitisch unbedenklich ist; sie will insbesondere die Zusammenarbeit zwischen kleinen und mittleren Unternehmen erleichtern. Zu diesem Zweck hat sie die „Bekanntmachung über Vereinbarungen, Beschlüsse und aufeinander abgestimmte Verhaltensweisen, die eine zwischenbetriebliche Zusammenarbeit

1 Diese Bekanntmachung tritt an die Stelle der im ABl. Nr. C 64 vom 2. 6. 1970, S. 1, veröffentlichten Bekanntmachung der Kommission vom 27. 5. 1970.

betreffen" – im folgenden Vereinbarungen genannt – veröffentlicht[2], in der eine Reihe von Vereinbarungen aufgeführt worden sind, die ihrer Natur nach nicht als Wettbewerbseinschränkungen anzusehen sind. Mit der vorliegenden Bekanntmachung unternimmt die Kommission einen weiteren Schritt zur Abgrenzung des Anwendungsbereichs des Artikels 85 Absatz 1 des Vertrages zur Gründung der Europäischen Wirtschaftsgemeinschaft, um die Zusammenarbeit der kleinen und mittleren Unternehmen zu fördern.

Nach Auffassung der Kommission fallen Vereinbarungen, die den Handel zwischen Mitgliedstaaten und den Wettbewerb nur geringfügig beeinträchtigen, nicht unter das Kartellverbot des Artikels 85 Absatz 1 des EWG-Vertrags. Vereinbarungen sind vielmehr nur verboten, wenn sie spürbare Auswirkungen auf die Marktverhältnisse haben, d. h. wenn die Marktstellung dritter Unternehmen und der Verbraucher, also deren Absatz- und Versorgungsmöglichkeiten spürbar verändert werden.

Die Kommission hat in dieser Bekanntmachung den Begriff „spürbar" so konkretisiert, daß die Unternehmen selbst beurteilen können, ob die von ihnen mit anderen Unternehmen geschlossenen Vereinbarungen wegen ihrer geringen Bedeutung nicht unter Artikel 85 Absatz 1 fallen. Die von der Kommission gegebene quantitative Definition der Spürbarkeit hat jedoch keine ausschließliche Bedeutung; vielmehr ist es im Einzelfall durchaus möglich, daß auch Vereinbarungen zwischen Unternehmen, die oberhalb der unten aufgeführten Schwellen liegen, den Handel zwischen Mitgliedstaaten und den Wettbewerb unter Umständen nur geringfügig beeinträchtigen und deshalb nicht unter Artikel 85 Absatz 1 fallen.

Mit dieser Bekanntmachung wird das Interesse der Unternehmen an der Erlangung eines Negativattests im Sinne von Artikel 2 der Verordnung Nr. 17[3] für die unten genannten Vereinbarungen entfallen und darüber hinaus auch kein Bedürfnis nach Klärung der Rechtslage durch Einzelentscheidungen der Kommission mehr bestehen; insoweit besteht auch kein Anlaß zur Anmeldung derartiger Vereinbarungen. Sollten jedoch im Einzelfall Zweifel bestehen, ob eine Vereinbarung den Handel zwischen Mitgliedstaaten oder den Wettbewerb spürbar einschränkt, so haben die Unternehmen die Möglichkeit, ein Negativattest zu beantragen oder die Vereinbarung anzumelden.

Der Auffassung des Gerichtshofes der Europäischen Gemeinschaften wird durch diese Bekanntmachung nicht vorgegriffen.

II. Die Kommission ist der Auffassung, daß Vereinbarungen zwischen Unternehmen, deren Geschäftsbetrieb auf die Erzeugung oder Verteilung von Waren gerichtet ist, nicht unter das Verbot des Artikels 85 Absatz 1 des EWG-Vertrags fallen,

2 ABl. Nr. C 75 vom 29. 7. 1968, S. 3, berichtigt durch ABl. Nr. C 84 vom 28. 8. 1968 in der französischen und niederländischen Fassung und durch ABl. Nr. C 93 vom 18. 9. 1968 in der deutschen und italienischen Fassung.

3 ABl. Nr. 13 vom 21. 2. 1962, S. 204/62.

– wenn die Erzeugnisse, die Gegenstand der Vereinbarung sind, und die sonstigen Erzeugnisse der beteiligten Unternehmen, die vom Verbraucher auf Grund ihrer Eigenschaften, ihrer Preislage und ihres Verwendungszwecks als gleichartig angesehen werden, in einem wesentlichen Teil des Gemeinsamen Marktes nicht mehr als 5% des Marktes sämtlicher dieser Erzeugnisse ausmachen und
– wenn der gesamte Umsatz der beteiligten Unternehmen innerhalb eines Geschäftsjahres 50 Millionen Rechnungseinheiten nicht überschreitet.

Die Kommission ist auch der Auffassung, daß die vorgenannten Vereinbarungen selbst dann nicht unter das Verbot des Artikels 85 Abs. 1 fallen, wenn der vorgenannte Marktanteil oder Umsatz innerhalb von zwei aufeinanderfolgenden Geschäftsjahren bis zu 10 v. H. überschritten werden.

Beteiligte Unternehmen im Sinne dieser Bekanntmachung sind:

1. die vertragschließenden Unternehmen;
2. die Unternehmen, bei denen die vertragschließenden Unternehmen
   – unmittelbar oder mittelbar mindestens 25% des Kapitals oder des Betriebsvermögens besitzen oder
   – mindestens über die Hälfte der Stimmrechte verfügen oder
   – mindestens die Hälfte der Mitglieder des Aufsichtsrats oder der zur gesetzlichen Vertretung berufenen Organe bestellen können oder
   – das Recht haben, die Geschäfte des Unternehmens zu führen;
3. die Unternehmen, die
   – unmittelbar oder mittelbar mindestens 25% des Kapitals oder des Betriebsvermögens eines der vertragsschließenden Unternehmen besitzen oder
   – bei ihm mindestens über die Hälfte der Stimmrechte verfügen oder
   – mindestens die Hälfte der Mitglieder des Aufsichtsrates oder der gesetzlichen Vertretung berufenen Organe bestellen können oder
   – das Recht haben, die Geschäfte des Unternehmens zu führen.

Für die Berechnung des gesamten Umsatzes sind die Umsätze zusammenzuzählen, welche die beteiligten Unternehmen im letzten Geschäftsjahr mit allen Waren und Dienstleistungen erzielt haben. Dabei werden Umsätze zwischen den vertragschließenden Unternehmen nicht mitgezählt.

Bekanntmachung über Alleinverträge mit Handelsvertretern

(ABl. 1962, 2921)

I. Die Kommission ist der Auffassung, daß Verträge mit Handelsvertretern, in denen diese für ein bestimmtes Teilgebiet des Gemeinsamen Marktes es übernehmen:

– Geschäfte für ein anderes Unternehmen zu vermitteln

oder

– in dessen Namen und für dessen Rechnung

oder

– im eigenen Namen und für dessen Rechnung abzuschließen,

nicht von dem Verbot des Artikels 85 Abs. 1 des Vertrages erfaßt werden.

Dabei wird vorausgesetzt, daß der als Handelsvertreter bezeichnete Vertragspartner auch funktionsmäßig Handelsvertreter ist und nicht im Rahmen der Abwicklung der Handelsgeschäfte die Funktion eines Eigenhändlers übernimmt oder ausübt. Die Kommission betrachtet als maßgebliches Kriterium für die Unterscheidung zwischen Handelsvertreter und Eigenhändler die Regelung, die ausdrücklich oder stillschweigend für die Übernahme der mit dem Absatz oder der Vertragsabwicklung verbundenen finanziellen Risiken getroffen worden ist. Sie stellt somit die Beurteilung nicht auf die Bezeichnung ab. Mit Ausnahme der üblichen Delcredere-Haftung hat der Handelsvertreter funktionsmäßig kein weitergehendes Risiko aus dem Handelsgeschäft zu tragen. Übernimmt er dennoch solche Risiken, nähert er sich funktionsmäßig und wirtschaftlich dem Eigenhändler und muß daher wettbewerbsrechtlich auch wie ein Eigenhändler behandelt werden. Die betreffenden Alleinvertriebsvereinbarungen müssen so wie Vereinbarungen mit Eigenhändlern beurteilt werden.

Insbesondere spricht nach Auffassung der Kommission dafür, daß die Funktion eines Eigenhändlers ausgeübt wird, wenn der als Handelsvertreter bezeichnete Vertragspartner

– ein Lager mit in seinem Eigentum stehenden Vertragswaren in erheblichem Umfang unterhalten muß oder unterhält,

– einen erheblichen unentgeltlichen Service auf eigene Kosten einrichten, unterhalten oder durchführen muß oder einrichtet, unterhält oder durchführt oder

– die Preise oder die Geschäftsbedingungen für die Handelsgeschäfte bestimmen kann oder bestimmt.

II. Bei Alleinvertriebsverträgen mit Eigenhändlern kann Artikel 85 Abs. 1 – im Gegensatz zu den hier behandelten Verträgen mit Handelsvertretern – nicht ausgeschlossen werden. Die Wettbewerbsbeschränkung der Ausschließlichkeitsbindungen liegt bei diesen Vereinbarungen entweder in der Verkürzung des Angebots, wenn der Anbieter sich verpflichtet, ein bestimmtes Erzeugnis ausschließlich an einen Nachfrager zu liefern, oder in der Verkürzung der Nachfrage, wenn sich der Nachfrager verpflichtet, ein bestimmtes Erzeugnis ausschließlich von einem Anbieter zu beziehen. Diese Wettbewerbsbeschränkungen bestehen auf beiden Seiten, wenn die Verpflichtungen gegenseitig sind. Ob eine solche Wettbewerbsbeschränkung geeignet ist, den Handel zwischen den Mitgliedstaaten zu beeinträchtigen, hängt vom Einzelfall ab.

Demgegenüber ist der Verbotstatbestand des Artikels 85 Abs. 1 nach Ansicht der Kommission für Alleinvertriebsverträge mit Handelsvertretern nicht erfüllt, da eine Behinderung, Einschränkung oder Verfälschung des Wettbewerbs innerhalb des Gemeinsamen Marktes weder bezweckt noch bewirkt wird. Der Handelsvertreter übt auf dem Gütermarkt lediglich eine Hilfsfunktion aus. Auf diesem Markt handelt er im Auftrag und im Interesse des Marktbeteiligten, für den er tätig wird. Im Gegensatz zum Eigenhändler ist er nicht selbst Nachfrager oder Anbieter, sondern sucht im Interesse seines anbietenden oder nachfragenden Vertragspartners Abnehmer oder Anbieter. Bei dieser Art von Alleinvertriebsverträgen scheidet der anbietende oder nachfragende Wettbewerber nicht aus, sondern er bedient sich lediglich des Handelsvertreters als eines Hilfsorgans, um auf dem Markt Erzeugnisse abzusetzen oder zu erwerben.

Die Rechtsstellung des Handelsvertreters ist in den meisten Mitgliedstaaten durch Gesetz, in anderen durch Richterrecht mehr oder weniger übereinstimmend festgelegt. Gemeinsam ist den Handelsvertretern überall die Hilfsfunktion bei der Abwicklung von Handelsgeschäften. Die Befugnisse der Handelsvertreter bestimmen sich nach den zivilrechtlichen Regeln des Auftrags und der Vollmacht. In welchem sachlichen und räumlichen Umfang der anbietende oder nachfragende Vertragspartner sie seinem Handelsvertreter übertragen will, richtet sich im Rahmen dieser Bestimmungen nach seinem freien Ermessen.

Neben dem Wettbewerbsgeschehen auf den Märkten, auf denen der Handelsvertreter für seinen Vertragspartner in einer Hilfsfunktion tätig wird, ist weiter der besondere Markt zu betrachten, auf dem Handelsvertreter ihre Dienstleistungen in Gestalt der Vermittlung oder des Abschließens von Geschäften anbieten. Durch die ausschließliche Verpflichtung des Handelsvertreters, für eine gewisse Zeit für einen Geschäftsherrn tätig zu werden, tritt eine Verkürzung auf diesem Angebotsmarkt ein, durch die ausschließliche Verpflichtung des Vertragspartners des Handelsvertreters, ihn allein für das bestimmte Gebiet zu bestellen, eine Verkürzung auf dem Nachfragemarkt. Die Kommission sieht in diesen Beschränkungen jedoch einen Ausfluß der besonderen Pflicht zur gegenseitigen Interessenwahrung zwischen Handelsvertreter und Geschäftsherrn. Sie nimmt daher eine Wettbewerbsbeschränkung nicht an.

Die Bekanntmachung bezweckt, den Unternehmen Hinweise auf Überlegungen zu geben, von denen sich die Kommission bei der Auslegung des Artikels 85 Abs. 1 des Vertrages und seiner Anwendung im Hinblick auf Alleinvertriebsverträge mit Handelsvertretern leiten lassen wird. Mit dieser Klarstellung wird regelmäßig das Interesse der Unternehmen an der Erlangung eines Negativattests für die genannten Vereinbarungen entfallen und darüber hinaus auch kein Bedürfnis nach Klärung der Rechtslage durch eine Einzelentscheidung der Kommission mehr bestehen; insoweit ist auch der Anlaß zur Anmeldung derartiger Verträge beseitigt. Der Auffassung anderer zuständiger Behörden, insbesondere der Gerichte, kann durch diese Bekanntmachung nicht vorgegriffen werden.

Anhang IV

Vertragshändler-Vertrag

mit inländischen Vertragshändlern

I. Gegenstand des Vertrags

1. Die Firma ____

____
(nachstehend Hersteller genannt)

überträgt ____

____
(nachstehend Vertragshändler genannt)

den Alleinvertrieb im Gebiet ____

____

für folgende Erzeugnisse ____

____

____

____

____

____

____

II. Pflichten des Vertragshändlers

1. Der Vertragshändler kauft und verkauft in eigenem Namen und auf eigene Rechnung. Er handelt als selbständiger Kaufmann sowohl dem Hersteller als auch den Kunden gegenüber. Eine Befugnis zur rechtsgeschäftlichen Vertretung des Herstellers steht dem Vertragshändler nicht zu. Er hat dafür

Sorge zu tragen, daß im Vertragsgebiet der Absatz der oben erwähnten Erzeugnisse nachhaltig gefördert wird. Er hat ferner mit der Sorgfalt eines ordentlichen Kaufmanns die Interessen des Herstellers wahrzunehmen. Er wird den Hersteller laufend über seine Tätigkeit und die Entwicklung des Marktes im Vertragsgebiet unterrichten.

2. Den Geschäften zwischen dem Hersteller und dem Vertragshändler liegen die beiliegenden Bedingungen zugrunde (Anlage 1).

   Die Lieferbedingungen des Herstellers und die Lieferbedingungen des Vertragshändlers werden einander angeglichen, um einen reibungslosen Ablauf des Geschäfts sicherzustellen und zu vermeiden, daß sich die Bestimmungen widersprechen.

   Der Vertragshändler ist verpflichtet, jeweils innerhalb von .... mindestens .... abzunehmen[1].

3. Der Vertragshändler ist verpflichtet, für die Erzeugnisse des Herstellers im Vertragsgebiet zu werben. Er hat hierzu insbesondere die in Artikel VIII erwähnten Maßnahmen zu ergreifen. Die Kosten dieser Werbung hat der Vertragshändler selbst zu tragen. Er wird sich an Messen und Ausstellungen nur im Einvernehmen mit dem Hersteller beteiligen.

4. Der Vertragshändler verpflichtet sich, keine Erzeugnisse fremden Fabrikats, die mit den in Artikel 1 bezeichneten gleich oder gleichartig sind, zu vertreiben. Er unterläßt auch sonst jeden unmittelbaren oder mittelbaren Wettbewerb gegenüber dem Hersteller. Er darf insbesondere weder innerhalb noch außerhalb seines Gebietes, sei es als Vertragshändler, Händler, Kommissionär oder Handelsvertreter, für einen Dritten, der gleiche oder gleichartige Erzeugnisse herstellt oder vertreibt, unmittelbar oder mittelbar tätig werden. Dies gilt auch dann, wenn es sich nur um die Veräußerung von gebrauchten Gegenständen handelt. Ausnahmen bedürfen der schriftlichen Einwilligung des Herstellers.

   Will der Vertragshändler beim Vertrieb von nicht gleichen oder gleichartigen Erzeugnissen eines Dritten tätig werden oder ist er bei Vertragsschluß bereits in dieser Weise tätig, so hat er den Hersteller hiervon in Kenntnis zu setzen. Die Übernahme einer solchen Tätigkeit darf die ordnungsgemäße Erfüllung der Tätigkeit für den Hersteller nicht beeinträchtigen.

5. Der Vertragshändler darf Geschäfts- und Betriebsgeheimnisse, die ihm während seiner Tätigkeit für den Hersteller bekannt geworden sind, auch nach Beendigung des Vertragsverhältnisses weder verwerten noch anderen Personen mitteilen.

---

1 Hier sind genaue Angaben über eventuelle Mindestabnahmeverpflichtungen zu machen. Soll keine Mindestabnahmemenge festgelegt werden, ist dieser Satz zu streichen.

6. Für die Einschaltung von selbständigen Händlern oder Handelsvertretern beim Absatz der Erzeugnisse des Herstellers im Vertragsgebiet gelten die besonderen Bestimmungen des Artikels VIII. Selbst wenn keine besonderen Bestimmungen getroffen worden sind, wird der Vertragshändler dem Hersteller vom Einsatz solcher Personen Mitteilung machen.

7. Der Vertragshändler verpflichtet sich, nicht an Kunden zu verkaufen, die ihren Geschäftssitz oder – wenn ein solcher nicht vorhanden ist – ihren Wohnsitz außerhalb seines Vertragsgebiets haben.

   Er verpflichtet sich ferner, nicht an Kunden zu liefern, von denen ihm bekannt ist, daß sie in Gebiete außerhalb des Vertragsgebiets weiterliefern wollen. Der Vertragshändler hat mit der Sorgfalt eines ordentlichen Kaufmanns zu prüfen, ob der Kunde in solche Gebiete liefern will.

   Für jeden Fall der Zuwiderhandlung gegen die Bestimmungen des Absatzes 1 und 2 zahlt er eine Vertragsstrafe von .... DM an den Hersteller[2].

   Anfragen von außerhalb des Vertragsgebiets ansässigen Interessenten hat der Vertragshändler an den Hersteller weiterzuleiten.

8. Der Vertragshändler ist in eigener Verantwortung verpflichtet, die Regeln des lauteren Wettbewerbs zu beachten.

9. Der Vertragshändler verpflichtet sich, ein Lager für die in Artikel I genannten Erzeugnisse und deren Ersatzteile zu halten. Zu diesem Zweck hat er geeignete Räume bereitzustellen. Das Lager muß den in der Anlage 2 aufgezählten Mindestbestand aufweisen.

10. Der Vertragshändler ist verpflichtet, in der in Artikel VIII näher dargelegten Weise Reparaturwerkstätten zu unterhalten und den Kundendienst sowie kleinere Arbeiten im Rahmen der Gewährleistungspflicht gegenüber den Kunden durchzuführen. Der Kundendienst erstreckt sich auf alle in Artikel I aufgeführten Erzeugnisse des Herstellers im Vertragsgebiet, auch wenn diese vor Abschluß des Vertrags dorthin geliefert wurden.

III. Pflichten des Herstellers

1. Der Hersteller wird den Vertragshändler durch Überlassung aller erforderlichen Unterlagen, Prospekte und Preislisten unterstützen. Diese bleiben Eigentum des Herstellers, soweit sie nicht bestimmungsgemäß an Kunden weitergegeben wurden. Zur allgemeinen Werbung im Vertragsgebiet, die diejenige des Vertragshändlers unterstützt, ist der Hersteller nur insoweit verpflichtet, als dies in Artikel VIII bestimmt ist.

---

2 Unter Umständen kann es zweckmäßig sein, an Stelle eines bestimmten DM-Betrages einen bestimmten Prozentsatz des Verkaufswertes des Liefergegenstandes als Vertragsstrafe einzusetzen.

2. Der Hersteller hat den Vertragshändler, sofern dieser eine Verpflichtung nach Artikel II Nr. 2 Absatz 3 eingegangen ist, zu unterrichten, wenn er voraussichtlich nur in erheblich geringerem Umfang als nach den Umständen zu erwarten ist, Geschäfte abschließen kann oder will.

3. Der Hersteller verpflichtet sich, im Vertragsgebiet ausschließlich den Vertragshändler zu beliefern. Er wird im Vertragsgebiet für die genannten Erzeugnisse keine Handelsvertreter, Kommissionäre oder Händler bestellen.

   Er ist jedoch befugt, falls er sich dies ausdrücklich in Artikel VIII vorbehält, persönlich oder durch Angestellte im Vertragsgebiet tätig zu werden oder in sonstiger Weise unmittelbar mit den im Vertragsgebiet ansässigen Kunden zu verkehren. Schließt er auf diese Weise mit einem Kunden unmittelbar ein Geschäft ab, so erhält der Vertragshändler eine Vergütung nach Maßgabe der Bestimmungen des Artikels V. Der Hersteller hat, soweit hierdurch nicht seine berechtigten Interessen berührt werden, den Vertragshändler über unmittelbare Verhandlungen mit den im Vertragsgebiet ansässigen Kunden zu unterrichten.

   Behält sich der Hersteller in Artikel VIII die ausschließliche Bearbeitung von bestimmten Firmen vor, entfällt bei Geschäften mit diesen der Vergütungsanspruch des Vertragshändlers.

   Soweit kein Vorbehalt besteht, hat der Hersteller alle Anfragen aus dem Vertragsgebiet an den Vertragshändler weiterzuleiten.

4. Der Hersteller verpflichtet sich, seinen anderen Vertragshändlern ebenfalls Verpflichtungen aufzuerlegen, die denjenigen des Vertragshändlers in Artikel II Nr. 7 entsprechen. Er wird Kunden, von denen ihm bekannt ist, daß sie in das Vertragsgebiet weiterliefern wollen, nicht mit den in Artikel I genannten Erzeugnissen beliefern. Er hat mit der Sorgfalt eines ordentlichen Kaufmanns zu prüfen, ob die Gefahr besteht, daß der Kunde in das Vertragsgebiet weiterliefert.

5. Zur Belieferung eines Konsignationslagers ist der Hersteller nur verpflichtet wenn dies in Artikel VIII ausdrücklich vorgesehen wird. Die gegenseitigen Verpflichtungen bezüglich dieses Lagers richten sich nach Anlage 3.

IV. Rabatte des Vertragshändlers

1. Der Vertragshändler erhält für alle Einkäufe, die er tätigt, für die in Artikel I bezeichneten Erzeugnisse einen Rabatt von ....% auf die jeweiligen Verkaufspreise des Herstellers. Der Rabatt errechnet sich vom Verkaufspreis ohne Umsatzsteuer und ist vom Verkaufspreis ohne Umsatzsteuer abzuziehen.

2. Für den Einkauf von Ersatz- und Reserveteilen sowie von Fremderzeugnissen steht dem Vertragshändler Rabatt nach Maßgabe der in Artikel VIII getroffenen besonderen Vereinbarungen zu.

V. Vergütungen des Vertragshändlers für Direktgeschäfte des Herstellers

1. Dem Vertragshändler steht für jedes Verkaufsgeschäft, das der Hersteller während der Dauer des Vertragsverhältnisses mit einem im Vertragsgebiet ansässigen Abnehmer unmittelbar gemäß Artikel III Nr. 3 Absatz 2 und Artikel VIII abschließt, eine Vergütung in Höhe von .... % zu, gleichgültig, ob er das Geschäft vermittelt hat oder nicht. Ausgenommen sind die in Artikel III Nr. 3 Absatz 3 genannten Fälle, für die sich der Hersteller in Artikel VIII das ausschließliche Bearbeitungsrecht vorbehalten hat.
2. Der Vergütungsanspruch für Lieferungen von Ersatz- und Reserveteilen sowie von Fremderzeugnissen, soweit diese nicht wesentliche Bestandteile der in Artikel I aufgeführten Erzeugnisse sind, bestimmt sich nach den in Artikel VIII getroffenen besonderen Vereinbarungen.
3. Die Vergütung wird von dem in Rechnung gestellten Entgelt des Verkaufsgeschäfts – abzüglich Umsatzsteuer und etwaiger Rabatte, ausgenommen Barzahlungsrabatte – berechnet. Nebenkosten, wie Fracht, Rollgeld, Verpackung und Inbetriebsetzungskosten, kommen in Abzug, soweit sie gesondert in Rechnung gestellt sind. Entgelte für Montage und ähnliche Nebenleistungen, die im wesentlichen aus Arbeitsaufwand bestehen, kommen in Abzug, auch wenn sie nicht gesondert in Rechnung gestellt sind. Die auf die Vergütung entfallende Umsatzsteuer wird dem Vertragshändler zusätzlich erstattet.
4. Der Vertragshändler hat Anspruch auf Vergütung nach Eingang der Zahlung des Kunden und nach Maßgabe des eingegangenen Betrags.
5. Der Hersteller hat über die Vergütungsansprüche des Vertragshändlers jeweils für ein Kalendervierteljahr unter Angabe der vergütungspflichtigen Geschäfte abzurechnen. Die Abrechnung muß spätestens bis zum Ende des dem Kalendervierteljahr folgenden Monats geschehen. Zu diesem Zeitpunkt werden auch die Vergütungsansprüche, über die abzurechnen ist, zur Zahlung fällig.

VI. Vertragsdauer

1. Der Vertrag wird auf unbestimmte Zeit geschlossen. Er kann erstmals zum .... gekündigt werden. Nach diesem Zeitpunkt ist die Kündigung jeweils für das Ende eines Kalendervierteljahres zulässig. Die Kündigungsfrist beträgt .... Wochen (Monate). Sowohl die ordentliche als auch die außerordentliche Kündigung haben durch eingeschriebenen Brief zu erfolgen.
2. Ist als Vertragshändler eine Gesellschaft bestellt, so ist bei Änderung der Gesellschafter oder der Geschäftsführung oder bei wesentlicher Änderung

des Gesellschaftsvertrags dem Hersteller Mitteilung zu machen. Dieser ist zur außerordentlichen Kündigung berechtigt, wenn ihm die Fortsetzung des Vertragsverhältnisses unter den veränderten Umständen nicht mehr zumutbar ist.

3. Der Vertragshändler hat nach Beendigung des Vertrags das in seinem Besitz befindliche Informations- und Werbematerial, das ihm von dem Hersteller zur Verfügung gestellt wurde, unverzüglich an diesen herauszugeben.

4. Soweit vom Hersteller nach Beendigung des Vertragsverhältnisses Lagergegenstände des vom Vertragshändler gemäß Artikel II Nr. 9 errichteten Lagers übernommen werden sollen, sind die unter Artikel VIII getroffenen Vereinbarungen maßgebend.

5. Wegen Beendigung des Vertragsverhältnisses können Ansprüche irgendwelcher Art nicht geltend gemacht werden, es sei denn, daß sie auf einem schuldhaften Verhalten einer Partei beruhen.

VII. Schlichtung von Streitigkeiten

Streitfälle, die sich aus diesem oder über diesen Vertrag ergeben, sind durch ein Schiedsgericht zu entscheiden[3]. Das Schiedsgericht besteht aus zwei Schiedsrichtern, von welchen jede der Vertragsparteien einen benennt, und einem Obmann, der von den beiden Schiedsrichtern gewählt wird.

Die Partei, die das Schiedsgericht einzuberufen wünscht, sendet der anderen Partei einen Einschreibebrief unter Angabe des Vor- und Zunamens und des Wohnortes des Schiedsrichters, den sie benennt, sowie eine Darstellung des Sachverhalts. Die andere Partei ist verpflichtet, innerhalb von 14 Tagen nach Erhalt des obenerwähnten Briefes der ersten Partei den Vor- und Zunamen sowie den Wohnort des von ihr zu benennenden Schiedsrichters mittels Einschreibebrief mitzuteilen.

Sollte die Partei, die eine Mitteilung über die Einberufung des Schiedsgerichts erhalten hat, ihren Schiedsrichter innerhalb von 14 Tagen nicht benennen, so wird dieser auf Antrag der anderen Partei von dem Deutschen Ausschuß für Schiedsgerichtswesen ernannt.

Die Schiedsrichter der beiden Parteien sind verpflichtet, innerhalb von 14 Tagen den Obmann zu wählen. Kommt die Wahl des Obmanns innerhalb des obenerwähnten Zeitraums nicht zustande, so wird der Obmann von dem Deutschen Ausschuß für Schiedsgerichtswesen ernannt.

Das Schiedsgericht tagt am Sitz des Herstellers. Es entscheidet mit Stimmenmehrheit. Seine Entscheidung ist endgültig und für beide Parteien bindend.

3 Die Parteien können die Schiedsgerichtsklausel auch durch die Vereinbarung eines Gerichtsstandes ersetzen.

VIII. Zusätzliche Vereinbarungen

Zu Artikel II Nr. 3 ____________________

Zu Artikel II Nr. 6 ____________________

Zu Artikel II Nr. 10 ____________________

Zu Artikel III Nr. 1 ____________________

Zu Artikel III Nr. 3 Abs. 2 und 3 ____________________

Zu Artikel III Nr. 5 ____________________

Zu Artikel IV Nr. 2 ____________________

Zu Artikel V Nr. 2 ____________________

Zu Artikel VI Nr. 4 ____________________

____

____

____

____

____

Ort __________ Datum __________ Ort __________ Datum __________

____________________ ____________________

Unterschrift des Herstellers Unterschrift des Vertragshändlers

Vertragsmuster des Vereins Deutscher Maschinenbau-Anstalten (VDMA), Mai 1959
Nachdruck Dezember 1976

Bestell-Nummer: 1133

Januar 1975
(Neuausgabe – 1. Fassung 1962)

Muster für einen Vertrag mit Vertragshändlern im Ausland

Kapitel I
Gegenstand des Vertrages

Die Firma ______________________________
(Rechtsform)

mit Sitz in ______________________________

vertreten durch Herrn ______________________________
(Stellung)

nachfolgend „Hersteller“ genannt

überträgt an die Firma ______________________________
(Rechtsform)

mit Sitz in ______________________________

vertreten durch Herrn ______________________________
(Stellung)

nachfolgend „Vertragshändler“ genannt

den Alleinvertrieb im Gebiet ______________________________

____

für folgende Erzeugnisse ______________________________

____

Kapitel II

Pflichten des Vertragshändlers

Artikel 1
Rechtsstellung des Vertragshändlers

Der Vertragshändler kauft und verkauft im eigenen Namen und auf eigene Rechnung. Er handelt als selbständiger Kaufmann sowohl dem Hersteller als auch dem Kunden gegenüber. Er hat dafür Sorge zu tragen, daß im Vertragsgebiet der Absatz der oben genannten Erzeugnisse nachhaltig gefördert wird, ohne daß er befugt ist, im Namen des Herstellers tätig zu werden. Ferner hat er mit der Sorgfalt eines ordentlichen Kaufmanns die Interessen des Herstellers wahrzunehmen. Über seine Tätigkeit und die Entwicklung des Marktes in seinem Vertragsgebiet hat er den Hersteller laufend zu unterrichten.

Er wird insbesondere dem Hersteller vierteljährlich Name und Anschrift der Kunden mitteilen, an die Erzeugnisse des Herstellers verkauft worden sind.[1]

Artikel 2
Preise und Bedingungen für den Weiterverkauf

A Der Vertragshändler ist in seiner Preisgestaltung frei.[2 3]

B Der Vertragshändler ist in seiner Preisgestaltung frei.[3] Er verpflichtet sich, die in Kapitel I bezeichneten Erzeugnisse des Herstellers unter dem Warenzeichen oder in der Ausstattung zu vertreiben, die der Hersteller vorschreibt.[2 6]

C Der Vertragshändler verpflichtet sich, die vom Hersteller festgesetzten Preise gemäß dem beigefügten Revers (Anlage 1) über die Preisbindung der 2. Hand beim Weiterverkauf einzuhalten.[2 4 5]

---

1 Die Bekanntgabe der Adressen von Kunden kommt vor allem bei größeren Anlagen in Betracht. Vor Übernahme der Bestimmung muß jedoch geprüft werden, ob sie nicht zu nachteiligen Rechtsfolgen führen kann.

2 Alternativen sind in diesem Vertragsmuster mit den Buchstaben A, B und C versehen. Es ist nur eine der zwei/drei Lösungen zu wählen, die andere/n ist/sind zu streichen.

3 Sofern der Vertragshändler in seiner Preisgestaltung frei bleiben soll, kann Kapitel IV u. U. gestrichen werden.

Den Geschäften zwischen dem Hersteller und dem Vertragshändler liegen die beiliegenden Bedingungen zugrunde (Anlage 2). Die Zahlungen des Vertragshändlers sind auf das Konto .... bei der .... Bank in .... (Währung) zu leisten.

Die Parteien sind sich darüber einig, daß sie ein Interesse daran haben, daß der Vertragshändler die seinen Kunden gewährten Bedingungen, insbesondere hinsichtlich der Liefer- und Garantiefristen, den ihm vom Hersteller gewährten Bedingungen angleicht.[7]

Artikel 3
Mindestabnahme[8]

Der Vertragshändler ist verpflichtet, jeweils innerhalb von .... mindestens .... abzunehmen. Hält er diese Mindestabnahmeverpflichtung nicht ein, so kann der Hersteller abweichend von den Bestimmungen in Kapitel VI das Vertragsverhältnis mit einer Frist von .... zum Abschluß des Kalenderjahres, -halbjahres, -vierteljahres oder Monats durch eingeschriebenen Brief kündigen.

---

4 Vor Vereinbarung einer Preisbindung müssen sich die Parteien genau über die gesetzlichen Bestimmungen in dem betreffenden Vertragsgebiet informieren, weil nach der Rechtsordnung etlicher Länder eine Preisbindung der 2. Hand grundsätzlich verboten oder nur unter erschwerten Voraussetzungen zulässig ist (z. B. in der Bundesrepublik Deutschland, in Frankreich, Großbritannien, Luxemburg, Österreich, Schweden).

5 Für den Handel im Bereich der Europäischen Gemeinschaften ist zu beachten: Nach Auffassung der EG-Kommission ist die vertikale Preisbindung im wesentlichen ein Problem der nationalen Preispolitik. Es darf damit aber nicht erreicht werden, daß Händlern oder Verbrauchern die Möglichkeit genommen wird, Waren an jedem beliebigen Ort innerhalb der Gemeinschaft zu den günstigsten Bedingungen zu erwerben. Ist dies der Fall, so ist nur eine Vereinbarung nach Alternative A oder B zulässig.

6 Satz 2 der Alternative B ist nach Art. 2 Abs. 2 b) der Verordnung Nr. 67/67 EWG (ABl. EG Nr. 57 vom 25. 3. 1967, S. 849 ff.) ausdrücklich zugelassen.

7 Hier können die Allgemeinen ECE-Verkaufsbedingungen für den Import und Export von langlebigen Konsumgütern und anderen Serienerzeugnissen der metallverarbeitenden Industrie (Nr. 730) den Parteien Anregung geben.

8 Hier sind genaue Angaben über evtl. Mindestabnahmeverpflichtungen zu machen. Häufig werden auch progressive Mindestabnahmemengen vorgesehen, um den Anfangsschwierigkeiten Rechnung zu tragen. Ferner empfiehlt es sich, im Vertrag genau zu bestimmen, in welchen Fristen der Vertragshändler abzunehmen hat. Ist der für die Mindestabnahme vorgesehene Zeitraum lang, so kann es sich empfehlen zu vereinbaren, wie die einzelnen Abnahmequoten zu verteilen sind.
Soll keine Mindestabnahmemenge festgelegt werden, so ist Art. 3 zu streichen.

Artikel 4
Werbung und Messen

Der Vertragshändler ist verpflichtet, für die Erzeugnisse des Herstellers im Vertragsgebiet zu werben. Er hat hierzu insbesondere die in Kapitel VIII erwähnten Maßnahmen zu ergreifen. Die Kosten dieser Werbung hat der Vertragshändler selbst zu tragen.[9]

Der Vertragshändler ist verpflichtet, sich nicht an Messen und Ausstellungen zu beteiligen, wenn der Hersteller hierdurch von internationalen Messen und Ausstellungen, an denen er teilnehmen will, gemäß deren Messeordnung ausgeschlossen wird.

Die Parteien werden sich gegenseitig rechtzeitig über die beabsichtigte Beteiligung an Messen und Ausstellungen verständigen.

Artikel 5
Wettbewerbsverbot während der Dauer des Vertrags[10]

Der Vertragshändler verpflichtet sich, im Vertragsgebiet keine Erzeugnisse fremden Fabrikats, die mit den in Kapitel I bezeichneten gleich oder gleichartig sind, zu vertreiben. Er unterläßt auch sonst jeden unmittelbaren oder mittelbaren Wettbewerb gegenüber dem Hersteller. Er darf insbesondere weder innerhalb noch außerhalb seines Gebiets, sei es als Vertragshändler, Händler, Kommissionär oder Handelsvertreter, für einen Dritten, der gleiche oder gleichartige Erzeugnisse herstellt oder vertreibt, unmittelbar oder mittelbar tätig werden. Dies gilt auch dann, wenn es sich nur um die Veräußerung von gebrauchten Gegenständen handelt. Ausnahmen bedürfen der schriftlichen Einwilligung des Herstellers.

Der Vertragshändler verpflichtet sich ferner, keine Erzeugnisse, die mit den in Kapitel I bezeichneten gleich oder gleichartig sind, herzustellen.[11]

Will der Vertragshändler beim Vertrieb von nicht gleichen oder gleichartigen

---

9 Die Kosten der Werbung können auch anteilig vom Hersteller und vom Vertragshändler getragen werden, wenn der Werbeerfolg dem Hersteller nach Beendigung des Vertrages weiter zugute kommt.
Ist für den Vertrieb der Erzeugnisse im Vertragsgebiet ein Prüfzeichen erforderlich (wie z. B. für elektrische Geräte in Finnland, Norwegen, Schweden und in der Schweiz), dann muß eine Regelung über die Prüfkosten getroffen werden. In aller Regel werden diese Kosten zu Lasten des Vertragshändlers gehen.

10 Nach Art. 2 Abs. 1 a) der Verordnung Nr. 67/67 EWG (ABl. EG Nr. 57 vom 25. 3. 1967, S. 849 ff.) kann das Wettbewerbsverbot nicht nur während der Dauer des Vertrags, sondern auch bis zu einem Jahr nach Beendigung des Vertrags vereinbart werden.

11 Überlassen zwei Hersteller sich gegenseitig den Alleinvertrieb ihrer Erzeugnisse in ihren Ländern, so muß diese Bestimmung geändert oder gestrichen werden.

fremden Erzeugnissen tätig werden oder ist er bei Vertragsschluß hierfür bereits tätig, so hat er den Hersteller hiervon in Kenntnis zu setzen. Die Übernahme einer solchen Tätigkeit darf die ordnungsgemäße Erfüllung der Tätigkeit für den Hersteller nicht beeinträchtigen.

Artikel 6
Geschäfts- und Betriebsgeheimnisse

Der Vertragshändler darf Geschäfts- und Betriebsgeheimnisse, die ihm durch seine Tätigkeit für den Hersteller in irgendeiner Weise bekannt geworden sind, auch nach Beendigung des Vertragsverhältnisses weder verwerten noch anderen Personen mitteilen.

Artikel 7
Untervertreter

A Der Vertragshändler ist berechtigt, beim Absatz der Erzeugnisse des Herstellers im Vertragsgebiet selbständige Händler oder Handelsvertreter einzuschalten. Er wird den Hersteller davon in Kenntnis setzen.[12]

B Der Vertragshändler darf nur mit vorheriger Zustimmung des Herstellers beim Absatz der Erzeugnisse des Herstellers im Vertragsgebiet selbständige Händler oder Handelsvertreter einschalten.[12]

Der Vertragshändler verpflichtet sich, über die Tätigkeit der von ihm im Vertragsgebiet eingesetzten selbständigen Händler und Handelsvertreter laufend zu berichten.[13]

Artikel 8
Verkaufsverbot außerhalb des Vertragsgebiets

A Der Vertragshändler verpflichtet sich, die in Kapitel I bezeichneten Erzeugnisse des Herstellers nicht an Kunden zu verkaufen, die ihren geschäftlichen Sitz oder – wenn ein solcher nicht vorhanden ist – ihren Wohnsitz außerhalb des

B Der Vertragshändler verpflichtet sich, außerhalb des Vertragsgebiets für die in Kapitel I bezeichneten Erzeugnisse des Herstellers keine Kunden zu werben, keine Niederlassungen zu errichten, keine Auslieferungslager zu unterhal-

---

12 Soll der Vertragshändler nur Unter-Vertragshändler einschalten, so muß dies im Vertrag vorgesehen werden.

13 Je nach den besonderen Umständen kann es zweckmäßig sein, anzugeben über welche Fragen der Vertragshändler dem Hersteller zu berichten hat, oder aber den Satz zu streichen.

Vertragsgebiets haben. Anfragen von Interessenten, die außerhalb des Vertragsgebiets ansässig sind, hat der Vertragshändler an den Hersteller weiterzuleiten.

Er verpflichtet sich ferner, die erwähnten Erzeugnisse nicht an Kunden zu liefern, von denen ihm bekannt ist, daß sie in Gebiete außerhalb des Vertragsgebiets weiterliefern wollen.[14 16 17]

C 1. Der Vertragshändler verpflichtet sich, die in Kapitel I bezeichneten Erzeugnisse des Herstellers nicht an Kunden zu verkaufen, die ihren geschäftlichen oder – wenn ein solcher nicht vorhanden ist – ihren Wohnsitz außerhalb des Vertragsgebiets haben, mit Ausnahme der EWG-Mitgliedstaaten. Anfra-

ten und nicht für die o. a. Erzeugnisse zu werben.[15]

---

14 Bei Verträgen, die sich auf den Bereich des Gemeinsamen Marktes auswirken (nach Ansicht der EG-Kommission kann das auch bei Verträgen mit Vertragshändlern aus Nichtmitgliedstaaten der Fall sein), ist zu beachten: Diese Klausel wird von der Verordnung Nr. 67/67 EWG nicht gedeckt. Wenn auch die Voraussetzungen der »Bagatellbekanntmachung« (Bekanntmachung der Kommission vom 27. 5. 1970 über Vereinbarungen, Beschlüsse und aufeinander abgestimmte Verhaltensweisen von geringer Bedeutung, die nicht unter Art. 85 Abs. 1 des EWG-Vertrages fallen – ABl. EG Nr. C 64/1 v. 2. 6. 1970) nicht vorliegen, muß der Vertrag zur Erlangung einer Einzelfreistellung nach Art. 85 Abs. 3 EWG-Vertrag bei der EG-Kommission angemeldet werden.

15 Diese Klausel ist nach Art. 2 Abs. 1 b) der Verordnung Nr. 67/67 EWG (ABl. Nr. 57 v. 25. 3. 1967, S. 849 ff.) ausdrücklich zugelassen.

16 Unter Umständen kann es empfehlenswert sein, für jeden Fall der Zuwiderhandlung gegen die oben angeführten Bestimmungen im Vertrag zu vereinbaren, daß der Vertragshändler dem Hersteller eine Vertragsstrafe zahlt, deren Betrag von den Parteien festzulegen ist. (Es kann auch von einem bestimmten Hundertsatz des Verkaufswertes des Liefergegenstandes ausgegangen werden).

17 Im Einzelfall kann es ratsam sein, im Vertrag zu vereinbaren, daß der Vertragshändler seine Abnehmer (z. B. Wiederverkäufer) ebenfalls verpflichtet, nicht an Kunden zu liefern, die außerhalb des Vertragsgebiets ansässig sind oder von denen ihnen bekannt ist, daß sie in Gebiete außerhalb des Vertragsgebiets weiterliefern wollen, und ihnen für jeden Fall der Zuwiderhandlung eine Vertragsstrafe auferlegt, die an den Hersteller zu zahlen ist.

gen von Kunden aus den o. a. Ländern[18] hat der Vertragshändler an den Hersteller weiterzuleiten.

Der Vertragshändler verpflichtet sich ferner, die in Kapitel I bezeichneten Erzeugnisse nicht an Kunden zu verkaufen, von denen ihm bekannt ist, daß sie in Gebiete außerhalb des Vertragsgebiets weiterliefern wollen.

2. Der Vertragshändler verpflichtet sich, nicht in aktiver Weise in EWG-Mitgliedstaaten zu liefern, die nicht zu dem Vertragsgebiet gehören.

Das bedeutet u. a., daß er in diesen Ländern keine Kunden werben, keine Niederlassungen errichten, keine Auslieferungslager unterhalten und nicht für die Vertragserzeugnisse werben darf.

Artikel 9

Lauterer Wettbewerb

Der Vertragshändler ist verpflichtet, die Regeln des lauteren Wettbewerbs zu beachten.

Artikel 10

Unterstützung gegen unlauteren Wettbewerb und Verletzungen von gewerblichen Schutzrechten

Der Vertragshändler hat dem Hersteller über alle Wettbewerbsverstöße sowie über alle Verletzungen von gewerblichen Schutzrechten des Herstellers, von denen er Kenntnis erhält, Mitteilung zu machen. Er wird den Hersteller nach besten Kräften bei der Abwehr von solchen Verletzungen behilflich sein.

18 Es ist nicht ausgeschlossen, daß Verträge, welche die Tätigkeit des Vertragshändlers in Ländern außerhalb des Gemeinsamen Marktes einschränken, unter Art. 85 fallen. In den bisher entschiedenen Fällen hat die EG-Kommission stets festgestellt, daß ein Reexport der betreffenden Erzeugnisse in den Gemeinsamen Markt praktisch unmöglich war.

Artikel 11

Mindestumfang des Warenlagers

Der Vertragshändler verpflichtet sich, auf seine Kosten ein Lager für die in Kapitel I genannten Erzeugnisse des Herstellers und deren Ersatzteile zu halten. Der Mindestbestand des Lagers ist in der Anlage 3 aufgezählt.[19]

Artikel 12

Reparatur- und Kundendienst

Der Vertragshändler ist verpflichtet, in der in Kapitel VIII näher dargelegten Weise Reparaturwerkstätten zu unterhalten und den Kundendienst durchzuführen. Dem Kundendienst unterliegen alle in Kapitel I aufgeführten Erzeugnisse des Herstellers im Vertragsgebiet, ohne daß geprüft werden muß, wann und durch wen sie dorthin geliefert worden sind; Voraussetzung ist jedoch, daß die Ausschließlichkeitsklausel nicht verletzt wird.[20]

Kapitel III

Pflichten des Herstellers

Artikel 13

Dokumente und Prospekte

Der Hersteller wird den Vertragshändler durch Überlassung aller erforderlichen Unterlagen, Prospekte und Preislisten unterstützen. Diese bleiben Eigentum des Herstellers, soweit sie nicht bestimmungsgemäß an Kunden weitergegeben werden.

Artikel 14

Mindestlieferung

Der Hersteller ist verpflichtet, die in Kapitel II Art. 3 festgesetzte Mindestmenge zu liefern. Hält er diese Verpflichtung nicht ein, so kann der Vertragshändler, abweichend von den Bestimmungen in Kapitel VI, das Vertragsverhältnis mit einer Frist von .... zum Abschluß eines Ka-

19 Die Verpflichtung des Vertragshändlers zur eigenen Lagerhaltung entfällt in der Regel, wenn der Hersteller nach Kapitel III Art. 17 selbst im Vertragsgebiet ein Konsignationslager unterhält. Trifft dies zu, so ist Art. 11 zu streichen.

20 Im Einzelfall kann die Verpflichtung des Vertragshändlers vorgesehen werden, von Zeit zu Zeit seine Angestellten zum Zweck der Instruktion in das Werk des Herstellers zu senden.

lenderjahres, -halbjahres, -vierteljahres oder Monats durch eingeschriebenen Brief kündigen.[21]

Artikel 15
Das Recht des Herstellers, unmittelbar Geschäfte abzuschließen

A Der Hersteller verpflichtet sich, im Vertragsgebiet ausschließlich den Vertragshändler zu beliefern. Er wird keine andere Person oder kein anderes Unternehmen mit dem Vertrieb oder der Vertretung seiner in Kapitel I genannten Erzeugnisse beauftragen. Er wird alle Kundenbestellungen und Anfragen aus dem Vertragsgebiet an den Vertragshändler weiterleiten.[22]

B Der Hersteller wird keine andere Person oder kein anderes Unternehmen mit dem Vertrieb oder der Vertretung seiner in Kapitel I genannten Erzeugnisse beauftragen.

Er behält sich aber das Recht vor, unmittelbar mit Kunden aus dem Vertragsgebiet Geschäfte abzuschließen.

Für jedes Geschäft, das der Hersteller unmittelbar mit einem im Vertragsgebiet ansässigen Kunden abschließt, erhält der Vertragshändler eine Provision nach Maßgabe der Bestimmungen in Kapitel V. Der Hersteller unterrichtet den Vertragshändler unverzüglich über alle unmittelbar abgeschlossenen Geschäfte.

Der Provisionsanspruch des Vertragshändlers entfällt, wenn sich der Hersteller bei Vertragsschluß in Kapitel VIII die ausschließliche Belieferung von bestimmten Kunden vorbehalten hat.[23]

---

21 Diese Lieferpflicht muß mit der Abnahmepflicht in Kapitel II Art. 3 übereinstimmen. Ferner empfiehlt es sich, im Vertrag genau zu bestimmen, in welchen Fristen der Hersteller zu liefern hat. Ist der in Kapitel II Art. 3 für die Mindestabnahme vorgesehene Zeitraum lang, so kann es zweckmäßig sein zu vereinbaren, wie die einzelnen Lieferquoten zu verteilen sind.
Soll keine Mindestlieferung festgelegt werden, so ist Art. 14 zu streichen.

22 Wird die Alternative A gewählt, so ist auch Kapitel V zu streichen.

23 Hier können insbesondere öffentliche Auftraggeber, die ohnedies meist öffentliche Ausschreibungen durchführen, sowie Filialen ausländischer Firmen in Betracht kommen.

Artikel 16

Zulässigkeit bzw. Verbot für andere Vertragshändler des Herstellers außerhalb ihres Gebiets zu verkaufen

A Der Hersteller kann seine in Kapitel I genannten Erzeugnisse an Kunden außerhalb des Vertragsgebiets verkaufen, auch wenn diese beabsichtigen, sie in das Vertragsgebiet weiterzuliefern.

B Der Hersteller kann seine in Kapitel I genannten Erzeugnisse an Kunden außerhalb des Vertragsgebiets verkaufen, auch wenn diese beabsichtigen, sie in das Vertragsgebiet weiterzuliefern.
Der Hersteller verpflichtet sich, seinen anderen Vertragshändlern ebenfalls Verpflichtungen aufzuerlegen, die denjenigen des Vertragshändlers in Kapitel II Art. 8 B oder C entsprechen.[15]

C Der Hersteller wird Kunden, von denen ihm bekannt ist, daß sie in das Vertragsgebiet weiterliefern wollen, nicht mit seinen in Kapitel I genannten Erzeugnissen beliefern. Er hat mit der Sorgfalt eines ordentlichen Kaufmanns zu prüfen, ob die Gefahr besteht, daß der Kunde in das Vertragsgebiet weiterliefert.

Der Hersteller verpflichtet sich, seinen anderen Vertragshändlern ebenfalls Verpflichtungen aufzuerlegen, die denjenigen des Vertragshändlers in Kapitel II Art. 8 A entsprechen.[14] [24]

Artikel 17

Konsignationslager

Zur Belieferung eines Konsignationslagers ist der Hersteller nur verpflichtet, wenn dies in Kapitel VIII ausdrücklich vorgesehen wird. Die gegenseitigen Verpflichtungen bezüglich dieses Lagers richten sich dann nach Anlage 4.

---

24 Wird ein Exportverbot, wie unter C vorgesehen, vereinbart, so ist zu prüfen, ob es nicht gegen kartellrechtliche Bestimmungen sowohl in den Ländern, in denen die Vertragspartner ihren Sitz haben, verstößt, als auch in den Ländern, in die auf Grund des Verbots nicht exportiert werden darf.

Kapitel IV

Rabatte des Vertragshändlers[25]

Artikel 18

Rabattsätze

Der Vertragshändler erhält für alle Einkäufe der in Kapitel I bezeichneten Erzeugnisse des Herstellers einen Rabatt von .... % auf die jeweiligen Verkaufspreise des Herstellers. Der Rabatt für den Einkauf von Ersatz- und Zubehörteilen beträgt .... % von den jeweiligen Verkaufspreisen des Herstellers.

Kapitel V

Provision des Vertragshändlers für Direktgeschäfte des Herstellers[26]

Artikel 19

Provisionshöhe

Dem Vertragshändler steht für jedes Verkaufsgeschäft, das der Hersteller während der Dauer des Vertragsverhältnisses mit einem im Vertragsgebiet ansässigen Abnehmer unmittelbar gemäß Kapitel III Art. 15 B, Abs. 2 abschließt, eine Provision in Höhe von .... % zu, gleichgültig, ob er das Geschäft vermittelt hat oder nicht. Ausgenommen sind die in Kapitel III Art. 15 B, Abs. 4 genannten Fälle, für die sich der Hersteller in Kapitel VIII das ausschließliche Bearbeitungsrecht vorbehalten hat.

Artikel 20

Ersatzteile und Fremderzeugnisse

Der Provisionsanspruch für Lieferungen von Ersatz- und Zubehörteilen sowie von Fremderzeugnissen, soweit diese nicht wesentliche Bestandteile der in Kapitel I genannten Erzeugnisse des Herstellers sind, bestimmt sich nach den in Kapitel VIII getroffenen besonderen Vereinbarungen.

Artikel 21

Berechnung der Provision

Die Provision wird von dem in Rechnung gestellten Entgelt des Verkaufsgeschäfts – abzüglich etwaiger Rabatte, ausgenommen Barzahlungsrabatte –

25 Vgl. Fußnote 3) in Kapitel II, Art. 2.

26 Vgl. Fußnote 22) in Kapitel II. Art. 15.

berechnet. Nebenkosten, wie Fracht, Rollgeld, Verpackung, Zollgebühren sowie alle anderen Kosten, Steuern und Abgaben, die vom Zoll oder im Einfuhrland erhoben werden, kommen in Abzug, wenn sie gesondert in Rechnung gestellt sind. Entgelte für Montage, Inbetriebsetzung und ähnliche Nebenleistungen, die im wesentlichen aus Arbeitsaufwand bestehen, kommen in Abzug, auch wenn sie nicht gesondert in Rechnung gestellt sind.

Artikel 22
Entstehung der Provision

Der Vertragshändler hat Anspruch auf Provision nach Eingang der Zahlung des Kunden und nach Maßgabe des eingegangenen Betrags.

Artikel 23
Fälligkeit und Zahlung

Der Hersteller hat über die Provisionsansprüche des Vertragshändlers jeweils für ein Kalendervierteljahr unter Angabe der provisionspflichtigen Geschäfte abzurechnen. Die Zahlung der Provisionsansprüche muß spätestens bis zum Ende des dem Kalendervierteljahr folgenden Monats geschehen.

Artikel 24
Steuern

A Umsatzsteuern, die im Land des Vertragshändlers auf dessen Provision erhoben werden, gehen zu Lasten des Vertragshändlers.[27]

B Umsatzsteuern, die im Land des Vertragshändlers auf dessen Provision erhoben werden, gehen zu Lasten des Herstellers.[27]

Kapitel VI
Vertragsdauer

Artikel 25
Ordnungsgemäße Beendigung des Vertrags

A Der Vertrag endet am ....
....

B Der Vertrag wird auf unbestimmte Zeit geschlossen. Er kann frühe-

27 Die Wahl zwischen Alternative A und B hängt von dem Recht der betreffenden Länder sowie von der steuerlichen Situation der Parteien ab. Benutzern dieses Vertragsmusters wird daher empfohlen, die Erläuterungen der ORGALIME-Arbeitsgruppe für Steuerfragen zu lesen, in denen auf die bei der Wahl zwischen Alternative A und B zu berücksichtigenden Faktoren hingewiesen wird.

stens zum ....
.... gekündigt werden. Nach diesem Zeitpunkt ist die Kündigung jeweils für das Ende eines Kalenderviertel(halb)jahres zulässig. Die Kündigungsfrist beträgt .... Wochen (Monate).

Artikel 26

Außerordentliche Kündigung

Das Vertragsverhältnis kann ohne Einhaltung einer Kündigungsfrist vorzeitig nur gekündigt werden, wenn ein wichtiger Grund vorliegt.

Wichtiger Grund kann jede wesentliche Änderung in der Rechtsform, in der Geschäftsführung oder in der Finanzlage einer der Parteien sein, die geeignet ist, die Ergebnisse wesentlich zu beeinträchtigen, die die andere Partei von der Durchführung des Vertrags rechtsmäßig erwarten konnte.

Dies gilt insbesondere bei dauernder Unfähigkeit oder Tod von Herrn .... [28].

Artikel 27

Kündigung durch eingeschriebenen Brief

Die Kündigung hat durch eingeschriebenen Brief zu erfolgen.

Artikel 28

Rückgabe von Informations- und Werbematerial

Der Vertragshändler hat nach Beendigung des Vertrags das in seinem Besitz befindliche Informations- und Werbematerial sowie die in Kapitel III Art. 13 genannten Unterlagen, die ihm vom Hersteller zur Verfügung gestellt wurden, an diesen herauszugeben.[29]

Artikel 29

Abwicklung des Warenlagers und der laufenden Aufträge nach Beendigung des Vertragsverhältnisses

Für die Abwicklung nach Beendigung des Vertragsverhältnisses des vom Vertragshändler gemäß Kapitel II Art. 11 und 12 errichteten Warenlagers, sowie

28 Dieser Satz sollte nur dann aufrechterhalten werden, wenn wenigstens eine Partei eine natürliche Person ist.

29 Es ist zu prüfen, ob nicht aufgrund des Ordre Public in verschiedenen Ländern diese Klausel unwirksam ist.

der noch laufenden Aufträge, sind die in Kapitel VIII vorgesehenen Bestimmungen maßgebend.[30]

Artikel 30
Entschädigung

Auf Grund der Beendigung des Vertragsverhältnisses können keinerlei Entschädigungsansprüche geltend gemacht werden, es sei denn, daß sie auf einem Verschulden einer Partei beruhen.[29]

Kapitel VII
Abschließende Bestimmungen

Artikel 31
Anwendbares Recht – Originaltext

Das Vertragsverhältnis untersteht dem am Sitz des Herstellers geltenden Recht. Der .... Text des Vertrags ist der Originaltext.[29]

Artikel 32
Zuständigkeit[29]

A Gerichtsstand für etwaige Rechtsstreitigkeiten ist der Sitz des Herstellers. Tritt der Hersteller als Kläger auf, ist er jedoch befugt, das Gericht am Sitz des Vertragshändlers anzurufen.

B Alle Streitigkeiten, die aus oder im Zusammenhang mit diesem Vertrag entstehen, sind unter Ausschluß des Rechtswegs vor staatlichen Gerichten nach der Vergleichs- und Schiedsordnung der Internationalen Handelskammer durch einen oder mehrere Schiedsrichter, die gemäß dieser Ordnung benannt werden, endgültig und mit bindender Wirkung zu entscheiden. Dies gilt auch für die Entscheidung über die Zuständigkeit des Schiedsgerichts und die Gültigkeit des Schiedsvertrags.

---

30 Es kann vorgesehen werden, daß der Vertragshändler berechtigt ist, nach Beendigung des Vertragsverhältnisses die Lagergegenstände zu verkaufen, oder aber daß ihm der Verkauf nach Beendigung des Vertragsverhältnisses untersagt wird. In diesem Fall ist es zweckmäßig, die Bedingungen und Preise festzulegen, zu denen der Hersteller die Lagergegenstände zurücknimmt.

Artikel 33
Änderungen und Ergänzungen

Änderungen und Ergänzungen dieses Vertrags bedürfen der Schriftform.

Artikel 34
Abtretungsverbot

Ohne gegenseitige Zustimmung der Parteien sind die Rechte und Pflichten aus diesem Vertrag nicht übertragbar.

Artikel 35
Pfand- oder Zurückbehaltungsrecht

Ein Pfand- oder Zurückbehaltungsrecht an Vermögensgegenständen des Herstellers steht dem Vertragshändler nicht zu.[29]

Kapitel VIII
Zusätzliche Bestimmungen

Zu Kapitel II Art. 4	– Werbung und Messen
Zu Kapitel II Art. 12	– Reparatur und Kundendienst
Zu Kapitel III Art. 15 B, Abs. 4	– Kunden, die durch den Hersteller ausschließlich bearbeitet werden
Zu Kapitel III Art. 17	– Konsignationslager
Zu Kapitel V Art. 20	– Ersatzteile und Fremderzeugnisse
Zu Kapitel VI Art. 29	– Abwicklung des Warenlagers und der laufenden Aufträge nach Beendigung des Vertrags

Anhang 1 – Preisbindung der 2. Hand (Art. 2)
Anhang 2 – Bedingungen für Geschäfte zwischen dem Hersteller und dem Vertragshändler (Art. 2)
Anhang 3 – Mindestwarenlager (Art. 11)
Anhang 4 – Bestimmungen hinsichtlich des Konsignationslagers (Art. 17)

Herausgegeben vom Maschinenbau-Verlag GmbH, Frankfurt/M.-Niederrad 71, Januar 1975. Bestell-Nr. 11531

Das Vertragsmuster kann beim Maschinenbau-Verlag, Lyoner Straße 18, 6000 Frankfurt a. M.-Niederrad 71, auch in englischer und französischer Sprache bezogen werden. Bestell-Nr. 11532 und 11533

Sachwortverzeichnis
(Die Zahlen sind Rand-Nummern)

Der Know-How-Vertrag

Von Rechtsanwalt **Dr. Herbert Stumpf.**

3., neubearbeitete und erweiterte Auflage 1977, 360 Seiten, Leinen.
ISBN 3-8005-6184-0.

Bücher des Betriebs-Beraters.

Der Know-How-Vertrag gewinnt in der Praxis zunehmend an Bedeutung. In diesem Werk wird das gesamte Recht des Know-How-Vertrages erstmals eingehend und zusammenhängend dargestellt. Der Verfasser hat insbesondere versucht, für diese in der Praxis sehr bedeutsamen Verträge eine einheitliche Systematik zu finden und sie unter die allgemeinen Bestimmungen des BGB unterzuordnen.

Besonders ausführlich sind die vertraglichen Verpflichtungen der Vertragspartner behandelt. Sie sind für denjenigen, der einen Know-How-Vertrag abschließt, am wichtigsten. Da die Know-How-Verträge häufig mit ausländischen Partnern abgeschlossen werden, ist der Verfasser auch auf die Problematik bei Auslandsverträgen eingegangen. In einem eigenen Kapitel wird der Know-How-Vertrag unter dem Gesichtspunkt des deutschen und des EWG-Kartellrechts behandelt.

Bei der Neuauflage werden erstmalig die beim Konkurs in Zusammenhang mit Know-How-Verträgen auftretenden Fragen behandelt. Eingehender als bisher werden die Entscheidungen zum EWG-Kartellrecht sowie die gesamte Problematik behandelt.

Verlagsgesellschaft Recht und Wirtschaft mbH
Heidelberg